JN433438

개정판

사고와 표현 글쓰기

김현양 · 남수경 · 최규수 · 주민재 · 김인욱

명지대학교출판부

이 책에서 예문으로 인용한 글과 그림은 해당 저작권자의 허락을 받았습니다.
연락이 닿지 않거나 출처가 불분명하여 부득이하게 허락을 받지 못한 경우에는 출판사로 연락을 주시기 바랍니다.

책을 내며

수업 시간에 학생들에게 들어보면 대부분 중·고등학교 때 글쓰기[작문]를 제대로 배우고 익히지 못했다고 한다. 대학에 와서 체계적인 글쓰기 공부를 비로소 시작한다는 것이다. 그렇기에 이 책은 글쓰기의 첫걸음이라 할 수 있는 기초적인 내용부터 사회에 나가 유용하게 쓰일 수 있는 심화된 내용까지 대학생의 글쓰기 공부에 꼭 필요한 내용을 체계적·포괄적으로 다루고 있다. 학생들은 글쓰기의 기초부터 유형별 글쓰기까지 핵심을 담은 설명과 예시, 필수적인 연습 활동으로 구성된 이 책을 통해 글쓰기 능력을 보다 향상시킬 수 있을 것이라 기대한다.

이 책은 3부로 구성되어 있다.

제1부(글쓰기의 기초: 김현양/남수경 집필)는 글쓰기의 중요성/필요성을 재확인하고 글쓰기를 수행하는 데 기본이 되는 내용을 본격적으로 연습하기 위해 기획된 파트이다. 기초적이면서도 본격적인 내용이 되는 만큼 글쓰기의 기초 능력을 충실하게 갖추지 못한 학생들은 특히 이 기초 과정을 충분히 연습하기를 당부한다.

1장에서는 글쓰기가 '글'이라는 언어적 표현 수단을 매개로 한, 우리의 삶에서 중요하고도 필요한 의사소통의 한 방법이라는 것을, 2장에서는 글쓰기가 이루어지는 전 과정 및 구상하기의 방법에 대해 서술하고 있다. 3장에서는 글쓰기의 기본 단위인 문장 쓰기를, 4장에서는 문장들의 집합인 단락과 글 전체를 구성하는 방법을, 5장에서는 초고를 고쳐 쓰는 방법을 다루고 있다.

이러한 내용을 다루면서 초점을 맞춘 것은 다음 두 가지이다. 첫째, 글쓰기의 가장 기본적인 원칙들을 익힐 것. 둘째, 이러한 원칙을 바탕으로 다양한 예문을 읽고 충분히 연습할 것. 이 책 한 권을 공부하면 독자들을 현혹할 만한 문장력이나 글의 구성 능력에 대한 손쉬운 팁을 얻게 되지 않을까 기대하는 사람들이 있을지도 모른다. 그러나 글쓰기의 기본적인 원칙들을 무시한 채 충분한 연습을 거치지 않고, 미문만 나열하는 식으로 글을 쓴다면 좋은 평가를 받지도 못하거니와 자신의 생각조차 제대로 표현할 수 없을 것이다. 글쓰기의 본질적인 목적은 의사소통이며 좋은 글은 이러한 본질에 충실한 글임을 기억하도록 하자.

제2부(학술적 글쓰기: 최규수/주민재 집필)는 대학생의 학문 활동에 중심이 되는 학술적 글쓰기의 기본이해를 돕고자 기획된 파트이다. 대학생의 학술적 글쓰기에 대한 기본이해와 훈련은 교양 및 전공 분야에 대한 심도 있는 이해와 진지한 학업 자세를 갖게 할 뿐만 아니라 대학원에서의 학업을 위해서도 일차적인 숙지가 필요한 부분이다.

1장과 2장이 학술적 글쓰기의 세계를 소개하며 다소 생소할 수 있는 리포트 형식에 대한 논의를 담고 있다면, 3장은 대학생의 학술적 글쓰기에 대한 논의로 구체화하여 리포트 작성의 절차를 단계별로 상세하게 보여주고 있다. 4장은 학술적 글쓰기의 기본기를 갖추는 데 필요한 내용으로, 인용의 방법과 주석 작업, 참고문헌 작성법에 관한 구체적인 설명을 담고 있다.

5장과 6장은 이공계열 대학생들에게 요구되는 과학 글쓰기 능력에 초점을 맞추어, 연구보고서 작성에 필요한 지식과 방법을 다루고 있다. 5장에서는 과학 글쓰기의 성격과 조건, 과학 글쓰기를 수행하는 데 필요한 능력에 대해 구체적으로 설명하고 있다. 6장에서는 IMRAD 형식에 맞추어 연구보고서를 쓰는 과정에 대해 단계적으로 살펴보면서 시각자료 제시 및 활용, 상관관계와 인과관계의 차이점 등 연구보고서 작성 과정에서 주의해야 할 요소들에 대해 다루고 있다. 과학 글쓰기는 일반 글쓰기에 비교할 때 엄격하게 지켜야 할 요소들이 많아 세심한 주의가 필요하다.

제3부(유형별 글쓰기: 김인옥/김현양/남수경/최규수/주민재 집필)는 다양한 과제를 수행하기 위한 실제적 연습을 도모하고, 나아가 사회진출을 위한 준비와 실제 현장에서 필요한 실용적인 글쓰기를 소개하고자 기획된 파트이다.

1장에서는 논리적인 글쓰기의 기초가 되고 학문 활동에서 학업 능력을 향상시키는 중요한 훈련이 되는 '요약하기'를 다루고 있다. 지식의 단편적인 나열이 아닌 대상자료를 충분히 소화한 주체적인 지적 논리화에 중점을 두어 요약하기의 방법을 설명했다.

2장에서는 개성적 사고의 방향을 스스로 가늠할 수 있다는 점에서 감상이 자신의 생각을 구체적으로 파악하는 근본적인 훈련이 될 수 있음을 드러내고자 했다. '감상문 쓰기'를 통해 스스로 분석해낸 독창적 사고를 설득력 있게 전달하고 공감을 얻는 과정을 연습할 수 있을 것이다.

3장 '서평 쓰기'에서는 대상자료를 단순 이해하는 차원을 넘어 주체적인 논평 작업이 될 수 있도록 창의적 비평 훈련에 초점을 맞추고 있다.

4장에서는 '자기소개서'란 어떤 글이며 왜 중요한지를 이해하는 내용으로부터 시작해, 자기소개서를 효율적으로 작성하기 위한 기본원칙을 준비 작업, 구상 작업, 쓰기 작업으로 나누어 살펴보았다. 또한 앞에서 배운 기본원칙을 적용하여 실제로 자기소개서를 작성하는 구체적인 방법과 사례를 다루고 있다.

5장 '기획서·제안서 쓰기'에서는 실무 현장에서 요구하는 직무 수행에 필요한 글쓰기의 목적과 성격 그리고 기획서와 제안서를 구성하는 요인들에 대한 이해를 돕는 내용을 중심으로 다루고 있다. 이러한 이해를 바탕으로 실제 작성에 필요한 요건들을 활용하여 글쓰기를 수행하는 능력을 높일 수 있음을 강조했다.

글쓰기에는 '지름길'이 있을 수 없다. 많이 읽고, 많이 생각하고, 많이 쓰는 것. 이것이 자신의 부족한 글쓰기 능력을 보완하고 향상시킬 수 있는 방법이 아닐까? 이 책의 내용을 따라 공부를 해나가면서 기본에 충실한 글쓰기 습관을 익히고 실력을 쌓아, 보다 다양하고 깊이 있는 글쓰기의 세계를 향해 한걸음씩 나아가게 되기를 바란다.

2021년 1월

저자 일동

목차

제1부 글쓰기의 기초

01 의사소통과 글쓰기

1 글쓰기의 중요성

(1) 의사소통으로서의 글쓰기

글을 쓴다는 것은 생각을 문자로 옮기는 일이다. 생각은 이미 머릿속에 있는 것인데 이를 문자로 옮기는 것은 번거로운 일일 수 있다. 또한 생각이 많고 복잡할수록 글쓰기는 매우 수고로운 일이 될 수도 있다. 그렇지만 우리는 이 번거롭고 수고로운 일을 오래전부터 해오고 있다. 문자를 만들어 부려 쓰기 시작한 이래로 지금까지 인류는 헤아릴 수 없을 정도로 많은 글을 써왔다.

그렇다면 인류는 무엇 때문에 문자를 만들고 글을 써왔는가? 그것은 무엇보다 생각을 저장하고 보존하기 위해서이다. 생각은 그대로 오랫동안 유지하기 어렵다. 기억의 한계가 있기 때문이다. 그뿐만 아니라 생각을 다른 사람에게 전달해서 함께 공유하는 것도 어렵다. 그렇기에 보존하고 전달하고 공유하기 위해 생각을 문자로 옮기는 일이 필요했던 것이다.

생각을 다른 사람에게 전달하는 방법은 글쓰기만 있는 것이 아니다. 말하기는 또 하나의 중요한 방법이다. 하지만 말하기는 기억의 한계를 넘어서지 못한다. 생각을 음성으로 옮겨 전달한 그 순간, 음성은 사라지고 기억만 남게 되기 때문이다. 또한 생각을 전달받는 상대방이 내 음성이 들리는 공간적·시간적 범위 밖에 있다면, 말하기를 통한 생각의 전달과 공유는 아예 불가능하다. 말하기는 음성을 들을 수 있는 범위 내에서 직접적으로 신속하게 생각을 전달하고 공유할 수 있다는 장점이 있음에도 불구하고 시간적·공간적 전달 범위의 면에서는 한계를 지니고 있는 것이다.

기억하고 전달하고 공유하기 위해서뿐만 아니라 생각을 정돈하고 수정하고 발전시키기 위해서도 글쓰기가 필요하다. 글쓰기의 과정을 통해 머릿속의 생각은 질서 있게, 체계적으로 혹은 논리적으로 정돈된다. 문자로 기록해 시각적으로 인식할 수 있게 되면 이를 바탕으로 기록된 내용을 따져 검토한 후 수정하기 쉽다. 여러 사람에게 전달하여 공유된 후, 다시 전달한 내용에 대한 검토 의견을 받게 된다면, 이러한 의견들을 참고해 원래의 생각을 수정하고 더 낫게 발전시킬 수 있는 것이다.

내 생각을 다른 사람에게 전달하고 이에 대한 다른 사람의 생각을 내가 다시 전달받는 반복적이고 상호적인 의사전달의 과정을 '의사소통'이라고 말한다. 당연히 '글쓰기'는 문자 언어를 매개로 한 의사소통의 방법이다. 생각을 기록해 전달하고 이를 공유하면서 생각을 수정하고 발전시키는 이 모든 과정을 의사소통이라 말할 수 있기 때문이다.

앞서 언급했듯이, 글쓰기를 통한 의사소통은 말하기를 통한 의사소통보다, 시간적으로 오랫동안, 공간적으로 광범위하게 이루어질 수 있으며, 이것이 글쓰기를 하는 궁극적 이유라 말할 수 있다. 오랫동안 광범위하게 의사소통을 할 수 있다는 것은 그만큼 많은 사람에게 내 생각을 전달할 수 있다는 것을 의미한다. 글쓰기를 한다는 것은 지금 여기서 직접적으로 만날 수 없는 현재와 미래의 그 엄청난 수의 독자들과의 대화이며, 그것이 바로 글쓰기를 하는, 해야 하는 중요한 이유이기도 하다.

(2) 글쓰기 공부의 목표

우리는 지금 글쓰기 공부를 하려고 한다. 대부분의 일이 그렇듯이, 무엇을 시작하려고 하면 그것을 왜 해야 하는가를 곰곰이 생각해 보아야 한다. 나는 왜 글쓰기를 공부하려고 하는가? 나는 왜 글쓰기 공부를 해야만 하는가? 나는 왜 글쓰기 능력을 갖추려고 하는가? 열심히 공부해서 어떠한 능력을 갖추고자 하는 것은 그 능력을 발휘해야 할 경우가 있기 때문이다. 그렇다면 어떤 경우에 글쓰기 능력을 발휘해야 하는가? 어떤 경우에 글쓰기 능력을 발휘해야 할 필요가 있는가?

우선 일상생활을 하면서 내가 썼던 글에 대해 떠올려 보자. 간단한 메모를 작성하거나 일기를 써본 경험은 누구에게나 있을 것이다. 휴대전화를 이용해 문자를 보내는 일, 컴퓨터를 이용해 메일을 보내는 일은 이미 생활이 되었다. 메모, 일기, 문자, 메일 등은 모두 그 글을 읽는 독자가 글을 쓴 자기 자신이거나 매우 제한된 소수에 해당하는 사적인 글쓰기의 종류들이다. 이런 사적인 글쓰기는 빈번하게 이루어진다는 점에서 중요하지만, 내용과 형식이 매우 간단해 그 글을 잘 쓰기 위해 특별히 노력할 필요까지는 없다.

다음으로 대학 생활을 하면서 내가 써야 할/썼던 글의 종류에 대해 떠올려 보자. 가장 자주 써야 할/썼던 글은 서술형의 시험답안과 리포트일 것이다. 이 글들은 '학업 성취도 평가'라는 공적 영역의 일과 관련되므로 공적 글쓰기의 영역에 포함시킬 수 있다. 서술형의 시험답안과 리포트는 특별한 노력이 필요한 글쓰기이다. 서술형의 시험답안을 잘 쓰기 위해 무슨 글쓰기 공부가 필요하냐고 생각할지 모르나 자신의 생각을 정확하고 분명하게 서술할 수 있는 능력이 그냥 갖춰지는 것이 아니다. 특히 논술 형식의 시험답안, 소논문 형식의 리포트를 제대로 작성하기 위해서는 특별한 글쓰기 공부가 꼭 필요하다.

자기소개서는 꼭 대학 생활과 관련되는 것은 아니지만, 대학을 졸업하는 시기에 많은 학생들이 쓰는 글이다. '구성원 선발'이라는 공적 영역의 일과 관련되므로, 공적 글쓰기의 영역에 포함시킬 수 있다. 자기소개서 또한 제대로 작성하기 위해서는 이에 대한 공부와 노력이 필요하다.

대학을 졸업한 이후에는 개인에 따라, 어떤 삶을 사느냐에 따라, 써야 할 글의 종류가 매우 다양하다. 기업에 취직을 한 경우에는 간단한 업무용 서식 문서로부터 기획서, 제안서, 업무보고서 등의 글쓰기를 해야 한다. 이 글들의 독자는 제한된 업무 관련자들이지만, 특별한 경우에는 사내 회람과 발표를 통해 더 많은 사람이 독자가 될 수도 있다. 공적인 업무와 관련된 글이라는 점에서뿐만 아니라 제한되지 않은 많은 수의 독자를 대상으로 한 글이라는 점에서 공적 글쓰기에 해당된다.

대학을 졸업한 이후 사회생활에서의 글쓰기는, 사적인 글쓰기를 하지 않는 것은 아니지만, 대체로 공적 글쓰기이다. 직무와 관련된 글뿐만 아니라 칼럼, 비평문, 여행기[여행

후기], 감상문, 학술적 에세이[주제탐구 보고서] 등의 글도 자신의 블로그를 통해 또는 각종 매체를 통해 다른 사람에게 전달하고 공유한다. 그 글들은 제한된 소수의 독자만을 위해 제공되지 않으며 가능한 많은 사람들이 읽어주었으면 하는 바람으로 쓰여진다.

많은 사람들을 대상으로 한 사회적 행위로서의 공적 글쓰기, 이것이 우리가 목표로 해야 할 글쓰기이다. 대학생들에게 글쓰기의 목표와 관련해 앞으로 자신이 쓰고 싶은 글에 대해 질문하면 일기나 메일[편지] 등과 같은 사적 글쓰기를 목표라고 대답하는 경우가 종종 있다. 앞서 언급했듯이, 사적 글쓰기 또한 중요하다. 하지만 글쓰기의 목표를 사적 글쓰기만으로 제한하지 말고 공적 글쓰기로 확장하는 것이 좋다. 공적 글쓰기를 통해 개인적인 보람과 사회적인 성취를 크게 이룰 수 있기 때문이다. 글쓰기를 통해 많은 사람들의 이해와 공감을 얻어냈을 때, 글쓴이로서의 보람을 얻을 수 있다. 또한 이러한 보람은 개인적인 차원의 만족에 그치지 않고 사회적 성취로 이어진다. 글쓰기를 통해 많은 사람들에게 이해와 공감을 얻어내는 능력을 우리 사회가 가치 있게 여겨 이를 요구하기 때문이다.

이해와 공감은 협력의 바탕이 된다. 우리는 삶속에서 다종다양한 문제들과 만나게 되며, 많은 경우, 사회적 협력을 통해 이를 해결한다. 그러므로 글쓰기를 통해, 사회적 차원에서, 이해와 공감을 얻어내는 것은 우리 삶의 문제를 해결할 수 있는 협력의 바탕을 마련하는 일이 된다. 하지만 글쓰기를 통해 이해와 공감을 얻어내는 능력을 갖추는 것은 쉽지 않다. 그러므로 이러한 목표를 달성하기 위해 체계적으로 공부하고 노력하는 것이 필요하다.

글쓰기는 개인적 차원에서의 보람과 성취를 가져다줄 수 있지만 이에 그치지 않는다. 개인적 차원의 보람과 성취가 집적되는 것은 곧 문제 해결을 위한 지식과 지혜가 집적되는 것이다. 이 지식과 지혜의 집적과 계승을 통해 인류는 문화를 창조했으며 문명을 획기적으로 발전시킬 수 있었다. 그러므로 사회적 차원에서, 이해와 공감을 얻어내는 글쓰기 능력을 갖추는 것은 우리에게 참으로 소중한 목표라 아니할 수 없다.

연습1 다음 중 하나를 골라, 간략하게 써 보자.

가. 자신이 경험했던 '글쓰기를 통한 의사소통'의 사례
나. 자신이 앞으로 꼭 쓰고 싶은 글과 그 이유

(3) 좋은 글의 요건

우리가 목표로 해야 하는, 독자의 이해와 공감을 얻어낼 수 있는 글을 '좋은 글'이라고 한다면, '좋은 글'이란 구체적으로 어떤 글을 말하는 것일까?

독자가 이해할 수 있는 글은 정확하고 명확한 글이다. 정확한 글, 명확한 글이 좋은 글이라는 것이다. 그렇다면 정확한 글이란 어떤 글일까? 정확한 글은 문장이 올바르며 어법(맞춤법, 띄어쓰기, 문장부호)에 맞고 단락 구분이 분명한 글이다. 올바르지 않고 어법에도 맞지 않는 문장들로 이루어진 글, 단락을 적절하게 구분하지 않아 내용의 흐름을 쉽게 파악할 수 없는 글은 독자가 내용을 이해하기 어렵다.

그렇다면 명확한 글이란 어떤 글일까? 명확한 글은 글에 담겨 있는 내용이, 글에 담긴 글쓴이의 생각이 분명하게 파악되는 글이다. 의미를 알 수 없는 단어나 맥락상 부적절한 단어가 자주 사용되어 독자가 글을 읽어도 내용을 알 수 없는 글은 명확한 글이 아니다. 명확한 글은, 독자가 문장을 읽으면서 단락을 읽어나가면서 무슨 내용/의미를 전달하고 있는지 파악할 수 없어 고민하게 되고, 다 읽은 후에 생각해도 무슨 내용/의미인지 분명하게 알 수 없는 그런 글이 아니다. 글에 담긴 중심생각[=주제]이 뚜렷해 글을 다 읽은 후 글쓴이가 무엇을 전달하고자 했는지를 분명하게 알 수 있는 글이 명확한 글이다.

좋은 글은 독자가 공감할 수 있는 글이다. 독자에게서 어떤 긍정적인 반응을 불러일으킬 수 있는 글이 독자가 공감할 수 있는 글이다. 독자의 공감은 글에 담겨 있는 글쓴이의 생각에 논리적으로 설득되어 동의하게 되었거나, 새로운 사실을 알게 되는 지적 발견을 경험했거나 혹은 이로부터 촉발되는 지적 자극을 받았거나, 그 생각을 통해 어떤 정서적 감동을 받았을 경우에 발생한다. 공감할 수 있는 글을 쓰려고 노력한다는 것은 자신이 쓴 글과의 만남을 통해 독자에게 어떤 변화가 일어나기를 기대하는 것이며, 이는 글쓰기를 하는 궁극적인 이유이기도 하다.

그렇다면 독자가 공감할 수 있는 있는 좋은 글이란 구체적으로 어떤 글인가? 독자가 공감할 수 있는 글은 '훌륭한 생각'이 담긴 글이다. '훌륭한 생각'이란 독창적이면서 보편적 가치에 부합하는 생각을 말한다. 알지 못했던 혹은 알려지지 않았던 사실이나 문제 그 자체를 제시하거나, 사실이나 문제에 대한 인식을 바탕으로 한 새로운 해석과 평가를 제시하거나 또는 그 방법이나 시각, 감각의 새로움을 제시하는 글을 썼을 때, 그 글을 독창적인 내용의 글이라 말할 수 있다. 글에 담긴 내용이 누구도 함부로 부정하기 어려운 그런 가치를 드러내고 있을 때, 그 글을 보편적인 내용의 글이라고 말할 수 있다.

독자가 공감할 수 있는 좋은 글은 '독창적'인 글이며, '보편적인 가치'를 담은 글이다. 새로우면서 보편적인 훌륭한 생각을 글에 담는 일은 참으로 어려운 일이다. 심리적·유전적 요인, 삶의 환경, 직업, 계층, 맡은 역할 등에 따라 사람들의 생각은 다를 수 있다. 새로운 것으로 받아들여질 수 있는 생각이라 해도 보편적이지 않을 수 있으며, 보편적으로 받아들여질 수 있는 생각이라도 새로운 것이 아닐 수 있다. 그러므로 새로우면서 보편적인 훌륭한 생각을 갖추어 이를 글에 담는 일은 매우 어려운 일이다.

독자가 공감할 수 있는 좋은 글은 개성적인 글이며, 독자의 흥미를 불러일으키는 글이다. 개성적인 글은 자신만의 독특한 문체와 표현으로 쓰여진 글이며 자신만의 고유한 생각을 담은 글이다. 독자는 글을 읽으면서 그 글의 독특한 문체와 표현에 매력을 느낄 수가 있으며, 그 개성적인 면 때문에 그 글에 담긴 고유한 생각에 더욱 공감하게 된다. 글의 개성은 독자에게 공감을 불러일으키는 요인이 될 수도 있지만 지나치면 오히려 방해가 될 수도 있다. 개성이 독자와의 소통을 방해해서는 안 된다.

독자의 흥미를 불러일으키는 글은 독자가 관심을 갖고 있는 혹은 관심을 가질만한 그런 내용의 글이다. 관심은 독자가 누구냐에 따라 다를 수밖에 없으므로 내가 쓰고자 하는 내용이 독자에게 흥미를 줄 수 있는가에 대해 질문해야 한다. 대체로 현재 다수가 문제로 여기는 '화제'가 독자에게 흥미를 불러일으킬 수 있으니, 이를 고려하면서 글쓰기를 하려고 노력할 필요가 있다.

연습2 위의 글을 바탕으로 '좋은 글'은 어떤 글인지 구체적으로 적어 보자.

좋은 글의 요건

1.
2.
3.
4.
5.
6.
7.
8.

연습3 '좋은 글의 요건'을 적용해, 다음 글이 좋은 글인지 그렇지 않은지 판단해 보자.

"앳된 얼굴의 키가 작은 여자 손님이 카스 두 캔과 감자칩 한 봉지를 카운터 위에 올려놓다 말고 고개를 갸우뚱거리며 그녀에게 물었다. 혹시 홍미영 교수님 아니세요? 그녀는 제대로 고개를 들지 못한 채 어수룩하게 대답했다. 아, 아닙니다. 다행히 여자 손님은 더 이상 아무것도 묻지 않고 편의점을 나섰지만, 그날 이후 그녀는 나이가 어려 보이는 손님이 편의점으로 들어설 때마다 반사적으로 긴장하는 몸의 습관을 갖게 되었다."

조해진의 소설 <산책자의 행복>에는 구조조정 여파로 대학 강사직을 잃고 편의점 야간 아르바이트를 하는 홍미영이 등장한다. 그녀는 실직 이후 함께 사는 아픈 어머니의 병원비와 은행 빚을 감당하지 못해 파산하고 기초생활수급자가 되면서 빈곤층으로 추락한다. 힘들어하던 제자의 손을 잡고 "살아 있는 동안엔 살아 있다는 감각에 집중하면 좋겠다"고 이야기하던 다정한 스승은 사라진 지 오래다. 대학 철학과 강사에서 편의점 알바가 된 주인공이 나오는 소설을 읽을 때만 해도 '너무 극단적인 상황 아닌가' 싶었는데 웬걸, 한국의 현실은 소설보다 더 나쁘다.

얼마 전 인터넷을 달궜던 최영미 시인의 '호텔 투숙 편의 요청'이 바로 그렇다. 일전에도 최영미 시인은 "연간소득이 1300만원 미만이고 무주택자이며 재산이 적어 빈곤층에게 주는 근로소득장려금 대상이 되었다"는 고백으로 화제가 된 바 있다. 내게는 편의점에 들르는 제자들이 자신을 알아볼까봐 전전긍긍하는 소설 속 홍미영 교수보다 자신의 궁핍한 경제적 상황을 솔직하게 알리고 농담 반 진담 반의 글을 올렸다가 홍역을 치른 '(전) 베스트셀러 시인' 최영미가 훨씬 소설 속 인물처럼 느껴졌다. 시인의 현실이 소설이면 얼마나 좋겠냐만, 김명인 교수의 지적대로 이번 논란의 본질은 "시인이라는 돈 안되는 타이틀을 가진, 의식주를 걱정하며 살아가는 한 사람의 50대 중반 빈민 독신여성"의 문제다. 논란 이후 최 시인은 집주인의 월세 계약 연장과 함께 한 호텔에서 투숙 제공 의사까지 전달받은 상태다. 훈훈하게 끝났으니 해프닝쯤으로 치부하고 넘어가기에는 최 시인의 상황이 결코 특수하지 않다는 현실이 문제다. 최근 <반지하 앨리스>라는 시집을 내고 사진전을 연 신현림 시인도 하루에 한 시간만 햇빛이 들어오는 반지하에서 10년간 살았다고 하니 비슷한 처지다.

한국 사회가 돈 없는 사람에게 유독 가혹하다는 현실을 차치하고서라도 '여성, 비혼, 소속 없음'으로 살다 보면 가난 혹은 빈곤이라는 단어와 필연적으로 만날 수밖에 없다는 현실은 처참하다. 취업 시장에서 '남성이 최고의 스펙'이라는 말은 취업 이후에도 크게 달라지지 않는다. 정규직 근로자 중 여성 비율은 38.7%로 남성 62.3%에 한참 못 미치고, 여성 가구주의 절대 빈곤율은 20.1%인 데 비해 남성 가구주의 절대 빈곤율은 5.1%다. 여성 전체 노동자의 약 40%가 '일을 해도 가난한' 근로 빈곤계층이고, 전문직 내 여성 집중 상위 6개 직업의 월평균 임금조차 214만원에 불과하다.

해외에서는 같은 커피를 팔면서 남성 손님에게 돈을 더 받는 카페까지 등장했다. 호주 멜버른의 '핸섬 허(Handsome Her)' 카페는 같은 일을 해도 남성이 여성보다 더 많은 임금을 받는 구조적 격차(Gender Gap)를 가격표에 반영, 남성에게 가격의 18%를 더 내게 한다. 15년 연속 경제협력개발기구(OECD) 회원국 중 1위인 한국의 남녀 간 임금 격차는 36.3%이니, 한국에도 이런 카페가 생긴다면 남성들은 37%쯤 비싼 가격을 지불해야 할지도 모르겠다.

모든 여성의 인생이 동화나 셰익스피어의 희곡처럼 결혼으로 끝나지 않는다. 결혼을 하지 않아도 삶은 계속되는데, 한국은 결혼하지 않은 가난한 여성들이 어떻게 살아야 할지에 대해 아무런 답도 갖고 있지 않다. 30~40세 미혼 여성 인구는 10년 새 2배 넘게 급증한 반면 국가는 결혼하지 않는 여성에는 무관심하고 출산하지 않는 여성을 걱정하느라 바쁘다. 소설 속의 홍미영 교수와 현실의 최영미, 신현림 시인은 '열심히 일하지만 가난'하다는 점에서 꼭 닮았고, 그래서 슬프지만 이렇게라도 가시화되었다는 점에서 다행스럽기도 하다. 아직 늦지 않았다. 지금부터라도 혼자라서 더 괜찮지 않은 여성의 가난에 대해 더 많은 관심과 이야기가 필요하다.

– 정지은, "여성, 비혼, 소속 없음, 그리고 빈곤", http://news.khan.co.kr/kh_news/khan_art_view.html?artid=201709182108025&code=990100#csidxbc198058727a520b89e72e6aa7296a5.

2 표절과 글쓰기의 윤리

글쓰기를 할 때 우리가 반드시 경계하고 삼가야 할 것이 '표절(剽竊)'이다. 표절은 다른 사람이 쓴 글의 고유한 내용을 그 출처를 밝히지 않은 채 마치 자기가 쓴 것처럼 사용하는 것을 말한다. 기존의 고유한 지적 생산물을 몰래 훔쳐 사용하는 것이니 윤리적으로 떳떳한 일이 아닐 뿐만 아니라, 경우에 따라서는 법적인 책임을 져야 하는 일이기도 하다.

표절은 표절의 대상물에 따라 '자기표절'과 '타인표절'로 그 유형을 구분할 수 있다. 다른 사람의 글을 출처를 밝히지 않고 가져다 쓰는 타인표절의 경우는, 그런 일을 해서는 안 된다는 것을 대부분 알고 있다. 하지만 자신이 쓴 글을 출처를 밝히지 않고 가져다 쓰는 자기표절의 경우는, 이를 해서는 안 된다는 것을 모르는 사람이 많다.

또한 표절의 유형을 표절하는 행위의 정도에 따라 '적극적 표절'과 '소극적 표절'로 구분할 수도 있다. 대부분의 사람들이 적극적 표절은 표절임을 분명히 인식하고 있으며 해서는 안 되는 일이라 생각하는 데 비해, 소극적 표절은 그렇지 않다고 생각하는 경우가 있다. 하지만 소극적 표절이라 하더라도 표절임이 분명하므로 이를 해서는 안 된다는 인식을 가져야 한다.

표절의 유형을 글쓰기의 단위에 따라 '내용표절', '문장표절', '단어표절', '구성표절'로 구분하기도 하는데, 이를 구체적으로 살펴보면 다음과 같다.

■ 내용표절

내용표절의 첫째 유형은 '전체표절'이다. 다른 사람이 쓴 글의 전부를 그대로 옮겨 사용하는 경우로, 인터넷 공간에서 리포트나 과제물을 사서 그대로 제출하는 것이 전체표절의 대표적인 예라 할 수 있다. 둘째 유형은 '부분표절'이다. 다른 사람의 글에서 필요한 부분만을 옮겨 사용하는 경우이다. 자신의 생각과 논리대로 글을 써내려가다가 부분적으로 다른 글의 일부분을 그대로 옮겨 쓰는 경우가 있는데, 이것이 부분표절의 대표적인 예에 해당된다. 셋째 유형은 '요약표절'이다. 요약표절은 다른 사람이 쓴 글의 전체 내용의 핵심을 자신의 문체로 요약해 자신이 쓴 것처럼 자신의 글에 사용하는 경우이다. 넷째는 '짜깁기'이다. 짜깁기는 두 개 이상의 글의 내용을 부분적으로 뒤섞거나, 하나 이상의 글과 자신의 생각을 혼합해 서술하는 행위로, 현재 가장 빈번하게 행해지는 표절 유형에 해당한다. 짜깁기는 표절을 위장하기 위한 교묘한 표절 행위라 말할 수 있다.

■ **문장표절**

문장표절은 다른 사람이 쓴 문장을 그대로 옮겨 사용하거나 원래의 문장에서 문장 성분의 일부를 바꾸거나 탈락시키거나 혹은 추가하여 사용하는 경우를 말한다. 현재 표절 판단의 기준은 '6개 이상의 단어가 연속적으로 열거되는 경우'이다. 6개 이상의 단어가 연속되는 문장 표현이 다른 글에서 이미 사용된 것이라면 표절이라는 것이다. 표절의 기준을 문장에서 사용되는 연속되는 단어로 정한 것은, 그만큼 문장 단위로 표절이 빈번하게 일어나고 있음을 말해주는 것이다.

■ **단어표절**

단어표절은 기존의 글에서 독창적으로 사용된 개념이나 용어를 무단으로 사용하는 경우를 말한다. 개념이나 용어까지도 표절 여부가 문제될 수 있다는 것을 분명하게 인식하는 것이 필요하다.

■ **구성표절**

기존의 글과 내용 구성이 유사할 경우를 말한다. 내용을 구성하는 단락의 배열 논리와 순서가 동일할 경우 표절을 의심받을 수 있다. 구성 표절은 많은 분량의 리포트나 논문을 쓸 경우에 종종 발생한다. 긴 글의 경우, 내용 배열의 논리적 체계를 구상하는 일이 쉽지 않기 때문이다. 글의 구성이 비슷하지만 내용이 전혀 다른 경우는 표절이 아니라는 견해도 있으며, 그것조차도 표절이라는 견해도 있다. 구성표절을 판단하는 기준은 명확하지 않으며 판단하기 어려운 경우가 많다.

학생들은 글을 쓰기 위한 자료를 오프라인으로 수집하기도 하지만, 온라인으로 수집하는 경우가 대부분이다. 온라인으로 수집한 전자문서는 복사해 사용하기가 쉬어서, 표절의 유혹에 더욱 빠지기 쉽다. 표절은 의사소통의 진실성과 신뢰성을 무너뜨리며, 독창적인 지적 활동을 위축시키는 문제를 발생시킨다. 전자 정보 소통의 시대에 표절의 문제점에 대해 더욱 강조해 말하는 이유가 여기에 있다.

표절의 함정에서 빠져나오는 것은 어려운 일이 아니다. 무엇보다 중요한 것은 자신의 글에 인용, 참고한 자료의 출처를 밝히는 것이다. 직접인용이든, 간접인용이든 출처를 밝히기만 하면 표절에 해당하지 않는다. 다만 유의해야 할 것은 출처를 밝히더라도 정확하게 밝히는 것이 매우 중요하다는 것이다. 출처를 정확하게 밝히지 않았다면 표절에 해당될 수도 있다.

표절은 글쓰는 이의 정직성의 윤리와 관련된다. 다른 사람이 쓴 글에서 도움받은 내용의 출처를 솔직하게, 정확하게 밝히면서 글쓰기를 하는 것이 정직한 글쓰기이다. 하지만 정직한 글쓰기는 출처 제시만으로 충분한 것은 아니다. 출처를 솔직하게 정확하게 제시했다 하더라도 원자료의 내용을 왜곡해 자신의 글에 활용했다면 이는 곤란하다. 원자료의 내용을 왜곡하지 않고 활용하는 것 또한 매우 중요한 정직한 글쓰기의 윤리적 태도이다. 이러한 정직성의 윤리를 바탕으로 '신뢰'와 '독창'의 싹이 싱싱하게 자라나게 되며, 바람직한 의사소통이 이루어지게 되는 것이다.

참고 문헌

이익섭, 「글쓰기 능력의 중요성」, 『새 국어생활』 9, 국립국어연구원, 1999.
이인재, 「대학에서의 글쓰기 윤리교육」, 『작문연구』 6, 한국작문학회, 2008.
정희모 외, 『대학 글쓰기』, 삼인, 2008.
정희모, 「디지털 시대 주체 회복을 위한 대학 글쓰기 교육의 필요성」, 『리터러시 연구』 12, 한국리터러시학회, 2015.
최규수, 『대학에서 글쓰기를 어떻게 할 것인가』, 명지대학교 출판부, 2008.
황성근, 「대학생의 글쓰기 윤리와 표절 문제」, 『사고와표현』 1, 한국사고와표현학회, 2008

02 글쓰기의 과정과 구상하기

1 글쓰기의 과정

(1) 글쓰기 과정의 세 단계 혹은 다섯 단계

글쓰기의 과정은 다음과 같이 크게 세 단계로 구분할 수 있다.

1단계: 쓰기 이전[구상하기]
2단계: 쓰기
3단계: 쓰기 이후[고쳐쓰기]

맛있는 음식을 만들려면 바로 요리에 들어가서는 안 된다. 요리를 하기 위한 준비를 철저히 해야 제대로 된 음식을 만들 수 있다. 어떤 음식을 요리할 것인지를 정하는 것은 물론, 그 음식을 만들기 위한 재료 준비도 철저히, 꼼꼼하게 해야 한다. 어떤 순서로 요리를 할 것인지에 대해서도 미리 생각해 두어야 하며, 레시피대로 요리를 다 한 후에도 제 맛이 나는지 점검해서 부족한 것이 있으면 보충해야 한다.

글쓰기도 마찬가지이다. 서둘러 글을 쓰려고만 해서는 안 되며, 쓰기 이전에 쓰기를 위한 준비를 철저히 꼼꼼하게 해야 한다. 글이 일단 완성되면, 거기서 끝내지 말고 차분하게 검토해 문제가 발견되면 이를 수정해야 한다. 구상하기-쓰기-고쳐쓰기는 어느 하나도 소홀히 해서는 안 되는, 글쓰기 과정의 세 단계인 것이다.

이 세 단계 가운데 구상하기는 다시 그 과정을 주제 설정, 자료의 조사·수집·정리, 구상개요 작성의 단계로 구분할 수 있다. 구상하기의 단계를 이처럼 구분하는 것은 구상하기가 중요하기 때문이며, 구상하기를 잘 해야 제대로 된 글을 쓸 수 있기 때문이다. 구상하기를 세 단계로 구분하면 글쓰기의 과정은 다음과 같이 모두 다섯 단계가 된다.

1단계: 주제 설정

문제의식으로부터 글을 써야겠다는 생각이 비롯되지만, 여기서부터 글쓰기의 과정이 시작되는 것은 아니다. 문제의식의 단계에서 가졌던 생각을 명료하게 초점화해, 한 편의 글에 담아내고자 하는 생각의 범위를 구체적으로 한정할 때, 비로소 글쓰기의 과정은 시작된다. 한 편의 글에 담아내고자 하는 초점화된 명료한 생각, 글로 표현할 내용의 범위를 구체적으로 한정한 바로 '그 생각'을 주제라 하는데, 주제가 명확하게 설정되어야만 글쓰기의 과정을 시작할 수 있다.

2단계: 자료의 조사·수집·정리

주제가 설정되면, 주제를 뒷받침하면서 글의 내용을 구성하는 데 필요한 재료를 목록화해 조사해야 하며, 이를 수집하고 정리해야 한다. 글의 내용을 구성하는 재료를 자료라 하는데, 자료의 목록이 세밀하게 작성되고 충분하게 수집될수록 충실한 내용으로 주제를 구현할 가능성이 높아진다. 수집된 자료를 전부, 그대로 글쓰기에 활용할 수 있는 것이 아니라는 점도 유념해야 한다. 수집된 자료를 글쓰기에 활용하기 위해서는 이를 주제를 뒷받침하는 내용 항목에 따라 적절히 분류해야 하며, 글을 쓰는 데 필요한 정도와 상태로 정리해야 한다.

3단계: 구상개요 작성

다음으로 해야 할 일은, 정리된 자료를 바탕으로 구상개요를 작성하는 것이다. 구상개요는 주제를 드러내고자 하는 글쓰는 이의 논리를 체계적으로 구조화한 것으로, 글의 내용을 구성하는 단락/문단의 전개도이다. 구상개요를 작성한다는 것은 글 전체의 틀, 그 얼개를 짜는 것이다. 구상개요가 작성되어야 완성될 글 전체를 예상할 수 있으며, 쓰기에 들어가기 이전에 미흡한 점을 점검하고 보완할 수 있다.

4단계: 쓰기

구상개요가 작성되면 다음 단계는 쓰기이다. 쓰기의 바탕은 적절한 어휘 사용 능력과 정확한 문장 서술 능력이다. 구상개요가 아무리 잘 작성되었다 하더라도 어휘력과 문장력을 갖추고 있지 못하면, 구상개요의 내용을 제대로 표현할 수 없으며, 글을 완성했다 하더라도 좋은 평가를 받기 어렵다. 그러므로 평소에 어휘력과 문장력을 갖추기 위해 노력해야 한다. 어휘력은 짧은 기간에 갖추기 어렵다. 하지만 문장력은 그렇지 않다. 탁월한 수준의 문장 서술 능력을 짧은 기간에 갖추기는 어렵지만, 문장을 올바르게 서술하는 정도의 능력은, 문제점을 파악해 이를 고치려고 노력한다면, 단기간에 개선할 수 있다.

구상개요는 글의 내용을 구성하는 단락들을 체계적으로 배치한 것이다. 그러므로 문장력을 바탕으로 구상개요의 단락들을 하나씩 서술하면 한 편의 글이 된다. 단락은 문장이 구조화되어 이루어진 구성 단위이므로, 단락 쓰기를 잘 하려면 단락의 구조에 대한 이해가 필요하다. 단락들은 구상개요의 순서에 따라 순차적으로 서술할 수도 있으며 순서에 관계없이 서술할 수도 있다. 반드시 지켜야 할 원칙은 아니지만, 글의 중간[중심부/본론]을 먼저 쓰고 처음[도입부/서론]과 끝[종결부/결론]을 쓰는 것이 일반적이다.

주제를 설정하고 구상개요를 작성할 때는 독자를 충분히 고려해야 한다. 하지만 일단 쓰기에 들어가면 글에 담고자 하는 자신의 생각에 집중해야 한다. 독자를 전혀 고려하지 않아도 된다는 것은 아니지만, 쓰기 단계에서 독자에 대한 고려가 지나치면 오히려 글쓰기에 방해가 되며, 그 결과 글쓰기가 진전되지 않고 힘들어진다.

쓰기의 단계에서 단번에 아무런 흠이 없는 글로 완성시켜야겠다는 생각을 하는 것도 바람직하지만은 않다. 물론 그렇게 할 수 있다면 그보다 좋은 것은 없지만, 단번에 아무런 흠이 없는 글을 완성하기란 쉽지 않다. 흠이 있다면 쓰기 이후에 고쳐쓰기를 통해 수정하면 되므로, 편한 마음으로 쓰기에 임하는 것도 쓰기를 잘 할 수 있는 요령이다.

5단계: 고쳐쓰기

구상개요 상의 단락들을 모두 서술하면 쓰기가 끝난다. 하지만 쓰기가 끝났다고 해서 글쓰기의 과정이 끝난 것은 아니다. 쓰기 이후에 반드시 해야 할 일이 고쳐쓰기이다. 앞서 언급했듯이, 쓰기의 과정에서 흠이 없는 글을 완성하기란 어렵기 때문이다.

고쳐쓰기의 단계에서는 독자를 충분히 고려해야 한다. 독자에게 주제가 잘 전달될 수 있도록 글이 쓰여졌는지, 형식과 내용의 측면에서 전체와 부분의 차원에서 꼼꼼하게 점검해, 문제점이 발견되면 이를 해결해야 한다.

쓰기를 끝낸 직후에는 쓰기에 몰입됐던 생각의 관성이 있으므로, 어느 정도 시간이 경과한 후 초고를 점검하는 것이 좋다. "팔이 안으로 굽는다"라는 속담이 있듯이, 자신이 쓴 글의 문제점을 스스로 발견하기 어려울 수도 있으므로, 다른 사람에게 부탁해 점검을 받는 것도 좋은 방법이다. 하지만 자신이 쓴 글에 대한 책임은 자신에게 있는 것이므로, 다른 사람의 조언 가운데 내가 받아들여야 하는 것을 판단하는 것 또한 자신의 몫이다.

(2) 예비 개요와 되돌아가기

① 예비 개요

글쓰기를 하려면 먼저 주제부터 설정해야 한다. 주제가 설정되었다면 다음 단계에서는 주제를 글에 담아내기 위해 필요한 자료를 조사하고 수집하고 정리해야 한다. 정리된 자료를 바탕으로 구상개요를 작성하는 것은 그다음 단계에서 할 일이다. 하지만 주제를 설정하고 난 후, 필요한 자료가 무엇인지를 파악하기 위해 자료 조사 이전에 미리 구상개요를 작성하는 것이 효율적인 경우도 있다.

자료 조사 이전에 미리 작성하는 구상개요를 예비 개요라 한다. 예비 개요는 많은 자료를 준비해야 하는 긴 글을 쓰는 경우에 필요하다. 짧은 글을 쓸 때는 필요한 자료가 많지 않아 어떤 자료를 조사해야 할지 비교적 쉽게 예상할 수 있다. 하지만 긴 글을 쓸 때는, 완성하고자 하는 글의 상위 단락과 하위 단락을 서술하는 데 어떤 자료가 필요한지를 예상하기가 쉽지 않다. 예비 개요를 작성하면 각 단락을 서술하는 데 필요한 자료를 빠짐없이, 구체적으로 파악해 낼 수 있다.

예비 개요는 자료의 조사·수집·정리가 이루어지기 전 단계에 수행되는 것이므로 불안정하고 불확실한 구상개요이다. 필요한 자료를 수집할 수 없다면 쓸모없는 구상개요가 될 수도 있다. 하지만 자료 수집 여부와 관계없이 주제를 담아내기 위해 필요한 자료를 예상해 보기 위해 가능한 모든 단락들을 배열해 볼 수 있다는 점에서 이상적인 구상개요라 할 수도 있다.

현실적인 구상개요는 자료가 확보된 후에야 작성할 수 있다. 예비 개요는 자료를 확보한 후에 작성하는 구상개요에 비해 체계성과 긴밀성이 떨어질 수 있으며, 그것이 허용되는, 잘 짜이지 않은 거친 구상개요이다. 그렇기에 예비 개요를 작성하는 데 필요 이상으로 공을 들일 것까지는 없다.

연습1 다음 '주제' 가운데 하나를 골라 예비 개요를 작성해 보자.

- 주제 1 대학 진학의 목적
- 주제 2 고전 읽기의 필요성
- 주제 3 인권의 측면에서 본 성소수자 문제
- 주제 4 우리 농업을 살리는 방법

② 되돌아가기

한 편의 글을 제대로 쓰려면 글쓰기 과정 다섯 단계를 차근차근 밟아나가는 것이 좋다. 하지만 그렇다고 해서 이 다섯 단계를 순차적으로, 한 방향으로만 밟아나가야만 하는 것은 아니다. 어떤 단계를 수행하다가 이전 단계의 문제점이 발견되면 다시 그 이전 단계로 되돌아가야 한다.

예를 들어, 주제를 설정한 후 자료를 조사하고 수집하다 보면 주제를 뒷받침하기에 충분한 자료를 수집할 수 없는 경우도 있으며, 주제를 뒷받침하는 중심 자료를 수집할 수 없는 경우도 있다. 또한 자료를 수집하고 정리하는 과정에서 자신이 설정한 주제가 올바르지 않거나 서술이 가능하지 않은 주제라는 것이 판명되는 경우도 있다. 그럴 경우 이전 단계로 돌아가 주제 설정을 다시 해야 한다.

구상개요 작성 단계에서도 마찬가지이다. 필요하다고 예상한 자료를 수집·정리하고 이를 바탕으로 구상개요를 작성하는 과정에서 새로운 자료가 필요하다는 것을 발견하는 경우도 있으며, 심지어 주제 설정을 다시 해야 할 경우도 있다. 물론 이 때도 다시 문제점이 발견된 그 단계로 되돌아가야 한다.

쓰기 단계에서 구상 단계의 문제점을 발견하는 일도 드물지 않다. 구상 개요 상의 문제점을 발견할 수도 있고, 수집·정리된 자료의 문제점을 발견할 수도 있으며, 주제 설정의 문제점을 발견할 수도 있다. 구상 단계를 지나 쓰기 단계에 들어갔다고 하더라도 문제점이 발견되었다면 망설임 없이 그 이전 단계로 돌아가야 한다.

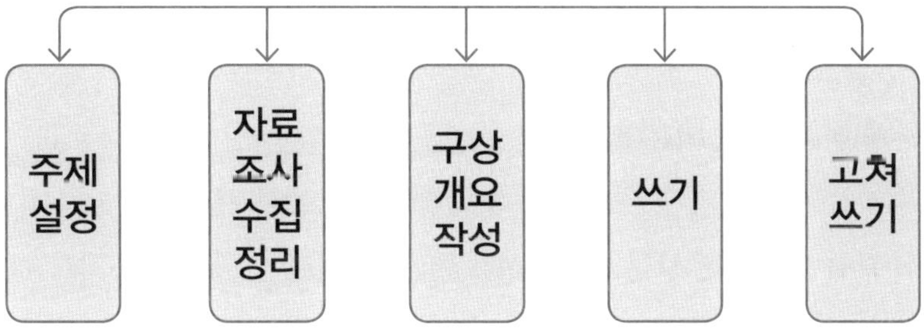

이전 단계의 문제점을 집중적으로, 최종적으로 발견해 수정·보완하고자 하는 단계가 고쳐쓰기 단계이다. 고쳐쓰기 단계에서 발견한 문제점이 형식적인 측면에만 국한된 것이라면 쓰기 단계로 돌아가 올바르게 고쳐 쓰면 된다. 하지만 내용적인 측면의 문제점이 발견된다면 구상하기의 단계로까지 다시 돌아가야 한다. 심각한 문제점이 아니라면 구상하기의 단계를 다시 본격적으로 밟지 않아도 되지만, 내용상의 심각한 문제점이 발견되면 자료 조사·수집·정리의 단계나 구상개요 작성의 단계로 돌아갈 수도 있다. 드문 일이긴 하지만 이미 쓴 글을 버리고 아예 주제 설정 단계부터 다시 해야 하는 경우도 있다.

문제점이 발견되어 다시 그 이전 단계로 돌아가는 일이 없이, 한 편의 글을 완성할 수 있다면 그보다 좋은 것은 없다. 그렇게 하기 위해서는 각 단계에서 해야 할 일을 꼼꼼하게 수행해야 한다. 하지만 이는 쉽지 않은 일이다. 그렇기에 이전 단계로 되돌아가는 것을 당연하게 받아들여야 한다. 되돌아가기를 망설여서도, 귀찮아해서도 안 된다.

2 구상하기

(1) 주제와 제목

① 가주제와 주제

생각이 없으면 글을 쓸 수 없다. 글을 써야겠다고 마음먹는 순간, 무엇보다도 먼저 해야 할 일은 글에 담고자 하는 '그 생각(=중심 생각)'이 무엇인지를 명확하게 하는 것이다. 생각을 명확하게 하는 것은, 비유해 말하면, 사진을 찍을 때 사진을 찍을 대상을 정하고 초점을 명료하게 하는 것과 같다. 대상을 정하지 않으면 카메라 렌즈의 방향을 잡을 수 없으며 초점이 명료하지 않으면 사진을 선명하게 찍을 수 없다. 글에 담아내고자 하는 생각의 범위를 한정하고 생각이 명료하게 초점화되었을 때, 주제가 설정되었다고 말할 수 있다.

주제를 설정하기 위해 생각의 범위를 한정하는 것에 대해 다음의 예시를 통해 생각해 보자

<예시1> 주제: 대학

<예시2> 주제: 대학 생활

<예시3> 주제: 보람찬 대학 생활의 설계

학생들에게 자신이 쓰고 싶은 글의 주제를 말해 보라고 하면 <예시1>이나 <예시2>와 같이 대답하는 경우가 적지 않다. <예시1>은 글에 담고자 하는 생각이 무엇인지를 짐작하기조차 어렵다. 대학의 '목적'에 대해서 쓰겠다는 것인지, 대학의'역사'에 대해 쓰겠다는 것인지, 대학의'운영'에 대해 쓰겠다는 것인지 도무지 알 수 없다. 대학과 관련된 모든 것을 쓰겠다는 말이라면, '대학'에 대해 수십 년을 연구한 전문가라도 쓰기 어렵다. 써야할 내용이 너무 방대해 그 범위를 한정하는 것조차 쉽지 않기 때문이다.

<예시2>도 마찬가지다. <예시1>에 비해 범위가 한정되어 있어 무엇을 쓰려고 하는지 알 수 있을 것 같지만, 그렇지 않다. 무슨 생각을 글에 담으려고 하는지가 명확하지 않기 때문이다. 대학 생활을 잘 해보자는 생각을 담으려고 하는지 아니면 대학 생활을 하며 경험한 문제점에 대한 생각을 담으려고 하는지 알 수 없다.

<예시3>은 글에 담으려고 하는 생각이 분명하다. 대학을 졸업할 때 자신이 원하는 결과를 얻기 위해 대학 생활을 어떻게 계획하는 것이 좋을지에 대한 생각을 쓰고자 한다는 것을 명확하게 알 수 있다. 생각의 범위가 '대학 생활의 설계'로 한정되어 있으며 생각의 방향이 '보람을 추구'하는 것으로 초점화되었기 때문이다.

<예시1>, <예시2>와 같이 범위가 막연하고 그 방향이 모호한 생각을 가주제라고 한다. <예시3>과 같이 범위를 한정하고 그 방향이 뚜렷한 생각을 참주제라고 한다. 말 그대로 가주제는 주제가 아니며, 참주제만이 주제이다. 주제를 설정한다고 할 때의 주제는 당연히 참주제를 의미한다. 가주제와 참주제를 구별해 대조한 이유는 주제를 설정할 때 가주제의 단계에 생각이 머물러서는 안 된다는 것을 보여주기 위해서이다.

② 주제의 요건

주제는 좁을수록 좋다고 한다. 생각의 범위가 막연한 가주제의 단계에서 생각의 범위가 뚜렷한 참주제의 단계로 나아가기 위해서는 생각의 범위를 좁혀야 하기 때문이다. <예시1>로부터 <예시3>으로 나아가는 과정에서 생각의 범위가 좁혀졌으며, 그랬기에 참주제를 설정하는 데에 이를 수 있었던 것이다. 생각의 범위를 좁혀가는 이 과정은 궁극적으로 글에 담고자 하는 '그 생각'이 무엇인가를 고민하는 과정이고 이를 찾아가는 과정이며 끝내 확인하는 과정이다. 생각의 범위를 좁혀야 주제를 제대로 설정할 수 있기에, 주제는 좁을수록 좋다고 말하는 것이다. 하지만 반드시 그런 것은 아니다.

<예시4> 주제: 보람찬 대학 생활을 설계해야 하는 이유

<예시4>는 <예시3>에 비해 생각의 범위가 더 좁다. <예시3>에 이유, 방법, 실제가 다 포함될 수 있기 때문이다. 주제는 좁을수록 좋다면, <예시4>가 <예시3>보다 더 나은 주제라고 말해야 한다. 하지만 꼭 그렇지는 않다. 글을 쓰고자 하는 목적 혹은 의도가 보람된 대학 생활을 설계하는 이유, 방법, 실제를 다 밝히려는 것이있다면, <예시4>는 주제가 될 수 없으며, 당연히 더 나은 주제라고 말할 수도 없다.

주제는 좁을수록 좋다는 말은 생각의 범위를 무조건 좁히라는 말이 아니라, 자신이 글에 담고자 하는 바로 '그 생각'까지 좁히라는 것이다. 자신이 '그 생각'을 글로 쓰고자 한

것은 어떤 목적이나 의도가 있기 때문일 수도 있고, 다른 사람의 요구에 따른 것일 수도 있다. 자신의 '그 생각'은 독자를 고려해 정해질 수도 있으며, 글을 쓰는 '여건'을 고려해 정해질 수도 있다. 여러 가지를 고려한 끝에 정해진, 글에 담아야겠다고 마음먹은 바로 '그 생각'까지만 생각의 범위를 좁히는 것이 주제를 설정하는 과정이다.

주제는 자신이 잘 쓸 수 있는 것이어야 한다. 자신이 평소에 관심을 갖고 있어서 내용을 풍부하게, 의미 있게 서술할 수 있는 그런 주제를 설정하는 것이 좋다는 말이다. 글에 담을 생각의 범위를 한정했다 하더라도, 자신이 평소에 관심을 갖고 있어서 준비가 잘 되어 있지 않다면 '그 생각'을 주제로 설정하지 않는 것이 좋다. 써야 한다는 의무감이나 쓰고 싶다는 의욕만으로는 글을 쓰기 어렵다. 자신이 잘 쓸 수 있는 주제를 설정해야만 글쓰기의 과정이 순탄하고 그 결과가 만족스러울 수 있다.

당연한 말이지만, 주제는 독자의 흥미를 돋우고 관심을 불러일으킬 수 있는 것이 좋다. 자신이 잘 알고 있고 잘 쓸 수 있는 주제라 하더라도, 독자에게 의미 있는 것으로 받아들여지지 않는다면, 글을 쓴 보람이 없다. 물론 모든 독자에게 의미 있는 것으로 받아들여질 수 있는 주제를 설정한다는 것은 쉬운 일이 아니다. 하지만 모든 독자를 대상으로 해 글을 쓰는 경우란 드물다. 글을 쓸 때는 대체로 독자의 범위를 예상하기 마련이므로, 예상 독자에게 의미 있는 주제인가를 신중히 고려해야 한다. 그래야 독자에게 공감을 얻을 수 있다.

③ 주제와 주제문

주제가 설정되면 이를 바탕으로 주제문을 작성하는 것이 좋다. 글에 담아내고자 하는 명료하게 초점화된 생각의 범위를 간결하게 '구(句)'로 표현하면 주제가 되고, 구로 표현된 명료한 생각의 내용이 무엇인지 '한 문장'으로 서술하면 주제문이 된다. 주제는 '그 생각'을 압축해 범위를 나타낸 것이라면, 주제문은 압축한 것을 풀어내 그 내용과 방향을 구체화한 것이라 말할 수 있다.

<예시5> 가주제: 취업
주　제: 취업을 위해 대학생이 해야 할 일
주제문: 취업을 준비하는 대학생은 취업하고자 하는 일의 특성을 잘 파악하고 필요한 능력을 갖추도록 노력해야 한다.

<예시5>의 가주제와 주제를 비교해 보면, 가주제에 비해 주제가, 생각의 범위를 좁게 한정하고 있다는 것을 알 수 있다. 취업하고자 하는 사람 가운데 '대학생'으로 한정했으며, 취업과 관련된 쓸거리 가운데 '해야 할 일'만으로 한정했다. 그렇기에 구로 표현된 주제를 보면 글에 담고자 하는 생각의 범위, 글에 담길 내용의 범위를 분명하게 알 수 있는 것이다.

하지만 구로 표현된 주제만으로는 그 내용을 구체적으로 알 수 없다. 주제는 내용의 범위만을 지시하기 때문이다. 그래서 주제문을 작성하는 것이 필요하다. 주제문을 작성하면 쓰고자 하는 글의 내용을 보다 구체화할 수 있다. <예시5>의 주제문을 보면 '취업을 위해 대학생이 해야 할 일'이란 주제의 글에 ① 취업하고자 하는 일의 특성 파악 ② 취업에 필요한 능력 구비, 이 두 가지 내용을 담을 것임을 알 수 있다. 또한 노력을 촉구하는 방향으로 글이 서술될 것임을 알 수 있다.

주제문을 통해, 자신이 쓰고자 하는 주제의 내용과 방향을 구체적으로 드러내야 하므로, 주제문은 표현이 명확한, '~이다'로 종결되는 평서형의 문장으로 작성되어야 한다. 청유형[~하자], 명령형[~하라], 의문형[~일까?]의 문장으로 작성하는 것은 바람직하지 않다. 주제문은 글을 쓰고자 하는 자신이 자신의 생각을 문장으로 표현하는 것이기 때문이다. '~이/가 아니다'로 종결되는 부정문 또한 바람직하지 않다. 부정문도 평서형의 문장이기는 하나, 부정문으로 표현하면 생각의 범위가 한정되지 않는 경우가 많기 때문이다. "고등어는 포유류가 아니다"라는 문장은 고등어가 어류임을 한정하지 않는다.

주제문에는 글 쓰는 이의 관점이나 시각, 의견, 태도가 분명하게 드러나야 한다. 관점이나 시각, 의견, 태도가 글의 서술 방향을 좌우하기 때문이다. 일반적으로 주제문은 '~은 ~이다.'의 사실명제/가치명제 형식으로 보는 '~은 ~이어야 한다.'는 정책명제 형식으로 작성되는데, 서술부의 표현의 차이에 따라 글의 서술 방향이 달라진다. 그러므로 주제문을 작성할 때에는 자신의 생각을 적절하게 나타낼 수 있는 적합한 서술 형식을 선택해야 한다.

주제와 주제문이 제대로 작성되어야 글쓰기를 위한 주제 설정이 되었다고 할 수 있다. '시작이 반'이라는 속담이 있지만, 글쓰기 과정의 시작인 주제 설정은 반이 아니라 거의 전부라고 말할 수도 있다. 앞서 보았듯이, 주제와 주제문이 작성되면 글에 담을 내용과 서술의 방향을 구체적으로 예상할 수 있기 때문이다.

연습1 교재 16쪽 [연습3]의 <제시문>을 대상으로 주제와 주제문을 작성해 보자.

④ 제목 정하기

글쓰기 과정에서 제목을 정하는 일은 중요한 일이지만 시급한 일은 아니다. 주제가 정해지지 않으면 자신이 쓰고자 하는 글에 무슨 생각을 담을 것인지 분명하지 않아 글쓰기를 할 수 없지만, 제목이 정해지지 않았다고 해서 글쓰기를 할 수 없는 것은 아니다. 오히려 제목은 글을 다 쓰고 난 후에 정해야 만족스러운 경우가 많다. 물론 주제를 설정하면서 제목을 정할 수도 있고 글을 쓰는 과정 중에 제목을 정할 수도 있다. 주제를 설정한 후 글쓰기의 단계를 밟는 과정에서 제목은 언제든 정해도 되니, 시급한 일이 아닌 것이다.

하지만 제목을 정하는 일은 중요한 일이다. 자신이 쓴 글이 독자에게 전해져 독자가 그 글을 보게 되었을 때, 가장 먼저 눈에 들어오는 것이 제목이다. 꼭 읽어야 하는 상황이 아니라면, 독자는 제목만 보고 그 글을 읽을 것인가 말 것인가를 결정할 수 있다. 그렇기에 제목이 중요하다. 제목을 잘 정해야 자신이 글을 쓴 보람을 이룰 수 있다.

그렇다면 제목을 정할 때 어떤 점을 고려해야 할까? 무엇보다 먼저 고려해야 할 점은 주제와의 관련성이다. 제목은 독자에게 어떤 주제의 글인가를 알려주는 기능을 한다. 제목이 글의 주제와 전혀 동떨어지게 되면, 글을 읽은 독자가 실망하게 되며, 심할 경우 속았다는 생각을 갖게 된다. 조회수를 높이기 위한 인터넷 신문의 '낚시성 제목'이 대표적인 예이다.

주제와 관련해 제목을 정하는 것이 좋다고 했으니, 글을 쓰기 위해 작성한 주제를 그대로 제목으로 정하는 것은 어떨까? 물론 그렇게 할 수 있고, 해도 된다. 하지만 주제는 글에 담을 자신의 생각을 명확하게 초점화하기 위한 목적으로 작성된 것이다. 주제는 내가 글을 쓰기 위해 작성한, 나를 위한 것이지 독자를 위한 것은 아니다. 그렇기에 명확해야 하지만 인상적일 것까지는 없다. 하지만 제목은 독자를 위한 것이다. 그렇기에 제목을 통해 주제에 대한 정보를 알려주는 것도 중요하지만, 이를 보고 독자가 흥미와 관심을 갖도록 하는 것도 매우 중요하다.

글을 쓰기 위해 작성한 주제가 인상적이어서, 독자의 흥미와 관심을 유발하기에 충분하다면 그대로 제목으로 정할 수 있다. 하지만 그렇지 않다면 독자의 흥미와 관심을 불러일으킬 수 있는, 인상적인 제목을 생각해 보는 것이 좋다. 글의 주제에 대해서도 알려주면서 독자가 흥미와 관심을 가질 수 있는 인상적인 제목을 정할 수 있다면 그보다 더 좋을 수는 없다.

제목은 단어로도 구로도 문장으로도 표현될 수 있다. 하지만 어떤 경우라도 앞서 말했던 두 가지 요건이 충족되어야 한다. 제목은 구로 표현되는 것이 가장 흔한 경우이다. 단어는 담아내는 정보의 양이 적어서 주제와의 관련을 드러내는 데 한계가 있고, 문장은 정보가 너무 구체적이어서 인상적이지 않을 수 있기 때문이다. 하지만 반드시 그렇지는 않으므로 두 가지 요건을 고려해 적절하게 정하면 된다.

한 가지 더 고려해야 할 것은 글의 목적과 종류이다. 보고서나 논문과 같이 객관성을 지향하는 글은 주제가 무엇이냐가 독자의 관심과 흥미를 유발하므로 보다 직접적으로 주제를 드러내는 제목이 좋다. 하지만 가벼운 내용의 수필이나 칼럼과 같이 개인적이고 주관적인 글은 주제를 직접적으로 드러내기보다는 개성을 담은 인상적인 표현으로 제목을 정해 독자의 흥미를 유발하는 경우가 많다. 글의 목적과 종류에 따라 어느 한 면이 강조될 수는 있지만 두 면을 동시에 적절하게 살리는 제목이 좋다는 원칙은 변함이 없다.

연습2 다음 글을 읽고 '원제목' [멸종저항은 세대전쟁이다]에 대해 평가해 보고, '다른 제목'도 생각해 보자.

이번 여름은 날씨가 이상하다. 비가 계속 온다. "이 비의 이름은 장마가 아니라 기후위기입니다." 환경단체는 경고한다. 이건 이미 위기가 아니라 재난이다. 이상기후가 정상이 되었다. 우리는 코로나에 대응하듯이 기후변화에 대응해야 한다. 국가가 재난사태를 선포하고 에너지 생산, 유통, 소비의 혁명적인 전환을 이루어야 한다. 과학은 분명하다. 아니, 수십년 전부터 분명했다. 지금 인간이 지구에 사는 방식은 지속불가능하다. 지구를 살리자는 게 아니냐. 지구는 죽지 않는다. 위험한 건 우리의 목숨이다. 인간을 비롯한 지구생명체 모두의 생존이 달렸다.

우리는 제6차 대멸종을 목도하고 있다. 무수한 동식물 종이 매일 사라진다. 기후재난과 절멸에도 불평등이 있다. 인류 문명의 중심지에서 동떨어진 극지방과 열대우림의 동물들이 먼저 에스오에스(SOS)를 보냈다. 녹아내리는 얼음 위의 북극곰을 본 게 하루 이틀인가? 하지만 남 일이었다. 아마존이 불타는 게 하루 이틀인가? 캘리포니아, 오스트레일리아, 시베리아도 불탔지만 남 일이었다. 바그다드가 51도를 기록했지만, 중동은 원래 덥지 않나? 지붕 위에 올라간 소를 보고서야 우리는 실감했다. "이건 장마가 아니라 기후위기다." 그리고 소를 "구조"해서 기후위기의 주범인 축산업의 피해자로 다시 끌고 갔다. 비가 그치면 다들 원래 살던 방식대로 돌아갈 것이다. 소고기 먹고, 석유차 끌고, 비행기 타고, 나무를 벨 것이다. 이대로 가면 2050년 지구는 거주 불능이다. 종말을 막기 위해 남은 시간은 기껏해야 10년이다. 멸종의 유령 앞에서도 우리는 왜 각성하지 못하는가? 이것보다 중요한 문제가 대체 무엇이란 말인가?

부동산이란다. 멸종저항은 결국 세대전쟁이다. 오늘날 지구를 지배하는 이들은 산업화 세대다. 트럼프는 부동산 투기로 권력을 얻었고, 시진핑, 푸틴도 개발논리로 무장했다. 대한민국을 지배하는 민주화 세대도 사실 부동산 세대임이 드러났다. 이들 모두 기후재난의 혹독한 대가를 온전히 치르기 전에 다 죽을 것이다. 그렇기 때문에 기성세대에게 환경 문제는 끝까지 남 일이다. "미래세대 위해 그린벨트를 보존한다"는 문재인 대통령의 말처럼 선심 쓰는 차원이다. 근데 그 미래세대가 나다. 나는 최소 90살, 그러니까 2080년까지는 살고 싶은데, 내 인생의 대부분을 윗세대가 싼 똥 치우며 허비하고 싶지 않다. 맑은 공기와 좋은 날씨와 푸른 산천을 원한다. 후대를 위해 깨끗한 환경을 물려주고 싶다는 사치가 아니다. 당장 내 인생이 걸렸다.

향후 10년간 밀레니얼 세대와 제트(Z)세대가 산업화 세대에 제동을 걸지 못하면 미래는 없다. 멸종저항은 2018년 영국에서 시작하여 세계로 퍼지고 있다. 비폭력 시민불복종으로 정부에게 기후생태 비상 선포를 요구한다. 모두가 평화적이지는 않다. 우크라이나에서는 막심 크리보시가 13명의 인질을 붙잡고, 대통령에게 다큐멘터리 <지구생명체>를 시청하라고 요구했다. 기후생태 재난 앞에 정당 정치, 정체성 정치는 무의미해질 것이다. 그런데 여의도는 아직도 국회의원이 원피스 좀 입었다고 왈가왈부한다.

희망을 품어본다. 코로나를 겪으면서 우리 삶이 크게 바뀌었다. 기후재난도 각성만 하면 바뀔 수 있다. 불가능해 보이는 혁명적 변화를 이룰 수 있다. 답은 이미 나와 있다. 재생에너지로 바꾸고, 비행기를 멈추고, 석유차를 없애고, 채식을 해야 한다. 코로나 이상의 불편함을 감수해야 한다. 그러나 이것을 기성세대가 결단하지는 않을 것이다. 청년과 청소년이 나서야 한다. 당사자인 우리가 엄마, 아빠, 이모, 삼촌들을 불편하게 해야 한다. 문명사의 분수령에 우리가 서 있다. 10년간의 싸움이 이후 백년, 어쩌면 천년을 좌지우지할 것이다.

– 전범선, "멸종저항은 세대전쟁이다",
http://www.hani.co.kr/arti/opinion/column/958953.html?_fr=mt5#csidx45ce9b33f0c68ea842e603a275fbfc8

(2) 자료의 조사·수집·정리

자료는 글쓰기에 바탕이 되는 재료를 말한다. 글을 쓴다는 것은 자료를 바탕으로 구성된 내용을 서술하는 것이다. 글의 내용은 주제를 온전하게 드러내기 위해 구성·서술되는 것이므로, 자료란 주제를 뒷받침하는 재료라고도 말할 수 있다. 자료를 충분하게 확보해야만 내용을 체계적으로 구성하고 충실하게 서술할 수 있으며, 주제를 제대로 담아낸 글을 쓸 수 있다고 말하는 것은 이 때문이다.

자료는 주제와의 관련성 면에서 '중심 자료'와 '주변 자료'로 구분할 수 있다. 중심 자료는 주제와의 관련성이 높은 자료이다. 글에 주제를 제대로 담아내기 위해서 꼭 필요한 자료가 중심 자료이다. 주변 자료는 주제와의 관련성이 낮은 자료이다. 꼭 필요한 자료는 아니어서, 그것이 활용되지 않는다고 글쓰기에 큰 문제가 야기되는 것은 아니지만, 내용을 더 충실하게 서술하기 위해 활용할 만한 가치가 있는 자료가 주변 자료이다. 그러므로 자료를 조사·수집할 때는 먼저 중심 자료부터 하는 것이 좋다.

자료는 글쓰기의 바탕이 되는 대상과의 관계에 따라 '일차 자료'와 '이차 자료'로 구분할 수 있다. 일자 자료는 글쓰기의 바탕이 되는 대상과 직접적인 관계에 있는(직접적으로 대상을 다루고 있는) 자료를 말한다. 이에 비해 이차 자료는 글쓰기의 바탕이 되는 대상과 간접적인 관계에 있는(간접적으로 대상을 다루고 있는) 자료를 말한다.

자료는 그 성질에 따라 '양적 자료'와 '질적 자료'로 구분할 수 있다. 양적 자료는 계량화되었거나 시각화된 자료를 말한다. 이에 반해 질적 자료는 계량화, 시각화되지 않은/될 수 없는 자료를 말한다.

자료를 조사·수집하는 방법은 다양하다. 그 가운데 학생들이 가장 널리 이용하는 방법은 네이버(www.naver.com), 다음(www.daum.net), 구글(www.google.com) 등과 같은 인터넷 포털 검색 사이트를 이용하는 것이다. 이들 검색 사이트를 이용하면 개인 블로그의 글이나 신문 기사, 논문 등 다양한 종류의 자료를 효율적으로 조사·수집할 수 있으며, 이것이 이 방법의 장점이다. 하지만 이들 검색 사이트는 이윤을 창출하기 위한 목적으로 운영되는 것이어서, 조사·수집된 자료의 신뢰도가 상대적으로 낮은 것이 단점이다. 그러므로 인터넷 검색 사이트를 이용해 자료를 조사·수집할 경우에는 무엇보다 자료의 신뢰성에 유의해야 한다.

도서관을 이용하는 것은 자료를 조사·수집하는 매우 좋은 방법이다. 도서관에서 검색되는 자료는 대부분 검증된 것이기에 신뢰도가 높다. 예전에는 도서관에 소장되어 있는 자료를 조사·수집하기 위해 직접 도서관을 방문했지만, 이제는 인터넷으로 도서관 홈페이지에 접속해 검색할 수 있다. 도서관 홈페이지 검색창에 검색어를 입력하면 단행본 서적, 학위 논문, 디지털 자료 등 도서관 소장자료를 검색할 수 있으며, 도서관 외부의 데이터-베이스 업체에서 공급하는 논문, 잡지 기사 등의 전자자료도 함께 검색할 수 있다.

그림1 명지대 도서관 홈페이지 '통합검색' 화면

자료의 종류, 학문 분야, 학술지별로 전자자료를 상세하게 검색하려면 홈페이지 검색창에서 통합 검색을 하는 것보다 전자 자료 검색을 따로 하는 것이 좋다. 도서관에서 제공하는 전자 자료 가운데 '전자저널'을 선택하면 다양한 학문 분야의 국내외 학위 논문과 학술 논문에 대한 정보를 상세하게 제공받을 수 있으며, '학술WebDB'를 선택하면 국내외의 신뢰할 만한 지식정보 콘텐츠를 제공받을 수 있다.

그림2 명지대 도서관 홈페이지 '전자자료검색' 화면

국내 학술정보를 통합적으로 검색하고 이를 수집하려면 학술연구정보서비스(www.riss.kr)를 이용하면 편리하다. 도서관 홈페이지를 이용해 검색한 자료 가운데는 전자문서로 열람과 수집이 가능한 자료도 있으나 그렇지 않은 것도 있다. 특히 단행본 서적의 경우에는 아직 전자문서[전사책]로 제공되지 않는 것이 많기 때문에 도서관을 방문해 자료를 확인하고 수집해야 한다.

국립중앙도서관이나 국회도서관, 각 대학의 도서관은 많은 자료를 소장하고 있으며 편리한 검색과 정보 제공 시스템을 갖추고 있어서 이용하기 좋은 도서관이다. 그 가운데 가장 이용하기 좋은 도서관은 자신이 다니고 있는 대학의 도서관이다. 대학 도서관마다 '도서관 이용자 교육'프로그램을 운용하고 있으므로, 이 프로그램을 통해 도서관을 제대로 이용할 수 있는 방법을 알아두는 것도, 도서관을 이용한 자료 조사·수집을 잘하기 위해 꼭 필요한 일이다.

그림3 명지대 도서관 홈페이지 주요 연결 사이트 '배너' 화면

수집된 자료를 글쓰기에 활용할 때, 그 자료에 대한 정보를 밝혀야 할 경우가 많으므로, 자료를 수집할 때는 반드시 자료에 대한 정보를 기록해 두어야 한다. 자료에 대한 정보는 자료의 성격에 따라 다양하므로 일률적으로 말하기는 어렵다. 글을 쓸 때 가장 많이 이용하는 자료는 글로 작성된 문서화된 자료인데, 이 경우 대체로 '글쓴이'와 '글의 제목', 그 글을 '게재하거나 간행한 곳'과 '게재하거나 간행한 때'를 기록해 놓으면 된다.

필요한 자료가 수집되었다면 반드시 이를 정리해야 한다. 자료를 수집했다는 것은, 비유해 말하면, 요리를 하기 위해 필요한 재료를 주방으로 가져온 것이다. 주방으로 가져온 재료는 요리에 활용할 수 있도록 깨끗이 씻고, 자르는 등의 손질을 해야 한다. 그뿐만 아니라 활용하기에 적합하도록 적당한 양을 종류별로 분류해 놓아야 한다. 수집된 자료도 마찬가지다. 글쓰기에 활용할 수 있도록, 필요한 부분을 따기도 하고 요약하거나 의역을 하기도 해야 한다. 필요한 자료를 목록으로 작성하기도 해야 하며 활용의 순서나 성격에 따라 분류하기도 해야 한다. 정리된 자료는 수집된 자료의 일부분일 가능성이 높으므로, 정리된 자료가 수집된 자료의 어느 부분인지에 대해서도 기록해 두어야 한다. 정리된 자료에 대한 최종적인 기록 사항은 다음과 같다.

가. 글쓰기에 활용하기 위해 정리한 내용
나. 글쓴이
다. 글의 제목
라. 이 글을 게재하거나 간행한 곳
마. 이 글을 게재하거나 간행한 때

연습3 교재 16쪽 [연습 3]의 <제시문>을 대상으로 '글쓰기에 활용한 자료'를 찾아보고, 그 중 어떤 것이 '중심자료'에 해당하는지 파악해 보자.

3 구상개요의 작성

구상개요를 작성하는 과정은 설정된 주제와 수집·정리된 자료를 바탕으로 써야 할 글의 전체적인 윤곽을 그려보는 일이다. 그렇다면 글의 윤곽을 그린다는 것은 구체적으로 무엇을 어떻게 한다는 말인가?

윤곽을 그리는 것은 주제를 전달하는 데 필요한 내용들을 단락으로 배치해 보는 것이다. 주제를 설정하고 주제문을 작성하는 과정에서도 필요한 내용들을 예상할 수 있으며, 자료를 수집·정리하는 과정에서도 이를 예상할 수 있다. 이 예상된 내용들을, 여러 개의 작은 단락들을 포함하는 큰 단락[상위 단락]들과 큰 단락에 포함되는 여러 개의 작은 단락[하위 단락]들로 구분하여, 상위단락과 하위단락으로 적절하게 배치하는 것이 곧 글의 윤곽을 그리는 일이다. 주제를 효과적으로 통일적으로 드러낼 수 있도록 상위단락들의 배열 순서를 정하고, 내용의 포함 관계를 따져 상위 단락과 하위 단락의 위계(位階)를 적절하게 구분해서 긴밀하게 배열한다면, 체계적인 구상개요를 작성할 수 있다.

체계적으로 작성된 구상개요는 완성될 글을 구성하는 단락들의 전개도이면서 글 전체의 짜임새를 보여주는 설계도에 해당된다. 구상개요가 체계적으로 작성되면 글 전체의 내용과 흐름을 예상할 수 있으며, 쓰기에 들어가기 이전에 미흡한 점이 무엇인가를 점검하고 보완할 수 있다. 구상개요라는 지도를 보면서 완성된 글이라는 목표를 향해 나아갈 수 있다.

구상개요를 작성할 때는 무엇보다 '주제의 통일성'에 유의해야 한다. 주제의 통일성은 구상개요에 배열된 단락/내용들과 주제와의 관련성이다. 이를 위해서는 주제를 드러내는데 필요한 내용들이 빠짐없이 단락으로 배열되어 있는가, 단락들 가운데 주제와 어긋난 것이 있는가를 세심하게 살펴보아야 한다. 그렇게 하기 위해서는 먼저 주제와 주제문을 명확히 서술하는 것이 필요하다. 그래야만 주제와 주제문을 바탕으로, 내용을 구성하는 단락을 질서 있게, 체계적으로 배열할 수 있다.

또한 구상개요를 작성할 때는'단락 사이의 긴밀성'에 유의해야 한다. '주제의 통일성'이 글 전체에 적용되는 요건이라면, '단락 사이의 긴밀성'은 글의 부분이라 할 수 있는 단락과 단락의 관계에 적용되는 요건이다. 앞서 언급했듯이 한 편의 글은 여러 개의 상위

단락들과 하위 단락들로 구성되는데, 상위단락과 상위단락 사이의 논리적 관계, 상위단락과 하위단락 사이의 논리적 관계를 '단락 사이의 긴밀성'이라 말한다. 단락의 선후 관계와 포함 관계가 논리적으로 분명할 때 단락들이 긴밀하게 구성되었다고 할 수 있다.

구상개요를 작성할 때는 상위단락을 먼저 구상하는 것이 좋다. 상위단락이 글의 기본 구조인 뼈대를 이루기 때문이다. 모든 글의 기본 구조는 처음-중간-끝의 세 의미 마디로 이루어진다. '처음'은 글을 시작하는 도입부이다. 도입부에서는 글에 담고자 하는 중심 생각인 주제, 주제와 관련하여 다룰 논점, 주제와 논점의 서술 방향 등을 독자에게 알려준다. '중간'은 서술 방향에 따라서 주제와 논점을 구체적으로 자세하게 펼쳐 보이는 중심부이다. '끝'은 중심부에서 펼쳐 보인 주제와 논점을 핵심적으로 요약·정리해 독자가 이를 명확하게 이해하고 인식할 수 있도록 하는 종결부이다.

도입부-중심부-종결부의 세 의미 마디가 글의 뼈대가 되는 구상을 3단 구상이라고 한다. 이 3단 구상을 더욱 확장한 구상이 4단 구상, 5단 구상이다. 4단 구상은 3단 구상에서 중심부를 두 개의 내용 단락으로 확장한 것이다. 중심부를 두 개의 내용 단락으로 확장하는 이유는 주제와 논점을 제대로 펼쳐 드러내기 위해서 서술 내용을 논리적으로 구분하는 것이 필요하기 때문이다. 5단 구상은 4단 구상에서 도입부를 두 개의 내용 단락으로 확장한 것이다. 도입부를 두 개의 내용 단락으로 확장하는 이유는 중심부를 읽기 전에 글을 제대로 읽기 위해 독자에게 미리 알려야 할 배경이 되는 지식이나 정보가 많기 때문이다.

상위단락이 구상되었다면 하위단락을 구상해야 한다. 하위단락은 상위단락의 의미를 드러내는 데 필요한 내용들로 구성된다. 도입부에서는 주제와 논점, 서술 방향 등을 제시하는 내용의 단락이 필수적인 하위단락이다. 그 외, 중심부를 읽기 전에 독자가 미리 알고 있어야 할 내용을 담은 단락도 도입부의 하위 단락이 될 수 있다. 도입부는 글을 시작하는 단락이므로 하위단락이 어떻게 서술되느냐에 따라 독자가 글을 계속 읽을 것인가의 여부가 결정된다. 그러므로 도입부의 하위단락을 구상하는 데 있어 무엇보다 유의해야 할 점은 독자의 흥미를 유발해 독자가 관심을 갖고 계속 읽을 수 있도록 하는 것이다.

종결부에서는 중심부에서 서술한 이 글의 주제를 독자에게 명확하게 인식시키는 내용의 단락이 필수적인 하위단락이다. 그 외, 중심부에서 논의하지 못했지만 간단하게 보충하고 싶은 내용이나 주제와 관련한 기대나 전망 등의 내용을 담은 단락도 종결부의 하위

단락이 될 수 있다.

구상개요는 '어구식 개요'로도, '문장식 개요'로도 작성될 수 있다. 어구식 개요는 단락에서 서술하고자 하는 내용을 어구(語句)로 간략하게 작성하는 것이며, 문장식 개요는 문장으로 구체적으로 서술하는 것이다.

'어구식 개요'의 예	'문장식 개요'의 예
1. 우리 농업의 위기 2. 우리 농업을 살리는 방법 2-1. 우리 농산물의 애용 2-2. 농업에 대한 정부의 지원 2-3. 농업의 과학화와 기계화 3. 농업의 중요성	1. 농산물의 수입 개방으로 농업이 매우 어려운 상황에 놓여 있다. 2. 모두가 힘을 합쳐 농업을 살리자. 2-1. 우리 농산물을 애용하여 농산물 수입을 막아야 한다. 2-2. 정부는 농업 부문에 대한 지원을 강화해야 한다. 2-3. 농업의 과학화와 기계화를 추진하여 생산성을 높여야 한다. 3. 우리 삶의 기반이 되는 농업을 중시해야 한다.

구상개요는 '쓰기'를 위한 설계도이므로, 글 전체를 구성하는 단락의 배치와 흐름을 간략하게 드러내는 것이 효과적이다. 그렇기에 '문장식 개요'보다 '어구식 개요'의 방식으로 구상개요를 작성하는 것이 일반적이다.

연습4 다음에 제시한 구상개요의 문제점을 파악한 후, 이를 올바르게 수정해 보자.

수정해야 할 구상개요	문제점
제목: 수질오염을 중심으로 본 환경문제 서론: 자연과 인간의 상호작용 1. 자연의 일부로서의 인간 2. 오염문제의 대두 3. 생명의 근원으로서의 물	

수정해야 할 구상개요	문제점
본론: 수질오염 1. 오염의 원인과 배경 2. 급속한 근대화에 따른 공해 문제 3. 수질오염에 따른 문제와 실태 4. 기업인들의 사상 개조의 필요성 5. 국민 모두의 폭넓은 공감대 형성 6. 정부 시책과 환경법의 허술성 결론: 자연과의 관계에 대한 올바른 인식과 추구 1. 올바른 생활문화의 정착 2. 함께 사는 세상의 구현	

수정한 구상개요

참고 문헌

권영민, 『우리 문장 강의』, 신구문화사, 2005.
국어교재편찬위원회 편, 『글쓰기와 삶』, 연세대학교 출판부, 1993.
노명완, 「대학 쓰기교육의 이해와 발전 전략」, 『대학작문』 7호, 2013.
정희모 외 7인, 『대학 글쓰기』, 삼인, 2008.
최규수, 『대학에서 글쓰기를 어떻게 할 것인가』, 명지대학교 출판부, 2008.

03 문장 쓰기

본격적인 글쓰기는 문장을 쓰는 것부터 시작된다. 문장은 필자의 생각이 글로 표현되는 가장 기본적인 단위이다. 그러나 문장을 쓰는 것은 그리 쉬운 작업이 아니다. 문장 쓰기는 먼저, 자신이 글로 표현하고자 하는 사물, 행동이나 개념, 감정 등을 가리키는 단어들을 선택하는 데에서부터 출발한다. 여기에서 끝이 아니다. 선택한 단어들을 어떻게 배열할지, 또 한 문장으로 쓸지, 아니면 여러 개의 문장으로 나누어 쓸지 등 다양한 고민들에 맞닥뜨리게 된다. 이 때문에 글쓰기는 한편으로는 재미있으면서도 다른 한편으로는 고통스러운 작업이 되는 것이다.

여기서 우리는 가능한 한 '좋은' 문장을 쓰는 방법에 대해 살펴볼 것이다. 앞에서 언급했듯이 문장은 하나의 생각이 표현되는 가장 작은 단위이며 한 편의 글은 문장들이 모여 직조된 옷감과도 같다. 매끄럽고 깔끔한 실로 옷감을 짠다면 완성된 옷감도 매끄럽고 깔끔할 것이다. 그러나 보풀이 많고 지저분한 실로 옷감을 짠다면 질 좋은 옷감이 나오리라고 기대하기는 어렵다. 글쓰기도 마찬가지이다. 읽기 쉽고 명확하며, 더 나아가 아름다운 글을 쓰고 싶다면 문장 쓰기 연습부터 시작해야 한다.

1 문장 쓰기의 방법

(1) 정확한 문장 쓰기

아무리 참신한 생각이라 해도 정확한 문장으로 표현하지 못한다면 그 생각은 왜곡되어 전달되거나 아예 전달 자체가 안 될 수도 있다. 여기서 정확한 문장은 '문법적으로 올바른 문장'을 의미한다.

그렇다면 우리는 왜 정확한 문장을 쓰지 못할까? 대부분의 경우는 구상 단계에서 충분히 계획하지 않고 대충 글을 완성한 후 퇴고 과정을 거치지 않기 때문에 나타나는 현상이라고 볼 수 있다. 이러한 경우에 생기는 문제들은 구상하기—쓰기—고쳐쓰기의 글쓰기 과정을 차분히 밟는 것만으로도 어느 정도 해결이 된다.

문제는 필자가 아직 문법성에 대한 인식이 부족한 경우이다. 만약 자신이 어떤 문장이 문법적으로 정확한 문장인지 아닌지 판단이 어렵다면 평소에 문법성을 키우는 연습을 해야 한다. 다음 몇 가지 기준을 통해 어떤 것이 문법적인 문장이고 어떤 것이 그렇지 못한 문장인지 살펴봄으로써 문법성에 대한 인식을 높이도록 하자.

① 필수적인 문장 성분을 갖추었는가?

문장은 서술어와 그 서술어가 요구하는 필수적인 문장 성분을 갖추어야 한다. 예를 들어 '먹는다'와 같은 서술어는 주어인 '누가', 목적어인 '무엇을'을 필요로 한다. 따라서 이들 중 어느 하나라도 없는 다음의 가-다는 문법적인 문장이 아니다.

가. 먹는다.

나. 철수가 먹는다.

다. 밥을 먹는다.

물론 맥락을 통해 무엇이 생략되었는지 쉽게 추측할 수 있는 경우에는 위의 문장들도 문법적인 문장이라고 할 수 있다. 예를 들어 다음과 같은 문장을 일기에 썼다고 해 보자.

추석이라고 너무 많이 먹어서 배탈이 났다.

위의 문장에는 '먹어서'의 주어와 목적어가 드러나 있지 않다. 그러나 맥락상 주어는 '나는', 목적어는 '음식을'이라는 것을 금방 짐작할 수 있기 때문에 이들 성분을 생략하는 것은 용인될 수 있다.

또한 앞에 이미 언급되어 있기 때문에 필수적인 문장 성분을 생략하는 경우도 있다.

> 그날 캠핑을 떠나는 차 안에서는 노래자랑이 벌어졌다. 먼저 민석이가 신나게 노래를 시작했다. 뒤를 이어 영우도 크게 소리를 질러댔다. 다음에는 욱이가 할 차례였다.

위의 글에서는 '할'의 목적어가 나타나 있지 않다. 이것은 앞에 '노래를'이 이미 나왔기 때문에 굳이 쓰지 않아도 충분히 추측할 수 있기 때문이다. 이러한 경우들을 제외한다면 필수적인 문장 성분을 반드시 써야 의미가 제대로 전달된다.

연습1 다음 문장들은 필수적인 성분을 갖추지 못한 예들이다. 필수적인 성분을 넣어 바르게 고쳐 보자.

(1) 그는 오랫동안 천체를 관측한 끝에 발견할 수 있었다.
(2) 발아현미는 영양 면에서 다르다.

② 문장 성분들은 서로 호응하는가?

문장 성분들이 서로 호응하지 않는 것도 문제가 된다. 다음 문장을 보자.

> 독서의 장점은 어휘력과 문장력을 길러준다.

이 문장의 주어는 '독서의 장점은'이고 서술어는 '길러준다'인데 이 둘은 어울리지 않는다. 주어를 그대로 둔다면 서술어를 다음과 같이 고쳐야 할 것이다.

> 독서의 장점은 어휘력과 문장력을 길러준다는 것이다.

반대로 서술어를 그대로 둔다면 주어를 다음과 같이 고쳐야 한다.

> 독서는 어휘력과 문장력을 길러준다.

연습2 다음 문장들은 성분 간의 호응이 제대로 이루어지지 않은 예들이다. 바르게 고쳐 보자.

(1) 육아에서 무엇보다도 중요한 것은 아이를 일관적으로 대해야 한다.
(2) 나의 소망은 죽기 전에 그 사람을 만나고 싶다.

③ 어구나 문장의 접속은 적절한가?

둘 이상의 대상을 접속할 때 가장 주의할 점 중 하나는 동등한 지위의 성분들을 접속해야 한다는 것이다. 다음은 '와/과'가 명사구와 명사구를 이어준 것이다.

> 심오한 연구와 깊은 성찰

문장과 문장도 접속이 가능하다. 다음은 '-고'에 의해서 문장과 문장이 접속된 경우이다.

> 지금 서울은 비가 오고 바람이 심하게 분다.

위의 두 예는 동등한 지위를 가진 대상이 접속조사나 연결어미에 의해 이어질 수 있다는 것을 보여준다.

다음 문장도 언뜻 보면 명사구와 명사구라는 동일한 지위의 두 대상이 이어진 것 같으나 의미를 파악해 보면 그렇지 않다.

> 철저한 조사를 통해 사고 경위와 재발 방지에 힘써야 한다.

만약 이 문장이 두 개의 명사구가 접속된 것이라면 이 문장의 구조는 다음과 같이 파악할 수 있다.

> 철저한 조사를 통해 **사고 경위**와 **재발 방지**에 힘써야 한다.
> = 철저한 조사를 통해 **사고 경위**에 힘써야 한다. + 철저한 조사를 통해 **재발 방지**에 힘써야 한다.

두 문장 중 뒤의 문장은 말이 되지만 앞의 문장, "…… 사고 경위에 힘써야 한다."는 말이 되지 않는다. 이는 서술어에 맞지 않는 성분이 접속되었기 때문이다. 따라서 두 문장을 올바르게 접속하려면 접속된 성분들이 서술어와 어울리는지 검토하는 과정을 거쳐야 한다.

'와/과'로 접속한다면 문장 전체의 서술어 '힘써야 한다'에 두 성분 모두가 호응이 되도록 '사고 경위'를 '사고 경위 파악'으로 고치면 된다.

철저한 조사를 통해 사고 경위 파악과 재발 방지에 힘써야 한다.

연결어미 '-고'로 접속하는 것도 가능한데 그럴 경우에는 '사고 경위'에 호응할 만한 적당한 서술어를 추가하여야 한다.

철저한 조사를 통해 사고 경위를 파악하고 재발 방지에 힘써야 한다.

이렇게 고치면 접속되는 두 성분은 동등한 지위를 갖기 때문에 올바른 문장이 된다.

둘 이상의 대상을 접속할 때는 문장 성분의 생략에도 유의해야 한다.

사람들은 새로운 식재료를 발견했다. + 사람들은 새로운 식재료를 보급했다.
= 사람들은 새로운 식재료를 발견하고 보급했다.

위의 예는 두 문장을 '-고'로 접속한 것이다. 이때 두 번째 문장의 '사람들은', '새로운 식재료를'은 앞 문장에서 이미 나온 것이기 때문에 생략할 수 있다.

그러나 다음 문장은 이와 다르다.

우리는 감정을 조절하지만 때로는 지배되기도 한다.

이 문장은 원래 다음과 같은 두 문장을 접속한 것이다.

우리는 감정을 조절한다 + 우리는 때로는 감정에 의해 지배되기도 한다.

앞의 문장에서는 '감정을'이지만 뒤의 문장에서는 '감정에 의해'이다. 게다가 앞의 문장은 능동문인데 뒤의 문장은 피동문으로, '감정'이 문장 안에서 담당하는 역할이 다르기 때문에 뒤의 '감정에 의해'를 생략하면 이것의 의미를 복원하기가 쉽지 않다. 따라서 이 문장은 다음과 같이 고쳐 쓰는 것이 맞다.

우리는 감정을 조절하지만 때로는 그것(감정)에 의해 지배되기도 한다.

연습3 다음 문장들은 접속이 제대로 이루어지지 않은 경우이다. 바르게 고쳐 보자.

(1) 이 제품은 다양한 성능과 디자인도 깔끔해서 인기를 끌었다.
(2) 인간들은 자연을 숭배하기도 하지만 도전하기도 한다.

(2) 명확한 문장 쓰기

하나의 문장이 둘 이상의 뜻을 전달하는 경우가 있는데 이러한 문장을 중의적인 문장이라고 한다. 중의적인 문장은 읽는 사람에 따라 다른 뜻으로 해석이 되므로 혼란을 일으킬 수 있으니 피하는 것이 좋다.

중의성이 나타나는 경우는 매우 다양하다. 대표적으로 수식 관계 때문에 중의성이 생기는 경우가 있다.

나의 잘못을 일깨워 준 선생님과 같은 역할을 한 친구

위의 예는 수식받는 대상의 범위가 명확하지 않다. “나의 잘못을 일깨워 준”이 “선생님”을 수식했다고 해석할 수도 있고, “선생님과 같은 역할을 한 친구”를 수식했다고 해석할 수도 있기 때문이다. 특히 수식어가 긴 문장을 쓰는 경우에 이런 문제가 많이 발생하므로 가능하면 글을 간결하게 쓰는 것이 좋다.

수식의 범위가 불분명한 경우도 있다.

그는 손을 흔들며 달려오는 그녀를 맞이했다.

위의 예에서 수식받는 대상은 “그녀”이다. 그러나 “그녀”를 수식하는 부분이 “손을 흔들며 달려오는”인지, 아니면 “달려오는”만인지 쉽게 파악하기 어렵다. 이런 경우에는 문장을 아예 고쳐 쓰거나 다음과 같이 쉼표를 써서 의미를 명확하게 해야 한다.

그는 손을 흔들며, 달려오는 그녀를 맞이했다.
그는, 손을 흔들며 달려오는 그녀를 맞이했다.

수식하는 말과 수식받는 말 사이의 거리가 먼 것도 좋지 않다.

집 앞에서 우연히 같은 대학을 다녔던 친구를 만났다.

위의 예는 문맥상 "같은 대학을 다녔던 친구를 우연히 만났다."라고 해석하는 것이 자연스럽다. 그러나 "우연히"와 "만났다" 사이의 거리가 멀기 때문에 언뜻 보면 "우연히"가 바로 뒤에 있는 "같은 대학을 다녔던"을 수식한다고 해석할 가능성도 있다. 수식 관계를 명확하게 밝히기 위해서는 될 수 있으면 수식하는 말과 수식받는 말을 가깝게 놓는 것이 좋다.

연습4 다음 문장들이 어떤 점에서 중의적인지 생각해 보고 하나의 의미만 명확히 전달할 수 있도록 고쳐 쓰자.

(1) 친절한 사장님의 사모님이 오늘 학교에 오셨다.
(2) 보통 사람들은 가족과의 관계를 소중히 여긴다.

(3) 간결한 문장 쓰기

뜻이 명확하게 전달되는 문장들은 보통 간결하다는 특성을 지닌다. 간결한 문장을 쓰려면 다음 두 가지에 유의해야 한다.

첫째, 너무 긴 문장은 좋지 않다. 어떤 사람들은 긴 문장이 깊은 사색의 결과를 담고 있다고 말한다. 실제로 글쓰기에 상당한 내공이 있는 사람들은 긴 문장으로 자신의 생각을 명확하게 나타내기도 한다. 그러나 긴 문장은 짧은 문장보다 오류가 많은 게 보통이다. 문장을 길게 쓰다 보면 처음 문장을 시작할 때의 생각이 문장을 끝맺을 때쯤에는 달라지는 경우가 왕왕 있다. 또 긴 문장은 일반적으로 주어와 서술어 사이의 거리가 멀기 때문에 주의하지 않으면 주어와 서술어의 호응에 문제가 생기기도 한다. 독자의 입장을 고려할 때도 너무 긴 문장은 좋지 않다. 긴 문장은 보통 많은 정보를 담게 되는데 한 호흡으로 많은 정보를 읽고 이해하는 것은 쉬운 일이 아니기 때문이다. 이런 점들을 고려할 때 될 수 있으면 짧은 문장을 쓰는 것이 안전하다.

그러나 그렇다고 하나의 주어, 서술어만 갖춘 단문 위주의 문장만으로 글을 구성하는 것도 좋지 않다. 다음 글을 보자.

예시1

언어생활에서도 성차별적인 양상을 엿볼 수 있다. '의사'나 '사장'이 여자다. 그 경우 '여의사', '여사장'이라는 표현이 쓰인다. 그러한 위치에 있는 사람이 남자라고 하자. '남의사', '남사장'이라는 표현은 쓰이지 않는다. '의사'나 '사장' 등은 주로 남성의 직업이나 직위로 여겨진다. 이러한 인식이 언어에도 투영된 것이다. 남자, 여자의 의미를 가진 요소가 어울려 합성 관계를 이룬다. 그때도 비슷한 현상이 나타난다. 대부분 남자를 뜻하는 요소가 먼저 온다. 여자를 뜻하는 요소는 나중에 온다. '소년소녀', '남녀', '남매', '오누이' 등이 이런 예에 해당한다. 영어의 'ladies and gentlemen'이라는 표현도 우리말로는 '숙녀신사'가 아니다. '신사숙녀'로 번역된다. 단어의 뜻이 나쁠 경우에는 반대 현상이 나타난다. 대표적으로 '연놈'이란 욕이 있다. 우리는 이것을 '놈년'이라고 하지는 않는다.

<예시1>은 대부분 단문들로 이루어져 있다. 이 글을 읽은 독자는 아마도 글이 너무 딱딱 끊어진다거나 아직 어린 학생이 쓴 글 같다거나 하는 느낌을 받았을 것이다. 문학적인 글 중에서는 표현 효과를 살리기 위해 단문 위주로 글을 구성하는 경우도 있다. 그러나 그것은 특별한 경우이고 일반적인 경우에는 다음과 같이 단문과 너무 길지 않은 복문을 적절히 섞어 구성하는 것이 좋다.

예시2

언어생활에서도 성차별적인 양상을 엿볼 수 있다. '의사'나 '사장'이 여자인 경우 '여의사', '여사장'이라는 표현이 쓰인다. 반면에 그러한 위치에 있는 사람이 남자라고 해서 '남의사', '남사장'이라는 표현은 쓰이지 않는다. '의사'나 '사장' 등이 주로 남성의 직업이나 직위로 여겨지는 인식이 언어에도 투영된 것이다. 남자, 여자의 의미를 가진 요소가 어울려 합성 관계를 이룰 때도 비슷한 현상이 나타난다. 대부분 남자를 뜻하는 요소가 먼저 오고 여자를 뜻하는 요소는 나중에 온다. '소년소녀', '남녀', '남매', '오누이' 등이 이런 예에 해당한다. 영어의 'ladies and gentlemen'이라는 표현도 우리말로는 '숙녀신사'가 아니라 '신사숙녀'로 번역된다. 단어의 뜻이 나쁠 경우에는 반대 현상이 나타난다. 대표적으로 '연놈'이란 욕이 있는데 우리는 이것을 '놈년'이라고 하지는 않는다.

단문은 뜻을 명확하게 전달하는 데 효과적이다. 그러나 너무 짧은 단문으로만 글을 쓰려고 집착하지 말고 <예시2>처럼 문장과 문장 간의 관계가 긴밀한 경우에는 복문을 사용하는 것이 좋다. 다음 연습을 통해 단문과 복문을 적절히 섞어 써 보자.

연습5 다음을 여러 개의 문장으로 나누어 다시 써 보자.

이른바 '잊힐 권리'는 인터넷상에서 자신에 대한 정보의 삭제를 요청할 수 있는 권리를 말하며 유럽에서는 이것이 법으로 규정되어 있는데 최근 프랑스의 정보 보호 규제 기관인 정보자유국가위원회는 '잊힐 권리'를 전 세계 구글 도메인에 모두 적용해야 하며 구글이 이를 따르지 않으면 제재를 할 것이라고 밝혔지만 구글은 이러한 조치가 전체 인터넷 공간에 큰 문제를 일으킬 수 있다고 거부했다.

둘째, 불필요한 수식이나 표현은 삼가도록 한다. 적절한 수식이나 표현은 글에 구체성을 더하거나 글의 맛을 살리는 데 도움이 된다. 그러나 불필요한 표현을 덧붙이면, 오히려 글의 전체적인 느낌을 지저분하게 만들거나 의미 전달을 방해할 수도 있다.

희망이 전혀 보이지 않는 절망적인 상황에서 우리는 기도할 수밖에 없었다.

위 문장에서는 "희망이 전혀 보이지 않는"과 "절망적인"이 비슷한 의미를 표현하고 있으므로 굳이 두 표현 모두를 사용할 필요가 없다.

의미 없이 '어떤', '그', '그런', '같은' 등 명확하지 않은 표현을 남발하는 것도 좋지 않다. 물론 이러한 표현들이 필요한 경우도 있다. 그러나 다음 예문의 '어떤'이나 '같은 것'은 특별한 정보를 전달하지 않는, 모호한 수식에 불과할 뿐이다.

부모님한테 칭찬을 받았을 때, 나는 어떤 뿌듯함 같은 것을 느꼈다.

'뿌듯함'이면 '뿌듯함'이지 여기서 의미하는 '어떤 뿌듯함'은 과연 무엇일까? 한술 더 떠 "어떤 뿌듯함 같은 것"은 어떤 감정을 뜻하는 것일까? 이러한 표현들을 고민 없이 사용하기보다는 "…… 나는 뿌듯함을 느꼈다."라고 쓰는 것이 깔끔하다.

연습6 다음을 간결한 문장으로 고쳐 보자.

(1) 잘못된 문장을 약 백여 개 정도 발견했다
(2) 어렸을 때 다섯 살 때 피아노를 배우기 시작했는데 그때 그 기억이 아직도 생생하다.
(3) 지금 생각하면 좋아하는 것에 몰두했던 경험이 나를 성장시킨 계기가 되지 않았나 하고 지금에 와서 생각하게 된다.

(4) 적절하고 일관된 문체 사용하기

문장 하나하나가 아무리 정확하고 명확하고 간결하더라도 자신이 쓰고자 하는 글의 종류나 목적에 맞지 않는 문체로 쓰였다면 그 역시 좋은 글이 아니다. 이와 관련해서 학생들이 가장 많이 저지르는 실수 중의 하나가 격식적인 글에 구어체에서나 쓰이는 단어나 준말 등을 사용하는 것이다. 우리가 대학 생활에서 쓰게 되는 많은 글들은 격식적인 글이다. 이러한 글에 어울리지 않는 비격식적인 문체나 어휘 등을 사용하면 그 글의 내용과 상관없이 글의 수준이 낮다는 느낌을 준다.

> 대학교 삼학년 여름 방학 때였습니다. 저는 하루에 알바를 세 개나 했기 때문에 몸과 마음이 되게 지쳐 있었습니다.

학생이 작성한 자기소개서의 일부이다. 글의 종류에 어울리지 않는 구어체 단어 '알바', '되게' 등이 들어가 있다. 입에 익은 대로 글을 써서 저지르는 실수인데 글을 쓸 때는 말을 할 때와는 다른 틀과 형식으로 내용을 구성하고 단어를 사용해야 한다.

상이한 등급의 종결어미를 섞어 쓰는 것도 좋지 않다. 대학에서 쓰는 글은 대부분 "한다", "했다" 등으로 끝맺게 되는데 여기에 "합니다", "했습니다" 등의 하십시오체 종결어미나 "해요", "했어요" 등 해요체 종결어미를 섞어 쓰는 실수를 저지르는 경우가 있다.

> 이런 현상이 나타난 이유는 바로 문과와 이과를 분리했기 때문이다. 이에 대해 한 교수는 다음과 같은 인터뷰를 했습니다.

위 글의 첫 문장은 '-다'로, 다음 문장은 '-습니다'로 종결되었다. 이처럼 하나의 글에 다른 등급의 종결어미를 섞어 쓰면 성의 없이 쓰인 글이라는 느낌을 주므로 주의해야 한다.

연습7 다음을 격식적인 글의 일부라고 가정하고 어울리지 않은 부분이 있다면 찾아보자.

(1) 우리 중 가족의 소중함을 모르는 사람은 없다. 하지만 실제 생활에서 가족을 배려하고 아끼는 사람들은 많지 않다. 당신은 어떤가요?

(2) 어떤 학생들은 그저 대학을 가기 위해서나 아님 특정한 과목이 싫어서 문과나 이과, 어느 한 쪽을 선택한다.

2 단어 선택과 맞춤법

(1) 적절한 단어의 선택과 사용

글을 쓸 때 자신이 표현하고자 하는 생각에 딱 맞는 단어를 선택하는 것은 결코 쉬운 일이 아니다. 머릿속은 표현하고 싶은 생각이 꽉 차서 당장이라도 그 생각이 쏟아져 나올 것 같은데 막상 키보드를 두드릴 때는 무슨 단어를 써야 할지 몰라서 주저해 본 적도 있을 것이다. 원인은 다양하다. 어휘력이 부족해서 아예 어떤 단어를 써야 할지 모르는 경우도 있고, 떠오르는 단어가 있기는 한데 자신이 생각한 의미가 맞는지 확실하지 않은 경우, 표현하고자 하는 의미를 나타내는 단어가 여러 개여서 그 중 무엇을 선택할지 고민되는 경우도 있다.

불행히도 단어를 어떻게 선택해야 할지 하는 문제는 몇 개의 원리나 규칙으로 간단하게 정리할 수 없다. 특별히 어휘력이 부족하다고 느끼는 사람들은 사전을 가까이 두고 자주 찾아보는 것이 어휘력을 향상시킬 수 있는 가장 확실한 길이다. 또 일상생활에서 이루어지는 독서 활동에서 모르는 단어를 그냥 지나치지 말고 그것의 의미와 사용된 맥락을 주의 깊게 살펴보는 것도 도움이 될 것이다.

여기서 잠깐 !

요즘 인터넷 기술이 발달되어 방대한 어휘 정보를 담은 사전을 웹에서도 쉽게 접할 수 있다. 다음은 참고할 만한 몇 가지 사이트다.

표준국어대사전	https://stdict.korean.go.kr/main/main.do (국립국어원) https://ko.dict.naver.com/#/main(네이버 국어사전)
고려대한국어대사전	https://dic.daum.net/index.do?dic=kor&q=(다음 국어사전) https://ko.dict.naver.com/#/main(네이버 국어사전)
연세 현대 한국어사전	https://ilis.yonsei.ac.kr/dic/ (연세대학교 언어정보연구원)

연습1 다음에서 단어의 쓰임이 바르지 않은 것을 고쳐 보자.

(1) 교수님께서 강의하시는 와중에 학생들은 수다를 떨고 있었다.
(2) 화가는 차를 한 잔 마셨다. 그리고 나서 다시 붓을 들었다.
(3) 새로 바뀐 신호 때문에 운전자들이 혼돈을 한다.
(4) 이번 경기에서는 우리 팀이 축배를 터뜨릴 것이다.
(5) 경기 불황으로 주가가 연일 하락세로 치닫고 있다.

(2) 한글 맞춤법

글을 잘 쓰는 사람들 중에서도 맞춤법에 대한 자신감이 없는 사람이 꽤 있다. 맞춤법이 어려운 이유는 이것이 어휘에 대한 지식과 관련되어 있는데 그 지식이라는 것은 매우 방대할 뿐만 아니라 변화하기 때문이다. '짜장면'이 바로 그러한 변화를 보여주는 예이다. 2011년 이전, '짜장면'은 비표준어로, 잘못된 맞춤법의 대표적인 예로 여겨져 왔다. 그러나 사람들이 짜장면을 압도적으로 많이 사용하게 되면서 2011년에 이것이 표준어로 인정되었다.

맞춤법의 모든 내용을 완벽하게 아는 것은 매우 어렵지만 아예 배우기를 포기하는 것은 어리석은 일이다. 좋은 주제와 소재를 택해 정확하고 간결한 문장으로 글을 쓴다 하더라도 맞춤법이 엉망이라면 독자들이 그 글을 읽고 좋은 평가를 내릴 리 없다. 그렇다고 출판사의 교정교열 전문가가 아닌 이상 맞춤법의 세부적인 지침을 고시 공부하듯이 모두 암기할 필요는 없다. 가장 기본적인 원칙 몇 가지를 익히고 일반적으로 자주 나타나는 맞춤법 오류를 중심으로 공부하면 충분하다. 그리고 평소에 늘 국어에 대한 관심을 가지고 맞춤법이 확실하지 않은 단어를 접할 때마다 사전을 찾아본다면 맞춤법이 글을 쓸 때 문제가 되는 일은 거의 없을 것이다.

한글 맞춤법은 제1장 총칙, 제2장 자모, 제3장 소리에 관한 것, 제4장 형태에 관한 것, 제5장 띄어쓰기, 제6장 그 밖의 것, 부록으로 구성되어 있다. 여기에서는 편의상 한글 맞춤법을 크게 철자에 관련된 부분과 띄어쓰기에 관련된 부분으로 나누어 몇 가지 기본적인 유형을 문제와 함께 살펴보도록 한다.

여기서 잠깐!

한글 맞춤법에 대한 자세한 정보는 국립국어원 누리집에서 찾아볼 수 있다.
- 국립국어원 누리집(http://www.korean.go.kr/): 어문 규범 → 한글 맞춤법

그림 국립국어원 사이트(http://www.korean.go.kr)

① 주의해야 할 철자법 몇 가지

■ '(으)로서'와 '(으)로써'

'(으)로서'는 지위나 신분 또는 자격을 나타내는 격 조사이고 '(으)로써'는 어떤 물건의 재료나 원료, 또는 어떤 일의 수단, 방법 등을 나타내는 격 조사이다. 전자는 보통 '-의 지위/신분/자격에서', '-의 지위/신분/자격으로'로 대치할 수 있으며 후자는 '-를 가지고'나 '-를 이용해서', '-를 써서' 등으로 대치할 수 있다.

연습2 '(으)로서'와 '(으)로써' 중 맞는 것을 넣어 문장을 완성해 보자.

(1) 그 사람은 의사____ 사명을 다했다.
(2) 그 길은 우리나라 최초의 고속도로______ 유명하다.
(3) 말____ 천 냥 빚을 갚는다고?

■ '안'과 '않'

'안'은 '아니'의 준말로 동사나 형용사를 수식하는 부사다. '않-'은 "(어떤 행동을) 안 하다"라는 의미의 동사, 또는 다른 동사나 형용사 뒤에서 '-지 않다'의 구성으로 쓰이는 보조 동사/형용사다. 따라서 '안' 뒤에는 어휘적인 의미를 갖는 동사나 형용사가 오고, '않-' 뒤에는 어휘적인 의미가 없는 문법형태소 '-지', '-는', '-다', '-고' 등이 온다.

연습3 '안'과 '않' 중 맞는 것을 넣어 문장을 완성해 보자.

(1) 말을 _____ 하고 얼마나 오래 지낼 수 있을까?
(2) 말을 _____고 얼마나 오래 지낼 수 있을까?
(3) 하나도 힘들지 _____네.
(4) 하나도 ______ 힘들어.

■ '-(으)ㅁ으로'와 '-(으)므로'

'-(으)ㅁ으로'는 명사형 어미 또는 명사형 접미사 '-(으)ㅁ'에 조사 '으로'가 결합된 형태로 대강 '-는 것으로'의 뜻이다. '-(으)므로'는 까닭을 나타내는 어미이며, '-기 때문에'의 뜻을 갖는다. 둘 중 어떤 형태가 맞는지 확실치 않으면 '-는 것으로', '-기 때문에'를 대신 넣어 보자. 참고로 '-(으)ㅁ으로'는 '써'가 붙어 '-(으)ㅁ으로써'의 형식도 쓰이지만 '-(으)므로'에는 '써'가 붙지 않는다.

연습4 '-(으)ㅁ으로', '-(으)므로' 중 맞는 것을 넣어 문장을 완성해 보자.

(1) 상대가 힘이 _______ 조심해야 한다. (세다)
(2) 그는 많은 것을 _______ 그의 부족함을 메꾸려고 했다. (배우다)

■ '되-'와 '돼-'

'되-'는 '되다' 동사의 어간 '되-'에 어떤 어미도 결합하지 않은 어간 그대로의 형태인 반면 '돼-'는 '되-'에 '어'로 시작하는 어미가 결합되어 나타난 형태이다. 둘 중 어느 형태를 쓸지 망설여질 때 우선은 '되어'로 대체할 수 있는지 확인해 보고 대체할 수 있다면 '돼'나 원형인 '되어'를 쓰고 대체가 안 되면 '되'를 쓰면 된다. 그러나 이런 방법이 안 맞는 경우도 있다. "안 돼."와 같은 경우에는 '돼'가 맞지만 준말인 '돼'로 쓰임이 굳어져서 '되어'로 대치되지 않는다. 따라서 더 확실히 하기 위해서 다른 방법으로 재검토하면 좋다. '되다' 동사를 쓸 자리에 '하다' 동사의 '하-'와 '해-'를 넣어 '하'가 된다면 '되'를, '해'가 된다면 '돼'를 쓰는 것이다.

연습5 '되-', '돼-' 중 맞는 것을 활용해서 문장을 완성해 보자.

(1) 그렇게 먹으면 돼지가 _____지.
(2) 그분은 내게 훌륭한 사람이 _____라고 말씀하셨다.
(3) 의사 선생님이 수술이 잘_____다고 하셨다.

■ '-던지'와 '-든지'

'-던지'는 지난 일을 나타내는 '-더'가 결합되어 있는 형태이므로 과거의 일을 회상하는 의미가 들어 있다. '-든지'는 나열되는 대상이나 동작, 상태 중 어느 것이든 선택될 수 있음을 나타내는 어미이다.

연습6 '-던지', '-든지' 중 맞는 것을 활용해서 문장을 완성해 보자.

(1) 결혼식에 갔는데 신부가 얼마나 _______ 다들 입을 쩍 벌렸나. (예쁘다)
(2) 아기가 얼마나 _________ 아직도 생각난다. (귀엽다)
(3) 시간이 나면 영화를 _______ 백화점에_________ 하자. (보다, 가다)
(4) 어디에서 _________ 잘 살기만 하면 된다. (살다)

■ 그 밖의 경우

지금까지는 주로 일정한 규칙이 적용되는 예들을 살펴보았다. 여기에서는 규칙을 익히기보다는 개별적인 형태 자체를 외워야 하는 것들을 다룰 것이다. 그동안 자신이 얼마나 맞춤법에 맞게 글을 쓰고 있었는지 문제를 통해 점검해 보도록 하자.

연습7 다음 중 맞춤법이 틀린 것을 맞게 고쳐 보자.

(1) 공공장소에서는 흡연을 삼가해야 한다.
(2) 쌍커플 수술을 했는데 잘 됐다.
(3) 카드 결재 대금은 대개 3일 안에 입금된다.
(4) 정보화 시대에 뒤쳐지지 않으려면 계속 공부를 해야 한다.
(5) 그가 키는 바이올린 선율에 청중들은 눈물을 흘렸다.
(6) 집에 오면서 할아버지 댁에 들렸다.
(7) 수능을 치루고 나서 평소보다 점수가 안 좋았다고 실망하지 말자.
(8) 쇄국정책을 펴는 것보다 외국 문물을 받아드리는 것이 낫다.
(9) 결국 비밀은 들어나기 마련이다.
(10) 철수 생일이 몇 월 몇 일인지 아무도 모른다.
(11) 자세히 보니 색깔이 바랜 게 눈에 띠었다.
(12) 그날의 모임은 다분히 정치적 성격을 띄고 있었다.
(13) 왠 남자들이 그를 찾아왔다. 왠지 안 좋은 일이 일어날 것 같다.
(14) 이혼률과 실업률의 상관관계를 분석해 보자.

② 자주 틀리는 띄어쓰기

띄어쓰기의 기본 원칙은 단어별로 띄어 쓰되 조사는 앞말에 붙여 쓰는 것이다. 따라서 우리가 띄어쓰기에서 우선 주의해야 할 것은 첫째, 단어 단위로 나누기, 둘째, 조사를 판별해서 앞말에 붙이기, 이 두 가지이다.

■ 조사

꽃**이**	꽃**마저**	꽃**밖에**	꽃**만**	
빨리**는커녕**	꽃**이나마**	꽃**이다**	꽃**입니다**	꽃**이라면**
어디**까지나**	어디**에서부터**	꽃**으로만**	여기**처럼은**	

위의 예에서 굵은 글씨로 표시된 것들이 조사이다. 주목할 것은 '에서부터'처럼 조사와 조사가 결합되어 있는 경우이다. '에서부터'는 '에서'와 '부터', 두 개의 조사가 결합되어

있는 구성이다. 이 역시 조사는 앞말에 붙여 쓴다는 규칙을 적용해서 뒤의 조사 '부터'를 앞말인 조사 '에서'에 붙여 쓴 것이다.

연습8 띄어쓰기를 V로 표시해 보자.

(1) 내이름은이용진이다.

(2) 나는그의이름조차도모른다.

(3) 배밖에는물밖에없다.

■ 의존 명사

국어에는 조사와 비슷한 성질의 단어가 있다. 바로 의존 명사다. 그러나 의존 명사는 조사와 달리 앞말과 띄어 쓴다. 조사보다는 독립성이 있고 명사적 성질이 있다고 보기 때문이다. 먼저 무엇이 의존 명사인지 대표적인 의존 명사들을 살펴보자.

아는 **것**이 힘이다.
나도 할 **수** 있다.
먹을 **만큼** 먹어라.
아는 **이**를 만났다.
네가 뜻한 **바**를 알겠다.
그가 떠난 **지**가 오래다.
그가 모를 **리**가 없다.
그 말을 들으니 또 그럴 **법**도 하네요.
초콜릿을 두 **개** 샀다.

'것'이나 '거'는 의존 명사이기 때문에 첫 번째 예처럼 '아는 것'은 띄어 써야 한다. 하지만 예외적으로 '것'이나 '거'가 들어 있는 '이것', '저것', '그것', '이거', '저거', '그거' 등은 붙여 쓴다. '이/그/저'와 '것'이나 '거'가 결합된 구성이 덩어리로 자주 쓰이다 보니 언중이 한 단어로 인식하게 되고 이를 반영해 한 단어로 규정했기 때문이다. 마지막 예인 '개'도 의존 명사라 띄어 쓴다. 하지만 '개'는 단위를 나타내는 의존 명사라는 특징을 지니고 있다. '개'처럼 단위를 나타내는 경우, 육십칠번 등 순서를 나타내거나 3,000원, 5년 등 아라비아 숫자와 같이 쓸 때는 붙여 쓸 수 있다. 자세한 내용은 한글 맞춤법 42-43항을 참고하자.

의존 명사 '지'도 주의를 요한다. '지'가 다음과 같은 의미일 때는 의존 명사이므로 띄어 쓰도록 하자.

지 「의존명사」

(어미 '-은' 뒤에 쓰여)
어떤 일이 있었던 때로부터 지금까지의 동안을 나타내는 말.
¶ 그를 만난 지도 꽤 오래되었다./집을 떠나온 지 어언 3년이 지났다./강아지가 집을 나간 지 사흘 만에 돌아왔다.

– 국립국어원 표준국어대사전, https://stdict.korean.go.kr/search/searchView.do

연습9 띄어쓰기를 V로 표시해 보자.

(1) 나는빨간것이좋다.

(2) 좋은게좋은거야.

(3) 그가언제왔는지알수가없었다.

(4) 담배를끊은지벌써10년이되었네.

■ 조사 '보다'와 부사 '보다'

조사인 '보다'와 부사인 '보다'는 어형은 같지만 띄어쓰기를 할 때에는 이 둘을 구별해야 한다. 조사인 '보다'는 앞말에 붙여 쓰고 부사인 '보다'는 띄어 써야 한다.

조사 '보다'	부사 '보다'
서로 차이가 있는 것을 비교하는 경우, 비교의 대상이 되는 말에 붙어 '~에 비해서'의 뜻을 나타내는 격 조사. ¶ 내가 너보다 크다./그는 누구보다도 걸음이 빠르다./그는 나보다 두 살 위이다.	어떤 수준에 비하여 한층 더. ¶ 보다 높게/보다 빠르게 뛰다/그것은 서로 보다 나아지려는 연인이 아니고는 있을 수 없는 보살핌이었다.≪최인훈, 광장≫

– 국립국어원 표준국어대사전, http://stdweb2.korean.go.kr/search/List_dic.jsp.

연습10 띄어쓰기를 V로 표시해 보자.

(1) 이번겨울이작년겨울보다춥다.

(2) 다른사람과비교하기보다는자신만의특성을인정하는게낫다.

(3) 그가계속공부하는것은보다나은미래를위해서이다.

■ 형태가 동일한 조사와 의존 명사, '만큼', '대로', '뿐' 등

동음이의어 중에는 조사와 의존 명사, 각각 두 범주로 쓰이는 것들이 있다. 똑같은 형태지만 조사인 경우는 앞말과 붙여서, 의존 명사인 경우는 띄어 쓰도록 한다. 다음 띄어쓰기한 예를 보고 무엇이 조사고 무엇이 의존 명사인지 구별해 보고 그 둘을 구별하는 기준이 무엇인지 생각해 보자.

만큼	우정은 사랑만큼 강하지 않다. 아버지가 야단친 만큼 아들의 행동도 달라졌다.
대로	큰 것은 큰 것대로 따로 모아라. 예상했던 대로 문제는 까다로웠다.
뿐	우리의 소원은 통일뿐이다. 그는 울고 있을 뿐이었다.

이러한 유형의 단어들은 '사랑만큼' 등에서처럼 체언 뒤에 쓸 때는 조사로 보고 붙여 쓰지만 '야단친 만큼'처럼 용언의 관형사형 '-(으)ㄹ', '-는', '-(으)ㄴ' 등의 뒤에 쓸 때는 의존 명사로 보고 띄어 쓴다.

연습11 띄어쓰기를 V로 표시해 보자.

(1) 나도너만큼은할수있다.

(2) 모두들구경만할뿐거드는이가없었다.

(3) 마음대로만들지말고설명서에나온대로만들어라.

(4) 까다롭게검사하는만큼품질도좋다.

(5) 그아이는학교에서뿐만아니라집에서도말썽꾸러기였다.

■ 보조 용언

보조 용언의 띄어쓰기도 주의할 필요가 있다. 보조 용언은 "본용언과 연결되어 그것의 뜻을 보충하는 역할을 하는 용언"으로 보조 동사, 보조 형용사 등이 있다. '가 보다'의 '보다', '먹고 싶다'의 '싶다' 등이 이에 해당한다. 한글 맞춤법 제47항에 따르면 보조 용언은 띄어 씀을 원칙으로 하되, 경우에 따라 붙여 씀도 허용한다. 이러한 경우에 해당하는 보조 용언에는 '-아/어' 뒤에 연결되는 보조 용언, 의존 명사에 '-하다'나 '-싶다'가 붙어서 된 보조 용언이 있다.

아래의 표는 '-아/어' 뒤에 연결되는 보조 용언의 예를 보여준다. 한 가지, 예외로 기억할 것은, 표의 마지막에서 보듯이 '지다'는 띄어 쓰는 것이 아니라 붙여 쓰는 것이 원칙이라는 것이다.

보조 용언	원칙	허용
가다(진행)	늙어 간다, 되어 간다	늙어간다, 되어간다
가지다(보유)	알아 가지고 간다	알아가지고 간다
나다(종결)	겪어 났다, 견뎌 났다	겪어났다, 견뎌났다
내다(종결)	이겨 낸다, 참아 냈다	이겨낸다, 참아냈다
놓다(보유)	열어 놓다, 적어 놓다	열어놓다, 적어놓다
대다(강세)	떠들어 댄다	떠들어댄다
두다(보유)	알아 둔다, 기억해 둔다	알아둔다, 기억해둔다
드리다(봉사)	읽어 드린다	읽어드린다
버리다(종결)	놓쳐 버렸다	놓쳐버렸다

보조 용언	원칙	허용
보다(시행)	뛰어 본다, 써 본다	뛰어본다, 써본다
쌓다(강세)	울어 쌓는다	울어쌓는다
오나(신행)	참아 온다, 견뎌 온다	참아온다, 견뎌온다
지다(피동)	이루어진다, 써진다, 예뻐진다	

다음은 의존 명사에 '하다', '싶다' 등이 결합한 경우이다. 이 경우 역시 띄어 쓰는 것이 원칙이지만 붙여 쓰는 것도 허용된다.

보조 용언	원칙	허용
듯하다	비가 올 듯하다	비가 올듯하다.
만하다	그 일은 할 만하다.	그 일은 할만하다.
성싶다	비가 올 성싶다.	비가 올성싶다.
척하다	잘 아는 척한다.	잘 아는척한다.

– 국립국어원, "한국어 어문 규범", http://kornorms.korean.go.kr/regltn/regltnView.do#a267.

띄어쓰기의 모든 내용을 한 번에 정리하기는 어렵다. 따라서 글을 쓰면서 의문이 들 때마다 국립국어원의 한글 맞춤법 규정을 참고해서 조금씩 알아 나가는 습관을 기르는 것이 좋다. 어문 규정을 지켜서 쓴 글은 독자에게 신뢰를 준다는 것을 잊지 말자.

참고 문헌

국립국어원, "한국어 어문 규범", http://kornorms.korean.go.kr/regltn/regltnView.do#a267.
국립국어원 표준국어대사전, http://stdweb2.korean.go.kr/search/List_dic.jsp.

04 단락 쓰기

1 단락의 구성

(1) 단락의 개념

단락은 여러 개의 문장이 모여 하나의 생각을 표현하는 의미의 덩어리이다. 이때 한 단락이 나타내는 생각을 소주제, 또는 중심 생각이라고 한다. 이러한 단락은 시작할 때 첫 문장을 들여 쓰고 끝날 때는 행을 바꿈으로써 형식적으로 구분된다.

예시1

언젠가부터 인간은 자신의 노동을 비하하는 허위의식을 만들어내기 시작했다. 성경은 아담과 이브를 등장시켜, 여성에게는 아이를 낳는 출산의 고통을, 남성에게는 땅을 가는 노동의 고통을 원죄에 대한 형벌로 각인해놓았다. 아마도 이 신화의 제작자는 자신이 흘린 땀으로 자신의 생존을 해결하는 사람이 아니었을 것이다. 인간의 노동에서 '의식'이 분리되면서, 다시 말해 육체노동과 정신노동이 분리되면서, 정신노동은 육체노동을 지배하기 시작했다. 정신노동을 독점한 철학자와 종교 지도자들은 육체노동을 전담한 종들을 비웃는 이야기들을 만들어내었다. 플라톤은 그의 《국가》에서 생산자 계급을 천시했다. 생산자에게 필요한 덕목은 절제와 복종이다. 생산자는 자신의 직업에 충실하여 좋은 물건을 생산하는 것이 그의 덕목이다. 지혜, 즉 정신 활동은 철학자의 전유물이다. 왜 이렇게 인간을 구분하고 차별하게 되었는가. 인간 세계의 불평등에 항의하는 자를 위하여 플라톤은 미리 '금속의 신화'를 준비해놓았다. 금, 은, 철의 세 성분으로 인간을 만든 것은 신의 뜻이니 철의 성분으로 탄생한 생산자 계급이여, 그저 절제하고 복종하며 살지어다. '이데아'라는 것도 그렇다. 여기 침대가 있다. 플라톤은 목수가 만든 현실의 침대를 가짜라고 보았고, 침대의 이데아를 진짜라고 보았다. 존재와 의식, 물질과 정신을 둘로 갈라놓은 플라톤의 이분법은 이후 모든 철학자의 공통된 한계가 되었는데, 사실은 치자와 피치자, 정신노동과 육체노동으로 이분된 현실의 반영에 지나지 않았다. 중요한 것은 침대의 이데아를 현실의 침대보다 진실한 것으로, 상위의 가치로 간주하는 플라톤의 세계관 속에서는 침대를 만들기 위해 땀 흘리는 목수의 노동이 천시되어 있다는 것이다.

– 황광우, 『철학콘서트 1』, 웅진지식하우스, 2006, 230-231면.

예시2

언젠가부터 인간은 자신의 노동을 비하하는 허위의식을 만들어내기 시작했다. 성경은 아담과 이브를 등장시켜, 여성에게는 아이를 낳는 출산의 고통을, 남성에게는 땅을 가는 노동의 고통을 원죄에 대한 형벌로 각인해놓았다. 아마도 이 신화의 제작자는 자신이 흘린 땀으로 자신의 생존을 해결하는 사람이 아니었을 것이다. 인간의 노동에서 '의식'이 분리되면서, 다시 말해 육체노동과 정신노동이 분리되면서, 정신노동은 육체노동을 지배하기 시작했다. 정신노동을 독점한 철학자와 종교 지도자들은 육체노동을 전담한 종들을 비웃는 이야기들을 만들어내었다.

플라톤은 그의 《국가》에서 생산자 계급을 천시했다. 생산자에게 필요한 덕목은 절제와 복종이다. 생산자는 자신의 직업에 충실하여 좋은 물건을 생산하는 것이 그의 덕목이다. 지혜, 즉 정신 활동은 철학자의 전유물이다. 왜 이렇게 인간을 구분하고 차별하게 되었는가. 인간 세계의 불평등에 항의하는 자를 위하여 플라톤은 미리 '금속의 신화'를 준비해놓았다. 금, 은, 철의 세 성분으로 인간을 만든 것은 신의 뜻이니 철의 성분으로 탄생한 생산자 계급이여, 그저 절제하고 복종하며 살지어다.

'이데아'라는 것도 그렇다. 여기 침대가 있다. 플라톤은 목수가 만든 현실의 침대를 가짜라고 보았고, 침대의 이데아를 진짜라고 보았다. 존재와 의식, 물질과 정신을 둘로 갈라놓은 플라톤의 이분법은 이후 모든 철학자의 공통된 한계가 되었는데, 사실은 치자와 피치자, 정신노동과 육체노동으로 이분된 현실의 반영에 지나지 않았다. 중요한 것은 침대의 이데아를 현실의 침대보다 진실한 것으로, 상위의 가치로 간주하는 플라톤의 세계관 속에서는 침대를 만들기 위해 땀 흘리는 목수의 노동이 천시되어 있다는 것이다.

– 황광우, 『철학콘서트 1』, 웅진지식하우스, 2006, 230-231면.

<예시1>과 <예시2>는 동일한 글을 하나는 단락을 구분하지 않은 반면, 다른 하나는 단

락을 구분하여 제시한 것이다. <예시2>는 '인간의 노동 비하', '플라톤의 『국가』에서 나타난 생산자 계급 천시', '이데아에 반영된 노동 천시', 이렇게 세 개의 소주제로 각각 단락이 나뉘어 있다. 둘 중에서 독자는 어느 글을 더 쉽게 이해할 수 있을까? 당연히 <예시2>이다. 같은 내용이라도 적절히 소주제별로 단락이 구분되어 있는 경우에 글의 내용이 더욱 명확하게 전달된다.

한편, 블로그나 인터넷 사이트에 실린 신문 기사 등 인터넷 문서에서는 한 행씩 띄움으로써 단락을 구분한 경우도 종종 보게 된다. 이는 가독성이 높고 편리하기는 하지만 일반적인 글쓰기에서 선호되는 방식은 아니므로 여기서 다루지 않는다.

그렇다면 내용적으로는 단락을 어떻게 구분해야 할까? 첫머리에 언급했듯이 단락은 여러 개의 문장이 모여 하나의 중심 생각을 표현하는 의미의 덩어리이므로 첫 번째로 할 일은 글 전체를 몇 개의 생각의 덩어리들로 나누는 것이다. 이렇게 중심 생각에 따라 단락을 구분한 다음에는 혹시 너무 긴 단락은 없는지, 또 너무 짧은 단락은 없는지 점검해 본다. 보기 좋은 떡이 먹기도 좋다. 글 전체를 적절한 길이의 단락들로 구분하면 글이 정돈되었다는 느낌을 주며 독자가 내용을 빨리 파악하는 데 도움이 된다.

반대로 단락이 하나의 중심 생각을 표현해야 한다고 해서 단락 하나를 1-2페이지 이상으로 구성한다면 아무래도 가독성이 떨어지기 마련이다. 중심 생각은 상대적인 개념이다. 하나의 중심 생각 안에는 여러 개의 세부적인 생각들이 들어 있는 것이 보통이다. 하나의 중심 생각이 1-2페이지 이상에 걸쳐 있는 경우에도 잘 보면 여러 개의 세부적인 생각을 찾을 수 있다. 너무 긴 단락은 읽기 힘들다. 하위 생각을 기준으로 적당한 길이로 나누도록 하자.

연습1 다음은 원래 단락이 나뉘어 있는 글을 한 단락으로 묶어 제시한 것이다. 글을 읽고 중심 생각을 기준으로 세 단락으로 구분해 보자.

'악마의 자식', '미스터 데스', '엽기 예술가' 등의 별명을 가진 데이미언 허스트Damien Hirst는 YBA의 심볼이자 영국의 국민작가이며 이 시대의 가장 성공한 현대미술가다. 1988년에 있었던 <프리즈> 전시 이후 사치의 지속적인 후원과 작품 구매로 젊은 나이에 성공한 작가 반열에 오른 허스트는 작가로서 전시기획자로서 모두 성공한 셈이다. 허스트는 현대미술 작가 중 가장 영민하고 운 좋은 작가이기도 한데, 작가로 성공하기 전까지 작품 제작에 자기 돈을 한 푼도 쓰지 않은 것으로도 유명하다. 찰스 사치가 1억 원에 사서 이후 스티브 코언에게 140억 원에 판매한 상어도 순수 제작비만 1,200만 원(6,000파운드)이 들었다. 젊은 미술가가 감당하기엔 꽤 높은 제작비였다. 허스트는 이 돈 역시 자신을 후원하기로 한 찰스 사치를 설득해 작품 값 일부를 먼저 받아 냄으로써 충당했다. 지금도 지하 작업실 한편에서 수많은 아이디어를 스케치하면서 제작비 마련에 고심하는 한국의 젊은 작가들에겐 부러움이 대상이 아닐 수 없다. 허스트는 죽음이라는 전통적인 예술의 주제를 그만의 독특한 재치와 열정, 독창성과 파워로 현대화하고 확장하는 작업을 하고 있다. 그중에서도 가장 잘 알려진 작품은 아마도 '자연사 연작'일 것이다. 죽음에 대해 경고하기 위해 제작했다는 '자연사 연작'은 죽은 소나 돼지가 슬라이스로 잘린 채 포름알데히드로 가득 찬 유리 탱크에 넣어져 전시된다. 아이러니하게도 자연사 박물관에서나 볼 법한 광경이 미술관에서 펼쳐지는 것이다. 센세이셔널하고 엽기적이기까지 한 그의 작품은 항상 논란을 일으켰고 관객을 분노 혹은 열광의 도가니로 밀어 넣기 일쑤였다. 분노보다는 열광하는 팬들이 많았던 덕인지 허스트는 1992년 터너 프라이즈 후보에 올랐고, 1995년엔 영예의 터너 프라이즈를 손에 거머쥐게 되었다.

— 이은화, 『가고 싶은 유럽의 현대미술관: 테이트 모던에서 빌바오 구겐하임까지 독특한 현대미술로 안내할 유럽 미술관 16곳을 찾아서』, 아트북스, 2014, 40 41면.

(2) 단락의 구조

전형적인 단락은 소주제문과 뒷받침문장들로 구성된다. 소주제문은 중심 생각, 즉 소주제를 하나의 문장으로 구현한 것을 말하며, 뒷받침문장은 소주제를 보충하고 지지하는 세부적인 내용을 담은 문장을 말한다. 예를 들어 "디지털 치매는 정신적 문제를 일으킨다."가 소주제문이라고 한다면 이에 대한 뒷받침문장은 "디지털 치매로 기억력 감퇴가 심해지면 진짜 치매로 발전될 수 있다.", "디지털 치매는 스트레스를 유발한다.", "디지털 치매가 심해지면 공황장애, 정서장애 등을 일으킬 수도 있다." 등이 될 것이다.

소주제문은 완전한 문장으로, 가능한 한 간결하고 명확하게 쓰는 것이 좋다. 하나의 문장 안에 여러 가지 의미보다는 한 가지 의미를 표현한다. 또한 장황하게 수식어를 붙이는 것은 전달하고자 하는 의미를 흐릴 수 있으므로 지양하도록 한다.

뒷받침문장은 소주제문을 구체화할 수 있는 내용을 담아야 한다. 소주제를 뒷받침할 수 있는 이유나 근거, 사례, 경험, 세부 사실 등이 뒷받침문장으로 나타날 수 있다. 뒷받침문장을 쓸 때는 이것이 소주제와 관련을 맺도록, 새로운 소주제를 끌어들여 통일성을 해치지 않도록 유의해야 한다.

연습2 다음 단락에는 뒷받침문장만 제시되어 있다. 밑줄에 알맞은 소주제문을 써 보도록 하자.

______________________________. 한 영구 임대 아파트에서 100여 일 동안 7명이 자살한 경우가 이를 보여준다. 죽은 사람들 중 4명이 기초생활수급자, 6명이 자신이나 세대주가 무직이었다. 결국 일자리가 없어서 수입이 없거나 수입이 있어도 생활하기에 턱없이 모자라는 사람들이 자살이라는 선택을 한 것이다. 또 소득이 비교적 높은 서울, 울산은 자살률이 각각 23.3명, 24.6명인데 소득이 낮은 강원과 충남은 36.8명, 36.9명으로 높은 것도 이를 뒷받침한다.

연습3 다음 소주제문에 적합한 뒷받침문장을 모두 골라 보자.

소주제문: 스트레스를 많이 받는 청소년일수록 인터넷을 많이 사용한다.

1. 자신이 매우 불행하다고 느끼는 청소년 10명 중 3명은 하루 4시간 이상 인터넷을 한다.
2. 스트레스를 '전혀 느끼지 않는다'로 응답한 청소년들의 인터넷 사용률은 3%대였다.
3. 인터넷 실명제를 실시해서 악플을 막아야 한다.
4. 집에 PC가 한 대도 없는 경우에는 인터넷 사용이 3%대에 그친 것으로 나타났다.
5. 악플은 얼핏 보아서는 스트레스 해소에 도움이 될 수 있는 것 같지만 오히려 청소년의 정서 발달에 악영향을 미친다.
6. 스트레스를 '많이 느낀다'로 답한 청소년은 인터넷을 사용하는 비율이 40% 정도로 나타났다.

소주제문은 독자들이 글을 읽을 때 중요한 역할을 수행한다. 소주제문이 무엇인지 파악함으로써 단락 전체의 요지를 이해할 수 있기 때문이다. 따라서 단락 안에서 소주제문이 어디에 놓여 있느냐는 글의 내용을 전달하는 데에도 영향을 미칠 수 있다. 다음에서는 소주제문의 위치에 따른 단락의 유형에 대해 살펴보자.

두괄식	미괄식	양괄식	중괄식
소주제문	뒷받침문장	**소주제문**	뒷받침문장
뒷받침문장	뒷받침문장	뒷받침문장	뒷받침문장
뒷받침문장	뒷받침문장	뒷받침문장	**소주제문**
뒷받침문장	뒷받침문장	뒷받침문장	뒷받침문장
뒷받침문장	**소주제문**	**소주제문**	뒷받침문장

그림 소주제문 위치에 따른 단락의 유형

■ 두괄식

두괄식 단락은 단락의 맨 앞에 소주제문이 위치한 유형이다. 가장 기본적인 단락의 유형이며 소주제를 명확히 전달할 수 있다는 장점이 있으므로 설명문이나 논증문 등에서 흔하게 쓰인다. <예시3> 단락의 소주제문은 첫 문장, "……기회는 균등하지 않을 수 있는 것이다."이고 그 뒤의 문장들은 이에 대한 뒷받침문장들이다.

예시3

겉으로는 동일한 출발선인 것 같아 보여도, 이렇게 여러 상황과 조건에 따라 기회는 균등하지 않을 수 있는 것이다. 공부에 대한 동기 부여도 가족구조에 따라서 차이가 나며, 부모의 독서습관조차 자녀의 학업성적에 영향을 끼치는 것이 사실이다. 집안이 경제적으로 어려워져서 가정 분위기가 나빠지면 자녀의 심리가 불안정해지면서 학업성적이 하락하기도 한다. 하고자 하는 열정조차도 마찬가지다. '할 수 있다!'는 희망을 가질 수 있는 조건을 누린 선수와, '내가 할 수 있을까?'라는 두려움을 가질 수밖에 없는 조건에 처했던 선수는 같은 출발선에 섰다 하더라도 결코 동등한 상태에 있는 게 아니다. 긍정이나 희망이 마음먹는 대로 생기는 건 아니기 때문이다.

— 오찬호, 『우리는 차별에 찬성합니다』, 개마고원, 2013, 211-212면.

■ 미괄식

단락의 맨 마지막에 소주제문을 쓰는 유형이다. 독자의 입장에서는 끝까지 읽어야 단락의 소주제를 파악할 수 있다는 단점이 있다. 그러나 글을 치밀하게 전개할 경우, 결론에 대한 깊은 인상을 남길 수 있으며 결론이 무엇인지 궁금증을 불러일으킬 수 있다는 장점이 있다.

<예시4> 단락에서는 마지막 문장 "따라서 혐오감은 전염병을 피하게끔 진화된 심리적 적응이라고 할 수 있다."가 소주제문이다. 글의 필자는 이를 결론으로 이끌어내기 위하여 그 앞에 혐오를 뜻하는 영어 단어의 어원에 대한 설명, 역겨워하는 표정에 대한 다윈의 언급, 혐오감을 일으키는 원천들의 예시 등을 뒷받침문장으로 제시하고 있다.

예시4

혐오를 뜻하는 영어 disgust는 '맛이 없다'는 뜻의 라틴어에서 유래하였다. 실제로 혐오감은 먹는 행위와 밀접하게 연관된다. 다윈은 역겨워하는 표정이 미간을 찌푸려서 냄새를 피하고 입술을 삐죽 내밀어 나쁜 음식물을 거부하기 위함이라고 설명하였다. 혐오감을 일으키는 대표적인 원천으로 배설물, 체액, 바퀴벌레, 화장실, 쥐, 토사물, 상한 고기 등이 있다. 이들은 모두 전염병을 옮기는 매개체이다. 따라서 혐오감은 전염병을 피하게끔 진화된 심리적 적응이라고 할 수 있다.

– 전중환, 『본성이 답이다: 진화 심리학자의 한국 사회 보고서』, 사이언스북스, 2016, 49-50면.

■ 양괄식

단락의 앞과 뒤, 양쪽 모두에 소주제문을 쓰는 유형이다. 처음에 제시된 소주제문을 그 의미를 바꾸지 않는 한에서 변형하여 마지막에 다시 제시하는 것이 일반적이다. 소주제를 두 번 제시하기 때문에 어느 유형보다 명확히 내용을 전달할 수 있다는 장점이 있다. 그러나 하나의 글에 이런 유형의 단락을 자주 쓰면 비슷한 내용이 반복되기 때문에 글이 지루해질 수 있으므로 유의해야 한다.

<예시5>에는 소주제문이 처음과 마지막에 두 번 나온다. 먼저 첫 문장 "시민적 입장에서 시민 참여 역시 요원한 숙제다."가 소주제문이다. 그리고 중간에 왜 시민 참여가 숙제인지, 통계와 현 상황을 들어 뒷받침을 하고 단락을 마무리하는 부분에서 "정당을 탓하지 말고 시민단체의 회원권을 우선 구입하는 것이 시민적 숙제다."라고 소주제를 다시 제시하고 있다. 이때 두 번째 소주제문은 첫 번째 소주제문을 그대로 가져다 쓰지 않고 '시민 참여'를 조금 더 구체적으로 변형하여 언급하였다.

예시5

시민적 입장에서 시민 참여 역시 요원한 숙제다. 통계에 따르면, 한국의 성인 남녀가 각종 단체에 참여하는 비율은 60퍼센트 정도인데, 이 중 순수한 시민단체 참여율은 10퍼센트를 밑돌았다. 단적으로 말해, 거의 시민활동을 안 한다는 얘기다. 종친회, 종교단체, 동향회, 동호회가 대종이다. 이런 경우 시민의식, 공익의식은 발아하지 않는다. 이 정도면 증상이 심각하다. 경제 대국으로 발돋움하는 동안 사회는 후진적 상태에 머물러 있었다는 얘기다. 정치, 사회의 발전 정도와 경제 수준 간 심각한 격차가 존재하는 비정상적 발아 상태를 보인다는 얘기다. 그러니 이런 말이 나온다. 중산층, 그야말로 민주주의 발전에서 가장 중요한 중심 역할을 담당하는 중산층의 기준을 측정하는 연구에서 한국은 자동차, 아파트 두 개만을 든 반면, 프랑스는 외국어와 샹송, 미국은 오페라와 재즈, 여행 같은 문화적 자산을 첨가했다. 한국의 중산층은 문화적 자산과 교양이 절대적으로 부족한 물질적 존재가 되었다. 이런 상황에서 어떻게 공익, 시민윤리, 양보와 타협 같은 고급 정신을 기대할 수 있을까? 정당을 탓하지 말고 시민단체의 회원권을 우선 구입하는 것이 시민적 숙제다.

– 송호근, 『나는 시민인가: 사회학자 송호근, 시민의 길을 묻다』, 문학동네, 2015, 394-395면.

■ 중괄식

단락의 처음이나 마지막이 아닌, 중간쯤에 소주제문을 쓰는 유형이다. 단조롭거나 정형화된 느낌 없이 글에 재미를 줄 수 있는 방법이다. 그러나 아무래도 소주제를 명확히 전달하기가 힘들기 때문에 글쓰기 초보자에게는 좋지 않다. <예시6>의 소주제문은 "진정한 친구는 …… 항상 상대방을 포용하려고 한다."이다. 앞부분에는 소주제문을 본격적으로 제시하기 전 분위기를 형성하는 문장들이, 뒷부분에는 소주제문의 내용을 상세히 표현하는 문장들이 제시되어 있다.

예시6

아이들이 그늘에 앉아 놀고 있다. 가까이 다가가서 보니 찰흙으로 무언가를 열심히 만들고 있다. 공 모양의 흙덩이가 기다란 뱀이 되기도 하고 앙증맞은 토끼가 되기도 한다. 여러 개의 덩어리가 하나가 되기도 한다. 진정한 친구는 이런 찰흙과 같이, 항상 상대방을 포용하려고 한다. 왜 늦게 왔는지, 왜 자주 연락하지 않는지, 왜 자기만큼 잘해 주지 않는지 잘잘못과 이유를 따지지 않는다. 단단하고 뾰족하게 자기 고집만 내세우지 않고 자신을 상대방에게 맞추려고 노력한다.

학생의 글

지금까지 단락의 기본적인 구조와 소주제문의 위치에 따른 단락의 유형에 대해 살펴보았다. 그러나 모든 단락이 소주제문을 가지지는 않는다. <예시7> 단락에는 소주제문이 나타나 있지 않다.

예시7

근 열흘간이나 바람이 억세게 불어댔다. 지독한 꽃샘바람 때문에 동네 길목마다 비닐 봉지며 과자 껍질들이 어수선하게 흩어져 있어서 오가는 행인들의 눈살을 찌푸리게 만들었다. 때때로 청소부들이 쓰레기를 주워 모아 공터에서 불을 사르기도 했다. 그럴 때마다 불어오는 바람에 실려 검은 연기가 이리저리 휩쓸려 올라가고 미농지보다 얇은 그을음들이 나방떼처럼 떠돌아다녔다.

– 양귀자, 「마지막 땅」, 『원미동 사람들(4판)』, 도서출판 쓰다, 2013, 69면.

그렇다고 이 단락에 소주제, 즉 중심 생각이 없는 것은 아니다. 단락의 모든 문장들이 '거리의 스산한 풍경'이라는 소주제를 표현하는 데 기여하고 있다. 이처럼 소주제문이 명시적으로 드러나지 않는 경우는 위와 같이 묘사하는 글이나, 서사하는 글에서 특히 흔하게 나타난다.

(3) 단락 구성의 요건

단락의 목적은 각각의 소주제를 명확하게 표현하는 것이다. 그렇다면 소주제를 명확하게 표현할 수 있는 구체적인 방법은 무엇일까? 그것은 바로 한 단락의 내부 요소들, 즉 소주제문과 뒷받침문장을 다음의 단락 구성 요건에 유념해서 엮는 것이다.

■ 통일성

통일성은 하나의 단락을 구성하는 모든 문장이 그 단락의 소주제를 표현하기 위해 직접적으로 관련되어야 한다는 것이다. 단락은 보통 소주제를 표현하는 소주제문과 그 소주제문을 뒷받침하는 뒷받침문장으로 구성된다고 하였다. 일단 자신이 생각하는 내용을 소주제문으로 표현하고 그에 대한 뒷받침문장을 작성해 보자. 그리고 만약 뒷받침문장이라고 쓴 것들 중에 소주제와 관련이 없는 내용이 있다면 과감히 빼자. 소주제와 관련된 문장이라도 소주제를 뒷받침하기보다는 새로운 소주제를 언급할 가능성이 있거나 내용 전달에 혼동을 야기한다면 삭제해야 한다.

<예시8>을 읽고 통일성을 해치는 부분이 있는지 찾아보도록 하자.

예시8

CCTV의 설치와 사용에 대한 규제가 필요하다. 얼마 전 한 시민단체에 따르면 경찰이 전국 시·군·구의 CCTV 통합관제센터에 별다른 절차 없이 드나들며 개인의 정보를 수집하고 심지어 영상정보처리기기를 임의적으로 조작했다고 한다. CCTV에 찍히는 사적인 모습들은 반드시 보호되어야 할 개인 정보이고 이러한 정보를 동의 없이 조회하거나 활용하는 것은 있을 수 없는 일이다. CCTV는 범죄자 색출뿐만 아니라 실종 사고 해결에도 유용한 도구이다.

위 단락의 소주제는 무엇일까? 'CCTV 설치와 사용에 대한 규제의 필요성'이 소주제, 그리고 첫 문장이 이를 표현한 소주제문이다. 이후 내용은 시민단체가 제기한 현재 CCTV 활용의 문제점, CCTV의 유용성 등으로 연결되고 있다. 그러나 이들 모두가 소주제문을 뒷받침하는 데 적절한 것은 아니다. 어떤 문장을 빼야 단락의 내용이 하나의 소주제로 모일 수 있을까? 그렇다. 맨 마지막에 제시된 문장이다. 이 문장은 소주제를 뒷받침하지 않으며 오히려 글의 통일성을 해칠 수 있으므로 빼야 한다.

■ 긴밀성

긴밀성은 단락 내의 모든 문장들이 어떻게든 관련을 맺어야 한다는 뜻이다. 방법은 크게 두 가지이다. 첫째, 문장 자체가 내용적으로 관련을 맺는 것이다. 예를 들면 다음 문장들을 보자.

바람이 분다. 도로 위로 나뭇잎들이 떨어진다.

두 문장은 내용상 긴밀하게 연결이 된다. 바람이 불면 나뭇잎이 떨어지는 것은 당연하기 때문이다.

그녀는 아무 말도 하지 않았다. 너무 피곤해서 지친 듯했다.

이 예도 마찬가지다. 아무 말을 하지 않는 것에는 여러 가지 이유가 있을 수 있지만 너무 피곤한 것도 그 이유가 될 수 있다. 이처럼 문장 자체가 내용적으로 연관되면 굳이 접속사나 연결어미를 사용하지 않아도 긴밀성이 충족된다.

두 번째 방법은 형식적인 장치를 쓰는 것이다. 앞의 예들과 비슷하지만 좀 다른 다음 문장들을 보자.

> 바람이 분다. 날씨가 덥다.

바람이 불면 날씨가 덥지 않고 시원한 게 보통이다. 이런 문장들을 접하면 독자는 왠지 어색한 느낌을 받을 것이다. 다음 예도 마찬가지다.

> 그녀는 아무 말도 하지 않았다. 갑자기 떠나 버렸다.

아무 말도 하지 않았는데 갑자기 떠나는 것은 내용상 자연스럽게 연결이 되지 않기 때문에 연결 고리가 필요하다. 위의 예들은 다음과 같은 형식적인 장치를 보충해 문장 간의 긴밀성을 확보해 주는 편이 좋다.

> 바람이 부는데도 날씨가 덥다.
> 그녀는 아무 말도 하지 않고 갑자기 떠나 버렸다.

위의 두 예에서 긴밀성을 보충하기 위한 장치는 '-는데도', '-고' 등의 연결어미이다. 이처럼 각각의 문장이 따로 논다는 느낌이 들 때 적절한 연결어미를 쓰면 단락의 긴밀성을 높여 글의 내용을 효과적으로 전달할 수 있다.

접속부사도 연결어미와 비슷한 기능을 한다. 위의 예들은 접속부사를 써서 다음과 같이 고쳐 쓸 수도 있다.

> 바람이 분다. 그런데도 날씨가 덥다.
> 그녀는 아무 말도 하지 않았다. 그리고 갑자기 떠나 버렸다.

이 두 문장은 위에서 연결어미를 쓴 것과 전달하는 내용은 같다. 그러나 연결어미를 쓴 경우는 두 문장을 한 문장으로 연결했기 때문에 문장의 호흡이 길어진 반면, 접속부사를 쓴 경우는 문장 자체는 여전히 두 문장이므로 문장의 호흡에는 변화를 주지 않는다.

이 밖에도 '이', '그', '저'나 '이런', '저런', '그런' 등의 지시어 등도 문장의 긴밀성을 높이는 장치들로 사용된다.

> 그는 그날 밤 긴 이야기를 풀어냈다. 그 이야기는 30년이 지난 지금도 기억에 남아 있다.

주의할 것은 긴밀성을 더해 준다고 이런 장치들을 남발하지 않아야 한다는 것이다. 과유불급(過猶不及). 지나치면 모자람만 못하다. 연결어미를 너무 많이 쓰면 문장이 길어져 난해해지기 쉽고, 접속부사나 지시어를 많이 쓰면 글이 지저분해지기 쉽다. 글을 쓰고 나서 퇴고 과정을 거치면서 혹시 불필요하게 너무 많은 연결어미나 접속부사, 지시어 등을 사용하지 않았는지 점검하도록 하자.

연습4 다음 글의 긴밀성을 평가해 보자. 문제가 있다면 적절하게 고쳐 보자.

대학 3학년 때 아버지가 돌아가셨다. 그런데 그전까지는 부모님의 그늘 아래서 어려움 없이 자라던 나에게 아버지의 죽음은 큰 충격이었다. 울고만 있을 수는 없었다. 그래서 아버지 대신 집안을 책임지어야겠다고 결심했다. 왜냐하면 어머니 역시 충격으로 몸과 마음을 못 추스르고 계셨기 때문이다. 동생은 아직 중학생이었다. 아버지의 상을 치르자마자 아르바이트를 알아봤는데 다행히 아버지 친구분이 초벌 번역 일을 맡겨 주셔서 그 돈으로 등록금을 보탤 수 있었다. 아버지의 죽음은 지금 생각해도 너무나 슬픈 일이다. 나태하게 살아왔던 나를 바꾼 계기가 되어 주었다.

■ 완결성

한 단락에서 표현되는 소주제는 그 단락 안에서 충분히 기술되어야 한다. 이것이 완결성이다. 어떤 글이 이야기를 하다 말고 흐지부지 끝난 느낌을 주는 것은 완결성이 부족하기 때문이다. <예시9>를 보자.

예시9

현대인들이 "시간이 부족하다" 또는 "시간이 넉넉하다"라고 말할 때의 시간은 객관적인 동시에 주관적이다. 경력을 개발할 시간, 외국어를 학습할 시간, 연인과 함께 보낼 시간, 운동할 시간, 여가를 보낼 시간 등 개인이 필요로 하는 시간은 객관적 시간이다.

– 구본권, 『로봇 시대, 인간의 일: 인공지능 시대를 살아가야 할 이들을 위한 안내서』, 어크로스, 2015, 171면.

<예시9>의 첫 번째 문장을 소주제문이라고 했을 때 단락의 소주제는 '시간의 객관성과 주관성' 정도가 될 것이다. 그러나 이 단락은 소주제문 다음에 객관적 시간에 대해서

만 언급했기 때문에 단락이 불충분하게 서술되었다는 느낌을 준다. 또한 객관적인 시간은 우리가 익히 아는 일반적인 시간의 개념과 관련된 것이고, 필자가 실제로 강조하고자 하는 것은 주관적 시간이므로 단락을 마무리하기 위해서는 주관적 시간에 대한 상세한 설명이 이어져야 한다. 원래의 단락은 <예시10>과 같다.

예시10

현대인들이 "시간이 부족하다" 또는 "시간이 넉넉하다"라고 말할 때의 시간은 객관적인 동시에 주관적이다. 경력을 개발할 시간, 외국어를 학습할 시간, 연인과 함께 보낼 시간, 운동할 시간, 여가를 보낼 시간 등 개인이 필요로 하는 시간은 객관적 시간이다. 우리가 '바쁘다', '지루하다', '쏜살같다'고 말할 때의 시간은 주관적 시간이다. 측정되는 과학의 시간은 균일하지만 우리가 지각하는 생활 속의 시간은 주관적이다. 〈슈피겔〉 편집장 출신의 독일 과학저술가 슈테판 클라인은 《시간의 놀라운 발견》에서 "시간이 부족하다는 것은 시간과는 별 관계가 없으며, 어떤 태도와 관점을 갖느냐에 달려 있다"고 말한다.

– 구본권, 『로봇 시대, 인간의 일: 인공지능 시대를 살아가야 할 이들을 위한 안내서』, 어크로스, 2015, 171-172면.

2 글의 구성

(1) 글의 구성 요건

앞에서 우리는 단어를 선택하고 문장과 단락을 쓰는 법에 대해서 살펴보았다. 이제는 각각의 단락을 어떻게 엮어서 하나의 글로 완성하는지를 다룰 차례다. 하나의 단락이 적절하게 구성되려면 통일성, 긴밀성, 완결성을 갖추어야 한다고 했는데 이 원칙은 글 전체에도 적용이 된다. 각각에 대해 간략하게 살펴보도록 하자.

먼저 통일성이다. 단락의 통일성이 단락 안의 문장들이 소주제를 흩어짐 없이 표현하느냐에 대한 것이었다면 글 전체의 통일성은 단락들이 표현하는 각각의 소주제가 글 전체의 주제로 모이는지에 대한 것이라고 할 수 있다.

다음으로 글의 긴밀성은 한 편의 글을 구성하는 각각의 단락들이 따로 놀지 않고 내용적으로 잘 이어져야 함을 의미한다. 문장과 문장 사이에 연결어미나 접속부사, 지시어 등을 활용해서 단락 내의 긴밀성을 보완했듯이 단락과 단락 사이에도 필요한 경우 접속부사나 지시어와 같은 형식적인 장치들을 사용하여 긴밀성을 부여할 수 있다.

마지막으로 완결성은 필자가 표현하고자 하는 주제를 부족함 없이 잘 기술해야 한다는 것을 말한다. 그러기 위해서는 내용 자체도 충분해야 하지만 글의 마지막 부분, 즉 종결부의 역할도 중요하다. 종결부에서 글의 내용을 잘 마무리했다는 느낌을 주는 것이 중요한데 종결부의 작성법에 대해서는 뒤에서 따로 살펴볼 것이다.

(2) 단락 배열의 방법

글을 쉽게 쓰는 사람들은 머릿속에서 생성된 자연스러운 흐름에 따라 단락을 배열해서 글을 완성할 수 있다. 그러나 아직 글쓰기가 익숙하지 않은 사람들에게 한 단락을 넘어, 여러 단락을 배열해서 글을 완성한다는 것은 큰 부담이 된다. 이러한 경우에는 아래 제시한 방법들을 참고하여 조금 도식적으로 접근해도 좋다. 몇 가지 제시된 틀에 따라 연습을 하다 보면 스스로 자연스러운 흐름이 뭔지 고민하게 되고, 언젠가는 글의 목적과 상황에 따라 가장 적합한 단락의 흐름을 찾을 수 있을 것이다.

① 자연적 배열

시간적인 순서나 공간적인 순서에 따라 단락을 배열하는 것이다.

■ 시간적 배열

사건이나 경험 등을 시간적 순서에 따라 배열한다. 주로 신문 기사, 역사 서술, 전기문, 소설 등 서사의 방식으로 쓰이는 글들에 이용된다. 예를 들어 운송 수단의 변천에 대한 글을 쓴다면 고대, 중세, 근대, 현대의 시간의 흐름을 바탕으로 단락을 배열할 수 있다. 또 장애인올림픽의 역사에 대한 글을 쓴다고 한다면 대회의 기원부터 대회가 확대되어 현재에 이르기까지의 과정을 시간적 흐름에 따라 기술해야 할 것이다.

■ 공간적 배열

어떤 대상에 대해 기술할 때 공간적 이동을 염두에 두고 배열하는 것이다. 주로 묘사나 설명 등의 방식으로 작성되는 글에 이용된다. 예를 들어 도서관에 대해 설명한다면 전체적으로는 도서관의 내부에서 외부로, 또는 외부에서 내부로 공간의 순서를 정해서 내용을 배열하게 된다. 세부적으로 설명할 때는 열람실, 멀티미디어실, 서고, 안내데스크 등 각 공간을 구분하여 내용을 구성하는 것이 효율적이다.

② 논리적 배열

글을 전개하는 자연스러운 논리를 세우고 그에 따라 단락을 배열하는 것이다. 주로 설명하거나 논증하는 글에 많이 사용되는데 대표적인 몇 가지만 아래에 제시한다.

■ 소주제별 배열

글에서 본인이 나타내고자 하는 소주제를 적절하게 배열한다. 예를 들어 독일 맥주 축제 '옥토버페스트'에 대해 소개하는 글을 쓴다면 축제의 유래, 기간, 음식, 행사 등의 소주제를 나열하여 글을 구성하는 것이다.

■ 반박형 배열

본인이 주장하는 바와 상반된 의견을 먼저 제시하고 그에 대해 비판하거나 반박함으로써 본인의 주장이 타당함을 보이는 방식이다.

■ 인과적 배열

원인과 결과를 설명하는 글에 많이 쓰인다. 원인을 먼저 제시하고 그 결과를 나중에 제시하거나 반대로 결과를 먼저 보이고 나중에 원인을 밝힐 수도 있다.

■ 문제 해결형 배열

사회나 정치, 그 밖의 여러 문제에 대한 해법을 제시할 때 사용하는 배열 방식이다. 보통은 문제되는 상황이나 현상, 실태 등을 먼저 보이고 이에 대한 합리적이고 실현 가능한 해결책을 제시하는 방식으로 글을 마무리한다. 동물 실험에 대해 글을 쓴다고 할 때 현재 동물 실험의 실태와 관련된 문제들을 서술한 후, 그러한 문제들을 해결할 수 있는 방법들에 대해 제안하는 것이 이러한 유형의 예이다.

(3) 도입부와 종결부

도입부는 글의 첫머리 부분을 말하며 종결부는 전체 글을 마무리하는 부분을 말한다. 자기소개서나 연구계획서, 제품설명서와 같이 항목별로 써야 할 내용이 정해져 있는 글들을 제외하고는 대부분의 경우 어떻게 글을 시작하고 끝맺을지 하는 문제를 앞에 두고 여간 고민스럽지 않을 것이다. 글의 도입부와 종결부가 글의 인상을 좌우한다는 것을 알기 때문이다.

도입부와 종결부는 글의 종류가 학술적인 글인가, 일반적이고 대중적인 글인가에 따라서도 달라질 수 있다. 학술적인 글은 제2부에서 리포트를 다루면서 살펴볼 것이기 때문에 여기서는 일반적인 글을 쓸 때 어떻게 하면 효과적으로 도입부와 종결부를 구성할 수 있는지에 대해서 알아보기로 한다.

① 도입부 작성하기

일반적인 글의 도입부는 독자의 흥미를 끌고 주제를 제시하여 독자의 관심을 유도하고자 하는 목적을 지닌다. 도입부를 쓰는 특별한 틀이나 방법은 없다. 필자의 개성이 듬뿍 담긴 도입부만큼 독자의 관심을 끄는 것도 없을 것이다. 그러나 글을 처음 시작하는 것이 막막한 경우에는 다음과 같은 방식을 참고해서 써 보는 것도 도움이 된다.

- 인상적인 일화나 시사적인 사건, 개인적인 경험 제시하기
- 역사적인 맥락 제시하기
- 명언이나 인용문 제시하기
- 의미 있는 질문 던지기
- 통계적인 수치나 자료 제시하기
- 개념이나 단어의 의미 정의하기

위의 어느 방법들을 사용하든지 가장 기본적인 것은 이들이 주제와 관련된 내용이어야 한다는 것이다. 대학생의 음주에 대한 교육을 실시해야 한다는 글을 쓰면서 도입부를 담뱃값 인상에 대한 통계 자료 등으로 시작한다면 그 글은 처음부터 통일성을 전혀 갖추지 못한 글이 될 것이다.

<예시1>은 존엄사에 대한 글의 도입부이다. 어떤 방식으로 시작했는지 살펴보자.

예시1

근대의 정치를 '생명정치'라는 틀로 분석한 푸꼬의 통찰을 심화시킨 조르조 아감벤(Giorgio Agamben)은 주권자가 권력으로 포섭할 수 있는 테두리의 바깥에 놓인 자를 일컫는 '호모 사케르'라는 개념을 제시했다. 그는 호모 사케르의 한 예로 심층 코마(coma, 의식불명) 상태의 환자를 드는데, 심층 코마란 의식, 운동, 감각, 반사 등이 정지되는 전통적인 의미의 코마에서 더 나아가 호흡, 혈액순환, 체온조절 등 식물인간 상태의 생명기능마저 정지된 상태를 가리킨다. 심층 코마 환자는 인공호흡, 아드레날린 정맥주사를 통한 혈액순환 유지, 체온조절 등의 소생요법을 계속할 경우 심장박동이 지속되어 여러 장기들이 기능을 유지할 수 있지만, 소생요법 장치가 중단되면 자동적으로 생명을 멈춘다. 현대 의료기술의 발달로 인해 심장박동과 호흡정지를 기준으로 삼던 기존의 사망 판정이 모호해지고 코마와 사망 사이의 중립지대가 열린 것이다.

– 김영란, 「존엄하게 죽을 권리 vs. 생명을 보호할 의무」, 『판결을 다시 생각한다: 한국사회를 움직인 대법원 10대 논쟁』, 창비, 2015, 21-22면.

이 글의 도입부는 존엄사와 관련된 개념인 호모 사케르와 심층 코마에 대한 설명으로 이루어져 있다. 필자는 주제와 관련된 중요한 개념을 설명하는 것으로 도입부를 시작함으로써 다소 무거운 주제, 즉 존엄하게 죽을 권리와 생명을 보호할 의무 사이의 여러 가지 쟁점들을 본격적으로 다루기 전에 분위기를 조성하고 있다. 이처럼 도입부는 주제를 암시 또는 명시할 수 있는 내용을 다양한 방식으로 제시해서 독자가 흥미를 가지고 글을 읽을 수 있도록 유도하는 역할을 한다.

② 종결부 작성하기

글의 마지막 부분에서는 일반적으로 본론의 핵심 내용을 요약해서 다시 제시한다. 그러나 이것만으로는 왠지 불충분하다는 느낌이 들거나 글이 완결되지 않았다는 느낌이 들 때 다음의 내용들을 보충할 수 있다.

- 기대되는 효과나 앞으로의 전망, 필자의 바람 제시하기
- 명언이나 인용문 제시하기
- 남은 문제를 제시하거나 문제 상황을 다시 환기하기

기대되는 효과나 앞으로의 전망, 바람 제시하기는 글의 주제가 문제에 대한 해결책이었을 때 많이 사용하는 마무리 방법이다. 본론에서 주장한 자신의 해결책을 먼저 요약하고 이 해결책을 적용했을 때의 결과, 전망을 보여주는 것이다. 다음으로, 관련된 명언이나 인용문을 제시하는 방법은 앞에서 살펴보았듯이 도입부에서도 종종 사용된다. 어떤 필자들은 도입부에서 명언이나 인용문을 제시하고 종결부에서 이를 반복하거나 약간 변형시켜 제시함으로써 인상적인 끝맺음의 방법으로 활용하기도 한다. 마지막으로, 남은 문제를 제시하거나 문제 상황을 환기하는 방법은 주제와 관련되어 아직 해결되지 않았거나 서술이 부족했던 부분에 대해 언급하는 것이다. 이런 방식을 사용하면 필자가 문제 상황에 대해 철저히 파악하고 있다는 느낌을 줄 수 있다. 그러나 그렇다고 이 내용을 너무 길게 서술하면 글 전체의 통일성을 해칠 수 있으니 조심해야 한다.

<예시2>는 이 중 세 번째, 문제 상황을 다시 환기하는 방식으로 글을 마무리하고 있다.

예시2

자신의 운명을 결정할 권리를 어떻게 지켜야 할지 각자가 고민하지 않는다면 개인들은 점점 무력해질지도 모른다. 개인의 존엄성이라는 절대적인 명제에도 불구하고 자기결정권 존중을 주장하는 목소리가 높아가는 이면에는 이런 불안감이 숨어 있다. 어쩌면 김 할머니 사건의 유일한 교훈은 개개인이 자신의 생명과 죽음에 대해 깊이 생각하고, 미리 분명하게 의사표시를 해두어야 한다는 것뿐인지도 모른다. 나머지 문제들에 대해서는 아직 논의가 제대로 시작되지도 않았다.

— 김영란, 「존엄하게 죽을 권리 vs. 생명을 보호할 의무」, 『판결을 다시 생각한다: 한국사회를 움직인 대법원 10대 논쟁』, 창비, 2015, 47-48면.

중심부에서 존엄사와 관련된 쟁점들에 대해 다룬 뒤, 종결부에서는 "자신의 운명을 결정할 권리"에 대해 고민하지 않으면 다가오게 될 상황, 이 중대한 문제에 대한 논의조차 제대로 시작되지도 않은 상황을 언급하였다. 이렇게 종결부에서 문제에 대한 관심이 필요함을 역설하면 주제의 중요성을 한층 강조하고 독자에게 강한 인상을 남길 수 있다.

4장에서는 단락 쓰기의 기본적인 사항들을 살펴보고 단락들을 묶어 전체의 글을 구성하는 방법에 대해서 알아보았다. 아래에 제시된 연습문제를 풀어 봄으로써 배운 내용을 정리해 보자.

연습 아래 글을 읽고 다음 사항들에 유의하여 느낀 점을 두세 단락 정도 짧은 글로 써 보자.

- 단락의 구분에 주의한다.
- 단락 하나에는 하나의 소주제만 표현하자.
- 단락과 글의 구성 요건을 갖추도록 한다.

뜨거운 물이 찬물보다 빨리 언다?

뜨거운 물이 빨리 얼까, 차가운 물이 빨리 얼까? 대부분의 사람들은 너무나 당연하게 차가운 물이 빨리 얼 것이라고 생각한다. 그러나 정답은 '뜨거운 물이 차가운 물보다 빨리 얼 수도 있다'이다. 뜨거운 물이 차가운 물보다 먼저 언다는 것은 사실 납득이 잘 되지 않는다. 50도의 물과 30도의 물을 얼릴 때, 50도의 물이 얼려면 온도가 30도까지 떨어져야 하는데, 그만큼 시간이 더 걸리는 것은 상식처럼 보인다. 이 상식을 깨는 위대한 발견은 고정관념을 벗어난 한 고등학생으로부터 비롯되었다.

1969년, 아프리카 탄자니아의 고등학생 음펨바(Erasto Mpemba)는 학교에서 끓는 우유와 설탕을 섞어 아이스크림을 만드는 실습을 하고 있었다. 원래 아이스크림을 만들 때는 혼합 용액을 충분히 식힌 다음에 냉동실에 넣어 얼려야 한다. 하지만 늘 그렇듯이, 실습실의 냉동고에는 자리가 충분하지 않았고, 음펨바는 냉동고의 자리를 차지하기 위해 채 식지 않은 혼합용액을 그대로 냉동실에 집어넣었다. 얼마 후 냉동실 문을 연 음펨바는 희한한 현상을 발견했다. 다른 학생의 아이스크림보다 자신의 아이스크림이 먼저 얼어 있는 것이었다. 이상하게 여긴 그는 선생님에게 이 현상을 질문했지만, 선생님은 음펨바가 착각한 게 분명하다고 대답했다.

의문이 생긴 음펨바는 같은 실험을 몇 차례에 걸쳐서 반복하였다. 결과는 항상 같았다. 뜨거운 물이 더 빨리 얼었다. 물론 선생님과 친구들은 믿어주지 않았다. "그건 음펨바의 물리학이야.", "음펨바의 세계에서나 그렇겠지."라는 놀림을 받았다. 이때 인근 대학의 물리학자인 오스본(Denis G. Osborne) 교수가 음펨바의 고등학교를 방문했다. 음펨바는 자신의 관찰에 대해 오스본 교수에게 질문했다. 오스본 교수는 자신도 그 이유를 모르지만, 실험실에 돌아가서 꼭 실험해보겠다고 약속했다. 음펨바의 주장대로 실험해 본 오스본 교수의 연구팀은 결국 뜨거운 물이 차가운 물보다 더 빨리 언다는 음펨바의 주장이 사실이라고 인정하게 되었다. 실험 결과는 1969년 'Physics Education' 저널에 게재되었다(vol 4, p.172-175).

뜨거운 물이 차가운 물보다 더 빨리 언다는 사실은 이미 아리스토텔레스가 기록으로 남겼다. 아리스토텔레스의 권위는 갈릴레오 시대까지 대단했고, 17세기 초에는 뜨거운 물이 차가운 물보다 더 빨리 언다는 사실은 상식이었다고 한다. 하지만 이런 현상은 직관과 배치되기 때문에 수백 년 동안 잊혔다가 음펨바에 의해 다시 살아난 것이다.

그런데 음펨바 효과는 왜 일어날까? 여러 가지 가설들은 있지만 아직 정확한 원리는 밝혀지지 않았다. 많은 사람들은 뜨거운 물 분자들이 활발하게 활동하면서 증발이 더 잘 일어나기 때문에, 뜨거운 물의 질량이 상대적으로 작아져서 더 빨리 언다고 생각한다. 하지만 용기를 밀폐해서 증발효과를 제거해도 음펨바 효과는 관찰된다. 또 뜨거운 물에는 녹아있는 기체의 양이 적어서 빨리 언다거나, 뜨거운 물이 용기 주변의 환경을 변화시켜서 냉각 과정을 바꾼다는 주장도 있다.

대류현상도 원인으로 생각해 볼 수 있다. 뜨거운 물은 차가운 물보다 초기에 외부로 잃는 열의 양이 많아서 대류현상이 뜨거운 물에서 더 활발해진다는 것이다. 이렇게 될 경우 뜨거운 물이 차가운 물보다 외부로 열을 더 빨리 잃게 된다. 하지만 대류현상은 용기의 모양에 영향을 많이 받기 때문에 이 가설은 보편화되기가 어렵다.

최근에는 과냉각 이론이 거론되고 있다. 물이 얼음으로 되려면 응결핵이 필요한데 응결핵이 없으면 물은 0도에서도 얼지 않는다. 이러한 현상을 과냉각이라 한다. 뜨거운 물이 약 영하 2도에서 언 반면에 차가운 물은 영하 8도에서 얼었다는 연구 결과가 있긴 하지만, 그 원인이 확실치 않아서 음펨바 효과를 뒷받침해주기에는 부족하다.

이 모든 가설들이 복합적으로 작용해서 음펨바 효과가 나타난다고 말하기도 한다. 온도, 증발, 대류, 용존 기체, 전도와 같은 현상이 동시에 작용하여 뜨거운 물이 식을 때 물이 증발하고, 이 증발로 인해 많은 열을 잃고 또 물의 양이 줄어서 빨리 얼게 된다는 것이다.

다양한 주장에도 불구하고 아직 음펨바 효과의 결정적인 원인을 알려주는 이론은 없다. 언제 누가 그 원인을 밝힐지는 모른다. 하지만 이 이론을 주장하는 아이의 말을 경청해 주는 어른과 또 어른들이 자신의 말을 믿어주지 않아도 반복해서 실험해 보는 아이가 있는 곳에서 그 답이 나올 것이라는 예감이 든다.

– 이정모, "뜨거운 물이 찬물보다 빨리 언다?", http://www.hani.co.kr/arti/science/kistiscience/293947.html.

참고 문헌

대학글쓰기 교재편찬위원회, 『대학 글쓰기 이론과 실제: 이공』, 한국외국어대출판부, 2013.
정희모 · 이재성, 『글쓰기의 전략』, 들녘, 2005.
정희모 외 7인, 『대학 글쓰기』, 삼인, 2008.
최규수, 『대학에서 글쓰기를 어떻게 할 것인가』, 명지대학교 출판부, 2008.
한성우, 『문제해결력을 키우는 이공계 글쓰기: 발표와 토론까지』, 한빛아카데미, 2013.

부스 · 컬럼 · 윌리엄스, 『학술논문작성법(3판)』, 양기석 · 신순옥 옮김, 나남, 2012.

05 고쳐쓰기

1 고쳐쓰기의 필요성

아무리 글을 잘 쓰는 사람도 일필휘지로 글을 마무리하는 일은 드물다. 오히려 글을 잘 쓰는 사람일수록 고쳐 쓰는 작업에 공을 들인다. 최인훈이 『광장』을 출판하고서 이미 완성된 소설임에도 판을 달리할 때마다 개작을 거듭했다는 것은 이를 단적으로 보여주는 유명한 일화다. 글쓰기의 달인이라고 이름 붙여 마땅한 이들조차 고쳐쓰기에 온 힘을 기울이는 것은 왜일까? 고쳐쓰기는 단순히 오탈자 수정 작업이 아니다. 고쳐쓰기는 작성된 초고를 내용적, 형식적인 면에서 수정, 보완하는 작업이다.

초고를 쓸 때는 보통 글의 흐름에 푹 빠져 글이 가진 문제점을 못 보고 지나치게 된다. 따라서 내용상 꼭 필요한 부분은 빠뜨리는 대신, 글 전체 내용과 관련이 없는 부분이나 논리적 흐름이 어색한 부분을 넣기도 한다. 또 비문법적이거나 불필요한 문장, 사소하지만 글의 신뢰성을 떨어뜨리는 맞춤법 실수 등도 초고를 쓸 때는 미처 못 보고 넘어가는 문제들이다. 이러한 문제들을 해결할 수 있는 단 한 가지 방법이 바로 고쳐쓰기다. 고쳐쓰기를 할 때는 초고를 작성할 때와 달리 자신의 글을 한 발짝 떨어져서 볼 수 있다. 이때는 글쓴이가 아니라 독자의 입장에서 글을 다시 읽는 것이 중요하다. 글쓴이한테는 쉬운

데 독자가 모를 만한 개념은 없는지, 내용의 흐름은 자연스러운지, 썼던 내용을 잔소리처럼 반복하고 있지는 않은지 등 여러 면에서 점검을 한다. 이러한 과정을 통해 글은 초고 쓰기만으로는 얻을 수 없는, 한층 더 높은 완성도를 갖추게 된다.

2 고쳐쓰기의 원칙

고쳐쓰기는 글 전체, 단락, 문장, 단어 차원에서 이루어지며 고쳐쓰기의 원칙에는 삭제, 추가, 재구성, 대체가 있다.

(1) 삭제

글에서 불필요한 부분을 빼는 작업이다. 예를 들면 글의 주제와 관련이 없는 부분이나 여러 번 반복되어 나타난 부분, 글의 주제와 상충되거나 글의 주제를 오해하게끔 하는 부분, 쓸데없이 장황하게 서술된 부분, 불필요하거나 부적절한 문장, 단어 등을 빼는 것이 이에 해당한다.

연습1 다음은 삭제를 적용해 고쳐쓰기한 것이다. 아래 부분들을 왜 삭제했는지 생각해 보자.

~~나의 장점을 쓰려고 하니 잘 생각이 나지 않는다. 그래도 자기소개서니까 결국 써야 하기 때문에 고민을 많이 했는데,~~ 나의 장점은 활발한 성격이다. 나는 모르는 사람들을 대할 때도 먼저 다가가는 편이다. 나는 살면서 실수를 하거나 해도 부끄러워하지 않고 웃음으로 승화한다. ~~물론 나도 아주 가끔 말이 적어질 때가 있기는 하다.~~ 이런 장점 덕에 나는 주변 친구들에게 분위기 메이커로 통한다. 학교 동아리 신입생 환영회 날이었다. 모두들 쑥스러워하는 바람에 분위기가 침체되어 있었다. ……

(2) 추가

앞의 것과 반대로, 설명이 부족하거나 논리적으로 미흡한 부분이 있을 때 고쳐쓰기 과정에서 필요한 내용을 추가할 수 있다. 또 문장 간 연결이 잘 안 될 때 긴밀성을 보충하기 위해 지시어, 접속사 등을 넣거나, 필수적인 문장 성분이 생략되어 비문이 된 경우 문장 성분을 밝혀 쓰는 등 다양한 이유에서 추가가 필요하다.

연습2 아래 표시한 부분에 추가를 하고자 한다. 어떤 내용을 추가해야 할지 생각해 보자.

인터넷 서점의 장점은 편리함이다. 또 다른 장점은 사고자 하는 책과 관련된 많은 정보를 찾을 수 있기 때문에 구매하고 나서 후회가 적다는 점이다. 인터넷 서점에서 사고자 하는 책을 검색하면 아래에 그 책과 관련된 상세한 정보가 함께 제시된다. 목차부터 저자에 대한 세부 사항, 독자들의 반응, 평론가들의 리뷰 등도 나와 있기 때문에 내게 필요한 책인지, 살 만한 가치가 있는 책인지를 쉽게 결정할 수 있다.

(3) 대체

초고에 쓴 단어, 표현, 문장 등을 더 적절한 것으로 바꿔 쓰는 것을 말한다. 그 외에 초고에서 부정확하거나 새로 갱신되어야 할 부분을 발견했을 때 정확하거나 새로운 내용으로 바꿔 쓰는 것도 대체에 포함된다.

연습3 다음은 대체 원칙을 적용해 고쳐쓰기한 것이다. 아래 부분들을 대체한 이유를 생각해 보자.

현재 우리나라는 문·이과 구분 교육을 실시하고 있다. 그러나 이러한 제도는 다음과 같은 ~~역효과~~(문제)가 있다. 첫째, 학생들은 보통 고등학교 1학년 때 문과, 이과를 선택하게 되는데 이런 어린 나이에 미래를 결정한다는 것은 ~~불가능한~~(쉽지 않은) 일이다. ~~그리고~~(둘째) 다양한 교과목을 공부할 수 없다는 문제도 있다. 셋째, 문·이과 구분은 세계적인 ~~상황~~(추세)에도 적합하지 않다.

(4) 재구성

단어나 문장, 단락 등의 순서가 논리적이거나 자연적인 흐름에 맞지 않는다고 판단될 때 그 순서를 바꾼다. 또 수식어의 위치가 적절하지 않으면 문장이 중의적으로 읽히거나 잘못 해석될 수 있는데, 이때 수식어의 위치를 바꿈으로써 문장의 의미 전달을 명확하게 해 줄 수 있다.

연습4 다음은 단어와 문장 단위로 재구성한 것이다. 재구성한 이유를 생각해 보자.

이보다 더 큰 문제는 영어 교육이 취업과 입시에 영향을 줌으로써 계층 간의 격차를 심화시킨다는 것이다. 영어를 통해 얻을 수 있는 이점들은 굉장히 많다. 그러나 현재의 영어 열풍으로 인한 부작용도 만만치 않다. 이 상황을 해결하기 위해서 입시에서는 영어를 쉽게 출제하는 기조를 유지해야 한다. 영어 학원을 다닌 사람이 안 다닌 사람보다, 해외 연수를 갔다 온 사람이 안 갔다 온 사람보다 영어 실력이 좋은 것이 현실이다. 그런데 영어 유치원이나 영어 학원에 다니고 해외 연수를 가려면 무엇이 필요한가? 결국 돈이다. 돈이 있는 계층에서는 영어 교육을 그만큼 잘 받고 입시나 취업에서도 좋은 결과를 얻게 되는 것이다.

연습5 다음은 단락 단위로 재구성한 것이다. 재구성한 이유를 생각해 보자.

은행 중심으로 이루어지던 금융 시장이 새로운 변화를 맞고 있다. 이 변화의 중심에 핀테크가 있다. 사람들은 핀테크가 전통적인 금융 산업을 재편할 것이라 기대하고 있으나 그러기 위해서는 해결되어야 할 숙제가 있다.

첫째, 보안과 관련된 문제가 있다. 한국은행이 작년에 전국 성인 남녀 2500명을 대상으로 조사한 바에 따르면 모바일 결제서비스를 이용하지 않는 가장 큰 이유로 '개인정보 유출 우려'가 꼽혔다고 한다. 최근 모바일기기를 대상으로 한 랜섬웨어의 공격이 급증하고 있는 것도 이러한 우려를 뒷받침한다.

둘째, 아직은 핀테크 사용이 기기에 따라 제한적으로 이루어지고 있다. 삼성페이의 경우, 현재 MST(Magnetic Secure Transmission) 칩이 내장되어 있는 갤럭시 노트5를 비롯한 네 가지 모델에서만 사용이 가능하며 타 제조사의 핸드폰에서는 사용할 수 없다. 그러나 이러한 문제는 우리나라의 핸드폰 교체 주기가 보통 2년 정도라는 점을 볼 때 그리 심각하지는 않다고 본다. 새로 출시되는 기기들에 핀테크 기술을 적용한다면 장기적으로 소비자 대부분이 핀테크를 사용할 수 있을 것이다.

보안 문제도 머지않아 해결이 가능할 것으로 보인다. 최근 모 은행에서 손바닥 정맥을 활용한 바이오인증 서비스를 도입한 것을 필두로 금융권에서는 앞다투어 생체인증 방식을 개발, 시행하고 있다. 업체 간 표준 가이드라인 마련 등 시행 초기라 해결할 문제들이 많지만 생체인증 기술이 안정적으로 자리 잡는다면 핀테크가 현재의 금융서비스의 많은 부분을 대체하리라는 것은 분명하다.

3 고쳐쓰기의 실제

고쳐쓰기는 몇 번이나 해야 할까? 정해진 답은 없다. 단 한 번만 고쳐쓰기를 하는 사람도 있고, 열 번 이상 고쳐쓰기를 하는 사람도 있다. 그러나 대체로 고쳐쓰기를 많이 하면 할수록 글의 실수를 줄이고 처음에 글을 시작할 때 계획했던 바대로 마무리할 수 있다. 또한 고쳐쓰기를 할 때는 먼저 글 전체를 큰 시각으로 살펴본 후 단락과 문장, 단어와 맞춤법 등 세부적인 사항을 점검하는 것이 효과적이다. 아직 본인만의 고쳐쓰기 방법을 정립하지 못했다면 다음과 같은 단계를 밟아 고쳐쓰기를 연습해 보자.

(1) 1차 고쳐쓰기: 글 전체 내용 훑어보기

글 전체의 통일성, 긴밀성, 완결성에 주의하여 내용적인 부분과 글의 전개 양상을 살펴본다. 자신이 표현하고자 하는 주제에 집중하여 주제가 명확하게 드러나며 충분히 서술되었는지, 주제에서 벗어나는 부분은 없는지, 중언부언하는 부분은 없는지 살펴본다. 또 내용을 따라 읽어가면서 글의 흐름은 자연스러운지, 딱딱 끊어지거나 논리적으로 억지스럽거나 부자연스러운 부분은 없는지 검토한다. 다음의 점검표를 활용하면 편리하다.

1차 점검 목록

점검 기준	점검 결과
주제가 명확한가?	
부족한 내용은 없는가?	
주제에서 벗어난 부분은 없는가?	
불필요하게 반복해서 기술한 부분은 없는가?	
글의 흐름은 자연스러운가?	
논리적으로 어색한 부분은 없는가?	

(2) 2차 고쳐쓰기: 단락, 문장, 단어, 맞춤법 점검하기

단락, 문장, 단어, 맞춤법 등 세부적인 차원에서 살펴보고 문제가 있으면 고친다. 단락별로 통일성, 긴밀성, 완결성에 주의하면서 소주제가 잘 표현되어 있는지 점검한다. 문장은 문법적이고 명확하게 이해가 되는지, 멋을 부리려고 모호하거나 불필요한 표현을 쓰지는 않았는지 차근차근 검토한다. 단어는 정확한 의미로 쓰고 있는지, 맞춤법이 틀리거나 띄어쓰기가 잘못되지는 않았는지 등을 살펴봄으로써 작은 실수도 바로잡도록 신경 쓴다. 다음 점검표를 참고하자.

2차 점검 목록

점검 기준		점검 결과
단락	단락 구분은 적절한가?	
	각 단락의 소주제는 명확히 표현되었는가?	
	단락은 통일성, 긴밀성, 완결성을 갖추었는가?	
문장	비문법적인 문장은 없는가?	
	문장은 명확하고 간결한가?	
	문체는 일관적이고 적절한가?	
단어·맞춤법	단어 사용은 적절한가?	
	맞춤법이 틀린 부분은 없는가?	

(3) 3차 고쳐쓰기: 독자의 입장에서 다시 보기

2차 고쳐쓰기까지 하면 고쳐쓰기의 필수적인 과정은 거쳤다고 볼 수 있다. 그러나 내용적인 면, 형식적인 면에서 보다 완성도를 기하려면 독자 입장에서 글을 다시 읽어 보는 과정이 반드시 필요하다. 자신이 어떤 독자를 대상으로 하고 있는지 확인하고 독자의 입장에서 이해가 안 되는 내용은 없는지, 수준에 안 맞거나 반감을 유발할 수 있는 부분은 없는지 꼼꼼하게 살펴본다. 또한 제목이 독자의 흥미를 끌면서 주제를 잘 드러내고 있는지도 확인해 보도록 한다.

3차 점검 목록

점검 기준	점검 결과
독자가 이해하기 어려운 용어나 개념은 없는가?	
독자가 관심을 가질 만한 내용인가?	
반감을 유발할 만한 내용은 없는가?	
제목은 적절한가?	

연습 그동안 자신이 썼던 글 중 하나를 택해 단계별 점검 목록을 작성하면서 고쳐쓰기를 해 보자.

참고 문헌

김진희 외 9인, 『단계별로 익히는 실전 글쓰기』, 역락, 2012.

대학글쓰기 교재편찬위원회, 『대학 글쓰기 이론과 실제: 이공』, 한국외국어대출판부, 2013.

정희모 외 7인, 『대학 글쓰기』, 삼인, 2008.

최규수, 『대학에서 글쓰기를 어떻게 할 것인가』, 명지대학교 출판부, 2008.

제2부
학술적 글쓰기

01 대학생과 학술적 글쓰기의 관계

1 대학생에게 학술적 글쓰기가 필요한 이유

글쓰기는 자신의 자유로운 사고를 바탕으로 하여 자신의 감정이나 생각, 의견 등을 문자 언어로 표현하고 전달하는 의사소통의 중요한 방식이다. 한 편의 글을 제대로 잘 쓸 수 있다는 것은 상황과 목적에 맞게 자신의 의사 표현을 적절히 할 수 있다는 것을 의미한다. 무엇보다 대학생활에서 지속적으로 부딪치는 글쓰기는 창작 위주의 글쓰기라기보다는 대학생활과 학업에 필요한 글쓰기라는 점에서 보다 일상적으로 우리 곁에 존재한다.

이러한 글쓰기의 요구는 대학생의 기본 임무 중의 하나가 다름 아닌 공부에 있고, 그러한 공부는 단순 암기나 반복적인 베끼기가 아니라 다양한 유형의 과제를 통해 검증된다는 사실을 알려주는 것이기도 하다. 곧, 대학생의 위상이 변하고 대학에서 해야 할 일들이 예전에 비해 상당히 다양해졌다고 해도 여전히 대학은 학문을 하는 곳이라는 인식이 깔려있다는 것이다.

이 장에서 학술적 글쓰기와 친해질 것을 우선적으로 권하는 이유가 바로 여기에 있다. 학술적 글쓰기의 세계를 이해하면 대학 생활에서 부딪치는 글쓰기의 막막하고도 막연한 어려움이 사라지게 되며, 우리에게 주어진 글쓰기의 영역을 제대로 해결해나갈 자신감도 얻게 된다.

중요한 것은 우리에게 쌓인 내공이 좋은 글을 쓰게 도와준다는 점이다. 글쓰기에 대한 이론을 안다고 해서 연습 없이 좋은 글을 쓸 수 있는 것은 아니며, 한 번 좋은 글을 썼다고 해서 언제나 좋은 글이 거저 만들어지지는 않기 때문이다. 잘 쓰려는 욕구에 비례해 글쓰기에 대한 고민도 커지게 마련이다. 그러므로 자신의 글쓰기 습관을 새롭게 정리하면서 대학생활에 밀착된 글쓰기에 도전하는 자세가 중요하다.

2 학술적 글쓰기의 종류

■ 학위논문과 연구논문

학술적 글쓰기라 할 때 우선적으로 떠오르는 것이 바로 학자들의 연구하는 모습으로, 이들의 연구성과를 담은 글을 논문(論文)이라고 통칭한다. 논문이란 어떠한 주제에 대한 학술적인 연구 결과를 체계화하여 일정한 형식에 따라 작성한 글을 말한다. 그만큼 학술적 글쓰기는 학자들의 글쓰기와 밀접한데, 두 유형으로 나누어 이해하는 것이 편리하다.

첫째, 학위논문은 대학원에서 정해진 과정을 이수한 사람이 석사학위 또는 박사학위 취득을 위해 작성하는 논문을 말한다. 전문 연구자로서의 자질을 인정받기 위한 과정이므로 논문 내용의 독창성과 작성 요령 준수가 보다 엄격히 요구된다. 학사학위 논문은 대학을 졸업하는 형식적 절차 중 하나로 제출하게 되는 졸업논문으로, 대학시절 4년간의 학문적 성과를 담은 학술적 글쓰기이다.

둘째, 연구논문(또는, 학술논문)은 한 가지 주제에 대한 학술적인 연구 결과를 담은 것이다. 연구논문은 각 분야의 학자들이 자신이 연구한 결과를 정리하여 발표하는 것으로, 학자들이 발견한 새로운 사실들을 동료 학자들에게 알리고 잘못된 부분은 비판 받음으로써 그 분야의 지식 확장에 기여할 수 있게 된다.

■ 텀 페이퍼(term paper)와 리포트(report)

앞서 제시한 학자들의 학위논문과 연구논문이 체계와 형식을 엄격하게 갖춘 본격적인 학술적 글쓰기라면, 텀 페이퍼와 리포트는 학생의 입장에서 이루어지는 학술적 글쓰기라 할 수 있다.

첫째, '텀 페이퍼'는 학습자가 자신의 능력이나 흥미에 적합한 주제를 선택하여, 그 주제에 대해 자기 나름대로 자료를 수집·분석·종합하여 작성하는 학술적 글쓰기라고 할 수 있다. 본격적인 연구논문에 비해 분량이 적기 때문에 '소논문(小論文)'이라 부르기도 하는데, 고학년 전공과목의 기말과제나 대학원생들의 기말 보고서 등이 이에 해당된다. 경우에 따라서는 '주제탐구 보고서' 혹은 '연구 보고서'라 칭하기도 한다.

본격적인 학술논문은 아닐지라도 논문의 격식을 갖출 것이 요구되므로, 이를 작성하기 위해서는 해당 주제에 대한 연구 방법, 정보 수집 방법, 자료의 조합과 분석 방법 등에 대한 철저한 이해가 있어야 한다.

둘째, '리포트'는 과목별로 담당교수가 부여한 과제에 대하여 제출하는 학술적 글쓰기를 총괄하여 부르는 것이다. 교수자가 구체적인 주제를 정해주거나 몇 가지 주제 중에서 학생들이 택일하거나 하는 식으로 작성되는 것이 일반적이다. 과제형 글쓰기를 모두 포괄하는 것인 만큼 범위나 유형, 목적이 다양하고 그에 맞는 작성 방법 역시 다양할 수 있다.

리포트 작성이 연구논문 작성의 제1단계라면, 졸업논문 작성은 연구논문 작성의 제2단계라고 할 수 있다. 학문하는 자세와 논문 작성법에 익숙하지 못한 학생들로 하여금 연구 방법을 고민하고 연구 결과를 보고하는 방법을 연습하는 목적으로 부과되는 과제물이라는 점에서 리포트 역시 학자들의 연구논문과 일맥상통하기 때문이다. 그런 의미에서 학생들이 스스로의 노력에 의하여 리포트를 작성하는 것은 지적(知的)인 독립성을 쌓아가는 데 큰 도움이 되리라 생각한다.

3 리포트의 평가요건

■ 리포트를 잘 쓰려면

리포트를 잘 쓰려면 어떻게 해야 하는가라는 질문에 흔히 하는 조언으로, 평소에 독서를 많이 하고 글을 쓰는 습관을 들일 필요가 있다는 점을 강조한다. 사유할 수 있고 음미할 수 있는 책을 차근차근 읽는 독서습관이 뒷받침되면 아무래도 대학생에게 요구되는 지적 사고를 확장하는 일이 훨씬 수월하게 되기 때문이다.

또한 리포트는 명확하고 구체적이며 일관된 논리를 갖추어야 한다는 점도 강조한다. 리포트의 내용이 창의적이고 획기적인 것이라 하더라도 이를 읽는 독자에게 글쓴이의 주장이 제대로 전달되지 않는다면 아무런 의미가 없다. 따라서 서술이 명료하고 다른 사람들이 쉽게 읽고 이해할 수 있도록 작성해야 한다.

그런 의미에서 리포트는 자신이 터득한 지식이나 수집한 자료를 정리하여 체계화하고, 명확하고 논리적으로 표현할 수 있는 훈련의 과정이라 할 수 있다. 자료의 수집과 평가, 체계적인 논리구성에 이르기까지 글쓴이의 지적 사고와 능력이 총동원되어야 하며, 이러한 과정을 통해 도출된 결론은 그것이 이미 알려진 사실일지라도 스스로의 힘으로 얻어냈다는 데 큰 의의를 갖게 된다.

그런데 리포트 작성이 익숙하지 않으면 인터넷에서 찾은 정보를 무분별하게 짜깁기 하거나 남이 쓴 리포트를 다운로드받아 자기 것인 양 제출하는 유혹을 이겨내기가 어렵다. 이렇게 하면 결코 좋은 평가를 받을 수 없음을 알고 있음에도 말이다.

낯설고 어렵다고 처음부터 남의 것을 베끼기보다는, 힘들더라도 스스로 글 쓰는 습관을 가지는 것이 그래서 중요하다. 수집한 자료의 내용을 이해하고 자신의 논리로 서술해야 질 높은 글이 될 수 있고 내용도 오래 기억에 남게 마련이다. 충분한 시간을 갖고 성실하게 자료를 찾아 작성한다면 좋은 학점을 받을 수 있으니, 인터넷을 맹신하지 말고 도서관에서 신빙성 있는 자료를 찾아보자.

■ 리포트의 평가 기준

그렇다면, 좋은 리포트란 구체적으로 어떠한 요건을 충족시켜야 되는 것일까? 이를 위해서는 무엇보다 리포트의 독자가 되는 담당 교수자들의 평가 기준을 검토하는 일이 중요하다. 교수자들은 나름대로의 평가기준을 가지고 학생들이 제출하는 리포트를 평가하며, 이는 곧 해당 과목의 해당 주제에 대한 학업적 평가와도 직결되기 때문이다.

교수자별로 개별적인 상황과 기준에 따라 매우 다양한 평가기준이 있을 수 있지만, 공통적인 요소들도 발견할 수 있다. 다음에 제시한 <예시>를 읽고 평가기준의 중요한 요소가 되는 기본항들을 추출해보기로 하자.

예시1

하위(下位)	① 아무리 읽어봐도 무슨 이야기를 하고 있는지 알 수가 없네그려! ② 내가 이 과제를 왜 제시했는지 주제를 이해한 흔적이 전혀 보이지 않아! ③ 글의 구성이 엉망이야, 비슷한 내용이 반복되고 상반된 내용도 섞여있네! ④ 문단 구성도 제대로 되어 있지 않구먼! ⑤ 정확한 문장 쓰기의 기본을 안 지킨 데다, 오타(誤打)까지 많다니!
중위(中位)	① 글의 짜임새는 있지만, 내용이 지루해서 논점을 부각시키지는 못하고 있네! ② 성의 있게 쓰기는 했지만, 누구나 다 아는 내용을 써놓아서 아쉽구먼! ③ 자신의 의견을 밝히는 것은 좋은데, 주제를 뒷받침하는 근거가 미약하군! ④ 가끔씩 문장이 깔끔하게 다듬어지지 않은 경우도 있지만, 자신의 생각을 자연스럽고도 명확하게 펼쳐나갈 수 있게 노력하고 있는 게 보이네!
상위(上位)	① 내가 이 과제를 왜 내주었는지 의도를 간파하고, 스스로 이에 부합되는 흥미로운 주제의식을 명확히 보여주고 있어 좋군! 잘했어! ② 더구나 설득력 있게 근거를 갖추려고 공부도 많이 해서, 논의될 만한 내용을 잘 담고 있네! 칭찬해줘야지! ③ 무엇보다 문체가 깔끔하고, 한 편의 글로 잘 완결되어 읽기가 아주 편했어! 이 학생이 누군지 얼굴이 궁금하구먼!

리포트의 형식과 체계, 준비하는 요령을 알았다고 해서 곧바로 좋은 리포트를 쉽게 쓸 수 있는 것은 아니다. 상위의 평가 요건을 처음부터 충족시키기는 대단히 어려운 일이기 때문이다. 무엇보다 4년간의 대학생활이 학술적 글쓰기에 익숙해지는 과정적 훈련의 의미를 지니는 이상 '첫 술에 배부르기' 또한 쉽지 않을 것이다.

그런 의미에서 효율적인 학업 과정의 파트너로 학술적 글쓰기를 훈련하는 기본전제를 정리하여 두는 것이 필요하다. 무작정 리포트를 쓰면서 익숙해지기를 막연하게 바라기보다는 대학생에게 학술적 글쓰기의 기본 이해가 필요한 이유를 명확하게 이해하는 것이 훨씬 중요하기 때문이다.

우선, 학술적 글쓰기의 형식과 절차는 리포트에 그대로 축소되어 적용된다는 점을 기억하자. 학술적 글쓰기에서는 표지 부분에서부터 목차, 본문 작성 등에 이르기까지 독자와 약속된 바에 따르는 형식적인 규칙성이 강한 편이기 때문이다. 상황에 따라 이러한 형식적 규칙을 제대로 갖추어 리포트를 작성하는 것이 필요하다.

다음으로, 좋은 리포트를 쓰기 위해서는 학자들의 글쓰기에서와 마찬가지로 문제 해결 능력이 중요하다는 점을 기억하자. 곧, 과제에 대한 지식과 이해, 자료수집과 정리의 안목, 논리적 사고가 요구된다. 이를 위해서는 수동적인 과제 작성 태도에서 벗어나, 젊은이다운 지적 호기심과 학문적 열정을 다시금 정비하는 것이 필요하다.

마지막으로, 표현 능력을 계발하는 것이 필요하다는 사실을 기억하자. 리포트를 잘 쓰기 위해서는 글쓰기의 기초적인 능력을 점검하고, 특히 대학생 수준에 맞게 자신의 사고와 의견을 표현할 수 있어야 한다. 당연히 이를 해결하기 위한 글쓰기의 훈련이 중요해지게 마련이며, 대학마다 신입생 시절부터 글쓰기 훈련을 강조하는 배경과 이유를 이제는 이해할 수 있을 것이다.

참고 문헌

이오덕, 『글쓰기 어떻게 가르칠까』, 보리, 1993.

이정자, 『논술문과 논문 작성법』, 새미, 2004.

최규수, 『고치고 더한 대학시절의 글쓰기 · 1』, 명지대 출판부, 2017.

02 학술적 글쓰기의 기본 형식

1 표지 부분

학교나 학과에 따라, 과목이나 담당 교수자에 따라 규정된 리포트 양식이 다양할 수 있지만, 표지에는 다음과 같은 사항을 담는 것이 기본이다. 이를 토대로 과제 작성에 관한 객관적 사실과 정보를 짜임새 있게 담아내면 된다.

예시1

- **A영역**: 무슨 과목에서 어떠한 목적으로 내준 과제인가?
  (수강학기/ 과목명/ 과제의 유형)
- **B영역**: 이 리포트에서 내가 중점을 둔 부분은 무엇인가?
  (제목/ 부제)
- **C영역**: 제출하는 나는 어느 학과, 누구인가?
  (과제 제출자에 대한 정보)
- **D영역**: 누구에게, 언제 제출하는가?
  (담당교수명/ 제출일)

■ 리포트의 표지 사례

예시2

표지	구분	내용
2020년 1학기 심화글쓰기 주제탐구보고서	A	수강학기 과목명 과제의 유형
스펙 열풍이 대학생에게 미치는 부정적인 영향과 대안 모색 - 스펙을 성공의 기본조건이라 말할 수 있는가의 문제 -	B	제목 부제
국어국문학과 1학년 1234567 성덕선	C	제출자 정보
담당교수명: 노수동 교수님 제출일: 2020년 4월 15일	D	담당교수명 제출일

■ 쪽글 과제의 표지 형식

한두 장 분량의 쪽글 과제를 제출해야 되는 경우에는 과제의 분량이 적은 만큼 표지를 따로 붙이기 어렵다. 그렇다고 표지 자체를 생략하기는 곤란하므로, 다음과 같이 간략한 표지형식을 응용하는 것이 보다 효율적이다.

예시3

2019년 2학기/ 심화글쓰기/ 감명깊은 소설 읽고 소감문 작성하기	A
담당교수명: 오들희 교수님/ 제출일: 2019년 11월 20일	D
<완득이>에 대한 공감백배	B
경영학과 1학년 2345678 최 택	C

<완득이>는 질풍과도 같은 반항과 노도와도 같은 방황이 어딘가 익숙한 청소년기를 거쳐온 독자라면 누구라도 그랬을 법한 공감대를 토대로, 지나온 청소년기를 유추하게 하는 매력을 지닌 작품이라 할 수 있다. 하지만, 이 작품이 소중한 이유는 학교와 집, 또는 학원을 쳇바퀴처럼 왕복할 수밖에 없는 우리네 삶에서 자칫 놓치기 쉬운 우리 사회의 편견과 경쟁시대의 문제점을 경쾌하지만 가볍지 않게, 진지하지만 어둡지 않게 대면케 하기 때문이다.

그리고 공감의 폭은 작가 스스로 밝힌 자신의 자화상이 그대로 '완득이'에 오버랩되면서 더욱 커지게 된다. 작가 김려령은 스스로의 청소년기를 돌아보며 <완득이>라는 작품에서 정해진 길을 맹목적으로 따라가는 대신 세상과 온몸으로 부딪쳐 자신만의 길을 찾아가며, 온실의 화초는 절대 알지 못할 생활 감각과 인간미, 낙천성을 가진 아이의 이야기를 완성하였다고 한다.

이렇게 그의 작품세계를 하나하나 살피자면, 증조할머니에게 옛이야기를 들으며 자란 것을 자양분으로 하여 진지한 주제의식을 놓지 않으면서도 흥미진진하게 이야기를 풀어나가는 필력이 돋보이는 작가라는 평이 허투루 나온 게 아님을 알 수 있다. 스쳐 지나기 쉬운 우리 주변의 아이들에게, 청소년들에게 섬세하면서도 상투적이지 않은 관찰과 해석을 보여주는 작가의 유쾌한 품새에 감사와 감탄의 마음을 보낸다.

2 목차 부분

학술적 글쓰기에서는 일반적인 글쓰기와 다르게 목차 작성을 통해 글의 개요를 정리하여 보여주고 있다. '목차(目次)' 부분은 논문의 구성과 전개를 요약한 것으로, 논문의 축도(縮圖)라 하는 만큼 한눈에 알아 볼 수 있도록 논리적 체계로 짜여야 한다.

목차 부분을 필수적으로 요구하는 학위논문과는 다르게, 리포트에서는 과제의 종류나 분량에 따라 목차 부분을 생략하기도 한다. 물론, 목차 부분이 생략된다 하더라도 목차 작성법에서 요구되는 기본적인 틀 짜기 과정이 생략되는 것은 아니다. 대개 5장 이상의 분량으로 작성되는 리포트의 경우에는 목차를 따로 작성해주는 것이 가독성을 높이는 방편이 된다.

■ 리포트의 목차 사례

다음은 앞선 표지 양식에서 살펴본 바 있는, <스펙 열풍이 대학생에게 미치는 부정적인 영향과 대안 모색>이라는 제목으로 만들어진 리포트의 목차 사례이다.

예시4

목 차

Ⅰ. 서 론
Ⅱ. 스펙시대가 대학생에게 미친 부정적인 영향
  1. 비효율적인 경제비용 지출
  2. 심리적 위축과 자괴감 만연
  3. 대학의 존재의의에 대한 부정
Ⅲ. 부정적인 스펙시대가 도래하게 된 원인
  1. 주객전도의 불합리한 상황 묵인
  2. 평생경쟁의 악순환 묵인
Ⅳ. 스펙시대를 개선하기 위한 방안
  1. 사회적인 차원의 노력
  2. 개인적인 차원의 노력
Ⅴ. 결 론

  참고문헌
  부 록

3 본문 부분

'본문(本文)' 부분은 학술적 글쓰기의 핵심으로, 서론 부분에서 결론 부분에 이르기까지 내용 전체를 포괄하는 지칭이다. 곧, 문제를 제기하고 연구방법 및 논의과정을 소개하는 서론 부분(introduction), 제기된 문제를 논증하며 내용을 채워가는 본론 부분(body of discussion, main body), 문제제기에서부터 본론까지의 내용을 요약하고 소감 등을 밝히며 논의를 마무리하는 결론 부분(conclusion)을 모두 총괄하여 '본문'이라고 지칭하는 것이다.

이 글에서는 앞서 제시한 <예시>의 목차를 토대로 쓰인 리포트의 본문 부분을 보이고자 한다. 이 때, 유념하여 살필 것은 다음에 제시하는 두 가지 사항이다.

첫째, 일반적인 글쓰기에서와 다르게 리포트에서는 일정한 규칙에 따라 부호와 표제를 붙이면서 내용을 서술하고 있다는 점이다. 앞의 예에서처럼 한 장 목차를 작성하였다면, 목차에서 제시된바 부호와 표제를 다시 반복하면서 해당되는 부분마다 그에 맞는 내용을 서술하여주는 것이 일반적이다.

둘째, 학술적 글쓰기에서 요구되는 인용의 방법에 따라 주석의 형식을 갖추고 있다는 점이다. 인용과 주석 형식에 대해서는 후술하겠지만, 대학에서의 리포트는 다음의 <예시>에서처럼 타인의 글을 인용하고, 그 출처를 밝혀주는 주석의 방법을 기본으로 삼기 때문이다.

(1) 서론 부분의 작성

서론이 갖는 역할은 본론 부분을 본격적으로 읽기에 앞서 논문의 내용을 미리 예상하게 하는 데 있다. 학문의 분야나 논문의 성격에 따라 쓰는 방식도 차이가 있으나, 대체로 서론에 포함되는 사항을 들어 보면 다음과 같다.

예시5

① 문제를 제기하여 논점을 구체화하면서 연구의 의의와 가치를 강조한다.
② 기존에 이루어진 논의 결과나 연구 성과에 대해 구체적으로 검토한다.
③ 자료의 범위를 구체적으로 명시하면서 대상 자료의 범위를 제한한다.
④ 제기된 문제를 해결할 수 있는 논의의 전개과정을 밝힌다.
⑤ 필요한 경우, 용어나 개념에 대한 정의를 명확히 해둔다.
⑥ 연구방법을 간략하게 소개한다. 만약 설명이 길어져야 한다면 서론이 아닌 독립된 장을 설정하여 보다 구체적으로 해설하기도 한다.

리포트에서는 <예시6>과 같은 사항을 중심으로 적절하게 조정하여 서술하면 된다.

예시6

① 연구 동기를 포함하여 주제를 제시한다. 간략한 개념 정의나 용어 설명 등이 필요하다면 주제를 제시하면서 같이 아우르는 것이 효율적이다.
② 앞으로 전개될 논의과정을 한두 문단 정도로 소개한다.
③ 감상문이나 서평 과제에서처럼 대상 자료에 대한 개괄적 소개가 필요하다면 서론에서 간략히 하는 것이 효율적이다.
④ 서론에서 서술되는 사항들은 본론에서 본격적으로 다루어질 내용을 간추려 미리 소개하는 것이므로, 미래형 시제로 서술하는 방식을 취하는 것이 바람직하다.

■ 리포트의 서론 사례

다음은 <스펙 열풍이 대학생에게 미치는 부정적인 영향과 대안 모색>이라는 제목의 리포트 서론 부분이다.

예시7

Ⅰ. 서 론

지난 2월 한국경제TV 보도에 따르면, 올해 초 15~29세 청년실업률이 카드대란 사태 직후였던 2004년 2월 이후 6년여 만에 최고치를 기록하였다고 한다.[1] 이는 최근 경제위기를 맞은 기업들이 신규인력보다 경력직 사원을 채용하려는 경향을 보인 것과 관계가 있으며, 다른 한편 대학진학률이 상승함에 따라 대졸구직자들은 증가하였으나 그들이 괜찮은 일자리(decent job)만을 선호하면서 취업경쟁이 더욱 심각해졌기 때문으로 보인다.[2]

이러한 취업난을 반영하듯 한국 사회에 '스펙'이라는 신조어가 탄생한 것은 그다지 놀랄 일이 아니다. 본래 스펙이란 해당 제품에 대한 여러 조건들을 상세히 기술한 제품설명서를 뜻하는 말로, 영어 단어 'specification'에서 파생된 단어이다.[3] 그러나 요즘 취업시장에서 쓰이는 스펙은 개인의 학력, 학점, 토익 점수 따위를 합한 것을 지칭하며, 여기에 인턴 경력과 각종 공모전 수상 내역이 포함된다. 한마디로 스펙은 개인의 경험이나 능력을 증명하는 객관적인 평가지수가 되어버린 것이다. 이러한 시각에서 이 글에서는 스펙이 과연 성공의 기본조건이라 말할 수 있는지에 대하여 문제를 제기하고 싶다.

이 글의 논의과정은 다음과 같다. Ⅱ장에서는 스펙시대가 한국 대학생에게 미친 영향을 살펴보고, 이어 Ⅲ장에서는 대학생에게 부정적인 영향을 끼치는 스펙시대가 도래하게 된 원인을 탐색하고자 한다. 마지막으로 스펙시대를 개선하기 위한 방안을 사회적인 측면과 개인적인 측면으로 나누어 강구하고자 한다(Ⅳ장).

1) 김건주, "청년실업률 6년 만에 최고치", http://news.wownet.co.kr/news/wownews/view.asp?artid=A201002160337, (2010. 4. 12. 최종검색).
2) 김미경, 「대학생의 취업가능성 인지가 불안수준에 미치는 영향」, 경기대학교 석사학위논문, 2008, 1면.
3) 김정태, 『스토리가 스펙을 이긴다』, 갤리온, 2010, 26면.

(2) 본론 부분의 작성

첫째, '본론(本論)'은 서론에서 제기된 문제를 논술하여 결과를 이끌어 내는 역할을 한다. 본론은 논문의 중심 내용을 알 수 있는 가장 중요한 부분이므로, 서론에서 제시된 연구의 목적, 연구 범위 및 방법 등에 따라 전개해야 한다.

본론 부분을 서술하면서 서론에 썼던 내용을 염두에 두지 않으면 서론과 본론이 긴밀하게 연결되지 않아 일관성이 떨어지는 글이 되기 쉽다. 앞서 살핀 서론 부분의 작성법에서 앞으로 전개될 논의과정을 간략히 소개해주는 부분이 필요한 이유를 상기하고, 이에 부합된 본격적인 논의 내용을 담도록 신경 쓰는 것이 중요하다.

둘째, 본론 부분은 서론이나 결론 부분에 비해 분량이 많기 때문에 다루어야 할 내용을 몇 가지로 분류하고 이를 다시 세부적인 내용으로 구분하는 등의 체계적 구상이 반드시 필요하다. 특히 개요대로 전개해 나가면서 자료와 논거를 잘 활용해야 하며, 이를 바탕으로 추론의 과정을 합리적으로 진행시켜야만 논리적이고 명확한 글쓰기가 될 수 있다.

■ 리포트의 본론 사례

다음은 <스펙 열풍이 대학생에게 미치는 부정적인 영향과 대안 모색>이라는 리포트의 본론 부분이다.

예시8

Ⅱ. 스펙시대가 대학생에게 미친 부정적인 영향

1. 비효율적인 경제비용 지출

고등학생 사교육비는 들어봤어도 대학생 사교육비란 말은 생소할 것이다. 이는 대학생들이 취업준비를 위해 학교를 제외한 학원, 과외 등에 지출하는 비용을 뜻한다. 대학생들의 스펙 쌓기 경쟁이 치열해지면서 사교육비도 점차 증가하고 있다. 특히 1학년 신입생들의 취업 과외비용이 평균 26만8000원으로 4학년 29만9000원에 이어 두 번째로 높은 것으로 나타났는데, 이는 학년이 높을수록 취업비용이 높았던 과거와는 달리 취업이 졸업생만의 문제가 아닌 전체 대학생의 화두가 된 심각한 청년실업 세태를 반영한 것이라고 알바천국은 설명한다.[4)]

이처럼 기업이 못박아놓은 스펙 하한선을 넘기 위해 수 백 만원의 비용을 치러가면서까지 취업준비에 매달리는 것이 우리나라 대학생들의 현실이다. 2010년 현재 전국 대학생 5명 중 1명이 등록금을 마련하지 못해 학자금 대출을 받는 것을 감안하면, 사교육비 증가는 대학생들과 대학생 자녀를 두 부모의 어깨에 경제적인 부담을 지우는 심각한 문제가 아닐 수 없다.

2. 심리적 위축과 자기감 만연

토익 800점이 변변한 스펙 축에도 끼지 못하는 고스펙 평준화 시대에서 경쟁자에게 뒤처지지 않으려는 스펙강박증 환자들이 늘어나고 있다. 실제 남녀대학생 10명 중 8명 정도는 남들보다 한 단계 더 높은 '나만의 무기'를 갖춰야 한다는 압박 때문에 '스펙강박증'에 시달리는 것으로 나타났으며, 그 이유로 '지금의 현 스펙으로는 취업이 불가능할 것 같아서'를 가장 많이 꼽았다. 이들은 스펙강박증으로 인해 무기력

4) 세계일보 온라인뉴스부, "대학생 사교육비도 증가…'스펙 쌓기' 年 325만원", http://www.segye.com/Articles/NEWS/SOCIETY/Article.asp?aid=20100121001682&subctg1=&subctg2=, (2010. 4. 12. 최종검색).

증(56.4%), 우울증(43.9%), 불면증(25.8%) 등의 증상을 겪는다고 고백했다.[5)]

한편 자신이 지금까지 쌓아온 모든 종류의 스펙을 내세웠음에도 불구하고 번번이 취업에 실패하는 장미족(장기미취업생)들의 부정적인 심리변화도 한몫을 차지한다.

> 서울 소재 대학 경제학과 4학년인 이모(26) 씨는 고민이 많다. 당장 내년 2월이면 졸업하고 취업을 해야 하는데 아직 소식이 없기 때문이다. 이 씨는 공인 영어시험인 토익(TOEIC) 점수가 900점, 학점도 4.5점 만점에 4.3점, 자격증이 3개나 되는 '고(高)스펙 소유자'인데도 최종면접까지 간혹 올라갈 정도인 데다 그나마도 계속 낙방했다. 이씨는 "이전까진 그렇게 생각 안 했는데 학벌이 좋지 않은 것이 원인이 아닌가 하는 생각이 자꾸만 든다"고 안타까워했다.[6)]

이 씨와 같이 이전까지는 별로 문제 삼지 않던 학벌에 대해 고민하기 시작하면서 스스로 '나는 하위권 대학 학생이다, 그래서 나는 남들보다 못하다'고 생각하게 되는 것이 스펙의 또 다른 부작용이다. 이는 개인의 자존감 하락과도 직결되는 문제이며, 돌이킬 수 없는 과거에 미련을 가지게 함으로써 당사자를 끝없는 자괴감에 빠뜨리는 원인이 된다.

3. 대학의 존재의의에 대한 부정

지난 3월 10일 고려대학교 캠퍼스에 대자보가 하나 붙었다. "오늘 나는 대학을 그만둔다, 아니 거부한다"라는 제목으로 시작하는, 경영학과 3학년 김예슬씨의 '자퇴 선언문'이었다. 김 씨는 또래 세대를 이렇게 표현했다. "G세대로 '빛나거나' 88만원 세대로 '빚내거나', 그 양극화의 틈새에서 불안한 줄다리기를 하는 20대. 무언가 잘못된 것 같지만 어쩔 수 없다는 불안에 앞만 보고 달려야 하는 20대." 그래서 선택했다. "다른 길은 이것밖에 없다는 마지막 남은 믿음으로…(중략)… 자본과 대기업의 '인간 제품'을 조달하는 하청업체가 돼버린 대학을 떠나겠다."[7)]

이 대자보는 곧 세간의 화제가 됐다. 누구나 입학을 선망하는 명문대 재학생이 스스로 자발적 퇴교를 결심하고, 그것도 다른 이유에서가 아닌 '대학을 거부하기 위해서'라는 내용의 글을 써 붙이자 각기 다른 반응이 네티즌과 언론, 기성세대로부터 쏟아져 나왔다. 여기저기서 지지와 연민 혹은 비난과 질시가 한데 뭉쳐 김 씨에게 떨어졌다.

김 씨는 "함께 트랙을 질주하는 무수한 친구들을 제치고 넘어뜨리며" 겨우 들어간 대학이라는 곳이 자신을 "글로벌 자본과 대기업에 가장 효율적인 부품"으로 만들어 "내 이마에 바코드를 새기는" 곳과 다름없다는 사실, 그리고 그 장단에 맞춰 자신을 "값비싼 상품으로 가공"해봐야 결국 자신이 하는 일은 이 잘못된 체제를 떠받드는 일밖에 안 된다는 사실을 새삼스럽게 깨닫고 '인간의 길'을 가기 위해 대학을 그만

---

5) 박유영, "'취업이 뭐길래' … 대학생, 스펙 강박증으로 끙끙", http://news.naver.com/main/read.nhn?mode=LSD&mid=sec&sid1=102&oid=003&aid=0002497346, (2010. 4. 12. 최종검색).

6) 신상윤·백운기, 「토익900·학점 4.3도 번번이 낙방」, 『헤럴드경제』 2009년 9월 21일자.

7) 변진경·장일호, 「입 닫고 내 말 좀 들어봐!」, 『시사 in』 2010년 3월 27일자, 30면.

두겠다고 말한다.[8] 이는 본질적인 시각에서 볼 때 스펙시대를 정면으로 부정한 셈이다. 인간의 계량화와 상품화를 촉진시키는 스펙이 곧 대기업의 하청업체로 변질된 대학과 뜻을 같이 한다는 것을 김 씨는 간접적으로 설명하고 있다. 김 씨가 말하고자 하는 것은 단순히 대학 자체에 대한 거부라기보다 이러한 대학이 양산해낸, 혹은 대학을 만들어낸 스펙사회에 던지는 전면적 성찰 요구이다.

인간의 사물화를 강박하는 대기업과 대학의 연대 안에서 현 체제에 도전하고 대학생들의 각성을 촉구하고자 했던 김 씨는 유일한 수단으로 '자퇴'를 택할 수밖에 없었다. 일단 그 연대 밖으로 벗어나야 했기 때문이다. 평범한 대학생이던 김 씨로 하여금 현실을 타개하기 위한 극단적 선택을 하도록 만든 근본적인 원인은 스펙시대의 폐해에 있다.

Ⅲ. 부정적인 스펙시대가 도래하게 된 원인

1. 주객전도의 불합리한 상황 묵인

목표를 먼저 정하고 이후 목표를 달성하기 위한 수단과 절차를 밟아나갔던 과거 대학생들의 취업방식과는 달리, 이를 거꾸로 뒤집은 주객전도 현상이 스펙시대의 첫 번째 원인이다. 꿈을 위해 자격을 갖춰가는 것이 아니라 먼저 스펙을 쌓고 그것을 내세워 기업에 간택 받는 것이 현 취업시장의 실태인 것이다. 보다 높은 수준의 직업을 갖기 위해 일단 스펙부터 올리고 보자는 대학생들의 '눈 가리고 돌진'형 태도가 스스로 취업의 등용문을 좁히는 결과를 초래하였다.

국립국어원에서 매년 발표하는 신어 보고서에 스펙이 실린 것은 2004년의 일이다. 당시만 해도 스펙은 우리 사회에 범람하는 수많은 외래어 가운데 하나에 지나지 않았다. 하지만 지난 6년 동안 스펙 열풍이 가져온 변화는 토익응시자 증가, 대학생 어학연수 보편화 등 다방면에 걸쳐 나타나고 있다. 스펙이 곧 이력서가 되는 세상에서 이력서에 한 줄이라도 더 쓰기 위한 노력이 곧 '스펙 쌓기'로 이어진 것은 그만큼 취업이 간절해진 현 대학생의 모습을 방증한다. 직장 구하기가 갈수록 어려워지면서 취업 그 자체를 성공으로 인식하는 풍조가 대학생들 사이에 퍼졌고, 스펙은 단순히 계량화된 취업가능성을 넘어서 성공을 위한 최소기준으로 변모하였다.

이러한 세태는 구직자들로 하여금 자신의 희망과는 상관없이 스펙에 관련된 것이면 무조건 하고 보는 '과잉자격'의 오류를 범하게 한다. 여기서 과잉자격이란 '내게 필요한 적정수준이 자격 기준을 초과한 상태'를 일컫는다.[9] 결국 스펙을 위한 스펙이 아니냐는 논란마저 낳고 있다.

2. 평생경쟁의 악순환 묵인

날이 갈수록 높아만 가는 기업의 요구조건 때문에 구직자들 사이에서 서류심사에 대한 공포감이 만연하다. 내가 가지고 있는 스펙이 인사담당자를 만족시키지 못할까봐 겁이 나는 대학생들은 업무와 관련된 필요스펙을 전부 채우고도 불안에 떤다. 특히 인사담당자들에게 어필하는 스펙이 따로 있다는 사실이

8) 김명인, 「딸깍 소리가 들린다」, 『시사 in』 2010년 3월 27일자, 80면.
9) 김정태, 앞의 책, 23면.

알려지면서 취업에 영향을 주는 소수 자격증과 특정 활동만이 인기를 끌고 있다. 그 예로 토익 고득점과 어학연수 혹은 유학경험, 공모전 입상 등을 들 수 있다.

이렇듯 한쪽으로 치우친 대학생들의 선호경향 때문에 취업시장은 제한된 스펙이라는 작은 틀 안에서의 무한경쟁시대에 돌입하였다. 옆 사람이 쉬지 않는 한, 내 스펙 쌓기도 멈추지 않는다. 또한 스펙은 액면가 그대로를 인정받지 못한다. 그래서 100점의 액면가를 받기 위해선 150점 정도는 만들어야 한다. 결국 남보다 더 좋은 직장을 구하기 위해 혹은 동료보다 더 빨리 승진하기 위해선 취직 전이나 후나 끊임없이 스펙을 갱신하는 '평생경쟁'의 전쟁 속에 뛰어들어야 한다.

결국 이들은 다른 지원자와의 차별을 조금이라도 넓히기 위해 취미나 특기와 관련된 스펙에 다시 열중하기 시작한다. 실제로 필자의 동아리 선배 중 희망직업과 아무런 연관이 없음에도 불구하고 특기에 '레크리에이션 진행'을 써넣기 위해 수십만 원짜리 레크리에이션 전문 자격증을 준비하는 경우도 있었다. 해당 자격증이 자신의 리더십을 증명해 주기를 기대하는 것이다. 기업의 요구가 단순한 일처리 능력이나 경력의 수치를 넘어서 구직자의 인성 혹은 내적조건의 객관화를 포함하고 있으며, 이것이 대학생의 스펙 열풍을 더욱 가열화하고 있음을 보여주는 사례다.

Ⅳ. 스펙시대를 개선하기 위한 방안

1. 사회적인 차원의 노력

앞서 3장에서 기업의 요구조건 상승이 스펙시대를 심화시키는 원인이라고 설명하였다. 따라서 기업을 비롯한 사회 전반적인 측면에서 구직자에게 들이대는 잣대의 높이를 낮출 필요가 있다. 토익 점수, 봉사활동 시간, 어학연수 여부 등의 계량화된 지표보다 실무능력을 평가하는 보다 실질적인 채용기준이 확립되어야 할 것이다.

2009년 10월 9일 방영된 MBC 스페셜 <취업난이 우리 삶에 끼치는 영향>에서 촬영한 아래 인터뷰는 이러한 사회적 노력의 필요성을 입증하는 근거 중 하나이다.

> 저는 경험이 좀 많이 부족한 것 같아요. 많이 못 배웠다는 게 아니라, 예를 들어서 영어다 그러면 저는 영어는 사실 그래요. 면접을 가면 누구보다 잘 할 자신이 있는데. 문제가 뭐냐면 너 호주 갔다 왔니, 어디 갔다 왔니 하면 말을 못한다는 거. 근데 그게 스펙의 하나가 돼버린다는 게 좀 억울한 부분이죠.
>
> - 라희영(29세, 전북대 분자생물학과 졸업)

인턴이나 비정규직에서 업무능력이 뛰어난 직원을 선발해 정규직으로 전환하는 루트를 확장하는 것도 한 방법이다. 그렇다고 해서 신규인력을 피하고 경력자들만 선호하는 경향이 나타나서는 안 되므로, 기업 측에서 두 그룹 사이의 채용빈도를 적당히 조절하는 노련함이 필요하다. 또한 서류심사의 비중을 줄이거나, 일반적으로 서류심사 후 면접을 하는 관례를 바꾸어 선(先)면접을 통해 지원자의 인간적인 조건을 먼저 평가하는 혁신적인 채용과정을 도입하는 것도 이력서와 스펙을 동일시하는 구직자들의 인식을 개선하는 데 도움이 될 것이다.

2. 개인적인 차원의 노력

'화이트칼라, 대기업, 정규직, 연봉 2500만 원 이상'

대학생들이 원하는 이른바 '일자리 스펙'이다. 스펙의 홍수 속에서 불평하는 대학생들이 역으로 직장을 조건화하는 양상이 나타난 것이다. 취업을 앞둔 대학생 10명 가운데 8명 가까이가 청년실업의 원인으로 "일자리가 없어서가 아니라, 마음에 드는 곳이 없기 때문"이라고 답할 정도다.[10]

단순히 취업의 기본조건이 하락한다고 해서 스펙문제가 해결되지는 않는다. 이러한 역(逆)스펙 현상을 막지 않으면 사회적인 노력도 수포로 돌아간다. 구직자들이 취업에 대한 눈높이를 낮춰야 비로소 복합적인 노력의 결과로 효과가 발생하는 것이다.

> 서울의 괜찮은 4년제 대학을 나와서 나름의 토익 점수라든지 시험점수도 충분히 되고 자격증도 충분히 따놨는데, 아무도 모르는 중소기업이라든지 아니면 지방에 있는 그런 작은 회사를 가고 싶어 하는 사람은 없잖아요.
>
> \- 김보미(25세, 서울여대 아동학과 졸업)

위의 사례에서처럼 직장에 대한 차별적 기준이 바뀌어야 특정 채용공고에 쏠리는 불균형 구직현상이 완화되고 취업경쟁률이 낮아진다. 결과적으로 우리 사회에서 스펙논란이 사라질 가능성이 생긴다. 뜨지 않는 무지개를 찾아 언제까지고 넋 놓고 하늘만 바라볼 수는 없다. 이제는 현실을 직시해야 할 때다.

스펙은 인간을 제품화하며, 제품화는 필연 서열화로 이어진다. 상대방의 제품 조건보다 뒤지지 않으려는 평생경쟁의 악순환이 반복된다. 서강대 전상진 교수는 '스펙은 항 우울제와 같은 효과'라고 해석했다. 스펙의 진정한 효능이나 취업에 도움이 되는지 여부를 따지기보다 일단 '뒤쳐지지 않는다는 안도감'의 효과를 노리고 스펙에 목맨다는 뜻이다.[11] 이와 같이 스펙시대는 대학생들에게 사회적·정신적 문제를 일으키는 주요한 사회문제 중 하나이며, 따라서 개인과 사회가 복합적으로 노력 및 개선해야 하는 숙제임을 결론으로 삼고 싶다.

---

10) 홍현진, "취업 앞둔 대학생 35%, 원하는 직장 위해 1년 이상 실업도 'OK' ", http://www.ohmynews.com/NWS_Web/view/at_pg.aspx?CNTN_CD=A0001337238, (2010. 4. 12. 최종검색)

11) 김정태, 앞의 책, 27~28면.

(3) 결론 부분의 작성

'결론(結論)' 역시 서론 부분과 마찬가지로 그 작성법이 대체적으로 정해져 있다. 일반적인 글쓰기에서 '결론'이라 하면 자신의 견해나 주장을 강하게 내세우는 것이라 생각하기 쉽지만, 학술적 글쓰기에서의 '결론'은 지금껏 다룬 논의들을 요약해서 제시하는 부분이기 때문이다.

경우에 따라서는 결론 부분에서 본인 스스로 미흡하거나 해결하지 못한 부분들을 지적하며 아쉬움을 토로하기도 하는데, 이를 통해 다른 사람들이 자신의 논문을 참고하여 해결할 수 있는 또 다른 기회를 제공할 수 있기 때문이다. 이렇게 서로의 연구 성과에 대해 관심을 두어 논의를 진척시켜가는 것은 학술적 글쓰기가 단독의 작업이 아니라 해당 학문분야의 학자들이 공동의 학문적 관심사로 맺어진 것임을 재확인하는 것이 된다.

리포트에서는 학업 성취와 연계하여 필요한 사항만을 적절하고도 명확하게 서술해주는 것이 중요하다. 논의 내용을 요약하고 성과와 한계를 정리하는 것만으로도 총괄적 마무리의 역할을 충분히 해줄 수 있기 때문이다. 리포트에서는 <예시9>와 같은 사항을 담아 결론 부분을 구성하는 것이 일반적이다.

예시9

① 앞선 부분에서 진행한 논의성과를 과정별로 간략하게 요약한다.
② 리포트 작성을 통해 얻은 성과와 한계를 정리한다.
③ '결론' 부분은 이렇게 본론에서 밝혀진 논의 결과를 요약하여 내용을 정리하는 것이라 할 수 있으므로, '서론' 부분에서와는 다르게 과거형으로 기술하여 논의가 마무리되었음을 알려주는 서술방식이 바람직하다.

■ 리포트의 결론 사례

다음은 <스펙 열풍이 대학생에게 미치는 부정적인 영향과 대안 모색>이라는 리포트의 결론 부분이다.

예시10

V. 결 론

취업을 우선하는 세태가 나타나면서 스펙은 성공을 위한 최소기준으로 변모하였다. 그러나 스펙은 대학생의 상품화를 촉발하며 스펙을 위한 스펙으로 변질될 우려가 있다. 최근 일고 있는 스펙논란과 저(低)스펙 대학생들의 패배주의 확산 등 부작용은 스펙이 잘못된 성공 기준으로 설정된 것임을 시사한다. 이 글에서는 스펙이 한국 사회에 가져온 부정적인 현상을 주목하여, 이른바 스펙시대가 대학생에게 미치는 부정적인 영향을 중심으로 살펴보았다.

논의 내용은 다음과 같이 요약할 수 있다. II장에서는 스펙시대가 한국 대학생에게 미친 영향을 세 가지로 나누어 살펴보았다. 그 하나는 비효율적인 경제비용을 지출하게 한다는 문제이고, 다른 하나는 대학생들의 심리적 위축과 자괴감을 조장한다는 문제이며, 마지막 하나는 김예슬 양의 경우에서처럼 대학의 존재의의를 부정하는 극단적인 사례까지 조성하게 되었다는 문제이다. 이어 III장에서는 대학생에게 부정적인 영향을 끼치는 스펙시대가 도래하게 된 원인을 탐색하였다. 스펙의 본래 의미를 망각하고 주객전도의 불합리한 상황을 묵인한 결과 평생경쟁의 악순환을 끊지 못하게 된 상황을 분석하였다. 이러한 논의를 토대로 IV장에서는 사회적인 측면과 개인적인 측면으로 나누어 개선방안을 제시하였다.

이번 과제는 평소 막연히 바라보고 있던 스펙 논란을 한 발짝 가까이에서 심도 있게 살펴보는 계기가 되었다. 무엇보다 글을 쓰면서 그 원인과 대안을 스스로 고심해보는 시간이 되었다는 데 큰 의의를 두고 싶다. 하지만 좀 더 설득력 있게 논증하지 못한 부분에서는 아쉬움도 남는다. 평소 시사 잡지를 통해 많은 사회적 이슈를 접하고 있다고 생각했는데, 막상 글을 써보니 내가 갖고 있는 지식이 얼마나 얕은지 깨닫게 되었기 때문이다. 다양한 책을 읽고 신문도 매일 접하면서 그때그때 얻은 정보를 정리하고 기록해두는 습관을 실천해야 할 것이라 다짐해본다.

4 후미 부분

■ 참고문헌

'참고문헌(參考文獻)'은 한 편의 논문 작성에 참고가 되었던 문헌 자료의 서지사항(書誌事項)을 일목요연하게 목록화하여 놓는 것이다.

앞서 보여준 리포트의 경우, 참고문헌은 다음과 같이 작성되었다.

예시11

참 고 문 헌

강준만, 『입시전쟁 잔혹사』, 인물과 사상사, 2009.

——, 『대중문화의 겉과 속』, 인물과 사상사, 2013.

김동훈, 『한국의 학벌 또 하나의 카스트인가』, 책세상, 2001.

김정태, 『스토리가 스펙을 이긴다』, 갤리온, 2010.

문수현 외 4인, 『이십대의 전반전』, 골든에이지, 2010.

박재현 · 정수현, 『대한민국은 사교육에 속고 있다』, 스쿨리움, 2008.

정영주, 『20대 미쳐야 살아남는다』, 와이즈멘토, 2008.

조기숙, 『왜 우리 아이들은 대학에만 가면 바보가 될까?』, 지식공작소, 2007.

■ 부록

리포트 작성에서는 후미 부분에 자신의 논의에 동원하였던 설문지, 통계치, 대상자료 등의 원자료를 첨부하는 것이 가능하다. 이렇게 첨부되는 자료를 '부록(附錄)'이라 통칭하며, 이 부분은 본문의 분량으로 포함하지 않는다.

앞서 보여준 리포트의 경우, 다음과 같이 부록 부분을 작성하고 있다.

예시12

● 부록: 고려대학교 김예슬 양의 대자보 일부

오늘 나는 대학을 그만둔다, 아니 거부한다.
더 많이 쌓기만 하다가 내 삶이 한번 다 꽃피지도 못하고 시들어 버리기 전에.
쓸모 있는 상품으로 '간택'되지 않고 쓸모없는 인간의 길을 '선택'하기 위해.
이제 나에게는 이것들을 가질 자유보다는 이것들로부터의 자유가 더 필요하다.
자유의 대가로 나는 길을 잃을 것이고 도전에 부딪힐 것이고 상처 받을 것이다.
그러나 그것만이 삶이기에, 삶의 목적인 삶 그 자체를 지금 바로 살기 위해
나는 탈주하고 저항하련다.
생각한 대로 말하고, 말한 대로 행동하고, 행동한 대로 살아내겠다는 용기를 내련다.

참고 문헌

고려대 사고와표현 편찬위원회, 『새로운 논문작성법』, 고려대 출판부, 2002.
이지호, 『글쓰기와 글쓰기교육』, 서울대 출판부, 2001.
최규수, 『고치고 더한 대학시절의 글쓰기 1: 학술적 글쓰기와 친해지기 편』, 명지대 출판부, 2017.
한양대학교 국어교육위원회, 『글과 생각』, 한양대 출판부, 2002.

03 학술적 글쓰기의 기본 절차

1 주제 선정

(1) 주제에 대한 이해

예를 들어, '세계화'에 대한 리포트를 써야 한다고 가정할 때, 일부 학생들은 '세계화'를 주제라고 혼동하여 두 가지 어려움을 겪게 된다. '세계화'라는 주제가 매우 흔한 것이라 이를 어떻게 다뤄야 할지를 모른다는 점이 그 하나이고, 세계화에 관한 여러 분야의 너무도 많은 자료를 접하면서 이를 어떻게 정리하여 정해진 분량에 맞출 것인지 고민하게 된다는 점이 다른 하나이다.

문제는 교수자가 제시한 '세계화에 대하여'라는 출발점을 주제라고 생각하는 태도에 있다. '세계화'는 주제가 아닌 소재의 차원으로, 리포트 작성의 첫걸음을 떼기 위해서는 스스로 연구할 만한 '주제'를 구체적으로 선정해야 한다.

■ 주제를 선정하는 요건

첫째, 완결성이다. 아무리 좋은 주제라도 이에 대한 공부를 스스로 충분히 진전시켜 한 편의 글로 완성할 수 없다면 그 주제는 적절하지 않은 것이 된다. 고로, 선정한 주제에 대해서 한 편의 설득력 있는 글로 완결할 수 있는지를 타진해보는 것이 필요하다.

둘째, 유익성이다. 리포트 작성은 과제 제출에만 의미가 있는 것은 아니라 해당 과제를 통한 학업 성취에도 의미가 있다는 점에서 자신의 지적(知的) 성장을 돕는 유익한 시간이 되어야 한다. 그런 의미에서 해당 주제가 일회적이고 소모적인 신변잡기에서 벗어나 지적 성취감을 얻을 수 있는지를 잘 따져보아야 한다.

셋째, 참신성이다. 이미 다 알려진 내용이나 시의성이 떨어지는 주제를 단순히 반복하여 서술하는 것은 무의미한 일이 되기 쉽다. 이를 위해서는 남이 이미 해버린 결과물을 그대로 가져오기보다, 기존 논의에서 놓치고 있거나 새로운 면모를 부각시킬 만한 부분을 찾아내는 것이 중요하다.

(2) 논점에 대한 이해

리포트를 작성할 때 주제를 거창하게 잡으려는 경향이 있는데, 많은 것을 다루어야 아는 것도 많아 보이고 공부도 많이 했다는 평가를 받을 것이라 생각하기 때문이다. 하지만, 이렇게 다루려는 주제의 범위가 넓어지면 그만큼 자료를 찾는데 시간과 노력의 투자가 더욱 요구될 뿐만 아니라, 수집된 자료의 방대한 양을 감당할 수 없게 되는 경우도 생기게 마련이다. 무엇보다 글의 핵심이 되는 부분에 집중하기가 힘들어진다.

그러므로 글쓰기의 완성도를 높이기 위해 주제는 폭이 좁고 깊이가 있게 압축하여 논의를 심화시키는 쪽이 보다 효율적이게 된다. 이렇게 폭넓은 주제에서 시작하더라도 보다 구체적이고 효율적인 주제로 점차 세분하여 좁혀가는 것을 '논점(論點)'을 분명히 잡는다고 말한다.

그런데, 주제를 압축하는 것이 효율성을 높인다고 해서 지나치게 폭이 좁은 주제를 선택하면, 이 경우 역시 리포트 작성에 어려움을 줄 수 있다. 지나치게 주제의 폭이 좁으면 세분화된 영역에서 전문적인 지식을 발휘해야 하거나, 혹은 논의의 범주가 지나치게 제한되어 자료 수집과 논지 전개에 큰 부담을 갖게 될 수도 있기 때문이다. 따라서 좋은 글이 되기 위해서는 주제가 구체적이어야 하지만, 그렇다고 해서 주제의 범위를 축소시켜 논점을 좁히는 것만이 효율적인 것은 아니다.

■ 논점 설정의 기준

그렇다면, 적절한 논점 설정은 어떤 것을 기준으로 삼을 수 있을까? 앞서 제시한 주제 선정의 요건 3가지에 더하여 다음의 사항들을 기억하는 것이 필요하다.

첫째, 제출할 리포트의 목적과 분량을 기준으로 삼는다. 이번 과제의 목적이 어디에 있는지를 분명히 하여 그 목적에 부합되는 부분을 주제의 포커스로 삼되, 반드시 제출 분량의 기준을 확인하여 적절한 선에서 조정하는 것이 필요하다.

둘째, 완성하기까지 시간적 여유가 충분한지를 따져본다. 조사나 통계 작업, 분석 작업 등에 시간이 필요한 경우 이 부분을 충분히 수행하고 결과 분석까지 차분히 할 수 있는지를 가늠하는 것이 중요하다.

셋째, 자신의 지적 능력과 여건을 고려하는 것이 무엇보다 중요하다. 리포트 작성이 공부의 과정이기는 하지만 소화된 지식을 토대로 쓰이는 것을 기준으로 하기에, 전혀 모르는 데서부터 리포트 작성을 시작할 수는 없기 때문이다. 확실하게 아는 데서부터 출발하면 지적 의문과 문제 제기가 보다 명료해질 뿐만 아니라, 대상 자료를 분석하는 안목이나 논의 전개 방법에 대한 아이디어가 보다 성숙하게 발휘될 수 있을 것이다.

(3) 제목 붙이기

일반적인 글쓰기에서와 마찬가지로 학술적 글쓰기에서도 주제가 결정되면 이에 맞는 제목(title)을 붙여보는 것이 좋다. 물론, 주제는 집필 이전 단계에서 미리 정해져야 하지만, 제목은 리포트를 써나가면서 작성할 수도 있고 리포트 작성을 완료한 후에 붙일 수도 있다.

예시1

대학생이 지각한 성공한 직업인의 요인과 직업포부 분석
대학생의 역량과 구직성과(求職成果)와의 관계에 관한 연구
대학 취업경쟁력 강화와 직업진로지도 방안

주제는 리포트의 중심이 되는 내용을 의미하며 제목은 그것을 간결하면서도 적절하게 표현한 것이기 때문에, 제목은 주제를 선명히 드러낼 수 있도록 적절한 키워드를 뽑고 명확하게 다듬어주는 것이 필요하다.

이 때, 필요하다면 부제(subtitle)를 활용하는 것도 도움이 된다. 부제는 제목을 보다 구체적으로 세한하여 주제를 더욱 선명히 나타내주는 구실을 하기 때문이다.

예시2

<아주 가끔은>에 나타난 신세대의 가치관에 대하여 -특히 개성과 저항의 논리를 중심으로-
한국 드라마와 영화의 중국 내 영향력에 대하여 -「중국에서의 한국 드라마와 영화의 수용 양상」을 읽고 -
해피 엔딩(happy ending)은 과연 해피 포에버(happy forever)일까? - 영화 <선생 김봉두>를 보고 느낀 몇 가지 -

2 자료 수집과 정리

(1) 자료 수집

학술적 글쓰기에서는 자신의 논의 작업에 필요한 자료를 신속하고도 명확하게, 무엇보다 충분히 확보하는 것이 중요하다. 어떤 분야의 연구든지 자료가 다양하지 못하고 제대로 갖추어지지 못하면 연구의 결과가 어느 한쪽으로 치우쳐 객관성(客觀性)을 유지할 수 없게 되기 때문에 연구 자료를 최대한 확보하는 것은 리포트를 잘 쓰기 위한 기본적인 요건이 된다.

이때 무턱대고 자료를 찾으려하기보다는 목적에 따라 자료의 종류를 구분하여 필요한 자료를 구하려는 안목이 필요하다. 학술적 글쓰기에서는 어떠한 논의작업을 하느냐에 따라 자료의 종류를 대상자료와 참고자료로 세분화하고 있기 때문이다.

■ 대상자료와 참고자료 구분하기

먼저, '대상자료(對象資料)'에 대한 이해가 필요하다. '원자료(原資料)' 혹은 '1차 자료'라고도 하는데, 분석 작업을 수행하기 위해 필요한 자료들을 통칭하는 것이다. 예를 들어, 영화 감상문 과제를 하기 위해 영화를 보고 줄거리를 요약하거나 자신의 감상을 메모해두는 작업, 서평을 쓰기 위해 책을 읽고 내용을 정리하는 작업을 '대상자료의 분석 작업'이라고 한다.

다음으로, '참고자료(參考資料)'에 대한 이해가 필요하다. 참고자료는 '1차 자료'의 분석 작업을 통해 드러난 결과를 해석하여 자신의 의견을 세우는 데 도움을 주는 자료들이라는 의미에서 '2차 자료'라 부르기도 한다. 우리가 앞서 살핀 학위논문과 학술논문, 그리고 단행본으로 나온 저서 등이 참고자료의 대표항이 된다. 신문이나 잡지에 실린 기사문이나 칼럼, 시론 등에서도 참고자료에 해당되는 것들을 구할 수 있다.

간혹 대상자료와 참고자료를 혼동해 대상자료에 대한 직접적인 분석 작업을 시도하려하기보다는 참고자료만을 수집하여 다른 학자의 해석에 기대어 논의를 전개하려는 경우가 생긴다. 하지만, 학술적 글쓰기의 본질을 충족시키려면 다른 사람의 연구결과와 견해만을 수동적으로 인용하는 데 그치지 않고, 자신의 견해를 제시할 수 있는 여지를 최대한 확보하는 것이 중요하다.

■ 참고자료의 확보

참고자료는 다양하고도 충분하게 찾는 것이 필요하다. 효율성을 높이기 위해 참고자료를 찾는 방법을 단계별로 제안하면 다음과 같다.

첫째, 문제의 성격을 명확히 파악하기 위해서는 개념 정리가 필수적이다. 리포트의 주제를 명확히 파악하기 위해서는 그와 관련한 용어나 개념 등을 먼저 정리하는 것이 필요하다. 용어나 개념에 대한 정의가 명확히 되어 있지 않으면, 효율적인 공부도 이루어지기 어렵기 때문이다. 이를 위해 사선류(예를 들어, 문학사전, 역사사전, 철학사전, 백과사전 등)를 찾아보거나, 이 방면의 이론서를 읽어두는 것이 바람직하다.

또한, 해당 주제에 대한 기본 이해를 돕는 입문서 등은 될 수 있는 대로 먼저 읽어보는 것이 좋다. 개론적 성격을 지닌 참고문헌을 찾아 읽는 것도 해당 영역의 학문을 개괄적으로 이해하고 깊이 있는 공부를 하는 데 큰 도움을 준다. 해당 과목에서 제시한 참고논저 목록을 살펴 관련 있는 저술을 찾아 읽어보자!

둘째, 심도 있는 학술적 글쓰기를 제대로 진행하기 위해 기존 논의의 검토 작업이 필수적이다. 자신의 주제와 관련되는 기존의 논의들을 읽어나가며 연구 방법론에 대한 검토, 활용되고 있는 자료의 신뢰성에 대한 검토, 연구 내용의 성과와 그 문제점에 대한 검토 등을 하는 것이 바로 기존 논의의 검토 작업이다.

다른 말로 '연구사(硏究史) 정리'라고도 하는 이러한 작업은 자신의 연구 방향과 목표를 분명하게 설정하기 위해 반드시 필요한 과정이다. 이를 통해 자신이 다루고자 하는 주제에 대하여 그 동안 어떠한 연구가 있었고 어떤 성과를 거두었으며 그 연구 경향은 어떠했는가를 이해할 수 있으며, 자기 연구의 방향과 범위를 정할 수 있기 때문이다.

기존 논의의 검토를 제대로 하기 위해서는 폭넓게 관련 자료를 수집하여야 한다. 관련 학문 분야에서 출판된 논저 목록집(論著 目錄集)이나 해제집(解題集) 등에서는 해당 논저의 내용에 대한 간략한 소개가 되어있어 자신의 연구 주제와 관련되는 참고자료를 쉽게 찾아낼 수 있다. 또한 주제와 관련되는 최근의 논저를 직접 찾아 참고문헌 부분을 일람하여도 기본적인 연구 자료 목록이 드러나게 마련이다.

셋째, 자기가 선정한 문제에 대한 전체적인 개념이 완전히 파악된 다음에는 좀 더 구체적이고 자세한 자료를 조사한다. 주제와 관계있는 단행본은 물론이고 관련 학술지를 상세하게 조사하되, 특히 최근에 발표된 논문에 대하여 깊은 관심을 가지고 조사해야 한다. 자신의 글 후미에 첨부된 참고문헌의 목록만 훑어보아도 어느 정도로 주제에 대한 공부를 하였으며, 얼마나 노력했는지 알 수 있다.

이를 위해서는 도서관과 친해지는 것이 중요하다. 자료 찾기가 중요한 만큼 효율적인 자료 찾기를 위해서는 도서관 이용법을 제대로 알고 활용해야 한다. 요즘 대부분의 도서관은 소장 자료를 전산화하고 있으므로 주제와 관련된 자료를 검색하는 일은 간단한 편이다. 해당 주제의 키워드를 중심으로 관련 자료를 검색하면 되기 때문이다. 자신의 전공분야와 관련된 전공학회를 찾아 학회지를 검색해보는 것도 유용한 방법이 될 것이다.

(2) 자료 정리

자료 찾기의 윤곽이 어느 정도 잡혔다면 적절한 자료를 선택하여 꼼꼼하게 읽고 정리하는 작업이 이어져야 한다. 리포트의 주제가 설정되고 난 후 뚜렷한 계획 없이 문헌을 읽기 시작하면 정보의 홍수더미 속에 파묻혀 버리는 난감한 상황이 발생한다.

또한, 리포트를 쓸 때마다 이미 읽었던 자료를 다시 찾아야 한다면 시간의 낭비도 심하게 되고 체계적인 논문 작성에도 방해를 받게 마련이다. 따라서 학술적 글쓰기를 체계적으로 훈련하기 위해서는 자료의 정리를 보다 효율적으로 할 수 있는 방법이 필요하다.

■ 자료카드 작성법

이러한 맥락에서 자료에 대한 정보를 정확하게 파악하고 기록해 두기 위해 보편적으로 권장하는 방법이 바로 '자료카드 작성법'이다. 종이카드를 이용하거나 컴퓨터의 문서파일로 작성하는 과정이 다소 번거로울 수도 있지만, 자신이 읽고 공부한 자료를 체계적으로 정리해두면 대학시절 내내 유용하게 활용할 수 있는 시스템이라 할 수 있다.

우선, 자료카드를 작성하는 기본적인 방법을 정리하면 다음과 같다.

예시3

표제 달기	* 자료카드에 정리된 내용을 나중에라도 확인케 해주는 핵심표제어를 적어둔다.	'바실리카'라는 말의 의미
내용 정리	① 자신이 읽은 자료에서 중요하거나 필요하다고 판단되는 내용을 정리한다. ② 내용 정리를 할 때는 요점정리 식으로 하거나(나중에 간접인용의 방법으로 활용), 인용부호를 써서 내용 그대로를 옮겨주어도 되며(나중에 직접인용의 방법으로 활용), 두 가지 방법을 적절히게 혼용하여도 된다. ③ 필요하다고 생각되는 내용은 무엇이든지 기록하되, 한 번 작성한 자료카드는 한 번만 사용하는 것이 아니라 계속 참고되는 것이므로 알아보기 쉽고 정확하게 기록해두어야 한다. 자료를 정확하게 기록해두지 못하면, 같은 자료를 여러 번 찾아서 읽어야 하는 번거로운 일이 생길 수 있다.	"기독교가 로마의 국교가 되어 어두운 지하 묘굴에서 나왔을 때 예배를 드릴 새로운 장소가 필요했다. 그리스의 경우 신전 한복판에 거대한 신상이 모셔져 있고 의식은 밖에서 행해졌지만, 신상이 되기를 거부한 야훼는 다른 건축 양식을 요구했다. 이때 사람들은 로마 공회당 '바실리카'의 형태를 빌려 최초의 성당을 짓게 되는데, 이는 뒷날 서유럽의 성당 건축의 바탕이 된다. 지금 바실리카 양식으로 지은 최초의 성당 가운데 남아 있는 건 하나도 없고, 단지 그림으로만 그 면모를 짐작할 수 있을 뿐이다."
출처 기록	① 서지사항(저자명/책제목/출판사항/인용면수)을 정확하게 기록한다. ② 내용을 정리한 부분이 해당 자료의 몇 쪽에 있는지도 정확히 표시해두어야 주석 작업을 효율적으로 마무리할 수 있다.	-출처: 진중권, 『미학 오디세이』, 휴머니스트, 1994, pp. 142~143.

다음으로, 소감이나 평가에 관한 내용은 자료카드의 마지막 부분에 따로 정리를 해두는 것이 좋다. 인용 작업을 정확하게 할 수 있도록 자신이 읽은 책의 내용인지, 아니면 그 글을 읽은 자신의 소감인지를 구분해놓아야 한다.

예시4

표제 달기	찰흙 공예 제조과정 중 제토에 관하여
내용 정리	"도자기의 여러 제조 공정이 모두 중요하겠지만, 제토 과정이 가장 중요한 과정이라 하겠다. 도자기의 기본을 이루는 뼈대, 점토를 어떻게 만드냐에 따라 그 결과는 여러 방향으로 다르게 나타나기 때문이다. 작가마다 작품의 성격에 따라서 점토의 기본조성이 판이하게 달라진다. 따라서 도예가는 제토과정을 포함한 작품의 전 과정을 작품을 시작하기 이전에 정확하게 파악하여야 하며, 그에 따른 적절한 점토를 선택하여야 할 뿐 아니라 완성될 작품의 결과를 정확하게 예측할 수 있어야 한다. 점토의 선택이 잘못될 경우에는 처음부터 빗나간 화살이기에 표적을 정확하게 맞추기는 틀린 것이며 마치 첫 단추부터 잘못 끼워진 경우와 같기 때문에 아무리 작품을 잘 성형하였다 하더라도 작품의 결과는 좋을 리가 없다. 산업도자의 경우도 마찬가지로 단 한 가지라도 원료가 잘못 선택되었거나, 또는 재료의 양을 잘못 조절하였을 경우, 그 결과는 마지막 소성에서 나타나거나 또는 그전에 나타난 많은 손실을 가져온다. 특히 도예를 배우는 학생들 경우는 작품을 제작하기 전에 작품의 구상이 끝나면 그 작품의 성격에 맞는 가장 정확한 용도의 점토를 선정하거나 점토를 스스로 조합하여 만드는 일이 가장 중요하다는 것을 잊지 말아야 한다. 좋은 작품을 위한 정확한 점토의 선택이 현대도예에서는 가장 절대적인 것이다. 적절한 점토를 선택한 후, 오랜 시간 동안 실온에서 숙성시켜 점토의 점력을 증강한 후에 성형하여야 한다. 제토 직후 바로 사용하게 되거나, 또는 점토 공장으로부터 바로 구입한 점토를 사용하면 기물이 갈라지거나 불 속에서 파손되기 쉽다."
출처 기록	- 출처: 권준범, 「찰흙공예(도자기)지도의 이론적 접근」, 『사향미술교육논총』 3권, 한국미술교과교육학회, 1995, pp.341~342.
소감 메모	*나의 소감 : 이 글을 읽으면서, 무슨 일을 하든지 간에 그에 따른 조사는 필수라고 생각하게 되었다. 원래 나는 무슨 일을 시작할 때 일단 부딪혀 보는 경우가 많다. 그래서 여러 가지의 시행착오를 많이 겪어보는 편이다. 물론 내 방법이 틀리다고 생각하지는 않지만, 앞으로의 일은 조금 더 신중하고, 침착하게 풀어나갈 것이다. 또한, 무언가를 이루어내려면 노력을 꼭 해야 한다는 것을 다시한번 되새긴 시간이었다.

3 목차 작성

구상하기란 머릿속에 어렴풋이 잡힌 글의 윤곽을 지면 위에 좀 더 구체적으로 정리하는 일로, 글을 써나가는 도중 주제에서 벗어나거나 글이 어느 한쪽으로 치우치지 않도록 조정해주는 중요한 역할을 한다. 흔히 구상개요 작성, 혹은 아우트라인(outline) 작업이라고 부르는 것을 학술적 글쓰기에서는 목차 작성 작업이라 칭한다.

일반적인 글쓰기의 절차에서와 마찬가지로 학술적 글쓰기의 작성에서도 가능하면 상세한 구상 작업을 하는 것이 바람직하다. 논의 전개의 일정한 단위별로 해당 부분에서 '무엇'을 다루며, '어떻게' 다룰 것인지에 대하여 구상하는 것은 논지가 다른 곳으로 일탈하는 것을 막아 글쓰기의 효율성을 높여주기 때문이다. 독자 입장에서도 제대로 잘 작성된 목차 부분을 통해 주요한 뼈대에 해당되는 논지 전개 방향을 예상할 수 있다는 점에서 가독성을 높이게 된다.

다만, 일반적인 글쓰기에서는 완성된 글에 구상개요를 제시하지 않는 것과 달리, 학술적 글쓰기에서는 목차를 독립적으로 제시하는 것을 원칙으로 삼고 있다. 따라서 목차 작성을 제대로 하기 위해서는 목차 작성의 기본 원칙을 아는 것이 필요하고, 논점을 살리고 논리적 설득력도 높이는 쪽으로 목차를 조정해주는 훈련도 필요하다.

(1) 구상하기의 단계별 작업

■ 기본적 수준의 구상

제대로 구상하기 위해 기본적 수준에서는 다음과 같은 것들을 유념한다.

첫째, 쓸거리의 범위를 제한하고 주제와 제목을 정한다. 보다 효율적인 글쓰기가 되려면 주어진 쓸거리의 범위를 제한할 필요가 있고, 과연 무엇을 쓸 것인가 그 방향에 대한 여러 가지 가능성을 생각해보는 것이 필요하다. 글쓰기의 방향이 정해졌다면 이에 대한 자신의 생각을 보다 구체화시켜 주제와 제목을 끌어내는 것이 글쓰기의 계획 작업이다.

둘째, 주제와 관련된 구체적인 생각들을 가능한 한 여러 가지로 끌어낸 후 논점을 제한한다. 이 때 이끌어져 나온 여러 가지 생각들은 모두가 주제를 살릴 수 있는 것들이다. 그러나 글의 분량이나 글쓴이 자신의 능력, 무엇보다 글쓴이의 관심 포인트를 고려하여 중심이 되는 한 가지로 제한하는 것이 바람직하다. 이 단계에서 주제를 구체화하기 위해 이와 관련된 가능한 생각이나 사례 등을 끌어 모으는 일은 구상개요를 작성하기 위한 기초 재료가 된다.

셋째, 글의 기본적 골격에 따라 틀을 잡는다. 구상개요를 작성하는 것은 한 편의 글이라면 마땅히 갖추어야 하는 구성의 기본적인 골격을 토대로 이루어진다. 곧, 글을 시작하는 도입부, 주제에 대한 본격적인 논의를 펼치는 중심부, 글을 마무리하여 끝맺음을 하는 종결부에 맞게 구체적인 내용을 정하고 순서를 정돈하면 될 것이다.

대개는 '서론·본론·결론'과 같은 3단 구성이나 '도입·전개·전환·정리'의 4단 구성, '문제를 제기하고 전개하고 정리하는 내용'을 5단계로 나눠 하는 방식 등을 선호한다. 이러한 구성들은 명쾌하고 체계적으로 논리를 전개해야 하는 학술적 글쓰기에 많이 쓰인다. 지정된 설계도대로 따라가는 것이라 단조롭게 느껴지기도 하지만, 자신의 주장을 명확하게 펼칠 수 있는 무난한 구성들이기 때문이다.

■ 본격적 수준의 구상

글의 분량이 많아지거나 주제가 보다 심화되면 구상개요의 작성은 보다 더 긴요하고도 필수적인 작업이 된다. 앞서의 작업을 연결시켜 본격적인 구상개요를 작성하는 방법을 정리하면 다음과 같다.

첫째, 논점을 정리하는 것이 필요하다. 주제와 관련하여 생각해야 할 사항들에 대해 보다 범위를 넓히되, 깊이 있게 다양한 의문을 제기하는 것이 필요하다. 그와 동시에 자신의 생각을 정리하여 그에 대한 생각을 정리하는 것도 필요한데, 이 과정에서 글쓴이는 주제를 나타내기 위한 논점을 몇 가지로 선택하여 제한하게 된다.

물론, 이렇게 정리한다고 해서 곧바로 글을 쓸 수 있는 것은 아니다. 주제를 중심으로 생각을 가다듬고 필요한 자료를 보충하거나, 그와 반대로 불필요한 것들을 제거하면서 글을 쓰기 위한 준비는 보다 탄탄해지게 된다. 이 단계에서는 특히나 내용의 논리적 연관성에 중점을 두어 설득력 있고 타당한 논의를 펼치는 데 신경을 써야 한다.

둘째, 논점에 따라 구체적인 항목을 설정하여 글쓰기를 구체적으로 만들어야 한다. 각 논점마다 내용을 어떻게 할 것인지 생각해보고 이를 간단한 명제 형식으로 정리해두면 보다 효율적이다.

이때 논점의 규모가 커서 이를 두세 가지로 나눠서 이야기하는 게 적절하다고 생각되면 그에 관한 항목들을 간단한 소표제들로 메모해두는 것이 필요하다. 그리고 각각에 해당되는 내용을 항목에 따라 분류해둔다. 구상개요에 동원되는 한 항목은 실제 완성되는 글쓰기에서는 최소한 두 문단 이상의 분량을 쓸 수 있는 중심 생각이 되어야 한다는 점을 명심하자!

셋째, 배열의 순서를 검토한다. 최종적으로 글의 완성도나 효과 등을 생각하면서 배열의 순서를 검토하되, 글의 분량이나 글쓴이의 능력 등을 충분히 고려하여 완성도를 높일 수 있게 구상개요를 정리하는 것이 필요하다.

'완성도'는 구상개요 작성의 전제라고 할 수 있으므로, 주제를 확산시키기보다는 논점을 심화시키는 방향을 선택하는 것이 유익하다. 자칫 논의가 방대해지거나 구색에 불과한 항목 등을 설정하여 글의 계획이라 할 구상개요와 완성된 글의 내용 사이에 괴리가 있어서는 안 되기 때문이다.

(2) 목차 작성의 규칙

학술적 글쓰기의 기본 형식에 의거하여 목차를 작성하는 경우, 목차 작성의 규칙을 정확히 지켜주는 것이 필요하다. 학술적 글쓰기에서 목차 작성은 글을 읽는 독자의 입장에서도 읽기의 효율성을 극대화시키기 위해 필요한 부분이기 때문이다.

■ 부호 붙이기

목차 작성의 첫 번째 규칙은 부호 사용과 관련한 사항들로, 목차 작성에서 표제들을 제시하기 위해 일정한 숫자나 문자를 동원하는 것을 말한다. 부호 사용의 규칙에서도 유념해야 할 몇 가지 사항이 있다.

예시5

① 논점의 크기에 따라 정해진 부호를 써야 한다. 이때의 부호별 크기가 바로 논점의 관계를 알려주는 중요한 지표가 된다.
② 부호가 작아질수록 오른쪽으로 들여쓰기를 한다.
③ 본문 외의 부분(참고문헌이나 부록 등)에는 부호를 붙이지 않는다.
④ 학술적 글쓰기의 목차 작성에서 동원되는 부호의 종류는 다양하지만, 어느 것을 택하건 그 부호체계 안에서 일관되게 사용하는 것이 중요하다.

목차 작성에서 동원되는 부호 사용의 체계를 몇 가지 소개하면 다음과 같다. 이 경우 학문 분야에 따라 선호되는 부호 체계가 정해져 있거나, 단체에 따라 일정한 부호 체계의 규칙을 만들어 두기도 한다. 그래서 학교나 학과, 혹은 학회 등에서 약속한 부호 체계가 무엇인지를 미리 파악해두면 좋다.

예시6

제1장
　제1절
　　제1항
　　　제1목
　　　제2목
　　제2항
　제2절 ……
제2장 (이하 생략)

예시7

Ⅰ.
　A.
　　1.
　　　a.
　　　　1)
　　　　2) ……
　　　b.
　　2.
　B.
Ⅱ. (이하 생략)

예시8

1.
  1.1
    1.1.1
    1.1.2
      ……
  1.2
    1.2.1
    1.2.2 ……
2. (이하 생략)

예시9

Ⅰ.
Ⅱ.
  1.
    (1)
    (2)
      ①
      ②
    (3) ……
  2. (이하 생략)

■ 표제 붙이기

목차 작성에서 지켜야 할 두 번째 규칙은 표제 설정과 관련된 사항들이다. 표제란, 서론에서 결론에 이르기까지 해당 부분마다 다루어지는 논의 내용을 압축해 보여주는 소제목들에 해당되는 부분을 일컫는 것이다. 한 편의 글에 제목이 있어 그 글의 내용을 암시해주는 것처럼, 목차 부분에서는 다양한 표제들을 통해 해당 부분의 내용을 짐작하거나 논의의 방향을 알 수 있게 된다.

목차 작성에서 표제를 만들 때 유념해야 할 몇 가지 원칙을 소개하면 다음과 같다.

예시10

① 논의내용을 알려주는 키워드(핵심어)를 내세우는 항목식 표제어를 간결하게 단다. 항목식 표제어는 내용 전개의 순서뿐만 아니라 크고 작은 논점들 간의 유기적인 관계를 나타낼 수 있도록 구체적이어야 한다.

② '본론'이라는 말 자체를 항목의 표제로 삼지는 않는다. 본론은 몇 개의 장으로 나뉘고, 각 장의 중심 내용이 표제로 나오게 된다.

③ 본론을 제외한 나머지 부분에는 '서론/결론, 서언/결언, 들이기며/나오며, 문제 세기/논의의 전망' 등과 같은 커플 표제어를 사용할 수 있다.

④ 간혹 목차에는 표제 작성을 하였는데 본문에서는 이런 표제를 생략하거나, 본문 부분을 아예 챕터 구분 없이 연속하여 글을 쓰는 실수를 하기도 한다. 학술적 글쓰기의 형식에 따라 목차를 작성하였다면, 글의 본문에서도 목차에서와 동일하게 각 장과 절의 부호와 표제들을 정확하게 제시해 주어야 한다.

목차는 자신의 글 전체를 한눈에 확인할 수 있게 하는 것으로 논의 과정별로 어떠한 내용이 어떠한 순서로 이루어지는지를 일목요연하게 파악할 수 있어야 한다. 이를 위해서는 논의 내용의 순서에 맞게 장(章)과 절(節)의 구분이 명확히 드러나게 작성할 수 있어야 한다.

예를 들면, <예시7>에서와 같은 구상메모를 간결하게 다듬어서 <예시8>에서와 같이 논의 내용을 압축해주는 논점으로 정리해주는 것이 필요하다.

예시11

- 세대별로 차이나는 연애 방식이나 특징을 살펴보고 싶다.
- 구세대의 연애성향으로 두 가지 특징을 주목하자.
  - 배우자 선택에서 부모님과 의견 차이가 있을 때 부모님의 의견을 따르는 편이다.
  - 애정 표현 방식에서도 남의 시선을 지나치게 의식하여 주저하는 경향이 있다.
- 신세대의 연애성향으로 역시 두 가지 특징을 주목할 수 있다.
  - 다른 사람의 의견을 무조건 따르기보다는 나의 주관을 중시하는 편이다.
  - 스킨십도 좋지만 애정 표현 방식에서 정도를 지나칠 때가 많다.
- 세대별로 연애성향이 차이나는 배경을 주목해보자.
  - 아마도 전통적인 가치관이나 유교사회의 영향이 한 몫 하지 않았을까?
  - 매체의 발달이 연애관에도 영향을 미치지는 않았을까?
- 이제 리포트의 내용을 정리하면서 글을 마무리하자.

예시12

⇒ Ⅰ. 서론

⇒ Ⅱ. 구세대의 연애성향 분석
⇒⇒ 1. '마마 보이'식 연애

⇒⇒ 2. '2% 부족한' 애정표현 방식

⇒ Ⅲ. 신세대의 연애성향 분석

⇒⇒ 1. 'My-self'식 연애

⇒⇒ 2. '2% 넘치는' 애정표현 방식

⇒ Ⅳ. 세대별 연애성향의 배경
⇒⇒ 1. 사고방식의 측면

⇒⇒ 2. 사회 분위기의 측면

⇒ Ⅴ. 결론

4 초고 작성과 퇴고

■ 제대로 된 퇴고의 미덕

글은 쓰는 것만으로 끝나는 것이 아니어서, 독자에게 제출하기 이전에 자신이 쓴 글을 스스로 평가해 보아야 한다. 글이 잘 되었는가 아닌가를 알아야 어디를 손질할지도 알 수 있으므로, 다음과 같은 질문을 던지며 자신의 글을 읽어나가는 게 효율적이다.

예시13

① 처음에 설정한 의도대로 주제가 충분히 드러나고 있는가?
② 글의 전체적인 구성은 논점을 살리기에 적절한가?
③ 서론과 결론의 작성법에 맞게 쓰이되, 비중이 적절한가?
④ 본론에서 내용은 적절하게 구성되었으며, 자연스럽게 연결되고 있는가?

자기 검토의 단계에서 이루어지는 퇴고 작업은 단순히 틀린 글자나 문장을 손질하는 수준을 넘어서 글 전체를 자신의 의도에 맞추어 재조정하고 전달의 효율성을 고려하여 재배치하는 작업이 되어야 한다.

글이란 쇠와 같아서 불에 오래 달구고 다듬을수록 더 강하고 아름다워진다고 한다. 쓰고자 했던 부분에서 부족한 부분을 채워 넣거나 불필요한 부분을 제거하고, 효과를 높이기 위해 순서를 바꾸는 등, 퇴고를 많이 하면 할수록 잘못된 부분을 고쳐나갈 수 있고 글쓰기 처음에 계획했던 의도로 글의 방향이 바뀌게 될 것이다.

■ 효율적인 퇴고 작업이 되려면

첫째, 기본 출발점을 섬섬하라는 것이다.

내부분의 교수자들은 과제의 평가 항목을 미리 고려하여 리포트를 부과한다는 점에서, 이러한 평가 기준을 살펴 이에 부합시키는 것은 보다 좋은 학술적 글쓰기를 만드는 방법이 될 것이다. 예를 들어, 자신이 제출해야 할 리포트가 단순히 요약을 하는 것인지, 혹은 조사를 해야 하는 것인지, 아니면 각자의 주관적인 평가와 견해를 포함시켜야 하는 것인지를 정확히 파악하였는지를 점검하는 것이다.

퇴고 작업에서도 자신의 글쓰기가 과제의 목적에 부합하는 글이 되었는지를 확인하는 것이 우선되어야 한다. 담당교수가 요구하는 바가 무엇인지를 정확히 이해했는지를 의미하는 것이기도 하고, 그만큼 제대로 공부하였음을 말해주는 것이기도 하다. 특히 과제의 제출 분량을 제대로 맞추지 못하면 잘 쓰고 못 쓰고를 떠나 평가를 저하시키는 경우가 되므로, 제시된 기준 분량에 맞추고 있는지를 확인하는 센스가 필요하다.

둘째, 자신의 글을 독자의 입장에서 읽어보라는 것이다.

퇴고는 글을 다 쓴 후 어느 정도 시간이 지나 독자의 기분으로 읽을 수 있을 때에 하는 것이 좋다고 하는데, 이는 탈고 직후에는 필자로서의 기분에 취해 자신의 글을 객관적으로 살피기 어렵기 때문이다. 어느 정도 시간이 흘러야 필자로서의 흥분이 잦아들게 되고, 비로소 글의 조리가 맞는지, 미처 의식하지 못한 잘못이 없는지, 자기 혼자만 알 수 있는 암호 같은 문장들을 써놓지는 않았는지 세심하게 살펴 가려내게 된다.

특히 자신의 생각이 진지하게 드러나 있다 하더라도 적절한 문단 구성이 이루어지지 않거나 문장의 군더더기가 많으면 차분하게 집중하며 읽어나가기가 힘들어진다. 더구나 적절한 분량을 고려하지 않은 채 비슷한 이야기가 장황하게 서술되고 있으면 독자의 입장에서는 불편함을 느낄 수 있다.

셋째, 시간적 여유를 확보하라는 것이다.

퇴고 작업을 제대로 수행하기 위해서는 학술적 글쓰기의 완성에 필요한 시간적 여건을 충분히 확보해두는 것이 필요하다. 퇴고 작업의 효율성을 높이려면, 퇴고는 적어도 제출일 2, 3일 전부터 시작하는 것이 좋다고 한다.

시간적 여유가 있으면 다른 사람에게 보여주고 유익한 조언을 들어 수정작업에 반영할 수 있으며, 차분히 읽어나가는 작업을 여러 번 행하면서 어색한 곳을 찾아 다듬을 수 있는 기회가 보다 많아지기 때문이다. 이러한 시간적 여유와 아울러 처음 글을 쓸 때의 마음가짐이 뒷받침되면 더욱 좋다. 글을 쓰려고 했던 의도를 떠올리면서 내용이 일관성 있는지 살펴볼 수 있기 때문이다.

만약 시간적 여유가 충분하지 않을 경우, 퇴고 작업을 생략하기보다는 원고 교정부호를 사용하여서라도 사소한 부분의 오자(誤字)나 오기(誤記), 부적절한 표현 등을 수정하는 것이 보다 현명한 태도이다.

■ 효율성을 높이는 체크 포인트

첫째, 전체적인 통일성과 내용의 흐름을 검토하는 것이다.

맞춤법과 같은 세부사항을 확인하기 이전에 초고의 내용과 흐름을 점검하는 것이 보다 효율적인 작업 순서가 되기 때문이다. 이를 위해 다음과 같은 체크 포인트를 유념하여 검토하는 것이 필요하다.

예시14

① 글의 전체 흐름이 유기적이고 통일되어 있는가? 글의 전개가 자연스러운가?
② 전체적으로 전달하고자 하는 내용이 잘 정리되어 있는가?
③ 선택한 구성은 주제를 전달하는데 효과적인가? 더 나은 방법은 없는가?
④ 최초의 주제와 달라진 점은 없는가? 주제가 명료하게 드러나 있는가?

둘째, 문장 차원에서 자세한 사항을 검토하는 것이다.

글은 말보다 정확하고 구체적이고 논리적이어야 하고 완결성을 지녀야 하는데, 이런 점들을 지니기 위해서는 쓴 글을 다시 한 번 보면서 잘못된 것은 없는지 살펴보아야 한다. 이를 위해 다음과 같은 체크 포인트를 만들어 검토하는 것이 필요하다.

예시15

① 맞춤법이나 띄어쓰기가 잘못된 곳이 없는가? 문장부호는 바르게 사용했는가?
② 단어나 표현은 정확한가? 어색한 용어는 없는가?
③ 문장들은 문법에 맞고 그 의미가 명료한가?
④ 문단의 시작 부분에서 들여쓰기를 하였는가? 문단 구성은 적절히 이루어졌는가?
⑤ 채팅용어나 이모티콘 등이 사용되지는 않았는가?

셋째, 출력본을 만들어 최종편집 상태를 확인하는 것이다.

리포트를 제출하기 이전 퇴고 단계에서 자신의 작업을 미리 프린트해서 읽어보는 것도 좋다. 모니터로만 고쳤다가 막상 프린트해보면 문단이 밀렸거나 한두 줄 빠져있거나 오타가 그대로인 경우도 있기 때문이다.

이를 위해서는 문서 작성 시 필요한 기본사항들을 미리 숙지하는 것이 필요하다. 예를 들면 다음과 같은 사항들을 체크해두는 것으로, 문서작성 프로그램에 대한 기본이해를 토대로 이러한 사항들을 미리 익혀두면 리포트 작성에 필요한 기본기가 한결 탄탄해졌다고 칭찬받게 될 것이다.

예시16

① 인용이 끝나는 지점에서 주석을 다는 방법
② 목차/참고문헌 작성시 나오는 여러 가지 부호를 다는 방법
③ 글자모양/문단모양 등 서식지정에 관한 여러 항목을 설정하는 방법
④ 페이지 쪽수를 매기는 방법
⑤ 맞춤법 검사 기능을 설정하는 방법
⑥ 자동저장 기능을 설정하는 방법
⑦ 문서 분량을 계산하는 방법
⑧ 작성된 문서를 출력 전 미리보기하는 방법

참고 문헌

김경훤 외, 『창조적 사고 개성적 글쓰기』, 성균관대 출판부, 2005.
이숭녕, 『연구논문과 작성태도』, 박영사, 1986.
최규수, 『고치고 더한 대학시절의 글쓰기 1: 학술적 글쓰기와 친해지기 편』, 명지대 출판부, 2017.
최덕성, 『빛나는 논지 신나는 논문쓰기』, 본문과현장사이, 2000.

04 학술적 글쓰기의 기본기

1 인용 작업

인용이란 자신의 학술적 글쓰기를 작성하는 데 자신의 것이 아닌, 다른 사람의 글에서 꼭 필요한 부분을 가져오는 것을 말한다.

인터넷의 발달로 정보나 지식을 찾고 수용하는 것이 과거에 비해 훨씬 수월해졌을 뿐만 아니라, 지식과 정보의 양도 방대해졌다. 하지만, 무한한 정보의 바다에서 자신에게 꼭 필요한 지식과 정보를 찾아내기가 쉽지 않으며, 과다한 지식과 정보의 홍수가 오히려 창의적인 사고를 방해하는 경우도 많다. 학술적 글쓰기 작성에서 인용 훈련의 중요성을 강조하는 것은 우리가 그 어느 때보다 지식과 정보의 세계가 무한한 시대에 살고 있기 때문이다.

따라서 지금의 우리에게 필요한 것은 자신의 생각과 의견을 창의적이고 논리적으로 표현하는 훈련이다. 이는 필요한 자료를 선별하여 이를 참조하되 자신의 사고 과정을 통해 적절한 결과로 귀결되는, 이른바 글쓰기에서 요구되는 의사소통의 과정이라고 할 수 있다. 이런 훈련을 통해 필요한 자료의 목록을 확인하고 또 적합한 정보를 수용하여 기본적인 지식 습득의 과정을 거치면서, 다소 소박하거나 미흡한 자신의 지식과 논리가 좀 더 발전되거나 풍부한 단계로 완성될 수 있게 된다.

그런 의미에서 인용은 학술적 글쓰기의 꽃이다. 제대로 인용한다는 것은 제대로 자료를 찾았다는 것이고, 이는 곧 정확히 주석을 단다는 것이고, 아울러 참고문헌 작성까지 제대로 할 수 있다는 것을 의미하기 때문이다.

(1) 인용의 절차

인용의 방법을 적용하기 위해서는 무엇보다 적절한 자료를 찾고 정리해두는 작업이 필요하다. 예를 들어, 다음과 같은 글을 자신의 리포트에 활용하고 싶다면 <예시1>과 <예시2>에서처럼 필요한 부분들을 자료카드들로 정리해두어야 한다.

예시1

노인의 죽음에 대한 비유

"한 사람의 노인이 죽게 되면, 그것은 도서관 하나가 불타 버리는 것과 같다"

- 출처: 마르틴 라퐁, 『파란 앞치마』, 김이소 옮김, 도서출판 이레, 2001, 2쪽.

예시2

나이에 관한 고전적 명문

"나는 열다섯에 학문에 뜻을 두고, 서른에 서고, 마흔에 미혹되지 않게 되었고, 쉰에 천명을 알게 되었으며, 예순이 되어 남의 말을 사실 그대로 들을 수 있게 되고, 일흔이 되어 원하는 대로 행하여도 규범의 틀을 넘지 않게 되었다."

- 출처: 공자, 『논어』, 김형찬 역, 홍익출판사, 2004, 23쪽.

이렇게 자료카드가 만들어지면 이것들을 이용하여 인용하는 글쓰기를 할 수 있게 된다. <예시3>에서와 같이 일정한 주제에 따라 자료카드에 정리된 글들을 인용하며 자신의 의견을 개진하며 글쓰기를 해나가게 되는 것이다. 이러한 방식으로 리포트를 작성할 때, 학술적 글쓰기에서는 자료를 '인용'하고 '주석 달기'까지 하였다고 말한다.

예시3

과연 어떻게 사는 것이 바람직한 것일까? 이 문제에 대하여 한번쯤 생각해보았을 것이다.

> 나는 열다섯에 학문에 뜻을 두고, 서른에 서고, 마흔에 미혹되지 않게 되었고, 쉰에 천명을 알게 되었으며, 예순이 되어 남의 말을 사실 그대로 들을 수 있게 되고, 일흔이 되어 원하는 대로 행하여도 규범의 틀을 넘지 않게 되었다.[1)]

위의 글은 공자가 그의 일생을 통해 일군 학문을 이루는 과정을 나타낸 것이다. 이 글을 보면, 공자라는 성인도 '학문'이라는 하나의 뜻을 이루기 위해 평생의 시간을 소비하였다는 것을 알 수 있다.

요즘 우리는 너무 빠른 시대를 살고 있는 것 같다. 무엇이든 빨리 하지 않으면 패배하고 뒤처지는 것으로 간주되는 세상이다. 그러나 과연 '천천히' 사는 것이 실패한 삶이라 단정 지어 버릴 수 있는 것일까? 한 사람의 삶은 살고 있는 시간 자체를 통해 완성되는 것이라고 생각한다. 그리고 그런 삶은 다른 세대의 삶의 밑거름이 되어 새 삶을 완성하는 영양분이 된다. 한 사람의 노인의 죽음을 '도서관이 불타는 것'에 비유할 수 있다면,[2)] 사람이 평생을 위해 완성하는 삶의 의미는 사뭇 큰 것이라 할 수 있다.

무엇인가 삶의 목표를 위해 정진하는 데 있어 시간의 길이는 아무 의미가 없다고 생각한다. 그것을 빨리 끝낸다는 것보다 그것을 음미하고 깨닫는 데 더 의의가 있는 것이 아닐까?

---

1) 공자, 『논어』, 김형찬 역, 홍익출판사, 2004, 23쪽.
2) 마르틴 라퐁, 『파란 앞치마』, 김이소 옮김, 이레, 2001, 2쪽.

(2) 인용의 방법

■ 직접인용

직접인용(direct quotation)은 원문 그대로 옮겨 놓을 필요가 있을 때 하는 인용의 방식이다. 예를 들어, 다음과 같은 경우에는 직접인용으로 처리하는 것이 효과적이다.

예시4

① 원문에서 제시된 표현 그대로 쓰는 것이 가장 적절한 경우
② 원문을 그대로 제시하지 않으면 독자가 오해할 염려가 있는 경우
③ 글쓴이의 입장과는 상충되는 견해를 더욱 분명하게 제시할 필요가 있는 경우

첫째, 다음의 <예시5>와 같이 인용부호를 사용하는 경우이다.

직접 인용에서는 다른 사람의 말과 그것을 옮겨다 쓰는 사람의 말을 분명히 구별하기 위하여 따다 쓴 말 앞뒤에 큰따옴표를 붙이고, 인용이 끝나는 지점에 주번호를 붙이는 식으로 사용한다.

직접인용

예시5: 인용부호를 사용하는 경우

우리는 가끔 학문을 배우느냐 아니면 스스로 하느냐 하는 문제를 제기하는 수가 있다. 이 점에 대해 칸트는 일찍이 "나는 철학을 가르치지 않는다. 나는 철학하는 것을 가르칠 뿐이다."[1] 라고 말한 바 있다.

예시6: 인용문단으로 처리하는 경우

그동안의 스포츠는 안전과 절제를 중요시했다. 반면에 이종격투기는 가장 원초적인 상태에서 격투를 진행하고 표현의 수위도 높기 때문에 그 폭력수위가 높은 것이 사실이다. 하지만 이런 변화가 기존 정서에 맞지 않기 때문에 이종격투기를 스포츠가 아니라고 할 수는 없다.

주어진 임의의 규칙 속에서 상대자와의 경쟁적 활동을 통해 인간 투쟁적 욕구를 만족시키려는 놀이가 게임이라고 할 수 있다.

간접인용

예시7

우리는 가끔 학문을 배우느냐 아니면 스스로 하느냐 하는 문제를 제기하는 수가 있다. 이 점에 대해 칸트는 일찍이 철학은 가르칠 수 없고 다만 철학하는 것을 가르칠 수 있다고 말한 바 있다.[1]

예시8

그동안의 스포츠는 안전과 절제를 중요시했다. 반면에 이종격투기는 가장 원초적인 상태에서 격투를 진행하고 표현의 수위도 높기 때문에 그 폭력수위가 높은 것이 사실이다. 하지만 이런 변화가 기존 정서에 맞지 않기 때문에 이종격투기를 스포츠가 아니라고 할 수는 없다.

인간은 욕구의 만족을 통해 쾌락을 추구하며, 게임을 통해 해결할 수 있는 욕구는 투쟁적 욕구라는 지적이 있다. 또한 스포츠를 즐기면 이런 투쟁적 욕구의 해소 뿐 아

이때의 만족은 어떤 복잡하고도 어려운 문제에 직면하거나 상대의 공격을 예측할 수 없는 상황에서 경쟁적 투쟁을 통해 수수께끼 같은 상황을 타개한 해결의 기쁨과 상대를 패배케 한 승리의 쾌감을 중심으로 한다.[2] 위의 글에서 … (이하 생략)	니라 장애물을 해결하여 성취감을 올리고, 나아가 승리를 통한 쾌감까지도 얻을 수 있다고 한다.[2] 따라서 … (이하 생략)

둘째, 위에서 보인 <예시6>과 같이 인용문단으로 처리하는 경우이다.

직접 인용을 하고자 하는 부분이 비교적 길어 인용 부호를 사용하는 것이 글 읽기에 혼란을 주는 경우라면, 지문에서 따로 떼어 별도의 인용 문단으로 처리하는 방법을 선택하면 된다.

이렇게 직접 인용의 방법을 택하되, 인용문단으로 처리하는 경우에는 <예시9>에서와 같은 몇 가지 규칙을 권장하고 있다.

예시9

① 인용 부호를 붙이지 않는 대신, 인용 부분의 위아래로 1행씩을 비운다.
② 인용 부분 전체는 문단 모양의 기본서식을 조정하여, 왼쪽 여백(또는, 양쪽 여백)을 본문의 경우보다 우측으로 한 글자씩을 더 들여쓰기 한다.
③ 인용 부분은 본문의 서식보다 행간을 좁히며 글자 크기를 작게 하여, 시각적으로 인용문단으로 처리된 것임을 확연하게 구분할 수 있도록 한다.

■ 간접인용

간접인용(indirect quotation)은 원문 그대로 인용하지 않고 리포트 작성자가 요약을 하거나 표현을 다듬어 바꿔서 인용하는 것을 말하며, <예시7>과 <예시8>에서 보다시피 인용이 끝나는 지점에 주번호를 붙이는 것으로 마무리하게 된다.

직접인용에서는 다른 사람의 말과 그것을 옮겨다 쓰는 사람의 말을 분명히 구별하기 위하여 따다 쓴 말 앞뒤에 큰따옴표를 붙이거나, 한 줄을 비우는 식으로 표시하였다. 하지만, 간접인용에서는 이러한 표시를 따로 하지 않기 때문에 표절의 의혹을 받지 않도록 더욱 신경을 써야 한다.

간접인용의 방법은 원문의 문장을 자기의 표현방식으로 바꾸어 그 내용이나 생각을 자기의 논의 과정에 끌어들이는 것으로, 이러한 작업을 명확하면서도 세련되게 해내기 위해서는 지식을 자기 것으로 소화해내는 인용자의 학문적 식견이 더더욱 요구된다. 특히 자신이 쓰고자 하는 글의 흐름과 자연스럽게 어울리게 표현을 더욱 다듬어야 한다.

자연스럽게 익숙해지기까지 충분한 연습이 필요하다는 점에서 직접인용보다 어려운 작업이라 할 수 있다. 하지만, 간접인용은 다음과 같은 어려움을 해소할 수 있는 장점을 지니고 있어 보다 보편적으로 쓰인다.

첫째, 원문의 길이 조정이 필요할 때가 많기 때문이다.

이럴 경우 원문의 요점만 간추려 짧게 줄여 요약(summary)하는 방식으로 인용하는 방법을 말한다. 인용하는 원문에서는 몇 장 이상의 분량을 차지하고 있음에도 간접인용의 방식을 활용하면 불과 몇 줄의 요점으로 간추려져 인용되기도 한다.

예시10

텔레비전 드라마를 분석한 최근의 한 연구에 따르면, 등장인물 중 남성은 74%가 직업을 가진 것에 비해, 여성의 경우 약 40%가 주부이고 37%만이 직업을 가지고 있는 것으로 나타난다. 뿐만 아니라 남성의 경우에는 전 연령마다 골고루 직업을 가지고 있으며 직종 또한 다양함에 비해 여성들은 대개 미혼 여성이나 특수한 경우(대부분 미망인이나 이혼녀)에 한해서만 직업을 가졌으며 직종도 극히 제한되어 있다고 한다.[1] 이같은 사실은 어느 정도는 현실을 반영한 것이라 할 수 있다. 문제는 드라마에서 여성의 사회적 활동을 다루고 있는 방식 및 내용에 있다.

---

1) 고은찬, 「텔레비전 드라마에 방영된 한국 여성의 역할 및 이미지 연구」, 한국교원대학교 박사학위논문, 1992, 25~30면.

둘째, 원문에 제시된 형태 그대로를 인용하는 것이 어렵거나, 문체의 이질감(異質感)이 커 자신의 글쓰기에 어울리지 않을 때가 많기 때문이다.

이럴 경우 원문의 표현을 자기의 말로 바꾸어 서술하는 의역(意譯, paraphrase)의 방법을 활용하여, 인용하고자 하는 원문의 어구를 다른 말로 바꾸어서 알기 쉽게 다듬거나, 글 전체의 흐름을 다듬고 표현을 매끄럽게 정리하여 서술하게 된다.

원문을 다른 말로 바꾸어 부연하기 때문에 원문보다 길이가 반드시 줄어드는 것은 아니며, 자연스럽고 매끄럽게 인용하는 글쓰기를 하는 데 목표를 둔다.

예시11

직접인용	간접인용
"뇌의 기능적 특성을 살펴보면 다음과 같다. 인간의 대뇌는 좌뇌와 우뇌라는 두 개의 반구로 나뉘어져 있으며, 그 형태와 크기는 동일하다. 그런데 좌뇌는 인체의 오른쪽에서 오는 반응을, 우뇌는 인체의 왼쪽에서 오는 반응을 조절한다. 이처럼 각 반구는 서로 다른 방식으로 정보를 받아들이고 해석하는 것을 뇌의 기능분화 또는 뇌의 기능적 특성이라 한다."[1]	인간의 대뇌는 형태와 크기가 거의 같은 두 개의 반구, 즉 좌뇌와 우뇌로 나누어져 있다. 각각의 뇌는 몸의 반대편에서 오는 정보를 수용하고 신체의 반대편을 조절한다. 예를 들어 오른쪽으로 들어온 시각 정보는 좌뇌에서, 왼쪽 눈으로 들어온 시각정보는 우뇌에서 처리된다. 이처럼 좌뇌와 우뇌로 나뉘어져 각각 서로 다른 기능을 수행하는 것을 뇌의 기능 분화 또는 기능적 특성이라고 한다.[1]

(3) 인용의 효율성을 높이려면

첫째, 인용되는 자료가 신뢰할 만한 것이어야 한다.

신뢰할 만하다는 것은 기본적으로 인용하는 자료의 출처가 정확하다는 것을 의미한다. 이러한 기본적인 신뢰성은 어찌 보면 지극히 당연한 것이기도 하다. 그래서 인용의 효율성을 높이려면 여기에 더하여, 인용하는 자료가 전거(典據)로서의 충분한 권위가 있거나 최근까지의 연구 성과를 정확히 보여주는 것인지 등을 살피는 것도 중요하다.

중요한 자료를 찾아 제대로 인용하면 자신의 논지 전개에 힘이 될 만한 설득력을 발휘할 수 있다. 그러므로 무턱대고 인용하기보다는 자신에게 필요한 부분을 살릴 수 있도록 옥석(玉石)의 가치를 가려 사용하는 안목이 필요하다.

둘째, 정확하게 인용하는 자세가 중요하다.

출처만을 정확히 밝히는 것은 지나치게 소극적이다. 오히려 학술적 글쓰기를 통해 학문하는 자세를 훈련하는 우리들에게 중요한 것은 원래의 취지와 의도를 왜곡시키거나 편파적으로 자기식의 해석을 가하는 경우에 대한 경계이다. 자신의 생각을 정확하게 표현하기도 어렵지만, 타인의 생각을 자신의 글안에 제대로 융화시키기도 어려움을 명심하여, 정확하고도 적절하게 인용하는 글쓰기를 제대로 훈련하도록 하자.

셋째, 문체적 측면에서 거친 부분을 다듬어주는 것이 필요하다.

인용 부분의 처리는 인용 부분의 길이나 성격에 따라 좌우된다. 인용문을 도입할 때마다 누구는 '이렇게 말했다' 또는 '다음과 같이 말했다'는 식으로 천편일률적으로 처리한다면, 논문의 문장이 단순해질 뿐만 아니라 무엇이 핵심인지 알기 어렵게 된다. 이를 위해서는 남이 쓴 글을 자신의 글쓰기에 융합시켜 문장 구조와 논리 전개를 조화롭게 하는 능력이 필요하다.

넷째, 인용 부분의 길이는 글의 핵심을 해치지 않고 인용의 목적을 달성할 수 있는 적절한 범위로 제한하는 것이 필요하다.

인용 부분은 길어도 한 면의 절반 이상의 분량을 넘지 않는 것이 좋다. 인용문이 지나치게 길어지면 독자는 그 글이 인용문이라는 사실을 잊고 필자의 견해로 오인하기 쉽다. 또한 문제의 초점을 흐리게 만들 우려도 있다.

만약, 자신의 글에 필요 불가결의 인용문으로 도저히 길이 조정을 할 수 없을 정도로 길다고 생각되면 부록 부분을 이용하여 전문(全文)을 보여주는 방법을 써도 된다.

연습1 다음의 <예시>들을 살펴보고, 직접인용과 간접인용의 방법을 다양하게 적용하여 한 문단 글쓰기를 연습해보자.

예시	
1	장 지오노의 『나무를 심는 사람』(두레, 1995)을 읽다. 일생의 반을 나무심기에 열중했던, 아무런 쓸모없는 일에서 행복을 찾아냈다는 의미에서 노장적이고 그 쓸모가 타인의 몫으로 고스란히 돌아간다는 의미에서 기독교적인 삶을 살았던 한 현자의 이야기, 엘제아르 부피에의 삶은 "나 자신과 관련지어서만, 그리고 어떤 행복의 추구만을 염두에 두고 미래를 상상"하는 이기적이고 개인주의적인 현대인 심성과 반대되는, 먼 거리에 있다. 이 소설 속에서 나무는 '부활의 상징'으로, 또 나무 심는 사람은 '하느님의 운동 선수'로 일컬어지고 있는데, 그런 찬사가 아깝지 않은 것은 "죽음을 기다리는 것 밖에 없었던" 황량했던 폐허의 땅에 울창한 삼림이 들어섬으로써 누구나 "살고 싶은 마을이 되어가는" 감동스러운 역사에 취하면서이고, 또 본문 뒤에 실린 "『나무를 심는 사람들』과 문명의 위기"라는 짧지 않은, 정성이 가득 담긴 편집자의 말에 수긍하면서이다. – 출처: 장정일, 『독서일기』, 범우사, 1994, 92면.

2	좋은 글쓰기는 좋은 글 읽기와 따로 떼어 생각할 수 없는 동전의 양면과 같다. '좋은 글이 좋은 글을 낳고, 나쁜 글이 나쁜 글을 낳는다.'는 말처럼 좋은 글을 읽고 그것을 본받고 익히면 자연히 좋은 글을 쓰게 마련이다. 그래서 우리 선조들은 옛날에『명심보감(銘心寶鑑)』같은 좋은 글을 모아 책을 읽고 배우며 글공부를 하였다. 곧, 좋은 글을 많이 읽는 것이 좋은 글쓰기의 첫 걸음이다. – 출처: 최기호 외 5인, 『인터넷 글쓰기의 달인』 세종서적, 2005, 23면.
3	어떤 글이든 보통 사람들이 이해할 수 없는 글은 유식하게 보이려고 어렵게 썼거나 글쓰기가 매우 서툴기 때문이다. 그리고 가짜글을 쓰게 되는 까닭은 글은 무조건 아름답고 화려하게 꾸며 써야 한다는 생각을 가지고 있기 때문이기도 하다. 주로 시나 수필 같은 데서 그런 것들이 많다. '진짜글'은 감동이 있고 다음과 같은 조건이 갖추어져 있는 글이다. – 출처: 이호철, 「머리가 아니라 가슴으로 써라」 『살아있는 글쓰기』 보리, 1994, 43면.

2 주석 작업

주석의 표기 양식은 시대의 흐름을 어느 정도는 반영하며, 학문 분야나 전공학과에 따라 조금씩 다르다. 특히 학위논문의 경우에는 학교마다 자체적으로 정한 스타일이 있으므로 주석 작업을 엄격히 지키기 위해서는 이 책에서 소개하는 일반적인 원칙을 토대로, 자신의 학교에서 요구하는 주석 스타일을 확인하여야 한다. 특히 전공과목의 텀 페이퍼 작성의 경우에는 더더욱 자신의 학문 분야나 전공 학과에 맞는 스타일을 알아두는 것도 좋은 공부가 된다.

연습2 다음의 <예시>를 살펴보고, 자신의 전공학과에서 통용되는 주석스타일을 정리해보자.

예시

☞ 주중원 님의 질문: 우리 대학교의 차무혁 교수님께서 듀이와 브루너의 이론을 정리해오라는 과제를 내시면서 APA 스타일로 작성해오라고 하셨는데, 어떤 방법인가요?

☞ 태공실 님의 답변: 내주(內註)라고도 하는데요, 미국 심리학회에서 공식적으로 쓰고 있는 양식이지요. APA양식에서는 주를 거의 사용하지 않는 대신 본문 내에서 인용한 자료의 출처를 확인하는데 필수적으로 요구되는 사항 즉, 저자와 연도를 밝히는 방식을 채택하고 있답니다. 논문에서 인용한 문헌의 저자와 연도, 그리고 필요한 경우 인용면수만을 본문에 간단히 밝히고 기타 저서명이나 출판사항 등 자세한 내용은 논문 말미의 참고문헌 목록에 저자명의 가나다 순, 또는 알파벳 순서로 제시하는 방식이지요.

☞ 최현욱 님의 조언: 내주 양식의 예는 이 책의 5장 부분을 참고하세요.

☞ 서유경 님의 질문: 우리 학회에서는 논문을 쓸 때, 특히 참고문헌 부분에 있어서 시카고 방식을 권장하고 있습니다. 어떻게 작성하는 것인지요?

☞ 독고진 님의 답변: 흔히 "시카고 방식"으로 통용되는 참고문헌 및 주석 다는 방법은 "The Chicago manual of style"이라는 책을 참고하시면 됩니다. 간단히 말하면, 저자명, "논문제목.", 간행물명, 권호수 (발행 연도) : 인용면수의 순서로 표기하는 것을 말합니다. 시카고 방식의 예를 들면 다음과 같지요.

- 김삼순. "논문특성에 관한 연구." 안전경영과학회지, 6 (1996) :19-30.

> ☞ 구애정 님의 조언: 참고문헌 및 주석 다는 방법은 APA 스타일, MLA 스타일, 시카고 매뉴얼, 튜라비안(Turabian) 방식, ACS 스타일 등등 다양한 방식이 존재하며, 학문 분야에 따라 적용하는 방법이 매우 다르답니다. 흔히 문헌정보학에서는 이러한 부분을 상당히 꼼꼼히 공부하시는 것 같았어요. 기왕에 배울 거라면 지루하고 따분하더라도 정확하게 익혀두는 것이 낫겠지요!

(1) 내용주와 참조주

■ 내용주

주석(註釋) 작업이란 원래 "말 또는 책의 본문 가운데에 있는 어떤 부분에 대해 이해를 빠르게 하려고 그 뜻을 풀어주는 보충적 설명"이라는 의미를 지닌다. 이런 본래의 의도를 잘 살린 주석 작업을 내용주(內容註, content notes)라고 한다.

내용주는 대개 보충 설명의 내용이 지면을 많이 차지하는 경우에 흔히 사용하는 주석 방법으로, 매우 다양한 용도로 융통성 있게 활용할 수 있다. 대표적인 사례를 들면 다음과 같다.

첫째, 본문에 넣으면 글의 흐름을 방해하지만 내용 이해에 도움이 되는 내용을 서술하고 싶은 경우이다.

예시12

낙엽이 떨어지는 10월의 어느 날, <선생 김봉두>[3]라는 영화를 처음으로 보게 되었다. 나는 메시지가 있는 영화를 좋아하는데, 김봉두 역의 차승원이라는 배우는 그저 코믹 연기에만 주력할 뿐 내면의 연기를 소화하기엔 부족하다고 생각하고 있었다. 그러나 <선생 김봉두>에 대한 주위의 좋은 평들이 있었기에 뒤늦게나마 영화를 보게 되었다.

3) 장규성 감독/차승원 주연의 2003년 개봉작이다. 영화의 줄거리를 소개하면 다음과 같다. 서울 어느 학교의 선생이던 김봉두가 촌지만 밝히다가, 뜻하지 않는 사건으로 전교생 5명뿐인 분교로 부임하게 되었고, 그 곳을 벗어나기 위해 고군분투하는 과정에서 진정한 교육자로 거듭난다는 내용이다.

둘째, 본문에서 사용한 특수한 용어 등에 대하여 보충 설명이 필요한 경우이다.

예시13

한국 경제는 6.25전쟁 이후 엄청나게 빠른 속도로 성장해 오면서 '한강의 기적'이라고 까지 불리는 성과를 이루어 내었다. 하지만 분배보다는 성장에 치중한 경제발전 속에서 싹튼 무한 경쟁주의는 경쟁을 통해 승리하는 것이 성공의 지름길이라는 인식을 생겨나게 하였다. 이러한 치킨게임[4]형식의 경쟁 사회는 우리나라의 경제 발전과 한국 기업 고성장의 밑거름이 되었으나, 오늘날 취업 일선에 뛰어들어야 하는 한국 젊은이들에게는 끝없는 경쟁을 해야만 하는 현실로 다가오고 있다. 이러한 사회 분위기 속에서 한국의 젊은이들은 상대 경쟁자를 앞지르기 위해 소위 좋은 스펙이라는 것에 집착하고 있다.

4) 치킨게임이란 경제학에서 서로 경쟁에서 승리하기 위해 큰 위험성을 감내하는 방식을 말하며, 치킨게임에서는 어느 누가 양보를 하지 않으면 결국 경쟁하는 두 명 모두 실패를 면할 수 없다.

■ 참조주

학술적 글쓰기에서는 자신이 논의 전개를 위해 자신이 인용하고 참고한 자료의 출처를 밝혀주는 목적으로 주석 작업이 더욱 활발하다. 이렇게 인용된 자료의 출처를 밝혀주는 주석 작업을 참조주(參照註, reference notes)라고 한다.

참조주는 연구에서 인용한 이론이나 자료, 연구결과 등을 창출한 원저자의 학문적 공적을 인정하고, 다른 사람의 연구결과와 의견 등을 참조한 사람이 마땅히 해야 할 감사의 표시이다. 독자에게 필요하다면 인용한 자료를 확인하거나 검색하여 이용할 수 있도록 안내하는 역할까지도 한다.

<예시14>에서 보다시피, 다른 사람의 자료에서 직접 인용했을 때뿐만 아니라, 자신이 요약하거나 의역한 부분이 있다면 그 어느 경우에라도 해당 자료의 출처를 분명히 제시할 수 있어야 한다.

예시14

신세대는 "개인주의적 기호를 추구하는 '개성의 세대'"[8]이기도 하다. 개성은 남과 구별되는 고유의 특성을 강조하는 개념이므로 그것은 개인주의를 기반으로만 실현될 수 있다. 기존 연구 결과는 신세대의 가치 성향을 자유주의적 윤리관으로 정의하는데,[9] 이는 인간의 천부적(天賦的) 권리인 자유와 평등을 옹호하는 자유주의 사상에서 비롯된다.

또한, 신세대는 기존의 권위에 순응하지 않는 반(反)권위주의적인 세대이다. 이는 기성세대를 규율해 온 사회의 가치체계가 새로운 세대의 의식을 반영하지 못하는 데서 빚어진 현상이다. 신세대는 자신들의 가치관과 상충하는 기존의 권위와 질서를 비판하곤 하는데, 이 점은 새로운 사상을 구현하기 위해 전근대적인 체제에 저항한 자유주의의 역사와도 관련성이 있다.[10]

대중가요 <아주 가끔은>에 드러난 화자의 사고방식은 이러한 신세대적 윤리관에 부합한다. 화자가 복장 규제에 반발하는 이유는 단지 자신의 선호를 고집하기 위해서가 아니라, 그런 압력 자체가 개성의 억압이자 개인주의적 사고방식을 무시하는 처사라고 여기기 때문이다. 기존 질서에 대한 화자의 비판적 태도 또한 신세대의 반권위주의적 성향으로 해석할 수 있다.

8) 이승환, 「세대 차이와 윤리의식의 변화」, 『계간 사상』 제14권 제3호, 사회과학원, 2002, 154면.
9) 박영상, 「한국사회의 갈등구조와 커뮤니케이션」, 『한국의 사회와 문화』 세24집, 한국정신문화연구원, 1995, 184면.
10) R. C. 매크리디스, 『현대정치사상』, 이은호 · 이신일 역, 박영사, 1999, 22면.

(2) 완전 주석과 약식 주석

인용 작업에 필수적으로 뒤따르는 주석 작업을 제대로 해내기 위해서는 완전주석과 약식주석의 두 방법을 알아두어야 한다. 완전 주석은 본문을 쓰는 과정에서 인용하고 참조한 문헌의 출처를 일정한 양식으로 기록하는 방법을 말하며, 약식 주석은 완전 주석에서 소개된 문헌을 다시 인용할 때 일정한 부호로 간략하게 기록하는 방법을 말한다.

■ 서지사항을 적는 일반원칙

주석의 방법을 보다 효율적으로 연습하기 위해서는 출처를 밝히는 일반적인 원칙이 무엇인지 알아두는 것이 필요하다. 일반적으로 주석 작업에서 필수적으로 요구하는 사항은 단행본을 기준으로 할 때 '① 저자명, ② 서명, ③ 출판사항, ④ 인용 면수'에 관한 네 가지 사항을 기본으로 한다. 항목별 세부적인 원칙을 정리하면 다음과 같다.

예시15

① 저자명	◆ 저자명은 책표지에 쓰인 것을 기준으로 하되, 학술단체나 연구소 등이 될 수도 있다. ◆ 공저의 경우 3인까지는 모두 표기하되, 이름 사이에 가운뎃점(·)을 찍어 구분한다. 저자가 4인 이상일 경우, 맨 처음 이름만을 쓰고 '000 외 0명'으로 적는다. ◆ 편저/번역서의 경우 편자/역자의 이름 뒤에 '편/엮음', '역/옮김'이라는 말을 쓴다. 번역서의 경우 원저자와 역자를 동시에 적어주는데, 역자는 저서명 뒤에 표기한다. ◆ 저자명 뒤에 쉼표를 찍어주어 다음에 기록하는 사항과 구분하게 된다.
② 저서명	◆ 동양서는 겹낫표(『 』)로 표시하며, 부제가 존재하면 쌍점(:)을 찍고 표시한다. ◆ 정기간행물의 경우, 논문제목과 간행물의 제목을 아울러 표기해야 하며, 간행물의 제목 뒤에는 반드시 권호수를 표기해야 한다. ◆ 자료 유형에 따라 단행본/학술지/신문/잡지류의 제목 → 『 』/ 학술논문이나 학위논문의 제목 → 「 」 식으로 사용할 부호를 규정한다.
③ 출판사항	◆ 출판사항은 단행본을 출판한 출판사와 출판연도를 말하는 것으로, 출판사와 출판연도를 쉼표로 연결하여 표기한다. (예: 명지대출판부, 2016) ◆ 정기간행물의 경우에는 발행처와 발행연도를 밝혀준다. (예: 사고와 표현학회, 2016) ◆ 신문이나 잡지류의 경우, 동어반복이 된다면 출판사항을 생략하기도 한다.
④ 인용면수	◆ 인용한 지면이 한 페이지라면 'p.'라고 쓰며(예: p. 14.), 인용한 지면이 두 페이지 이상일 경우 'pp.'라고 표기한다.(예: pp. 25-36.) ◆ 최근에는 '면'이나 '쪽' 등의 표현을 쓰기도 하는데(예: 14면. 14쪽.), 어느 경우에나 한 편의 글에서는 한 가지 표현으로 통일하는 것이 좋다.(예: 14면. 25-36면.) ◆ 신문의 경우, 인용면수 대신 사설/ 칼럼/ 기사 등으로 글의 종류를 표시하기도 한다. ◆ 인용면수를 기록하고 나면, 마침표를 찍어 주석 작업을 마무리한다.

■ 자료유형별 완전주석

완전 주석에서는 다음의 예시처럼 자료의 유형별 서지사항을 적는 방법을 익히는 것이 중요하다.

예시16: 단행본의 경우

(1) 저자명, 『저서명』, 출판사, 출판 연도, 인용면수.의 순서로 표기.

*예1) 빅뱅, 『세상에 너를 소리쳐!』, 쌤앤파커스, 2009, pp. 88~98.

(2) 공저의 경우:

*예2) 설성경 · 김교봉, 『문화산업지대 신국문학을 위한 미디어 문학의 이해』, 새미, 2003, 43쪽.

*예3) 조덕성 외 3인, 『취업 로드맵』, 비전코리아, 2010, p. 29.

(3) 번역서의 경우:

*예4) 스티븐 코비, 『성공하는 사람들의 7가지 습관』, 박재호 · 김경섭 · 김원석 옮김, 도서출판 김영사, 1994, 132쪽.

(4) 편저의 경우:

*예5) 한국대중가요학회 편, 『아이돌과 예술사의 관련양상』, 상상사, 2002, 99면.

(5) 편자와 필자를 같이 보일 경우:

*예6) 김슬기, 「빅뱅의 성공학」, 한국대중가요학회 편, 『아이돌과 예술사의 관련양상』, 상상사, 2002, 99면.

(6) 단행본에 수록된 글의 제목을 같이 보일 경우:

*예7) 김찬호, 「캠퍼스, 낭만과 불안 사이」, 『문화의 발견』, 문학과지성사, 2007, 173쪽.

예시17: 정기간행물의 경우

(1) 필자명, 「논문제목」, 『게재지명』 권호수, 발행처, 발행 연도, 인용면수.의 순서로 표기한다.

*예1) 안관수, 「대학 취업경쟁력 강화와 직업진로지도 방안」, 『경영교육논총』 13집, 한국경영교육학회, 2006, p. 190.

(2) 잡지류에 실린 기사의 경우, 동어반복이 된다면 출판사항을 생략해도 된다.

*예2) 이채은, 「드라마 <밀회>의 연주장면 속 비밀」, 『객석』 2014년5월호, 212면.

(3) 신문기사의 경우, 발행사항에 대한 것은 생략해도 된다. 인용면수도 생략 가능하다.

*예4) 김민순, 「SNS 사진 허락 없이 퍼나르면 낭패」, 『세계일보』 2014년 6월 14일자.

예시18: 학위논문의 경우

(1) 필자명, 「논문제목」, 학교명과 학위종류, 발행 연도, 인용면수. 의 순서로 정리한다.

*예1) 안나영,「대학생이 지각한 성공한 직업인의 요인과 직업포부 분석」, 경기대학교 석사학위논문, 2004, pp. 12~19.

*예2) 강현숙, 「다양한 독해 전략을 적용한 대학 교양영어에서 협동 학습의 효과」, 홍익대학교 박사학위논문, 2006, 128-129면.

예시19: 웹문서의 경우

(1) 필자명, "글제목", 웹 주소, (최종 검색일).의 순서로 정리한다. 인터넷을 이용한 전자문헌의 경우 자료 내용이 수시로 새롭게 갱신되기도 하므로 출처가 명확한 자료를 고르는 게 중요하며, 리포트 제출 전에 최종 검색한 일자를 기재하여 인용 자료의 신뢰성을 높이도록 한다.

*예1) 마이클 더글라스, "전자문헌 세계의 무질서와 목록의 문제", http://www.nanet.go.kr/nal/neal703.html, (2014. 3. 21. 최종검색).

■ 약식주석

약식 주석은 앞서 출처를 밝힌 문헌을 다시 소개하는 번거로움을 피하기 위해 일정한 부호나 약어(略語)를 사용하는 주석 방법을 말한다.

예시20

(1) 앞서 인용한 자료를 거듭 인용하는 경우: 저자명, 앞의 책, 인용면수.

- 서양서에서 자주 쓰이는 Op. cit.는 '인용된 작품에서'라는 뜻의 라틴어 opere citato의 약어이다. 한자어 표현을 즐겨 쓰던 시대에는 '전게서(前揭書)'라는 표현을 쓰기도 하였지만, 최근에는 단행본의 경우 '앞의 책'이라는 표현을 쓰고, 그 외의 자료(정기간행물이나 학위논문 등)에서는 '앞의 글'이라는 표현으로 대신하고 있다.

1) 빅토르 어얼리치, 『러시아 형식주의』, 박거용 역, 문학과지성사, 1983, 23-25면.
2) 홍혜성, 『국문학과 자연』, 성균관대학교 출판부, 1977, 292면.
3) 강현숙, 「다양한 독해 전략을 적용한 대학 교양영어에서 협동 학습의 효과」, 홍익대학교 박사학위논문, 2006, 128-129면.
4) 홍혜성, 앞의 책, 154면.

5) 안관수, 「대학 취업경쟁력 강화와 직업진로지도 방안」, 『경영교육 논총』13집, 한국경영교육학회, 2006, p. 190.
6) 한국대중가요학회 편, 『아이돌과 예술사의 관련양상』, 상상사, 2002, 99면.
7) 강현숙, 앞의 글, 101면.

(2) 연이어 동일한 문헌을 인용하는 경우: 위의 책, 인용면수.

- 서양서의 경우 흔히 쓰이는 Ibid.는 '같은 자리에' 라는 뜻의 라틴어 ibidem의 약어이다. 한자어 표현으로, '상게서(上揭書)'라 하기도 한다.

8) 노민혁, 「<도산십이곡>의 구조와 의미」, 『한국시가연구』 제11집, 한국시가학회, 2002, 202-203면.
9) 위의 글, 245면.

연습3 다음의 <예시>를 살펴보고, 자료 유형별로 정해진 규칙에 따라 주석 작업을 해보자.

예시

---

1) <펄프 에세이>라는 책의 167쪽을 인용하였는데, 서울에 있는 하늘연못이라는 출판사에서 1997년에 나왔다. 저자는 장정일이다.
2) <출판저널>이라는 잡지에 민준국이 쓴 "좋은 책은 그리 좋기만 하나"라는 글의 23쪽을 인용하였다. 이 잡지는 2002년 3월호이다.
3) 주2)의 글을 다시 인용하였는데, 25쪽이다.
4) 차관우의 석사학위논문 "대학생의 음주문화"의 79쪽을 인용하였다. 명지대학교에서 2000년에 나왔다.
5) 주1)의 책을 다시 인용하였는데, 173쪽에서 178쪽까지이다.
6) 어제 발간된 <조선일보>에서 서노연의 칼럼 "대학에서 살아남기"를 인용하였다.
7) 안관수가 쓴 논문의 190쪽을 인용하였다. 이 논문의 제목은 <대학 취업경쟁력 강화와 직업진로지도 방안>이며, 한국경영교육학회에서 2006년에 발행한 논문집에 실려 있다. 논문집 제목은 "경영교육논총"이며, vol. 13 이다.
8) 스티븐 코비가 쓴 책의 132쪽을 인용하였다. 책제목은 <성공하는 사람들의 7가지 습관>이며, 번역한 사람은 3명(박재호, 김경섭, 김원석)이다. 김영사라는 출판사에서 1994년 5월5일에 펴냈다.
9) 주7)의 논문을 다시 인용하였는데, 182쪽이다.

3 참고문헌 작성

참고문헌(參考文獻)은 연구를 수행하는 전체 과정에서 참고한 자료를 일정한 형식에 맞추어 정리한 목록을 말한다. 참고문헌을 작성하는 목적은 해당연구에 관심을 가진 독자에게 필요한 정보를 일목요연하게 제공하는 동시에 충분한 참고자료를 토대로 연구가 타당하게 이루어졌음을 입증하기 위함이다. 참고문헌 목록은 경우에 따라서는 학술적 글쓰기의 수준을 판단하는 자료로 활용될 수도 있으므로 제대로 작성할 필요가 있다.

참고 문헌의 세부 형식 역시 주석 작업에서와 마찬가지로 다양한 스타일이 존재한다. 가장 일반적인 원칙을 기준으로 작성법을 정리하면 다음과 같다.

첫째, 참고문헌의 범위는 주석 작업의 경우보다 확대된다.

인용 작업을 하기 위해 참고한 자료뿐만 아니라, 인용을 하지 않았더라도 기본적인 공부를 위해 참고한 자료까지 포함되기 때문이다. 따라서 참고문헌에서는 인용면수를 표시하지 않고, 발행 연도 다음에 마침표만을 찍는다.

둘째, 참고 문헌의 배열이 주석 작업의 순서와는 달라지게 된다.

주석 작업에서는 인용된 순서를 따르게 되지만, 참고문헌 작성에서는 저자명을 기준으로 하여 가나다 순서로 배열하게 된다. 이때, 자료유형별로 한 줄 비우기를 한 후 적절하게 정리를 해주는 식으로 센스를 발휘하면 훨씬 더 깔끔하게 작성할 수 있다.

예시21

참고문헌

■ **단행본**

강준만, 『입시전쟁 잔혹사』, 인물과 사상사, 2009.

——, 『대중문화의 겉과 속』, 인물과 사상사, 2013.

김정태, 『스토리가 스펙을 이긴다』, 갤리온, 2010.

문수현 외 4인, 『이십대의 전반전』, 골든에이지, 2010.

정영주, 『20대 미쳐야 살아 남는다』, 와이즈멘토, 2008.

조기숙, 『왜 우리 아이들은 대학에만 가면 바보가 될까?』, 지식공작소, 2007.

▣ 번역서

데이빗 J 리버만, 『나에겐 정말 문제가 있다』, 이명혜 옮김, 창작시대사, 2008.

론 블리워스, 『20대, 스펙 콤플렉스를 던져라』, 김태훈 옮김, 명진출판, 2008.

▣ 정기간행물

김영현, 「외모도 스펙이다? 얼짱, 몸짱을 권하는 세상」,『열린 전북』12호, 열린 전북, 2010.

▣ **학위논문**

강현숙, 「다양한 독해 전략을 적용한 대학 교양영어에서 협동 학습의 효과」, 홍익대학교 박사학위논문, 2006.

안나영, 「대학생이 지각한 성공한 직업인의 요인과 직업포부 분석」, 경기대학교 석사학위논문, 2004.

한준희, 「무용전공 대학생의 다이어트 실천정도가 효과 및 자기효능감에 미치는 영향」, 단국대학교 석사학위논문, 2006.

▣ **웹문서**

노형석, "빌보드 '핫 100' 1위 BTS 경제 효과 1조원 넘는다", http://www.hani.co.kr/arti/culture/culture_general/961046.html, (2020.9.27. 최종검색).

연습4 앞서 제시한 연습3)의 <예시>를 다시 살펴보고, 이번에는 참고문헌 작성을 해보자. 이 때, 최근에 읽은(또는 읽고 있거나, 읽고 싶은) 책들도 포함시켜 연습해보자

읽은 책	읽고 있는 책	읽고 싶은 책

참고 문헌

김신영 · 임인재, 『논문작성법』, 서울대 출판부, 2006.

배순자, 『교수님따라 논문, 리포트 바로쓰기』, 전주대 출판부, 1999.

최규수, 『고치고 더한 대학시절의 글쓰기 · 1』, 명지대 출판부, 2017.

최미숙, 『사회계열 직업세계와 맞춤형 글쓰기』, 영남대 출판부, 2004.

05 과학적 탐구와 글쓰기

1 과학 글쓰기의 성격과 요소

■ 과학 글쓰기는 과학적 엄밀성에 바탕을 두어야 한다

모든 글쓰기는 기본적으로 자신이 스스로 문제를 인식하고 이를 해결해나가는 과정이라고 할 수 있다. 좀 더 자세히 말한다면 글쓰기는 자신이 인식한 문제를 해결하는데 가장 적합한 방법을 찾고 현실화 할 수 있는 목표를 설정한 후 이를 실행하는 행위이다. 이 중에서도 과학 글쓰기는 과학적 사실과 이를 뒷받침하는 근거들을 바탕으로 한다는 점에서 보다 엄밀하게 수행되어야 한다.

글쓰기의 목적은 "글을 통해서 무엇을 이야기할 것인가"에 있다. 그렇다면 문제를 해결하는 글쓰기란 자신의 목표를 성공적으로 달성할 수 있는 방법을 모색하고 수행하는 것, 즉 전략을 수립하고 이를 효과적으로 실행하는 것이라 할 수 있다. 또 하나 주목해야 할 것은 글쓰기는 사회적 대화 행위라는 점이다. 성공적인 글쓰기는 독자를 상상하고 그들의 반응을 예측하여 이에 효과적으로 반응하는 과정을 거쳐서 이루어진다.

과학 글쓰기 역시 다르지 않다. 하지만 과학 글쓰기는 과학적 엄밀성이 근간이 되어야 하므로 문제 해결 과정이 보다 치밀해야 한다. '미생물을 이용하여 하천의 오염도를 낮출 수 있는 방법'을 찾는 과제가 있다고 가정해보자. 과제를 성공적으로 수행하기 위해서는 적절한 전략을 세워야 한다. 가장 먼저 거쳐야 할 단계는 분야의 연구 동향 및 최신 연구 결과들을 수집하고 분석하여 연구의 구체적인 수행 방향을 정하는 것이다. 두 번째 단계는 분석한 자료를 토대로 이론적으로 타당하면서도 적절한 연구방법을 찾아내는 것이다. 세 번째 단계는 연구방법을 통해 도출되는 결과 및 결과의 유용성을 예측하는 것이다. 수행자는 단계별로 가장 효과적인 방법을 찾고 그에 따라 결과를 도출하기 위해 전략을 세운다. 때로는 미생물 연구 분야의 전문가에게 조언과 유용한 자료를 요청하거나 동료들과 협업을 할 수도 있다. 이러한 모든 활동이 문제 해결의 과정이라고 할 수 있다.

과학 글쓰기에서는 자신이 인식하거나 부여된 문제를 해결하기 위해 문제의 의미를 해석하고 이를 토대로 자료 수집과 분석을 거쳐 아이디어를 생성한다. 생성된 아이디어들은 동료와의 협의 과정을 통해 걸러지거나 보완된 후 조직된다. 조직된 아이디어들을 바탕으로 실제 글쓰기가 수행되고 동료들과의 피드백을 거치면서 글의 완성도를 높일 수 있다.

■ 글쓰기 과정에서 동료들과 의견을 충분히 교환해야 한다.

과학 글쓰기를 성공적으로 수행하기 위해서는 일반적인 글쓰기보다 동료와의 상호작용과 상호협력이 더 많이 필요하다. 최근 들어 과학의 개별 학문들이 더욱 빠르게 세분화되면서 대부분의 과학적 문제들은 한 사람의 과학자 또는 단일한 학문이나 방법으로는 해결하기가 어려워졌다. 이러한 조건을 극복하기 위해 논문이나 보고서는 대부분 복수의 연구자들에 의해 작성된다. 서로의 연구 성과를 공유하고 협력하는 과정에서 보다 효과적인 해결방안이 도출될 수 있기 때문이다. 그러므로 과학 전공자들은 자신의 연구 성과를 인접 학문의 전공자들과 소통하고 공유하며 문제 해결을 위해 상호 협력하는 능력을 갖추어야 한다. 글쓰기는 자신의 연구 성과를 전달하고 동일 학문 내의 전공자들은 물론, 인접 학문의 전공자들과 원활하게 소통할 수 있는 가장 효과적인 방법이다.

예시1

유럽에서도 과학 커뮤니케이션(Science communication) 연구는 과학기술의 발전, 과학과 사회의 연관성 증대에 따라 활발하게 전개되고 있다(박기성, 2000). 유럽의 연구는 과학기술자에게 커뮤니케이션 능력 향상은 왜 필요한가라는 질문을 제기하고, 다음과 같이 네 가지를 근거로 제시한다. 첫째, 과학기술과 사회가 불가분한 관계를 형성하는 상황에서 과학기술자의 최우선 관심 사항은 사회로부터 만족할 만한 반응을 얻는 데 있다. 이를 위해 과학기술자와 사회의 활발한 커뮤니케이션이 필요하다. 미디어는 과학기술자들이 사회와 관계를 맺도록 중개하므로 과학기술자를 대상으로 미디어의 특성에 관해 교육할 필요가 있다. 적절한 미디어 교육은 과학기술자들이 갖고 있는 미디어에 대해 갖고 있는 잘못된 보도와 지나친 선정주의 경향을 이해하고, 대응하도록 지원한다. 둘째, 과학기술자가 다른 과학기술자와 협력하기 위해서는 자신의 연구영역을 넘어서는 커뮤니케이션 능력이 요구된다. 즉 자신의 발견과 지식을 타인에게 전달하고, 타인의 발견과 지식을 이해하는 과정에서 커뮤니케이션 능력이 중시된다. 셋째, 과학기술자가 자신의 연구성과를 효율적으로 표현하고, 설명할 수 있을 때, 정부와 기업 또는 수요자의 지지 속에 연구를 지속할 수 있다(EC, 2006, Communicating science). 넷째, 과학기술 자체의 발전을 위해 커뮤니케이션 능력 제고가 필요하다. 젊은 층의 과학기술 진출을 장려하기 위해서는 과학기술의 내용을 보다 쉽게, 흥미 있게 커뮤니케이션해야 하기 때문이다.

– 이진로(2012). 과학커뮤니케이션의 역할, 문제, 그리고 방향,
2012년 한국방송학회 봄철 정기학술대회 YTN 사이언스 후원 기획세션, 공주대학교

<예시1>은 과학 전공자들의 의사소통능력이 앞서 말한 인접 학문과의 연계라는 기술적인 문제에만 한정되지 않는다는 점을 역설하고 있다. 과학 전공자들은 과학 지식이 생소한 일반인들에게 과학의 연구 성과를 효과적으로 전달하고 사람들의 참여를 이끌어내어 과학의 저변을 확대해야 할 의무도 갖고 있다는 것이다. 과학 대중화의 성공 여부는 과학에 종사하는 사람들의 의사소통능력과 직결된다. 이러한 측면에서 글쓰기 능력은 과학 전공자들에게 선택이 아닌 필수적인 조건이라고 할 수 있다.

■ 과학 관련 전문 독자들을 충실하게 분석해야 전달력을 높일 수 있다

글쓰기를 할 때 특히 주의를 기울여야 할 것은 독자를 고려하는 일이다. 자신의 글을 누가 읽을 것인가에 대해 충분히 고려하고 분석하는 것은 글쓰기 과정에서 필수적인 작업이다. 독자가 원하는 정보가 무엇인지 그리고 원하는 수준은 어느 정도인지에 대해 별다른 인식이 없다면 글의 전달력이나 설득력을 높이기 어렵다.

필자가 '독자가 기대하는 것'이 무엇인지를 명확하게 파악하고 이를 충실하게 반영해야 성공적인 글쓰기를 할 수 있다. 보다 자세히 말하면 필자가 자신이 쓰려는 내용이 독자가 읽고 싶어 하는 것과 일치하는지를 지속적으로 살펴야 한다. 특히 연구비를 지원받

기 위해 작성하는 연구비 신청서 같은 경우에는 심사자가 기대하는 바를 명확히 파악하고 이를 충분히 반영해야 한다.

그렇다면 과학 글쓰기의 독자는 누구인가. 과학 글쓰기의 독자는 크게 전문가, 비전문가, 관리자로 나눌 수 있다. 전문가는 이공계열의 학과의 대학교수, 연구소의 연구원, 대학원생/대학생 등이고, 비전문가는 과학에 관심이 있는 일반인 그리고 관리자는 연구과제를 심사하고 평가하는 정부 관료나 민간연구소의 심사위원 등이 될 것이다. 성공적인 과학 글쓰기를 하려면 먼저 독자들이 요구하는 것을 꼼꼼하게 분석해야 한다.

독자는 글의 양식과 수준에 가장 큰 영향을 미치는 요인이다. 독자에 따라 사용하는 어휘, 분량 등 글의 세부적인 부분 역시 달라져야 한다. 결국 사전에 독자에 대한 분석이 충실히 이루어졌을 때, 전달력과 설득력이 높은 글을 쓸 수 있게 된다는 점을 명심해야 한다.

과학 글쓰기에서 상정할 수 있는 구체적인 독자와 그에 따른 글의 종류는 <표1>과 같다.

표1 글, 혹은 발표 종류에 따른 독자(청중)와 글의 형식

글/발표의 종류	독자(청중)	글의 형식
실험 노트	주로 본인, 때로는 지도교수나 동료	자유로운 형식
실험보고서	교수, 실험조교	느슨한 형식
학위논문	논문 심사위원, 실험실 동료, 논문 관련 학자나 학생	엄격한 형식
학술지 논문	학술지 편집장, 심사위원, 논문 관련 학계, 실험실 동료	매우 엄격한 형식
학회 발표	학회 참석 학자나 학생	일정한 형식
이력서	지원한 기관의 과학자, 행정가	자유로운 형식, 혹은 규정된 서식
연구계획서	지원한 기관의 심사위원, 행정가	규정된 서식, 혹은 자유로운 형식

– 강호정(2007). 과학 글쓰기를 잘하려면 기승전결을 버려라, 이음, 28쪽.

2 과학 글쓰기의 조건

과학 글쓰기에 필요한 조건들은 적지 않다. 과학 글쓰기 방법을 다룬 책들에서 언급하는 조건들은 논리성, 객관성, 독창성, 신빙성, 설득력, 정확성, 간결성, 형식성 등으로 책에 따라 약간 다르기는 하지만 큰 차이는 없다. 물론 이런 조건들이 과학 글쓰기에 필요한 것은 사실이다. 하지만 이러한 조건들을 모두 염두에 두고 글을 쓴다는 것은 현실적으로 어렵다. 그렇다면 과학 글쓰기를 성공적으로 수행하는 데 활용할 수 있는 현실적 조건들은 무엇일까.

과학 글쓰기에서 적용해야 하는 현실적 조건들은 '정확하게(precise)', '간결하게(brief)', '명료/명확하게(clear)'로 정리할 수 있다. 세 가지 조건들 사이의 차이가 별로 없다는 느낌이 들 수도 있다. 세 가지 조건들이 상호보완적 역할을 하기 때문일 것이다. 그러나 세 가지 조건들은 분명하게 구별되어야 한다. '정확하게'는 애매모호하게(vague/ambiguous), '간결하게'는 장황하게(long wind), '명료하게'는 산만하게(discursive)와 대비된다. 세 가지 조건만 적용하더라도 과학 글쓰기를 훌륭하게 수행할 수 있다.

세 꼭짓점이 균형을 이루어야 하는 정삼각형처럼 '정확하게', '간결하게', '명료/명확하게'는 성공적인 과학 글쓰기를 뒷받침하는 세 개의 축이라고 할 수 있다.

■ 정확하게 쓴다

과학 글쓰기에는 과학의 세부 학문이 이론적 배경으로 활용된다. 즉, 생물학, 화학, 기계공학, 환경공학 등 특정한 분과의 이론이 써야 할 내용의 토대가 된다. 과학의 개별 학문들에 토대를 둔 글쓰기는 매우 구체적인 정보와 연구 결과에 입각하여 수행되는 것이 특징이다. 예를 들어 '발아현미의 건강 기능성'을 입증하는 글을 쓴다고 하자. 작성자는 발아현미에 인체의 건강을 증진시키는 기능을 가진 성분이 얼마나 함유되어 있는지를 밝혀야 하므로 실험에서 산출한 수치 등을 구체적으로 제시해야 한다.

예시2

GABA 생성 최적화를 위한 침지 및 발아에서의 온도와 시간의 영향관계, 품종별 발아에 따른 GABA 함량 변화에 대한 연구를 진행하였다. 침지온도와 시간에 따른 GABA 함량 변화에서 25℃에서 24시간 처리한 시료가, 30℃에서 18시간 처리한 시료가, 35℃에서 18시간 처리한 시료가 가장 높은 GABA 함량을 보였다. 발아온도가 증가함에 따라 GABA 함량도 증가하였으며 발아시간이 48시간까지는 시간이 증가함에 따라 GABA 함량도 증가하였다.

– 조동화·정현정·조홍연·임승택(2011). 발아현미의 건강 기능성 및 활용 식품, 식품과학과 산업, 44권 1호, 80쪽

<예시2>에서는 발아현미의 GABA 함량을 실험한 연구 결과를 확인할 수 있다. 즉, 작성자는 연구 결과에 입각하여 발아현미의 GABA 함량을 가장 높일 수 있는 조건을 실험한 결과를 구체적인 수치로 제시하고 있다. 실험 결과는 발아현미가 건강기능식품으로 활용될 수 있는 과학적 근거이므로 정확한 기술이 무엇보다 중요하다.

과학 글쓰기에 활용되는 자료는 대부분 실험과정 및 결과와 관련된 데이터이다. 따라서 데이터의 정확성이 매우 중요하다. <예시2>와 같이 실험 결과의 수치, 통계자료, 실험에 사용된 재료의 양, 실험 장비 등을 정확하게 기술해야 한다. 특히 논문의 연구 결과는 관련 산업은 물론, 동물이나 임상 실험을 실시하는 근거로 활용될 수 있다. 따라서 정확하지 않은 데이터를 활용하여 기술하는 경우 심각한 사태가 발생할 수도 있다는 점을 명심해야 한다.

■ 간결하게 쓴다

정보를 정확하게 전달하기 위해서는 독자가 오독을 할 가능성을 최대한 낮추어야 한다. 오독 가능성을 낮출 수 있는 가장 쉬운 방법은 문장을 짧고 간결하게 쓰는 것이다.

예시3

㉮ 저 준험한 소백산맥(小白山脈)이 제주도(濟州島)를 건너보고 뜀을 뛸듯이, 전라도의 뒷덜미를 급하게 달리다가 우뚝…… 또 한번 우뚝…… 높이 솟구친 갈재(蘆嶺)와 지리산(智異山) 두 산의 산협 물을 받아

가지고 장수(長水)로 진안(鎭安)으로 무주(茂朱)로 이렇게 역류하는 게 금강의 남쪽 줄기다. 그놈이 영동(永同) 근처에서는 다시 추풍령(秋風嶺)과 속리산(俗離山)의 물까지 받으면서 서북(西北)으로 좌향을 돌려 충청좌우도(忠淸左右道)의 접경을 흘러간다.

그리고 북쪽 줄기는, 좀 단순해서, 차령산맥(車嶺山脈)이 꼬리를 감추려고 하는 경기(京畿) 충청(忠淸)의 접경 진천(鎭川) 근처에서 청주(淸州)를 바라보고 가느다랗게 흘러내려오다가 조치원(鳥致院)을 지나면 거기서 비로소 오래 두고 서로 찾던 남쪽 줄기와 마주 만난다.

이렇게 어렵사리 서로 만나 한데 합수진 한 줄기 물은 게서부터 고개를 서남으로 돌려 공주(公州)를 끼고 계룡산(鷄龍山)을 바라보면서 우줄거리고 부여(扶餘)로…… 부여를 한 바퀴 휘돌려다가는 급히 남으로 꺾여 단숨에 논메〔論山〕, 강경이〔江景〕까지 들이닫는다.

㉯ 밤꽃과 밤잎의 일반성분을 분석한 결과는 Table1과 같다. 밤꽃 중에는 단백질은 12.23%, 지방과 회분은 각각3.37%, 3.56%였으며 나머지는 대부분 탄수화물이었다. 밤잎은 단백질이 13.84%로 밤꽃보다 약간 많았으며, 지방과 회분은 각각 3.52%, 3.54%로 밤꽃과 유사한 함량이었으며, 나머지는 탄수화물이었다. (……) 이와 같은 결과는 시료차이와 분석법의 차이 때문으로 생각된다.

– ㉮ 채만식(1999). 탁류, 문학사상사. / ㉯ 조규성·조재선(2003). 밤나무 꽃과 잎의 화학성분 및 항균활성 검색, 한국응용생명화학회지, 46권 3호, 258쪽.

<예시3>의 ㉮는 채만식의 대표작인 『탁류』의 도입 부분이다. 금강 유역을 유장하게 묘사하기 위해 작자 특유의 만연체를 사용하고 있다. ㉯는 밤나무의 꽃과 잎의 화학성분을 분석한 결과를 서술한 글로서 분석 결과를 정확하게 제시하려는 목적에 충실하기 위해 간결하고 길이가 짧은 문장을 사용하고 있다.

과학 글쓰기에서는 ㉯와 같이 간결한 문장으로 쓰는 것이 바람직하다. ㉮의 문장들은 문학적으로 높은 평가를 받지만 과학 글쓰기에서는 장황하게 느껴질 수 있다. 과학에 관한 글은 많은 정보들을 최대한 압축하여 쓰는 경향이 강하다. 대중을 상대로 과학 정보를 전달하는 에세이 등을 제외하고는 일반적으로 비유 등의 수사적 표현도 거의 쓰지 않는다. 정보를 정확하게 전달하거나 특정한 자료를 토대로 논증하는 것이 과학 글쓰기의 기본 목적이므로 독자가 오해를 할 만한 여지를 주어서는 안 된다.

간결하게 글을 쓰기 위해서는 문장이 되도록 짧아야 한다. 접속어(-고, -는데, -든지, -면 등)를 지나치게 많이 사용하거나 관형절, 부사절 등을 자주 활용하여 문장의 구조가 복잡해지면 가독성이 떨어지고 주어와 서술어의 호응이 제대로 되지 않아 오독을 유발할 수 있다. 그러나 간결하게 쓴다고 해서 문장의 필수 성분을 마음대로 생략해서는 곤란하다. 주어, 서술어, 목적어 등 무리하게 생략하면 문장의 의미가 제대로 성립될 수 없기 때문이다.

■ 명확하게 쓴다

과학 글쓰기는 문학적 글쓰기와는 목적이 다르다. 문학적인 글에서는 비유나 수식, 대구를 빈번하게 사용하거나 유사한 의미의 단어들을 다양하게 활용하여 미문(美文)을 구사하면서 인간의 감정이나 사유를 표현하는 것이 일반적이다. 방송 출연자들이 '맛있는 것 같아요', '재미있는 것 같아요'처럼 지신의 의사나 느낌을 모호하게 표현하는 것을 쉽게 볼 수 있다. 사람들이 일상생활에서 정확한 표현 또는 모호한 표현을 사용하는 경향은 그 사회의 문화적 특성과 관계가 있으므로 어느 쪽이 바람직하다고 쉽게 단정짓기 어려운 부분이 있다.

그러나 과학 글쓰기에서는 일상생활과 달리 모호한 표현들을 사용해서는 안된다. 앞서 강조한 것처럼 과학 글쓰기의 기본 목적은 정보를 정확하게 전달하거나 실험에서 추출한 데이터를 이용하여 논증하는 것이다. 독자가 내용을 명확하게 이해하도록 하려면 의미가 모호하거나 이중적으로 해석될 가능성을 최소화해야 한다. 이를 위해서는 첫째, 특정한 대상이나 현상을 가리키는 용어들을 명확하게 정의하고 글 전체에 걸쳐 일관되게 사용하려는 노력이 필요하다. 둘째, 독자가 전문적 지식이 없거나 부족한 경우에는 최대한 자세하게 설명하고 전문 용어를 일상어로 바꾸는 것이 바람직하다. 과학 글쓰기에서는 전문적인 내용을 다루는 경우가 많으므로 전문 용어들이 빈번하게 사용된다. 특히 전공자들이 독자인 논문이나 보고서에서는 전문 용어들을 자유롭게 쓸 수 있지만 일반인이 독자인 경우에는 전문 용어를 되도록 일상어로 대체하여 이해도를 높이는 데 신경을 써야 한다. 셋째, 의미가 분명한 서술어를 사용하여 문장의 의미가 명확하게 전달되도록 해야 한다. 예를 들어 '-인 것으로 생각될 수 있을 것 같다', '-처럼 보인다'와 같은 서술어는 피하는 것이 좋다.

3 과학 글쓰기에 필요한 능력

(1) 과학적 사고 능력

과학은 특정한 이론과 법칙들을 동원하고 적절하게 적용하여 미래에 일어날 수 있는 자연현상이나 사건 예측을 목적으로 한다. 즉, 문제를 효과적으로 해결하기 위해서는 특정한 현상이나 사물과 같은 대상에 대해 이성적으로 인지하고 이론과 법칙에 근거한 합리적이고 논리적인 접근이 필요하다. 바로 이것이 과학적 사고이다.

우리 사회에서는 과학적 사고가 과학자만의 것이라는 통념이 강한 편이다. 그러나 과학적 사고는 실험실에서만 요구되는 것이 아니다. '합리적이고 이성적인 사고'는 자신을 둘러싼 세계를 과학적으로 이해하도록 만든다. 우리 사회는 '황우석 사태'를 통해 선입견, 편견, 통념과 같은 비과학적 사고들이 합리적이고 이성적인 사고를 방해하는 등의 폐해가 얼마나 무서운 것인지를 혹독하게 경험했다. 어떤 이는 "과학자인 황우석 교수보다 비과학자인 PD수첩이 더 과학적일 수도 있다는 상식을 배우기 위해 우리는 큰 대가를 치러야만 했다"(이종필, 2009:10)고 말한다. 비과학자가 과학자보다 과학적일 수 없다는 통념이 황우석 사태를 더 악화시켰다는 점에 대해 어느 누구도 쉽게 부인할 수 없을 것이다. 황우석 사태는 대다수 구성원들이 집단 사고에 빠질 때 한 사회가 감당해야 하는 부작용이 얼마나 큰 것인지를 모두가 인식하게 된 계기였다. 아래 <예시4>는 비과학적 사고가 특정 사회에 미치는 부정적인 결과가 어떤 것인지를 잘 보여준다.

예시4

1955년 한 농민이 "참새들 때문에 농사를 지을 수가 없다"는 탄원서를 중국공산당 중앙당에 보냈다. 농업부는 동물연구의 권위자에게 자문을 구했다. "참새의 식성에 대해 체계적인 연구를 한 적이 없다. 박멸이 필요한지 감히 말할 수 없다"는 답변이 돌아왔다. 그러나 며칠 후 마오쩌둥의 입에서 "12년 내에 전국의 쥐·참새·파리·모기를 소멸해야 한다"는 말이 나왔다. '4해(四害)'라는 용어가 처음 출현했다. 2년 후 한 회의 석상에서 마오는 다시 "4해를 소멸시킨 후라야 인민들의 위생을 강구할 수 있다. 내년

> 봄에서는 모든 역량을 총동원해야 한다"고 재천명했다. (……) 동물학자들은 입도 뻥긋 못했다. 참새의 편을 들었다간 기상천외한 봉변을 당하고도 남을 상황이었다. (……) 섬멸작전은 전국으로 퍼져나갔다. 쓰촨성(四川省)에서는 전투지역을 1,000개로 나누어 20만 명만 투입하는 선진적인 방법을 채택했다. 동네마다 새총의 명사수들이 출현했다. 칭다오(淸島)에서는 하루에 6,412마리를 포실한 사림이 전국적인 영웅으로 등장했다. 1958년 한 해에 전국에서 참새 2억 1천만 마리를 소탕했다.
>
> 이듬해 봄 전국의 논밭에 예년보다 많은 해충이 발생했다. 도시도 예외가 아니었다. 골목과 가로수에 벌레들이 들끓었다. 전혀 예상하지 못한 후유증이었다.
>
> 조류학자가 과일 생산 지역과 베이징 근교의 농촌에서 848마리의 참새를 수집해 조사했다. 계절마다 차이는 있었지만 참새들이 가장 많이 먹은 것은 해충이었다. 천적이 멸종되다시피 하니 벌레들이 기승을 불릴 수밖에 없었다. 참새를 복권(平反)시켜야 한다는 연구결과를 『인민일보』에 발표했지만 참새의 복권은 삼국시대의 간웅(奸雄) 조조(曹操)의 명예를 복권시키는 것보다 더 힘든 일이었다. 참새는 여전히 수탈자였다.
>
> 해충 피해에 대한 보고가 전국에서 올라오고 과학자들의 연구결과가 계속 발표되자 마오쩌둥은 참새를 복권시켰다. 대신 바퀴벌레가 '4해'의 한자리를 차지했다.
>
> – 김명호(2012). 중국인 이야기 1, 한길사, 15-18쪽.

<예시4>는 과학적 사고의 중요성을 실감할 수 있는 사례이다. 1950년대 중국인들은 농작물의 생산성에만 신경을 쓴 나머지 해충과 참새가 먹이사슬로 연결되어 있다는 점을 무시했다. 그 결과, 해충의 증가로 인해 농작물의 피해만이 아니라 인간마저 고통을 받게 된 사실은 과학적 사고의 적용이 실험실에 한정되지 않는다는 점을 분명하게 보여준다. 과학적 사고는 과학자만의 것이 아니다. 과학에 대한 올바른 이해를 비탕으로 형성되는 과학적 사고는 우리 사회는 물론 개인의 삶에도 큰 영향을 미친다. 다시 말해 과학기술의 이해와 과학적 사고는 과학에 종사하지 않는 사람들의 사회와도 밀접하게 연관되어 있다는 점을 명확히 인식해야 한다.

과학적 사고가 사회에 미치는 영향을 감안한다면 과학자에게 요구되는 윤리에는 사회적 책임도 포함된다. <예시4>에서 중국 사회가 '참새를 박멸하라'는 잘못된 결정을 하게 된 가장 큰 책임은 비과학적 사고에서 벗어나지 못했던 지도자들에게 있겠지만 제 목소리를 내지 못한 동물학자들 역시 책임에서 자유로울 수 없다. 그러나 뒤늦게라도 잘못된 결정을 바로잡은 것 역시 과학자들의 연구결과임을 볼 때, 이 사건은 과학자의 사회적 책임이 얼마나 막중한 것인지를 잘 보여준다.

이 사건에서 또 하나 주목해야 할 점은 과학자들이 참새 박멸로 인해 발생할 수 있는 부작용에 대해 말할 수 없었던 당시 중국의 사회 분위기이다. 과학자들이 자신의 지식과 소신에 따라 자유롭게 발언할 수 있었다면 비과학적 결정은 철회되거나 적어도 부작용을 최소화할 수 있었을 것이다. 따라서 과학적 사고에 기반을 둔 발언이 언제나 자유롭게 이루어질 수 있는 사회 분위기를 조성하는 것 또한 우리 사회가 잘못된 선택을 할 가능성을 줄이는 장치가 될 수 있음을 알 수 있다. 결국 이 사건은 과학적 사고가 우리 사회의 안녕과 질서를 유지하는 데 얼마나 중요한지 그리고 과학자의 사회적 책임이 얼마나 막중한 것인지를 보여주는 사례라고 할 수 있다.

그렇다면 과학적 사고는 무엇을 통해 실현되는가. 또한 과학자가 자신의 사회적 책임을 수행할 수 있는 가장 효과적인 방법이 무엇인가. <예시4>를 다시 보자. 잘못된 선택을 했던 최고지도자의 생각을 바꾼 것은 결국 과학자들의 연구결과였다. 논문과 보고서는 과학자들이 연구결과를 발표하는 주요 통로이다. 만약 중국의 과학자들이 해충 박멸과 관련된 연구결과들을 논문과 보고서를 통해 발표하지 않았다면 혹은 발표했더라도 설득력을 갖지 못했다면 중국 사회는 더욱 큰 대가를 치러야 했을 것이다. 이 사건은 과학자들에게 요구되는 가장 중요한 능력 중의 하나가 의사소통 능력이라는 것을 잘 보여준다.

과학 글쓰기를 성공적으로 수행하기 위해서는 일반적으로 "일련의 관찰을 통하여 문제의 핵심을 파악하는 능력", "자료를 이해할 수 있는 지적 능력", "동일 시각에 일어나는 많은 변화 요인을 알아차리고 그것과 결과를 알아볼 수 있는 능력", "유용한 지식 정보에만 관심을 집중할 수 있는 능력", "유용한 가설을 세우고 이를 검증할 수 있는 능력", "여러 가지 사실을 일반화하고 이것을 응용할 수 있는 논리적인 추론 능력" 등이 적절하게 활용되어야 한다고 말한다(김혜경, 2010:93-96). '관찰을 통하여 문제의 핵심을 파악'하고 '자료를 정확하게 이해'하며 '수많은 변화 요인을 파악하여 결과를 예측'하거나 '유용한 가설을 성립하고 검증'하고 '논리적으로 추론하여 일반화'하는 능력들을 뒷받침하는 토대는 과학적 사고임을 잊어서는 안 된다. 따라서 과학 전공자는 성공적인 글쓰기를 하기 위해서 무엇보다 과학적 사고 능력을 신장시키는 데 최선을 다해야 한다.

(2) 엄격한 연구 윤리

글쓰기의 윤리에 대해 다룰 때 가장 많이 활용되는 예시 중의 하나가 앞서 언급한 황우석 사태일 것이다. 당시 언론과 대중의 관심이 줄기세포의 존재 유무에 쏠려서 크게 주목받지 못한 부분이 있었다. 황우석 사태의 심각성은 데이터의 변조(falsification) 혹은 위조(fabrication)와 같은 연구결과의 조작에 국한되지 않는다는 점에 있다. 연구결과의 조작은 미성숙한 연구 윤리로 인해 발생한 결과의 일부분일 수도 있다. <예시5>는 과학 전공자들이 갖추어야 할 연구 윤리가 단지 연구결과의 조작이나 표절을 주의하는 등 연구결과의 신뢰성을 확보하는 데 머물러서는 안 된다는 것을 보여준다.

예시5

알다시피 황우석의 연구는 줄기 세포 연구였고, 그 연구의 성패는 얼마나 많은 난자를 얻을 수 있느냐에 달려 있었다. 황우석 밑에서 일하던 여성 연구원들은 난자를 제공해야 했는데, 실험실 내 위계에 따른 난자의 '상납'이 과연 자발적인지도 의문이지만, 더 큰 문제는 그렇게 호르몬제를 투여해 가며 10개씩 난자를 뽑는 경우 부작용이 만만치 않다는 거다. 연구 윤리 위원회 워크샵에서 한 산부인과 의사의 말이다.

"난자를 채취하고 나서 응급실에 오는 사람이 아주 많습니다. 뱃속에서 생긴 출혈 때문에 골반이 유착될 수도 있고, 세균 때문에 농양(고름 주머니)이 생길 수도 있어요. 난자가 오염될까 봐 뽑을 때 소독약을 못 쓰거든요. 조기 폐경이 오는 수도 있고"

(……) 당시 난자 기증 서약을 한 사람이 수만 명이 넘었다는 사실로 미루어 볼 때 황우석의 연구가 가짜였음이 밝혀지지 않았더라면, 한국 여성들은 계속 난자 기능을 해야 했을 것이고, 실용화가 의문시되는 기술로 인한 국민 건강의 희생이 만만치 않았을 것이다. 그 의사의 말이다.

"배아 줄기 세포가 실패한 건 차라리 다행스러운 일입니다. 그게 성공했다면 우리나라 여성들이 계속 난자를 대야 했을 거 아닙니까. 여대생들이 돈 받고 알바도 했겠지요. 20대 같으면 난자 20개도 뽑거든요."

역시 그 의사에 전언에 따르면, 잘 알려지지 않았지만 이런 문제도 있었다. 불임 시술이 전문인 산부인과에서는 체외 수정을 위해 환자로부터 난자를 뽑아야 하는데, 황우석과 같이 일하던 의사가 좋은 난자만 골라 황우석에게 주고 체외 수정은 미성숙한 난자를 가지고 했단다. 환자는 2세를 얻기 위해 난자를 제공한 건데 미성숙한 난자를 가지고 시술을 하니 결과가 안 좋을 수밖에. 윤리 여부를 떠나 이런 의사는 당연히 구속을 해야 하지 않을까.

– 서민(2009). 책임지기 싫으면 몸 바쳐?, 과학이 나를 부른다, 사이언스북스, 253-254쪽.

<예시5>는 연구자들이 연구 자료를 확보할 때 지녀야 할 태도와 준수해야 하는 연구 윤리에는 연구 결과의 산출과 서술만이 아니라 연구 자료를 확보하는 방법까지 포함된다는 점을 잘 보여준다. 최근 연구 윤리의 중요성에 대한 인식이 확산되면서 2007년 한국과학기술단체총연합회, 한국과학기술한림원, 한국공학한림원, 유네스코(UNESCO) 한국위원회 4개 단체가 공동으로 과학기술인 윤리강령을 제정하기도 했다. 윤리강령 중 '2. 과학기술의 기본 연구 윤리'는 과학과 기술 분야에 종사하는 사람들이 기본적으로 준수해야 하는 연구 윤리를 규정하고 있다. 하지만 이 항목에서는 연구 대상의 선정 연구 자료 확보 방법에 관한 윤리에 대해서는 별다른 언급이 없다. 데이터를 정확하게 산출하고 연구 결과를 객관적으로 해석하여 서술한다고 하더라도 연구 대상의 선정과 연구 자료 확보의 측면에서 윤리적인 문제가 제기된다면 연구결과의 신뢰성을 확보하기 어려울 것이다.

과학자들의 연구는 일반적으로 동료들과의 협력을 통해 이루어지므로 연구 윤리는 연구를 수행하는 모든 사람들이 준수해야 한다. 연구와 관련된 동료 중 한두 사람이라도 연구 윤리를 무시한다면 연구 결과의 신뢰성 확보에 실패하는 것은 물론, 나머지 연구자들에게 심각한 피해를 끼칠 수 있다. 연구와 관련된 모든 사람들이 연구 윤리에 대해 명확히 인식해야 하며 만약의 사태를 미연에 방지하기 위해 정기적으로 연구 윤리에 대한 교육을 실시하는 것도 좋은 방법이다.

1961년 미국에서 수행된 스탠리 밀그램의 복종 실험(Milgram experiment)은 비윤리적 실험의 대표적인 예로 잘 알려져 있다. 스탠리 밀그램은 사람들이 권위에 얼마나 복종하는가를 알아보기 위해 특별한 실험을 실시했다. 실험 대상자들에게 학습 성과를 개선하기 위한 체벌로 전기 충격을 가하라고 했다. 실험 대상자들은 학습 성과를 개선할 목적이라는 교수의 말을 믿고 사람에게 전기 충격을 가하라는 지시에 별다른 저항이나 이의 제기 없이 그대로 따랐다. 전기 충격을 당하는 사람은 전문 배우로서 '전기 충격을 받는 것처럼' 연기를 하고 있었지만, 이를 몰랐던 실험 대상자들의 일부는 인간이 죽을 수도 있는 수준까지 전기 충격을 가하기도 했다. 밀그램은 자신의 실험 결과에 근거하여 사람들이 교수와 같은 전문가가 지닌 사회적 권위에 쉽게 복종하는 성향이 있고, '선한' 동기가 있다고 믿으면 타인을 고문하는 등의 반사회적인 행동도 할 수 있다고 주장했다. 그는 실험결과를 바탕으로 1963년 '복종에 관한 행동의 연구'라는 논문을 발표했다. 하지만 실험이 비윤리적이라는 비판을 받고 미국 정신분석학회로부터 1년 동안 자격 정지를 당했다.

이 실험을 계기로 과학자들은 인간을 대상으로 하는 연구에서 발생할 수 있는 윤리적인 문제에 주목하기 시작했다. 최근에는 연구 수행의 비윤리성을 예방하기 위해 연구 대상과 관련된 윤리적 문제를 기관의 차원에서 관리·감독하려는 제도를 운영하는 것이 일반적이다. 각 대학이나 연구소의 경우 연구대상자를 보호하기 위해 생명의과학연구(Biomedical Research)의 윤리적 타당성을 심의하는 임상시험심사위원회(Institutional Review Board:IRB)를 운영한다.

과학 전공자들은 연구를 통해 확보하는 데이터 등의 결과를 정확하게 기록하고 객관적으로 해석해야 하는 것은 물론, 연구 대상이 인간이나 인간 유래물인 경우 IRB의 심의를 받아야 하며 규정된 연구 절차를 철저하게 준수해야 한다. 과학 글쓰기는 대부분 연구 결과를 토대로 이루어진다. 따라서 연구 윤리에 입각하여 도출된 연구 결과만을 활용해야 내용의 타당성과 신뢰성 그리고 설득력을 확보할 수 있다. 따라서 과학 전공자들은 연구 자료의 공정한 사용(fair use)에 대한 분명한 인식을 가져야 하며 과학 글쓰기도 이에 입각하여 수행할 수 있도록 노력해야 한다.

예시6

전문가들이 자신이 연구에서 사람을 대상으로 하는 경우, 연구 대상에게 '충분한 정보에 근거한 동의(informed consent)'를 받아야 하는데, 이때 전문가들은 자신의 연구 내용에 대해 일반인들도 충분히 알아들을 수 있는 용어와 설명 방식으로 동의를 구해야 한다. 이는 원래 생의학(biomedicine) 분야에서 사람을 대상으로 연구를 수행할 때, 예를 들어 새로운 약세에 대한 임상 시험을 하는 경우 등에서 개발되기 시작했다. 이것이 오늘날에는 사람을 대상으로 하는 모든 연구, 즉 사회과학의 민속지 연구나 심층 면접 연구 같은 질적 연구에까지 확대되고 있다.

충분한 정보에 근거한 동의가 추구하는 바는, 일반인이 자신의 의사에 기초하여 자율적으로 동의 결정을 내리는 것이다. 이 결정이 제대로 이루어지기 위해 참여자는 자신에게 이루어질 연구 내용에 대해 충분히 숙지하여야 하며 이 전문적 내용을 충분히 이해시켜야 하는 의무를 전문 연구자에게 부과하는 것이다.

– 강석우 외(2009). 대학생을 위한 과학 글쓰기, 아카넷, 41쪽

<예시6>은 전문가들의 연구에서 IRB가 실제 진행되어야 하는 부분을 설명하고 있다. 연구 대상에게 '충분한 정보에 근거한 동의'를 구하기 위해서는 예시문에서 지적한 바와 같이 일반인이 충분히 이해할 수 있는 용어와 설명 방식을 사용해야 한다. 연구 대상에게 연구 내용에 대해 구체적으로 설명할 때 가장 효과적인 방법은 글쓰기와 말하기이다. 그러므로 과학 전공자에게 글쓰기 능력은 연구 결과의 효과적인 전달만이 아니라 연구 윤리를 준수하는 과정에서도 필요한 것이다.

참고자료 임상시험심사위원회(IRB)란?

IRB는 임상연구에 참여하는 연구대상자(피시험자)의 권리와 안전을 보호하고 복지를 보장하기 위해 인간과 인간 유래물(배아, 체세포복제배아, 단성생식배아, 배아줄기세포주 등)을 대상으로 하는 모든 생명의 과학연구의 윤리적, 과학적 측면을 심의하여 연구계획을 승인할 수 있는 독립된 합의제 상설위원회이다. 식약청의 의약품 임상시험관리기준에 설치 기준을 두고 있으며, 경험과 자격을 갖춘 5인 이상의 위원으로 구성된다. 그중에서 2인은 변호사나 종교인 또는 윤리학자 등 해당 시험기간과 관련이 없는 사람을 위원으로 임명해야 한다.

– 매일경제용어사전, 서울대학교병원 의생명연구원 임상연구윤리센터 홈페이지 참조.
(http://terms.naver.com/entry.nhn?docId=18592&cid=43659&categoryId=43659

참고자료 IRB의 목적, 권한, 의무

⊙ 목적

IRB 설치의 주요 목적은 모든 생명의과학연구(Biomedical Research)의 윤리적 과학적 타당성을 심의하여 연구대상자를 보호하기 위함이다. 이를 위해 연구자로부터 연구계획서, 연구대상자 설명문 및 동의서, 증례기록서 등 관련자료를 받아 심의 및 승인하여 적절한 연구진행이 이루어 질 수 있도록 관리 및 감독하는 역할을 수행한다. 또한 IRB는 연구대상자의 보호 문제와 함께 관련 법률을 준수하여 연구를 진행할 수 있게 연구자를 보호하는 역할도 수행한다. 연구자들에게 연구윤리지침을 준수하면서 연구가 진행 될 수 있도록 필요한 정보를 제공하여 IRB의 사전승인을 받게 한다.

⊙ 권한과 의무

IRB는 연구계획 및 승인된 연구에 대해 다음 각 호의 권한을 가진다.

1) IRB는 외부 기관 또는 연구자로부터 심의 요청된 연구에 대하여 다음의 사항을 심의한다.
   ① 연구계획서의 윤리적 · 과학적 타당성
   ② 연구대상자 등으로부터 적법한 절차에 따라 동의를 받았는지 여부
   ③ 연구대상자 등의 안전에 관한 사항
   ④ 연구대상자 등의 개인정보보호 대책
   ⑤ 그밖에 생명윤리 및 안전에 관해 필요한 사항
2) IRB는 연구계획의 검토를 위해 연구자에게 추가적인 정보 제공을 요구할 수 있다.
3) IRB는 필요한 경우 위원회에서 승인된 연구과제의 수행 중 진행과정 및 결과에 대하여 조사 · 감독한다.
4) 그 밖에 생명윤리 및 안전을 위한 다음 각 목의 활동을 한다.
   ① 해당 기관의 연구자 및 종사자 교육
   ② 취약한 연구대상자 등의 보호 대책 수립
   ③ 연구자를 위한 윤리지침 마련
5) IRB는 [본 기관에서 수행 중인 연구의 진행과정 및 결과에 대한 조사, 점검 업무]와 [생명윤리 및 안전을 위한 본 기관 연구자 및 종사자 교육 업무]를 임상연구윤리센터에 위임할 수 있다.
6) IRB는 해당 연구의 연구대상자에게 미치는 위험 정도에 따라 연구책임자에게 적절한 주기로 보고하도록 하고 이를 지속심의 한다. 지속심의 주기는 최대 1년을 넘길 수 없다.
7) IRB는 승인된 연구의 수행과정에서 연구대상자 등을 적절하게 보호할 수 있어야 한다.
8) IRB는 수행 중인 연구에 대한 조사 · 감독 중 예기하지 않았던 중대한 위험 또는 중대한 관련 법률의 위반 등 생명윤리 및 안전에 중대한 위협이 있다고 판단되는 경우, 심의를 거쳐 해당 연구에 대한 제한·중지 혹은 보류를 결정할 수 있다.
9) IRB는 그 밖에 보건복지부장관이 정한 고시에 따른 업무를 수행하여 해당 사항에 대한 적절한 조치를 취할 수 있다.

– 서울대학교병원 의생명연구원 임상연구윤리센터 홈페이지.(http://hrpp.snuh.org/irb/introirb/_/singlecont/view.do)

최근 들어 연구 과정에서 연구 대상이 심각한 정신적·육체적 피해를 당할 수 있다는 지적이 설득력을 얻으면서 인간·동물들을 대상으로 하는 연구에 요구되는 윤리가 강화되고 있다. IRB는 생명을 대상으로 하는 연구들이 수행되기 전에 충분한 검토 과정을 두어 연구자들이 윤리적인 문제를 최소화할 수 있는 방법을 고안하고 연구 과정에 엄격하게 적용하도록 만드는 심의 장치라고 할 수 있다. 일반적으로 IRB는 생명과학연구에 적용되나 최근에는 심리학과 같은 인간 대상의 사회과학 연구까지 적용범위가 확대되고 있다.

■ **APA/CES 방식으로 인용·주석 표기와 참고문헌 작성하기**

글쓰기의 윤리에 대해 이야기할 때 빠지지 않는 것이 인용과 주석이다. 인용은 "남의 말이나 글을 자신의 말이나 글 속에 끌어 쓰는 것"(국립국어원)으로 학술논문이나 연구 보고서 등에서 필자가 자신의 주장을 뒷받침할 수 있는 이론이나 선행 연구를 끌어와 신뢰도와 설득력을 높이려는 목적으로 활용된다.

인용은 직접 인용과 간접 인용으로 나뉜다. 직접 인용은 원문 그대로 인용하는 것으로 큰따옴표를 사용하여 인용 부분을 표기한다. 인용문의 분량이 많은 경우에는 별도로 인용 단락을 구성할 수도 있다. 간접 인용은 원문의 내용을 요약하거나 의미는 동일하되 인용자가 표현을 바꾸는 경우를 가리키는데 이때 원문의 내용이 왜곡되지 않도록 주의가 필요하다. 인용을 할 때 주의해야 할 부분은 인용 부분의 출처를 명확하게 표기하는 것이다. 이것을 엄격하게 지키지 않으면 표절로 오해를 살 수도 있다. 즉, 출처를 표기하지 않고 마음대로 인용하거나, 표기하더라도 정확하지 않은 경우에는 표절 의혹을 받을 수 있다는 점을 명심해야 한다.

출처 표기는 주석을 통해 이루어진다. 주석은 학술논문이나 연구보고서와 같은 글을 쓰는 과정에서 인용한 자료나 논문 등의 출처를 표기하는 것을 말한다. 주석을 다는 방식은 여러 가지가 있지만 일반적으로 미국 심리학회(American Psychological Association:APA)가 규정한 논문 작성 기준인 APA 방식과 미국 과학저술가 협회(Council of Science Editors:CSE)의 규정인 CSE 방식이 널리 쓰인다.

APA 방식의 경우 본문 안에서의 인용 표기는 <예시7>의 ㉮처럼 **(저자, 출판연도: 해당 쪽수)**의 형식을 따른다. 논문의 경우 **(필자, 출판연도: 논문 권/호: 해당 쪽수)**로 표기하기도 한다. 일부 논문의 경우 출판연도만 표기하고 해당 쪽수를 빠뜨리는 경우가 있는데 인용할 논문이나 단행본의 내용 전체를 언급하는 경우가 아니면 해당 쪽수까지 정확하게 표기하는 것이 좋다. 인용문의 저자/필자를 문장의 주어로 하는 경우에는 ㉯처럼 **(저자/필자(출판연도: 쪽수)** 형태를 활용한다.

예시7

㉮ 포트폴리오 평가의 특성은 통계가 아닌 일기, 해석, 협상을 근거로 신뢰도를 확보했다는 점과 평가자 집단 내부의 합의를 평가자의 훈련을 통해 평가의 객관성 확보보다 우선시했다는 점을 꼽을 수 있다(Yancey, 1999:492).

㉯ Huot·Neal(2006:425)에 따르면 신뢰도를 중시하는 연구자들은 기술중심적(technocentric)인 성향을, 타당도를 중심하는 연구자들의 경우는 교육적인 의사결정(educational decisions)에 기반을 두는 성향이 있다.

— ㉮, ㉯ 김진웅·주민재(2016). 쓰기 평가 연구의 경향과 과제 탐구. 한민족문화연구 54권, 297-326쪽.

참고문헌은 본문에서 내주로 처리한 인용 자료의 서지사항을 모두 기록하는 것으로 <예시8>처럼 단행본의 경우 **저자(출판연도). 제목, 출판사./저자(출판연도). 제목, 발행지역:출판사.** 그리고 학술논문의 경우 **필자(출판연도). 제목, 학술지명, 권수, 쪽수.**로 표기한다. 단행본에서는 책 제목 그리고 학술논문에서는 학술지 제목을 이탤릭체로 처리하는 것이 원칙이나 최근 한국어 문헌을 표기할 때는 이를 생략하는 경우가 많다(본 교재에서는 한국어 문헌 표기에서는 이탤릭체를 생략하였다).

예시8

단행본

강호정(2007). 과학 글쓰기를 잘하려면 기승전결을 버려라, 이음.

Hewitt, G. (1995). *A portfolio primer: Teaching, collecting, and assessing student writing.* Portsmouth, NH: Heinemann.

학술논문

김경희·송미영·육홍선(2007). 청국장 가루를 첨가한 식빵의 품질 특성, 동아시아 식생활학회지, 제 17권 6호, 853-859.

Raidle M.A., Klein B.P.(1983). Effect of soy or field pea flour substitution on physical and sensory characteristics of chemically leavened quick breads. *Cereal Chem*, 60: 367-370.

CSE 방식의 경우, 본문에서 인용 표기를 할 때는 CS(Citation Sequence)와 NY(Name-Year) 방식을 이용하는 것이 일반적이다. CS 방식은 <예시9>처럼 인용한 부분에 괄호 처리(예: (1), [1] 등)를 하고 인용 순서대로 참고문헌에 고유 번호를 붙여 기록한다. 학술지를 인용하는 경우에는 필자들을 모두 기재하는 것이 원칙이다. 하지만 필자의 수가 너무 많으면 제1저자 뒤에 '등'을 붙여(예:홍길동 등) 기재할 수도 있다.

예시9

㉮ 공등(76)은 발아 현미가루 첨가(5-15% 첨가)에 따른 국수의 제면, 조리 특성을 조사한 결과, 발아 전후현미가루를 첨가한 국수 모두에서 100% 밀가루를 사용한 국수에 비해서는 용출량은 약간 증가하였지만 수분 결합력은 큰 차이를 보이지 않는다고 보고하였다.

참고문헌

76. 공수현, 이준수. 발아현미 첨가에 따른 국수의 제조 특성과 GABA 함량 및 항산화 활성 변화. 한국식품영양과학학회지. 39:274-280 (2010).

– 조동화·정현정·조홍연·임승택(2011). 발아현미의 건강 기능성 및 활용식품. 식품과학과 산업, 44권 1호, 76-86쪽.

㉯ 수술전 컴퓨터 단층촬영상에서 진단되지 않은 종격동 림프절의 미세침윤 소견을 Grunenwald와 LeChevalier이 minimal N2병기로 언급하였으며 이러한 환자들의 경우에는 5년 생존율이 30%로 T3N1 병기에 가깝고, 수술 전에 임상적으로 N2병기가 의심되었던 환자들은 5년 생존율이 10% 미만이라고 Martini와 Flehinger(21) 보고를 인용하였다.

참고문헌

21. Martini N. Flehinger BJ. The role of surgery in N2 lung cancer. Surg Clin North Am 1987;67:1037-1049

– 윤홍인 외 9명(2009). 비소세포성 폐암으로 수술 후 방사선치료에서 다발 부위 종격동 림프절 전이 여부에 따른 N2 병기 구분의 임상적 의미. 대한방사선종양학회지, 17권 3호, 126-132쪽.

NY 방식의 경우, 본문에서 인용 표기는 인용문 또는 인용 내용 바로 뒤에 저자/필자와 출판연도를 <예시10>의 ㉮처럼 **(저자/필자명, 발행연도)**식으로 기재한다. 인용문의 저자를 문장의 주어로 표기하는 경우에는 ㉯처럼 **저자/필자명(발행연도)**로 기재하기도 한다.

예시10

㉮ 특히 단백질 자원으로서 미생물이나 미세조류를 포함하는 단세포단백질(single cell protein, SCP)은 대부분 단백질 함량이 높고 그 아미노산 소성도 우수하여(Kharatyan, 1978) 인류 미래식량자원으로 거론되기도 하였다.

㉯ Sibbald(1989)는 영양소 이용성 평가시 24시간 동안만 분을 수집할 경우 불완전 배설로 이용율이 상향평가될 가능성이 있다고 하였으나, 본 시험에서는 48시간 동안 분을 채취하여 상향 평가될 가능성은 적어졌다고 할 수 있을 것이다.

– ㉮, ㉯ 오상집·정연종·이준엽·이현용(1995). 돈분폐액 배양 Spirulina platensis의 화학적 조성 및 생물학적 사료가치. 한국가금학회지 22집 3호, 155-160쪽.

참고문헌은 CS 방식의 경우 본문의 인용 순서에 따라 일련번호를 붙이면 되고, NY 방식의 경우에는 저자/필자의 가나다/ABC 순으로 작성하는 것이 일반적이다. 두 방식 모두 저자/필자, 발행연도, 도서/논문명 등 각 항목의 배치 순서는 학술지에 따라 조금씩 차이가 있으므로 작성 전에 해당 학술지 규정을 반드시 확인해야 한다.

참고 문헌

강명구 · 김희준 · 정용석 외(2008). 과학기술 글쓰기. 서울대학교 출판부.
강호정(2007). 과학 글쓰기를 잘하려면 기승전결을 버려라. 이음.
김성수 · 유혜령 · 이승윤 · 박상민 · 김원규(2013). 과학기술의 상상력과 소통의 글쓰기. 박이정.
김종록 · 이관희(2011). 과학글쓰기 전략. 박이정.
김혜경(2010). 공학적 글쓰기. 생각의 날개.
박창원 · 김성원 · 정연경(2012). 논문작성법. 이화여자대학교 출판부.
이종필(2009). 대통령을 위한 과학 에세이. 글항아리.
Lindsay, D.(2011). Scientific writing = thinking in words. Australia: CSIRO.
두산백과(doopedia). 스탠리 밀그램(Stanley Milgram)
(http://terms.naver.com/entry.nhn?docId=1348973&cid=40942&categoryId=34262)

06 이공계열 연구보고서 쓰기

보고서는 특정한 주제나 대상에 관해 객관적인 방법들을 활용한 조사, 실험, 연구를 통해 도출된 결과를 정리하여 효과적으로 전달하기 위해 쓰는 글의 형식을 말한다. 보고서의 종류는 무수히 많다. 예를 들면 상부로부터 지시받은 조사를 완료한 후 그 내용을 보고하는 조사보고서, 특정 분야에 대해 연구를 하고 연구 내용 및 결과를 보고하기 위해 작성하는 연구보고서, 특정한 법안 및 시행규칙에 의해 수행된 결과를 보고하는 이행보고서, 업무에 대한 성과를 작성하여 보고하는 성과보고서 등 각계 분야에서 다양한 종류의 보고서가 활용되고 있다.

학부 수준의 보고서는 전공이나 교양 수업에서 수행하는 연구보고서나 이공계열 학생들이 필수적으로 작성하게 되는 실험보고서가 중심을 이룬다. 대학생의 보고서 쓰기는 본격적인 학술 논문과는 달리, 학습 과제로서 특정 대상이나 주제에 대해 학습한 결과를 정리하고 그에 대한 자신의 견해를 담아 작성함으로써 관련 지식의 증대와 학습 능력을 향상하도록 만드는 데 목적을 두고 있다. 특히 실험보고서는 학생들이 어떤 대상에 관한 기본적인 지식을 습득하고 이를 바탕으로 실험 결과를 체계적으로 작성하는 능력을 익히게 하려는 것이다. 이 장에서는 이공계열 학생들이 일반적으로 쓰는 보고서 형식과 쓰기 방법에 대해 다룰 것이다.

보고서를 쓸 때 가장 중요한 일은 정해진 형식을 준수하는 것이다. 인문·사회과학 분야

보고서의 형식은 대체로 서론·본론·결론/도입·본문·마무리로 구성되지만 과학 분야의 실험보고서 형식은 이와 다르다. <예시1>에서는 논문과 보고서 등 과학 글쓰기의 형식이 어떻게 체계화되었는지를 사적 관점에 입각하여 설명하고 있다.

예시1

자연과학의 비약적인 발전과 더불어 과학자들만이 이해하고 의사소통할 수 있는 전문지식들이 늘어났고, 무엇보다도 새로운 정보를 효과적으로 전달해야 할 필요성이 대두되었다. 이런 가운데 과학 전문 학술지가 1665년에 처음으로 발간되었다. 프랑스의 Journla des Scavans(학술잡지)와 영국의 Philosophical Transactions of the Royal Society of London(런던황립학회 철학회보)이 그것이다. 이후 자연과학의 비약적인 발전으로 현재는 전 세계적으로 엄청난 수의 학술지가 발간되고 있다. 미국 테네시주립대학교 정보과학자 카롤 테노피르 교수가 조사한 바에 따르면, 정기적으로 활발히 논문을 게재하는 학술지 수가 1993년에는 약 4,000종이었으나, 2004년에는 약 22,000종에 달한다. (……) 그런데 바로 이 과학 전문 학술지의 등장으로 과학 글쓰기는 인문학적 글쓰기와 다른 독자적인 글쓰기의 길을 갈 수 있게 되었다. 특히 루이 파스퇴르(Louis Pasteur)의 연구를 계기로 전문적이고 환원적인 방법론이 대두되었고, 실험 방법을 정확하게 기술하면서 효과적으로 결과를 제시할 수 있는 IMRAD(**I**ntroduction, **M**aterials and methods, **R**esults, **A**nd **D**iscussion) 형식이 과학 글쓰기에서 대표적인 형식으로 자리 잡았다.

– 강호정(2007). 과학 글쓰기를 잘하려면 기승전결을 버려라, 이음, 97-99쪽.

근대 이전에는 분과 학문의 발달이 미흡하여 인문학과 과학이 명확하게 분화되지 않았고 그에 따라 과학만의 독자적인 글쓰기 형식도 확립되기 어려웠다. 근대 이후 과학 전문 학술지의 등장으로 인해 서양의 과학자들이 자신의 연구에 관해 명확하게 기술해야 하는 필요성을 느끼게 되었다. IMRAD(Introduction, Materials and methods, Results, And Discussion)라는 형식은 과학자들이 실험 방법을 정확하게 기술하고 결과를 효과적으로 제시할 수 있는 최적의 방법을 고안해내려는 노력의 산물이다. IMRAD 형식은 현재 과학 및 기술 관련 글쓰기에서 가장 대표적으로 활용됨으로써 과학 전공자들은 물론, 과학에 관심을 두고 있는 일반인도 글의 요지 및 내용을 쉽게 파악할 수 있도록 돕는다. 전공에 따라 약간의 변형된 형식들이 사용되는 경우도 있으나 그러한 형식들의 근간 역시 IMRAD이라는 점은 분명하다.

1 IMRAD 방식에 따른 항목별 작성 방법

(1) 서론(Introduction)

서론에서는 문제 제기와 연구 목적, 연구 배경 등을 간결하게 제시하되, 연구가 진행되어야 하는 이유 등을 명확히 서술하여 독자들이 연구의 중요성 및 기대 효과에 대해 뚜렷하게 이해할 수 있도록 해야 한다. 서론 쓰기에서는 항목들을 간결하고 분명하게 서술하는 것이 중요하다. 다만 독자가 과학 전공자만이 아니라 일반인도 포함될 것으로 예상되는 경우에는 연구와 관련된 기초 지식에 대해 설명함으로써 독자들이 이후 내용에 대해 보다 쉽게 수용할 수 있도록 배려하는 것도 좋은 전략이다. <예시2>는 서론에서 다루어야 할 항목들을 잘 보여준다.

예시2

㉮ 청국장은 우리 민족의 식생활에서 중요한 위치를 차지한 전통 대두 발효 식품으로 된장이나 고추장에 비해 발효 기간이 짧고, 단백질, 각종 비타민, 유기산 함량이 높은 우수한 영양식품이며 식이섬유, 이소플라본, 사포닌, 올리고당, 레시틴, r-glutamyltranspeptidase 등과 같은 원료 콩에서 유래되었거나 발효 과정 중에 생성된 기능성 성분이 다량 함유되어 있어(In et al. 2004, Zhao et al. 2005), 동맥경화, 심장병, 당뇨병 예방 효과, 노인성 치매 예방 효과, 항암 효과(유방암, 대장암, 폐암 등), 골다공증 억제 등의 성인병 예방 효과가 있음이 발표되었다. 이외에도 청국장이 미생물에 의한 발효 과정 중 새로운 생리활성 물질을 생성하여 혈전 용해능, 혈압 상승 억제 효과 및 지질 대사 개선 효과, 항돌연변이 및 항암성, 항산화, 항균 작용 등을 나타내는 것으로 보고되고 있다(Lee KA 2006, Lee et al. 2005, Lee et al. 2004). 또한, 청국장은 다른 장류식품과는 달리 소금을 사용하지 않고 제조할 수 있으며, 과다한 정제소금의 섭취가 한국인의 높은 위암, 고혈압, 뇌졸중 등의 발생률과 관련성이 높다는 관점에서 볼 때 청국장의 섭취는 소금의 과잉섭취를 막는다는 점에서 바람직하다(松井利郞 外 2004).

㉯ 최근 청국장이 건강기능식품으로서 주목받게 됨에 따라 기능성이 강화된 청국장 분말, 청국장환, 청국장 타블렛 등이 제조, 판매되고 있으나, 이는 건강보조식품으로의 기능이 더 크기 때문에 청국장을 누구나 쉽게 즐겨 먹을 수 있고 불쾌취가 적은 제품으로 양산하는 것과 용도를 다양화시켜 소비 계층을 확대하는 일이 필요하다(Lee et al. 2005).

㉰ 청국장을 이용할 수 있는 식품으로는 청국장만두, 청국장유부, 청국장튀김, 청국장무침, 스프래드, 햄버거패티, 육류용 소스, 음료, 빵이나 과자, 피자, 퓨전식 요리 등으로 제품의 다양화, 품질의 고급화, 이용의 일상화가 필요하며 청국장이 지닌 기능성이 타 장류나 식품에 비해 높기 때문에 다양한 형태의 식품 개발로 그 소비 증대를 기대해 볼 수 있다(유선미 1999).

㉱ 따라서 본 연구에서는 식생활의 간편화 및 서구화로 인한 빵의 소비 증가에 중점을 두고 청국장을 이용한 빵의 개발을 위해 밀가루의 10%, 20%를 청국장 분말로 대체한 청국장 식빵을 제조하여 빵의 물리적, 관능적 저장 특성을 조사함으로써 청국장의 이용 분야 확대 및 제과류 제조를 위한 기초 자료로 제공하고자 한다.

– 김경희·송미영·육홍선(2007). 청국장 가루를 첨가한 식빵의 품질 특성, 동아시아 식생활학회지, 제 17권 6호, 853쪽
(단락 나누기, 번호는 필자).

㉮는 연구 대상이 '청국장'이라는 점과 '청국장의 의학적 효능'에 대해 선행 연구의 결과를 요약·제시하고 있다. ㉯에서는 청국장이 '건강보조식품으로서의 기능'을 확대하기 위해서는 더 많은 연구가 필요하다는 점을 강조하고, ㉰에서는 다양한 연구를 통해 청국장을 여러 가지 기능 식품으로 개발할 수 있다는 기대 효과를 언급한다. ㉱에서는 '청국장 가루를 첨가한 식빵의 품질 특성'을 연구하기 위한 방법과 이 연구가 학계에 기여할 수 있는 부분을 다루고 있다. 정리하면 ㉮는 연구 대상 및 선행 연구의 검토, ㉯는 연구 목적과 관련된 문제 제기, ㉰는 연구의 학술적·실제적 기대 효과, ㉱는 연구 방법과 연구의 의의를 간략하게 소개한 것이다.

위에서 언급된 것과 함께 서론에서 다룰 수 있는 것은 가설(hypothesis)이다. 가설은 어떤 사실의 원인을 규명하거나 이론적인 체계를 연역적으로 구성하기 위해 잠정적으로 설정하는 가정이다. 자연과학에서 가설은 실험과 같은 경험적인 검증을 통해 참과 거짓 여부가 판가름난다. 과학에서 가설은 매우 중요하다. 특정한 가설이 반복적 검증을 통해 참으로 확인되면 법칙이나 이론으로 발전될 가능성이 높아지기 때문이다. 가설은 연구 주제 및 대상과 관련된 선행 연구들을 토대로 자료를 수집하고 분석한 결과를 통해 설정된다. 서론에서 다뤄지는 선행 연구의 검토는 가설을 설정하는 데도 필수적인 작업이다.

가설은 기본적으로 '만약 X라면 Y일 것이다'는 식의 문장으로 구성된다. 가설은 특정한 사건이나 현상의 원인을 규명하기 위해 설정하는 것이다. 따라서 X라는 매개변인과 Y

라는 종속변인을 유사한 선행 연구 결과를 토대로 설정해야 하며 아울러 두 변인 사이의 상관성이 분명해야 한다.

예를 들어 '만약 1년간 꾸준한 운동과 식이요법을 병행한다면, 몸무게에서 10kg 감량이 될 것이다'라는 가설을 설정했다고 하자. 이 가설에서 매개변인(X)은 '1년간 꾸준한 운동과 식이요법을 병행한다면'이고, 종속변인(Y)은 '몸무게에서 10kg 감량이 될 것이다'가 된다. 이 가설에서 주목해야 할 것은 '10kg 감량'이라는 수치는 어떻게 산출할 수 있는가, 운동·식이요법과 몸무게 감량 사이의 상관관계를 설정할 수 있을 만큼의 추정 근거를 확보할 수 있는가이다. 매개변인과 종속변인을 설정하기 위해서는 기존 연구들에서 추출한 설정 근거가 필요하다. 타당한 근거들이 뒷받침되지 않은 가설은 억측에 불과하고 가설이 실험을 통해 검증되더라도 인정을 받기 어렵기 때문이다. 그러므로 선행 연구의 검토를 통해 가설 설정에 필요한 근거들을 확보해야 한다. 유사한 주제나 대상을 다룬 선행 연구들의 결과를 토대로 매개변인과 종속변인을 정교하게 구성해야 한다.

■ 가설의 구성 요소

변인	매개변인(X)	종속변인(Y)
예시	1년간 꾸준한 운동과 식이요법을 병행한다면	몸무게에서 10kg 감량이 될 것이다

(2) 자료 및 방법(Materials and Methods)

'자료 및 방법'은 연구에 활용된 자료와 실험 방법을 구체적으로 밝히는 부분으로 연구자의 주관을 배제하고 최대한 객관적으로 서술해야 한다. 동료 연구자들이 동일한 연구 결과를 도출할 수 있도록 실험 방법 및 자료 확보에 관해 매우 구체적으로 서술하는 것이 중요하다. 누구나 실험 결과를 재현할 수 있을 정도로 세밀한 부분까지 빼놓지 않고 기록해야만 연구 결과의 신뢰도를 높일 수 있다. 그러면 <예시3>을 통해 자료 및 연구 방법에 대한 유형들을 확인해보자.

예시3

㉮

1. 재료

식빵의 재료는 강력분(대두식품), 설탕(CJ), 버터(서울우유), 이스트(오뚜기), 분유(서울우유), 소금(한주)을 사용하였다. 분말청국장은 삼대식품에서 제공받아 사용하였다.

2. 청국장 분말 첨가 식빵의 제조

청국장 분말 첨가량을 달리한 식빵의 제조에 사용한 반죽의 배합비는 Table 1과 같다. 제빵의 반죽은 직접 반죽법으로 수직형 반죽기(YSM50, 영송기계공업, Seoul, Korea)를 사용하였으며, 27℃ 발효기에서 40분 동안 1차 발효를 하였다. 200g씩 분할하여 10분 동안 벤치타임을 주었으며, 30℃에서 30분 동안 2차 발효한 후 윗불 200℃, 아랫불 200℃의 오븐에서 25분간 굽기를 하고 실온에서 1시간 방냉하여 폴리에틸렌 필름을 사용하여 포장하였다

– ㉮ 김경희·송미영·육홍선(2007). 청국장 가루를 첨가한 식빵의 품질 특성, 동아시아 식생활학회지, 제 17권 6호, 854쪽.

㉯

종격동 림프절에 대해서는 모든 환자에서 광범위 박리술을 시행하였다. 병기 분류는 2002년 개정된 TNM classification system 6th edition14)을 이용하였다. (……) 방사선 치료는 고에너지 X-선(6 MV 또는 10 MV)을 이용하여 2차원 방사선치료 또는 3차원 입체조형치료(3-dimensional conformal radiotherapy, 3DCRT)를 시행하였고, 전제연을 포함한 전체 종격동 림프절을 임상표적체적(clinical target volume)으로 설정하였다. 방사선 치료시 분할선량은 1.8에서 2Gy로 36Gy 시행 후 조사야를 축소(cone down)하여 추가치료(boost)를 시행하였다. 총선량은 45에서 66Gy(중앙값, 54 Gy)였다.

– ㉯ 윤홍인 외(2009). 비소세포성 폐암으로 수술 후 방사선치료가 시행된 N2병기 환자들에서 다발 부위 종격동 림프절 전이 여부에 따른 N2병기 구분의 임상적 의미, 대한방사선종양학회지, 27권 3호, 127쪽.

㉰

● **내적통제**

본 연구에서는 Glasser(1998)의 선택이론에 근거한 내적통제성을 측정하기 위하여 Park과 Kim (2004)이 개발한 내적통제척도의 도구사용에 대한 허락을 받고 사용하였다. (……) Park과 Kim (2004)의 연구에서 Cronbach's α는 내적통제 .70이었으며, 본 연구에서 조사된 Cronbach's α는 내적통제 .81로 분석되었다.

● **외적통제**

본 연구에서는 Glasser (1998)의 선택이론에 근거한 외적통제성을 측정하기 위하여 Park과 Kim (2004)이 개발한 외적통제척도의 도구사용에 대한 허락을 받고 사용하였다. (……) Park과 Kim (2004)의 연구에서 Cronbach's α는 외적통제 .81이었으며, 본 연구에서 조사된 Cronbach's α는 외적통제성 .88로 분석되었다.

● **교사의 지도성 유형**
본 연구에서는 교사의 지도성 유형을 측정하기 위하여 Halpin(1959)이 개발한 지도성 행동기술 질문지(Leadership Behavior Description Questionnaire [LBDQ])를 Chae (1992)가 학급장면에 맞게 수정 · 보완하여 사용한 질문지의 도구사용에 대한 허락을 받고 사용하였다.

– ㉰ 조영경·박완주(2014). 교사의 내·외통제성과 지도성 유형이 학령기 주의력결핍 과잉행동장애 학생의 교육적 중재에 미치는 영향, 한국간호교육학회지, 20권 3호, 384쪽.

<예시3>에서 ㉮는 실험에 쓰인 자료를 확보하고 처리하는 방법에 대한 서술이다. 특히 '2. 청국장 분말 첨가 식빵의 제조'에서는 반죽에 사용한 기계와 발효 조건에 대해 자세히 서술되어 있음을 확인할 수 있다. ㉯에서는 폐암 환자들의 림프절에 방사선 치료 방법에서 적용한 조건들을 구체적으로 서술했다. 또한 ㉰에서는 주의력결핍 과잉행동장애 학생들을 지도하는 교사의 지도성 유형을 분석하기 위해 내·외적 통제척도와 질문지를 활용한 방법에 대해 서술했다.

정리하면 ㉮는 '자료 확보 및 처리 방법'을, ㉯는 '실험 방법의 구체적 서술'을, ㉰는 '연구 대상에 대한 다각적인 측정 방법'에 관한 설명이라고 할 수 있다. 특히 연구 및 측정 방법은 시간적 순서나 실험의 개념적 단위에 따라 서술되어야 한다는 점을 놓쳐서는 안 된다.

(3) 결과(Results)

실험을 통해 산출된 결과는 핵심적인 내용을 중심으로 정리하여 제시하되, 결과의 의미를 분석하는 토의(discussion)와는 구별되어야 한다. '결과'에서는 산출된 결과와 결과에 이르게 된 실험 과정을 상세하고 객관적으로 설명하면 된다. 실험 결과를 효과적으로 제시하고 독자들의 이해도를 높이기 위해서는 묘사를 이용한 설명이나 표, 그림, 사진, 그래프 등 시각적 자료들을 적절하게 사용하는 것이 좋다.

결과의 데이터는 '자료와 방법'에서 언급한 연구 방법을 활용하여 산출된 것으로 전제된다. 따라서 '결과'에서는 독자가 제시된 데이터를 근거로 연구 방법을 정확하게 적용했는지를 파악할 수 있도록 모든 것을 명확하게 서술해야 한다.

예시4

시험 식품 섭취 후 혈중 커큐민 농도를 측정한 결과는 Fig 4와 같다. Theracurmin® CR-033P 섭취군에서는 시험식품 섭취 후 1시간 후, 2시간 후, 4시간 후 및 8시간 후가 각각 14.4, 21.5, 13.3, 8.9ng/㎖ 측정된 것에 반해 일반 커큐민 분말 섭취군에서는 섭취 후 혈중 커큐민 농도가 0~2ng/㎖로 나타났다. 섭취 1시간 후, 2시간 후, 4시간 후 및 8시간 후 측정값은 모두 Theracurmin® CR-033P 섭취군에서 유의적으로 높았다($p<0.05$, $p<0.001$). 혈중 동태 시험 인자는 Cmax, 및 AUC0-4h, AUC0-8h으로 하였다(Table 2). AUC값으로 비교할 경우 Theracurmin® CR-033P 섭취군에서는 섭취 4시간 후 AUC값이 60.0이었으며, 일반 커큐민 분말 섭취군에서는 2.2로 측정되어, 섭취 4시간 후 AUC값 비교시 일반 커큐민 분말보다 Theracurmin® CR-033P 섭취군에서 28배 더 높은 것으로 나타났다. 인체 시험 중 부작용 사례는 보고되지 않았다.

– 박희정, Tadashi Hashimoto, Atsushi Imaizumi, 안영수(2015). Theracurmin® CR-033P를 이용한 커큐민의 생체 흡수율 개선 효과, 식품과학과 산업, 48권 2호, 44쪽.

<예시4>는 Theracurmin®CR-033P 이라는 시험 식품을 섭취한 섭취군과 일반 커큐민을 섭취한 섭취군의 혈중 커큐민 농도를 일정한 시간 주기로 측정한 결과를 서술한 것이다. 결과 서술에 연구자의 주관이 전혀 개입되어 있지 않으며 정확성을 기하기 위해 구체적인 수치를 사용하여 요약·제시하고 있다.

예시5

청국장 분말 첨가 식빵의 물성은 탄력성(springiness), 응집성(cohesiveness), 씹힘성(chewiness), 경도(hardness) 등을 측정하여 Table 5에 나타내었다. 탄력성은 청국장 분말 무첨가구가 저장 기간에 따른 유의차를 나타내지 않은 반면에, 청국장 분말 첨가구의 경우 청국장 분말 첨가량이 증가하고 저장기간이 증가할수록 탄력성이 감소되는 경향을 나타내었다. (중략) 따라서 청국장 분말의 첨가는 탄력성 및 응집성을 감소시키고 씹힘성 및 경도를 증가시키는 것으로 사료된다. 이러한 결과는 Jung & OK(2006)의 연구에서 청국장 분말을 5% 이상 첨가할 때는 부피의 감소와 함께 빵의 경도를 증가시키고 탄력성을 감소시킨다는 연구 결과와 일치하며, 청국장 분말을 첨가한 롤빵의 경우 나타나는 지나친 수분 손실량 감소가 빵의 품질에 부정적인 영향을 미친다고 하였다.

– 김경희·송미영·육홍선(2007). 청국장 가루를 첨가한 식빵의 품질 특성, 동아시아 식생활학회, 제 17권 6호, 856-857쪽.

<예시5>는 식빵 제작 시 청국장 가루를 첨가한 결과를 물질적 특성(물성, 物性)을 탄력

성(springiness), 응집성(cohesiveness), 씹힘성(chewiness), 경도(hardness)의 측면에서 자세하게 서술하고 있다. 실험 결과가 기존 연구(Jung & OK, 2006)를 지지한다는 것을 확인함으로써 연구 결과의 신뢰도를 높이고 있다.

(4) 토의(Discussion)

결괏값과 산출 과정을 정확하고 자세하게 서술하는 것이 결과라면, 토의에서는 결괏값에 대해 다각적으로 해석하고 선행 연구와의 비교·분석 혹은 통합을 거쳐 자신의 연구가 갖는 의미를 부여하는 작업이 이루어져야 한다. 제일 먼저 해야 할 작업은 산출된 결과가 서론에서 언급했던 연구의 목적이나 가설에 부합하는지를 확인하는 것이다. 즉, 연구자의 예상과 실제 결과의 일치 여부를 확인하고 이를 토대로 결괏값이 의미하는 바를 해석해야 한다. 해석은 단순히 결괏값을 그대로 서술하는 것과는 다르다. 토의에서는 산출된 결괏값에 관련 이론 및 선행 연구 결과 등을 적용하여 논리적이고 설득력 있는 의미를 부여해야 한다. 일반적으로 하나의 실험을 통해 산출된 결과는 기존의 이론에서 벗어나지 않으며 기존 이론을 지지한다. 다시 말해서 한두 개의 결과들이 기존 이론들에 의문을 표하는 근거가 되기는 어려운 것이다. 그러므로 기존 이론 또는 선행 연구들과 상반된 결괏값이 산출된 경우에는 먼저 실험 환경이나 변수 등 연구에 영향을 미친 요인들에 대해 세심하게 점검해야 한다.

예시6

㉮
씹힘성은 청국장 분말 첨가량이 증가할수록 증가하였으며, 청국장 분말 첨가구 및 무첨가구 모두 저장 기간 동안 저장 초기에 비해 증가하였으나 저장 기간에 따라 비례하여 증가하지는 않았다. 경도는 청국장 분말 첨가량이 증가할수록 유의적으로 증가하였으며, 청국장 분말 무첨가구 및 첨가구 모두 저장 기간이 늘어날수록 높게 나타났다.

㉯
이는 식빵 제조시 청국장 분말을 첨가함에 따라 글루텐 형성이 불충분하고 발효시에도 잘 부풀지 않는 것에서 기인하는 것으로 여겨진다(Jung & OK 2006). 따라서 청국장 분말의 첨가는 탄력성 및 응집성을

감소시키고 씹힘성 및 경도를 증가시키는 것으로 사료된다.

㉰

이러한 결과는 Jung & OK(2006)의 연구에서 청국장 분말을 5% 이상 첨가할 때는 부피의 감소와 함께 빵의 경도를 증가시키고 탄력성을 감소시킨다는 연구 결과와 일치하며, 청국장 분말을 첨가한 롤빵의 경우 나타나는 지나친 수분 손실량 감소가 빵의 품질에 부정적인 영향을 미친다고 하였다. Kim et al(1978)은 굽기에 있어서 일정량의 수분 손실이 빠른 호화를 돕고 껍질의 착색도 좋게 하는데 청국장 분말을 첨가한 롤빵에서는 청국장 본말을 첨가하지 않은 롤빵보다 청국장 첨가한 롤빵에서 지나친 수분 손실량 감소로 인해 빵의 품질에 부정적인 영향을 미친다고 하였다. Lee KA(2006)도 청국장 카스테라 연구에서 청국장 첨가시 응집성이 낮아지고 경도가 증가하였다고 보고하였다.

– 김경희·송미영·육홍선(2007). 청국장 가루를 첨가한 식빵의 품질 특성, 동아시아 식생활학회지, 제 17권 6호, 857쪽

<예시6>은 결괏값을 해석하는 방식을 잘 보여준다. ㉮는 실험을 통해 관찰된 현상을 객관적으로 서술한 것이라면, ㉯는 이에 대한 연구자의 해석이다. 주목해야 할 것은 해석이 연구자의 주관만으로 이루어지지 않고 ㉰의 선행 연구에 근거하고 있다는 점이다. 즉, ㉯의 해석은 ㉰에 있는 3개의 선행 연구에 근거를 두고 있는 것을 확인할 수 있다. 선행 연구를 통해 해석의 근거를 마련하는 것은 해석의 타당성과 설득력을 확보하는 데 필수적인 과정이다. 앞서 언급한 것처럼 특정한 결과는 일반적으로 관련 이론 및 선행 연구를 지지하는 방향으로 산출되므로 선행 연구 결과의 연장선상에서 해석하는 것이 설득력을 확보할 가능성이 높다는 점을 명심해야 한다.

예시7

㉮

피실험자 4명의 요중 코티닌 농도를 간접흡연에 노출되지 않았을 때부터 연속 5일간 시료를 채취하여 측정한 결과는 다음과 같다. 하지만 피실험자 A의 측정수치의 경우 시료가 원활하게 필터링되지 않아 시료의 신뢰성이 확보하기 어렵다고 판단하여 폐기하였다. 피실험자 A를 제외한 나머지 3명의 피실험자들의 경우 간접흡연시의 코티닌농도가 비흡연시의 코티닌농도보다 모두 높은 것으로 측정되었다.

㉯

물론 그래프 상의 모든 수치가 일정하게 증가하는 추세를 보이지는 않고 있다. 이점에 대해서는 실험에서 오차가 발생한 것이라고 생각한다. 하지만 비흡연시의 코티닌 농도와 비교할 때 간접흡연에 노출된 이후의 코티닌 농도에서 보다 높은 수치의 결괏값을 보이는 것은 분명하다. 오차의 원인으로는 개인별 식단에 따른 수분 흡수량과 염분 섭취량의 차이를 들 수 있다. 수분 흡수량은 통제하고자 노력하였으나, 완벽한 통제는 불가능했다. 또한 니코틴을 코티닌으로 분해하는 효소인 시토크롬 P450이 알코올 분해와 니코닌 산화작용 그리고 카페인 대사에 모두 촉매로 이용되는 데 이에 대한 통제가 제대로 이루어지지 못했다.

본 실험을 계획하는 단계에서는 비흡연 시에 코티닌 농도가 0에 가까운 수치가 나올 것이라 예상했었다. 하지만 위의 결과 값으로 미루어 보아 연구자는 사람들이 평상시에도 많은 양의 간접흡연에 노출되어있다는 사실을 확인할 수 있었다.

– 학생 글. 간접흡연에 의한 요중 코티닌 농도의 변화 양상 측정.

이론 및 선행 연구에 근거한 해석과 더불어 또 하나 중요한 것은 연구자가 지닌 지식을 동원하고 연구의 한계에 대해 솔직하게 기록해야 한다는 점이다. 학생이 작성한 보고서의 '토의'에서 발췌한 <예시7>은 이러한 서술의 예이다. '간접흡연에 노출된 사람들의 요중 코티닌 농도 변화'를 측정한 것으로 ㉮는 실험 결과를, ㉯는 결과에 대한 연구자의 해석이다. <예시7>은 학생이 ㉮의 결과에 대해 관련 지식을 활용하여 ㉯에서 자신만의 논리적인 해석을 하려고 노력한 것이 엿보인다. 피실험자별 요중 코티닌 농도의 차이가 나타난 원인에 대해 규명하려고 시도한 것을 통해 이를 확인할 수 있다. 또한 연구 과정에서 통제하지 못한 변수와 연구 수행 전에 예상한 바와 실제 결과 사이의 차이에 대해서도 솔직하게 언급하면서 연구의 한계를 밝히고 있다.

2 연구 보고서 쓰기에서 주의해야 할 요소

(1) 시각자료의 제시 및 활용

연구 보고서의 '결과'에서는 과학 글쓰기의 특성상 연구를 통해 산출된 결과들이 대개 구체적인 수치들이나 복잡한 설명을 통해 제시되는 경우가 많다. 따라서 독자에게 문자만으로는 결과에 관련된 내용을 효과적으로 전달하기가 쉽지 않다. <예시8>은 <예시4>에서 언급한 내용을 표(Table 2)로 정리한 것이다. 연구자는 이 표를 제시하여 시험식품 섭취군과 일반 커큐민과 분말 섭취군의 혈중 커큐민 정도 차이를 시각적으로 일목요연하게 제시함으로써 독자가 좀 더 정확하게 실험 결과를 이해할 수 있도록 돕고 있다.

제2부 학술적 글쓰기

예시8

Table 2. Pharmacokinetic parameters of Theracurmin® CR-033P following oral administration in healthy human

	Theracurmin® CR-033P	Curcumin Powder	ratio
n	9	9	
Dose(mg/kg)	30	30	
AUC_{0-4h}	60.0±9.4***	2.2±1.4	28 3)
AUC_{0-8h}	104.4±9.9***	6.5±4.1	16
C_{max}	28.1±3.9	1.9±1.3	15

1) Mean ± S.E
2) ***p<0.001; Differences among the groups were assessed by t-test using the SAS software (ver 9.4, SAS Institute Inc.; Cary, NC, USA)
3) ratio = Theracurmin® CR-033P /Curcumin powder

– 박희정, Tadashi Hashimoto, Atsushi Imaizumi, 안영주(2015). Theracurmin® CR-033P를 이용한 커큐민의 생체 흡수율 개선 효과, 식품과학과 산업, 48권 2호, 45쪽.

연구 결과를 효과적으로 제시하고 아울러 독자의 이해를 돕기 위해 활용되는 시각 자료로는 표, 그래프, 다이어그램, 사진/그림 등이 있다. <예시8>처럼 자료나 연구 결과의 수치 혹은 수치의 변화 양상을 한 눈에 파악하거나 항목별로 비교해야 할 때 표를 사용하는 것이 효과적이다.

■ 표(table)

표는 많은 수치들을 특정한 기준에 따라 일목요연하게 제시함으로써 항목별로 비교하는데 용이하다.

예시9

㉮

기호도 검사의 결과, 색의 경우 10% 첨가구가 5.35로 가장 선호되었으나, 20% 첨가구와 유의적인 차이는 없었다. 향의 경우 10% 첨가구와 20% 첨가구가 유의적인 차이 없이 가장 선호되었으며, 30% 첨가구는 가장 선호되지 않았다. 맛의 경우 10% 첨가구가 5.39로 가장 높았고, 다음으로 대조구가 선호되었으며, 30% 첨가구가 가장 선호되지 않았다(p<0.05). Texture는 대조구-20% 첨가구들 사이에 유의적인 차이 없이 선호되었다. 종합적인 기호도의 경우 10% 첨가구가 5.61로 가장 높았으며, 다음은 20% 첨가구, 대조구, 30% 첨가구의 순으로 나타났다(p<0.05). 이는 새송이버섯 분말을 10% 첨가하여 제조한 쿠키의 색은 진하지 않은 황갈색을 띄고 버섯향과 구수한 맛이 강하지 않으면서 조직감이 좋았기 때문인 것으로 사료되었다.

㉯

Table 6. Preference test of cookies containing various contents of *Pleurotus eryngii* powder

	Pleurotus eryngii powder content (%)			
	Control	10%	20%	30%
Color	3.52±1.25[1)b2)]	5.35±0.93[a]	4.91±1.31[a]	3.71±2.12[b]
Flavor	3.95±1.24[ab]	4.74±1.48[a]	4.78±1.57[a]	3.62±1.86[c]
Taste	4.62±1.20[ab]	5.39±0.94[a]	4.30±1.55[b]	3.29±1.79[c]
Texture	4.52±1.54[a]	4.87±1.29[a]	5.13±1.39[a]	3.10±1.55[b]
Overall acceptability	4.62±1.36[b]	5.61±1.47[a]	4.78±1.38[b]	2.90±1.26[c]

[1)]Data are expressed as mean±SD.
[2)a-c]Values with different superscripts in the same row are significantly different at $p<0.05$ by Duncan's multiple range test.

– 김예지·정인경·곽은정(2010). 새송이버섯 분말을 첨가한 쿠키의 품질 및 항산화 활성. 한국식품과학회지, 42권 2호, 185쪽.

<예시9>의 ㉮는 새송이버섯 분말의 첨가량을 달리하여 제조한 쿠키에 대한 기호도 검사 결과를 서술한 것이다. 색(Color), 향(Flavor), 맛(Taste), 조직감(Texture), 종합적 기호도(Overall acceptability) 등 항목별로 구체적인 수치를 제시하고 있으나 복잡하여 한눈에 파악하기가 어렵다. ㉯는 ㉮를 표로 정리한 것으로 새송이버섯 분말의 첨가량에 따른 항목별 수치를 일목요연하게 파악하는 데 도움을 준다.

■ 그래프(graph)

표는 실험에서 도출된 수치들을 일목요연하게 비교할 때 유용하지만 전체적인 경향성을 한눈에 파악하는 데는 적합하지 않다. 반면 그래프는 표에 비해 구체적인 수치를 제시하는 데는 불리하지만 시각적인 효과가 뛰어나고 경향성을 파악하기에 용이하다. 그래프의 종류는 막대그래프, 선 그래프, 원 그래프, 점 그래프 등으로 매우 다양하므로 서술 내용을 시각적으로 표현하기에 적합한 것을 선택하면 된다.

<예시10>은 그래프를 종류별로 제시한 것이다. ㉮는 가장 대표적인 그래프 양식인 막대 그래프로, 처리 방식에 따른 대상의 변화 양상을 제시하는 데 효과적이다. ㉯는 선 그래프로 독립된 변량들의 값을 선으로 연결하여 시간에 따른 변화를 뚜렷하게 보여준다. ㉰는 원그래프로 각각의 항목이나 성분들이 차지하는 비중이나 비율을 표시하는 데 용이하다. 일반적으로 12시 방향을 기준으로 가장 큰 비중을 차지하는 항목부터 배치하면 독자들이 보다 쉽게 이해할 수 있다. ㉱는 점 그래프로 측정된 데이터를 좌표상에 점으로 나열하여 변수 간의 상관관계와 전체적인 분포의 경향성을 효율적으로 보여줄 수 있다.

활용할 그래프의 종류를 정할 때 적용해야 하는 원칙은 첫째, 자료의 특성을 잘 드러낼 수 있는가, 둘째, 독자들이 내용을 한 번에 파악할 수 있는가이다. 아무리 화려한 장식을 한다고 하더라도 자료의 특성과 전체적인 경향성을 제대로 드러내지 못하거나 독자들이 한 눈에 내용을 명확하게 파악할 수 없는 그래프는 전달력이 현저히 떨어지므로 활용에 주의를 기울여야 한다.

예시10

㉮

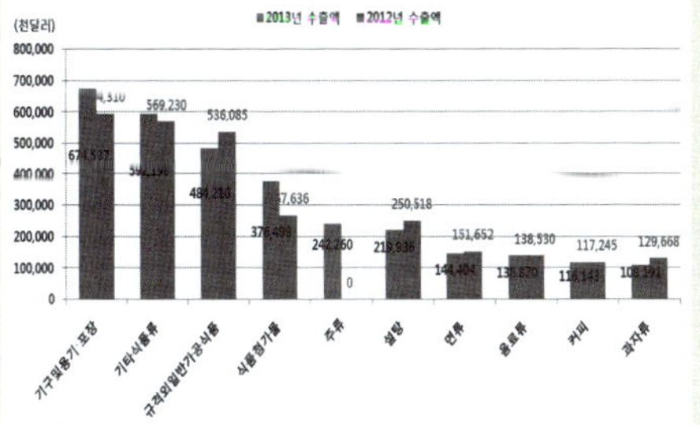

그림22 2013년 품목군별 매출액 vs. 생산액

㉯

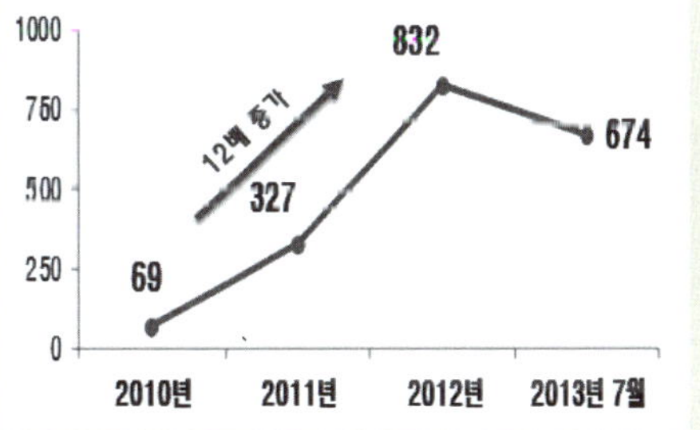

그림2 국토교통부 연도별 하자분쟁 접수 현황

㉰

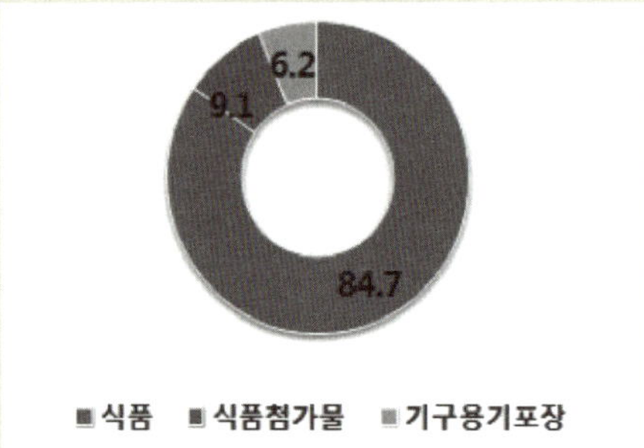

그림31 2013년 매출액 기준 상위 8개 지역의 산업별 매출 비중(전라북도)

㉱

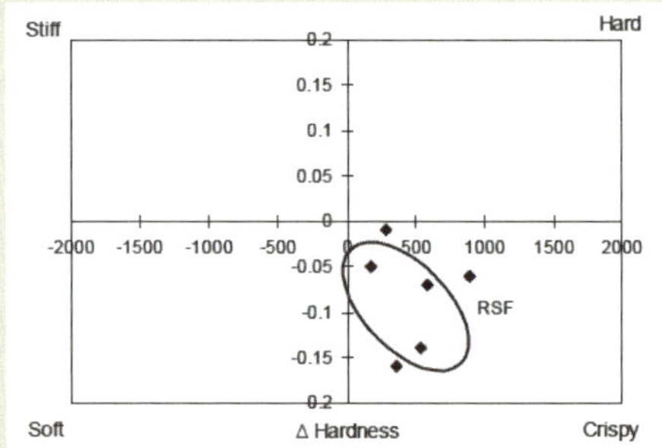

Fig. 2. Relation between ΔB.D. and Δhardness on rice cookies added with RSF. RSF: roasted soybean flour were replaced in 3, 6, 9, 12, 15 and 20% based on rice flour 100 g. ΔB.D.: Bulk density of RSF cookie-bulk density of control cookie. ΔHardness: Hardness of RSF cookie-hardness of control cookie.

– ㉮ 식품의약품안전처(2013). 2013년 식품 및 식품첨가물 생산실적, 60쪽. / ㉯ 염상선·정성화·신창윤·조종선(2014). 건축기계설비공사 시공개선사례 공유를 통한 하자 예방 연구. 대한설비공학회 2014 하계학술발표대회 논문집, 338쪽 / ㉰ 식품의학품안전처(2013). 2013년 식품 및 식품첨가물 생산실적, 73쪽. / ㉱ 이준경·임재각(2013). 볶은 콩가루의 첨가가 쌀 쿠키의 조직감에 미치는 영향. 한국식품영향과학회지, 42권 9호, 1431쪽.

■ 사진과 그림

연구 방법이나 결과를 서술할 때 묘사적 설명보다 사진이나 그림을 제시함으로써 보다 쉽게 정보를 전달할 수 있다.

예시11

㉮

그림1 음료, 증류수, KI, KIO_3 표준용액을 가한 용액

㉯

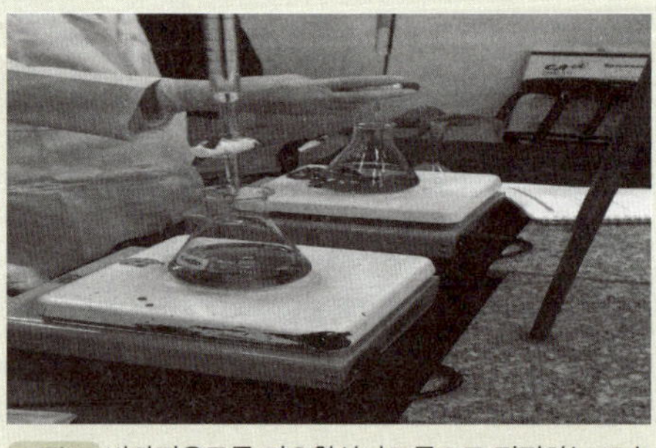

그림4 비타민음료를 티오황산나트륨으로 적정하는 모습

㉰

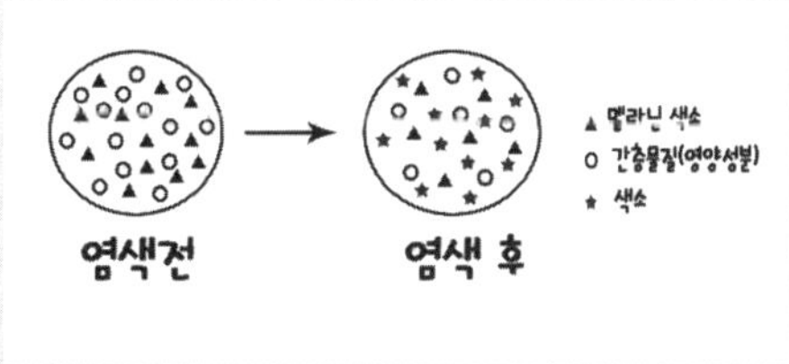

그림3 염색 후 모발조직의 변화

㉱

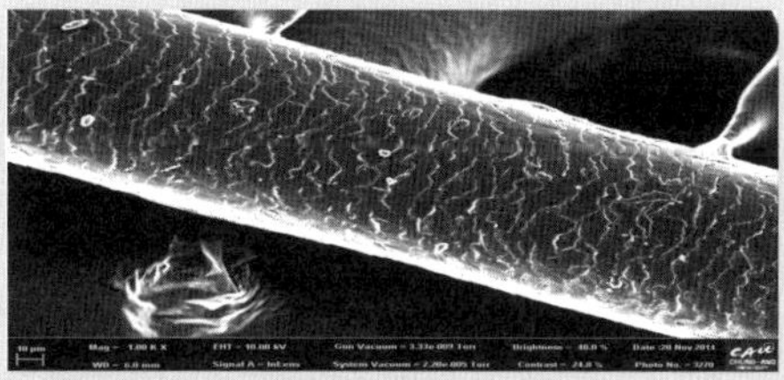

그림11 트리트먼트 후 염색을 한 모발의 표피(1000배 확대)

– ㉮, ㉯ 학생 글. 비타민 음료 성분 중 비타민 C의 함량 측정 분석./ ㉰, ㉱ 학생 글. 모발 염색 시 트리트먼트 시점에 따른 모발 손상 정도.

<예시11>의 ㉮와 ㉯는 비타민 음료에서 비타민 C의 함량을 측정하는 실험 과정을 설명하기 위해 활용한 사진이다. 실험 과정을 자세히 설명한다고 하더라도 독자들이 각 단계들을 명확하게 이해하기는 쉽지 않다. 이 경우 주요 과정을 사진으로 제시하면 독자가 쉽게 이해할 수 있으며, 과정에 대한 설명을 보다 간략하게 서술할 수 있는 이점이 있다.

㉰는 연구에 토대가 되는 이론을 설명하는 과정에서 독자들의 이해를 돕기 위해 활용한 그림이고, ㉱는 특정한 방법으로 처치한 후 변화된 실험 대상을 전자현미경으로 촬영한 사진이다. 이 경우 역시 문자로만 하는 설명의 한계를 극복하고 이론적 배경에 대한 이해를 높이는 동시에 보다 명확하게 실험 결과를 제시하고 있다. 특히 ㉱의 경우 연구의 성격에 따라 결과의 신뢰도를 높이는 데도 기여할 수 있다는 점에서 보다 적극적으로 활용 방법을 모색하는 것도 좋다.

■ 다이어그램

다이어그램은 기호, 점, 선 등을 활용하여 개념이나 항목 간의 상호관계나 영향관계 또는 구조 등을 2차원 기하학 모델로 시각화한 설명적 그림이다. 그래프와 혼용되는 경우도 있으나 다이어그램은 그래프와 달리 추상적 개념이나 데이터의 성질 등 정보를 도식화하여 표현하기 위해 선이나 화살표와 같은 시각적 고리들을 이용한다.

예시12

㉮
계양역,귤현역,박촌역,임학역,계산역,경인교대입구역,작전역,갈산역,부평구청역,부평시장역,부평역,동수역,부평삼거리역,간석오거리역....

㉯
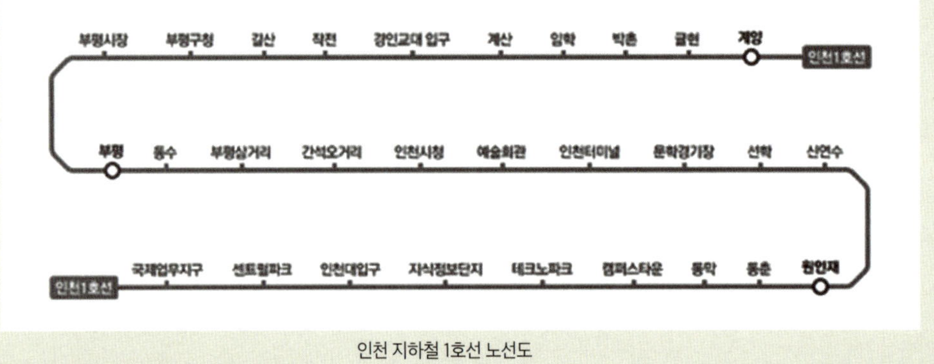

인천 지하철 1호선 노선도

㉰
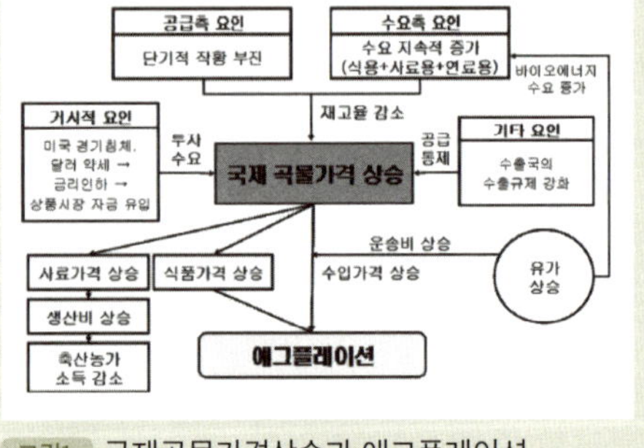

그림1 국제곡물가격상승과 애그플레이션

㉱
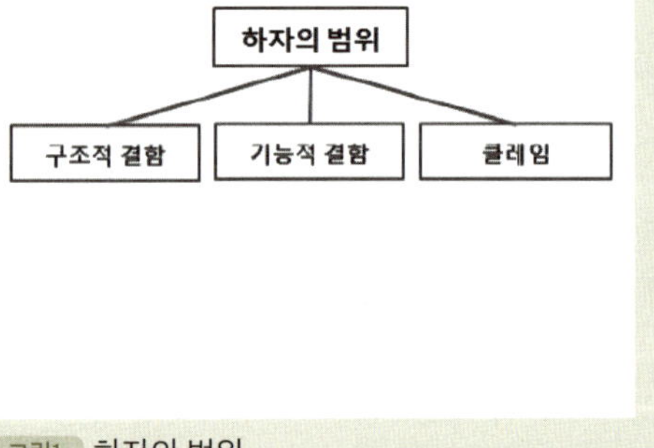

그림1 하자의 범위

– ㉰ 최지현(2011). 애그플레이션과 국내 식품가격 변동 현황. 식품과학과 산업, 44권 3호, 12쪽. / ㉱ 염상선·정성화·신창윤·조종선(2014). 건축기계설비공사 시공개선사례 공유를 통한 하자 예방 연구, 대한설비공학회 2014 하계학술발표대회 논문집, 337쪽.

<예시12>의 ㉮는 인천지하철 1호선의 역명들을 나열한 것이다. 이렇게 역명을 나열해 놓으면 특정 역에서 다른 역까지의 간격을 떠올리기가 쉽지 않다. 정보들이 의미있게 연결되어 있지 않기 때문이다. 그러나 ㉯처럼 가상의 선을 설정하고 그 위에 역명들을 기재하면 역 사이의 간격을 알기에 쉽다. 즉, 수용자가 정보들을 의미있게 연결할 수 있도록 도움을 준다.

㉰는 국제 곡물 가격 상승과 애그플레이션 사이의 관계를 나타낸 다이어그램으로 선과 화살표를 이용하여 국제곡물 가격에 영향을 미치는 요인들 사이의 관계를 일목요연하게 제시하고 있다. ㉰는 선과 화살표를 이용하여 국제 곡물 가격에 영향을 미치는 요인들 사이의 관계를 시각화하여 제시하고 있다. 독자들은 ㉰를 통해 국제 곡물 가격 변동과 관련되는 요인들 그리고 요인들 사이의 영향 관계에 대해 별도의 설명 없이도 쉽게 이해할 수 있다. 건축물에서 하자의 범위를 나타낸 ㉱의 다이어그램 역시 마찬가지이다. 하자의 범위를 구조적 결함, 기능적 결함, 클레임으로 구분한 ㉱는 세 개의 영역이 동일한 비중을 차지하고 있다는 사실을 분명하게 알려준다.

(2) 상관관계와 인과관계 구별하기

특정한 현상이나 실험 결과를 해석할 때 주의해야 할 것이 적지 않다. 상관관계와 인과관계를 혼동하지 않는 것도 그중의 하나이다.

상관관계는 변수 중 한쪽(X)이 변화함에 따라 다른 변수(Y)도 변화하는 관계로 크게 양의 상관관계와 음의 상관관계로 나타난다. 양의 상관관계는 X값이 커짐에 따라 Y값도 대체로 커지는 관계를, 음의 상관관계는 X값이 커짐에 따라 Y값은 대체로 작아지는 관계를 말한다. 인과관계는 변수 중 한쪽(X)의 변화가 다른 변수(Y)의 변화를 유발하는 관계, 즉 원인과 결과의 관계를 말한다. 두 변수 사이에 인과관계가 성립하면 상관관계도 반드시 성립한다. 그러나 상관관계가 성립한다고 해서 반드시 인과관계가 성립하지는 않는다. 다시 말해 양의 상관관계이든 음의 상관관계이든 X와 Y사이에 반드시 인과관계가 존재한다고 말할 수는 없는 것이나. 상관관계가 있는 두 변수 사이에는 인과관계가 성립할 수도 있지만 그렇지 않은 경우도 매우 많다.

예시13

㉮

《월스트리트의 멍청이(Nerds on Wall Street)》라는 자극적인 책 제목은 그리 진지하게 들리지 않습니다. 그러나 저자인 데이비드 라인베버(David Leinweber)는 금융 분야에서 이미 탁월한 분석력을 인정받은, 절대로 진지하지 않은 사람이 아닙니다.

하지만 이 책은 라인베버의 엉뚱한 생각으로부터 시작되었습니다. 그는 항상 향후 주가를 예측할 수 있는 지표를 찾아다니는 월가의 금융인들을 골탕 먹이고 싶었습니다. 그래서 뉴욕 증권거래소의 주가 변동과 함께 변동되는 지표를 찾아보기로 했습니다. 수많은 지표들과의 상관계수(correlation coefficient, 한 변수가 다른 변수와 동시에 움직이는 정도를 나타내는 통계적 지수)를 분석해본 라인베버는 엉뚱하게도 방글라데시의 버터 생산량과 주가가 무려 75%의 상관계수를 보이며 평행하게 움직인다는 것을 발견했습니다.

이러한 우연의 일치에 재미를 붙인 라인베버는 이번에는 방글라데시 버터 생산량에 미국의 치즈 생산량을 조합해 만든 변수를 시험해보았습니다. 그랬더니 상관계수는 무려 95%까지 급증하였습니다.

라인베버는 이런 재미난 사실을 주변 사람들에게 알렸습니다. 그가 알리고자 한 것은 무수히 많은 통계 자료를 뒤지다보면 있지도 않은 인과관계에 속아넘어갈 수 있다는 경고였습니다. 그는 사람들이 자신의 결과를 일종의 짓궂은 농담으로 받아들여주기를 바랐습니다.

그런데 더 놀라운 사실은 그 이후 일어난 진풍경이었습니다. 발표 후 라인베버는 자신이 하루아침에 유명인사가 된 것을 알게 되었습니다. 대형투자자와 자문회사 매니저들이 수시로 전화를 해서는 이러한 결과를 얻어낸 비결을 묻기도 하고, 좀 더 정밀한 지표를 자신들에게만 비밀리에 공개해줄 수 없겠느냐는 문의를 하기도 했습니다. 자신들이 좀 더 투자를 하면 장래 시장 변동을 '예언'해줄 수 있겠느냐는 투자 제안도 들어왔습니다.

– 정성훈(2011). 사람을 움직이는 100가지 심리법칙, 케이앤제이.

㈏

1991년 미국 CBS의 프로그램 <60분(60 Minutes)>에서는 와인이 심장병 발생 가능성을 낮춘다는 내용을 다루어서 큰 화제가 된 적이 있었다. 프렌치 패러독스(French Paradox)로 불리는 이 주장은 프랑스인들이 고기나 치즈와 같은 포화지방을 미국인들에 비해 많이 섭취함에도 불구하고 심장병(coronary heart disease:CHD) 발병이 낮은 현상의 원인을 분석한 결과를 토대로 성립되었다. 즉, 와인의 소비량과 심장병 발병 확률 사이에 상관관계가 존재한다는 것이다. 연구자들은 레드와인의 소비량이 높은 지역의 사람들의 심장병 발병 확률이 낮다는 결과에서 이러한 상관관계를 도출한 것이다. 연구자들은 이러한 연구 결과를 토대로 와인에 함유된 레스베라트롤(resveratrol)이라는 물질에 주목했다. 레스베라트롤은 강력한 항산화물질로 세포의 손상을 막는 역할을 하는데 연구자들은 와인에 다량 포함된 이 물질이 심장병 발병을 낮춘다고 본 것이다.

프렌치 패러독스는 당시 학계에서 상당한 관심을 불러 일으켰지만 최근에는 이에 관해 의문을 표하는 연구결과들이 속속 발표되고 있다. 와인 섭취가 건강에 도움이 되는 것은 분명한 사실이지만 이는 레스베라트롤, 폴리페놀과 같은 물질이 아닌 알코올 때문이라는 것이다. 캘리포니아 주립대학의 파가니니 힐 교수, 하버드 의과대학의 케네스 무카말(Kenneth Mukamal) 교수에 따르면 와인뿐만 아니라 알코올이 포함된 모든 술을 적당히 그리고 정기적으로 마시는 경우 심장병 발병 확률을 낮추며 건강에 도움이 된다는 연구결과를 발표했다. 최근 연구들에서는 와인이 다른 술에 비해 심장병 발병을 낮추는데 더 많은 효과를 가지고 있다는 증거는 찾을 수 없다는 것이 중론이다.

<예시13>의 ㉮는 상관관계를 인과관계로 혼동하는 월스트리트 금융인들을 보면서 책을 쓰게 된 라인베버라는 사람의 흥미로운 이야기를 들려준다. 뉴욕 증권거래소의 주가 변동과 방글라데시의 버터 생산량이 특별한 연관성을 갖고 있다고 보기는 어렵다. 방글라데시의 버터 생산량에 미국의 치즈 생산량을 조합한다고 해도 마찬가지다. 하지만 둘 사이에 매우 높은 상관관계가 존재한다고 하더라도 이는 우연에 불과할 뿐이다. ㉯는 소위 프렌치 패러독스(French Paradox)라는 레드와인 음용과 심장병 발병률 사이의 상관관계를 '레스베라트롤'이라는 물질을 매개로 하여 인과관계로 전환하려 했던 연구자들의 시도가 잘못된 판단이었음을 보여준다. 심장병 발병률을 낮추는 역할은 레드와인에 있는 특수한 물질이 아니라 알코올 자체이므로 와인만이 특별한 기능을 한다고 볼 수 없다는 것이다. 다수의 연구 결과들이 발표되었는데도 일부에서는 레드와인이 심장병 발병률을 낮춘다는 잘못된 속설이 여전히 힘을 발휘하고 있다는 사실은 사람들이 상관관계와 인과관계를 얼마나 쉽게 혼동하는지 잘 보여준다. 상관관계에서는 두 변수 사이에 시간적으로 어떤 변수가 선행하는지도 알 수 없는 반면, 인과관계에서는 원인과 결과에 해당하는 변수가 명확하고 시간적으로도 원인(X)이 결과(Y)에 선행한다는 점을 정확히 이해해야 한다.

상관관계는 변수 중 한쪽(X)이 변화함에 따라 다른 변수(Y)도 변화하는 관계로 크게 양의 상관관계와 음의 상관관계로 나타난다. 양의 상관관계는 X값이 커짐에 따라 Y값도 대체로 커지는 관계를, 음의 상관관계는 X값이 커짐에 따라 Y값은 대체로 작아지는 관계를 말한다. 인과관계는 변수 중 한쪽(X)의 변화가 다른 변수(Y)의 변화를 유발하는 관계, 즉 원인과 결과의 관계를 말한다. 두 변수 사이에 인과관계가 성립하면 상관관계 역시 반드시 성립한다. 그러나 상관관계가 성립한다고 해서 반드시 인과관계가 성립하지는 않는다. 다시 말해 양의 상관관계이든 음의 상관관계이든 X와 Y사이에 반드시 인과관계가 존재한다고 말할 수는 없는 것이다. 상관관계가 있는 두 변수 사이에는 인과관계가 있을 수도 있지만 ㉮처럼 뉴욕 증권거래소의 주가 변동과 방글라데시의 버터 생산량 사이처

럼 아무런 인과관계가 존재하지 않을 수도 있다.

이와 함께 상관관계에서는 두 변수 사이에 시간적으로 어떤 변수가 선행하는지도 알 수 없는 반면, 인과관계에서는 원인과 결과에 해당하는 변수가 명확하고 시간적으로도 원인(X)이 결과(Y)에 선행한다는 점을 정확히 이해해야 한다.

■ 상관관계와 인과관계의 차이

상관관계
변수 중 한쪽(X)이 변화함에 따라 다른 변수(Y)도 변화하는 관계 단, X와 Y 사이에는 시간적으로 어떤 변수가 선행한다고 말할 수 없음.

인과관계
변수 중 한쪽(X)의 변화가 다른 변수(Y)의 변화를 유발하는 관계 시간적으로 원인인 X가 Y에 선행한다.

참고자료 한두 번의 반격으로는 기존 이론을 흔들지 못한다

관찰의 이론의존성과 더불어 과학에 대한 경험주의적 오해에 타격을 가한 것이 바로 뒤엠-콰인 명제다. 이에 따르면, 하나의 실험적 사실에 대해 원칙적으로 무한한 이론과 가설이 존재할 수 있고 그 층위 또한 매우 다양하기 때문에, 어떤 실험이 이론과 다른 결과를 냈다 하더라도 그 어긋남이 이론의 제1가설에서 기인한 것인지 혹은 하부의 수많은 보조 가설에 의한 것인지 논리적으로 확증할 수가 없다. 그렇기에 뒤엠-콰인 명제는 '증거에 의한 이론의 과소결정under determination of theory by evidence'로 불린다.

이런 까닭에 하나의 과학 이론을 실험으로 완전히 배제한다는 것은 극히 어렵다. 가장 성공적인 과학 이론 중의 하나였던 뉴턴 역학과 그와 어긋나는 천문학적 관측들의 무수한 도전을 받았다. 그러나 뉴턴 역학과 맞지 않는 결과들이 나왔다고 하더라도 그것이 뉴턴 역학이 틀렸다는 점을 반증하는 증거로 받아들여진 적은 없었다. 대부분의 경우 그 관측에 문제가 있거나, 혹은 고려하지 않은 여러 요소들의 부수적 효과 때문이라고 치부해버렸기 때문이다.

– 이종필(2009). 대통령을 위한 과학에세이, 글항아리, 28-29쪽.

하나의 과학 이론은 많은 학자들이 동일한 연구 혹은 유사한 연구들을 수없이 반복하여 산출한 결과들을 토대로 성립된다. 따라서 특정 이론을 거스르는 연구 결과들이 한두 번 도출되었다고 해서 이론 자체에 의문을 제기하는 것은 성급한 일이며 학계에서도 수용되기 어려운 것이 일반적이다. 하나의 이론이 수정되기 위해서는 이론이 정립되는 과정에서 활용된 연구 결과만큼 반격할만한 정도의 새로운 연구 결과들이 확보되어야 한다.

참고 문헌

강호정(2007). 과학 글쓰기를 잘하려면 기승전결을 버려라. 이음.

김성수 · 유혜령 · 이승윤 · 박상민 · 김원규(2013). 과학기술의 상상력과 소통의 글쓰기. 박이정.

김종록 · 이관희(2011). 과학글쓰기 전략. 박이정.

김혜경(2010). 공학적 글쓰기. 생각의 날개.

제3부 유형별 글쓰기

01 요약하기

1 효율적으로 요약하려면

대학생활에 필요한 대부분의 글쓰기에는 방대한 자료를 조사·분류하거나 이미 축적되어 있는 다양한 자료를 요약하는 과정이 필수적이다. 제대로 된 요약을 위해서는 대상자료에 대한 정확한 독해나 전반적인 이해 능력이 무엇보다 중요하다. 이와 같은 이유로 요약하기는 학술적 글쓰기의 토대가 될 수 있다.

소설이나 영화 등의 내용을 요약해 낸 줄거리는 일반화 된 요약하기 중 하나이다. 그러나 학술적 글쓰기에 필요한 요약하기는 단순히 이야기를 간략화하는 것을 넘어 대상자료의 핵심을 파악한 뒤, 주체적으로 정리하는 능력이 필요하다. 이때 원저자의 의도와 다른 자의적인 부분이 덧붙여져 왜곡되지 않았는지 주의해야 한다.

예시1

영화 <밀양>이 전하는 메시지

영화 <밀양>은 'Secret Sunshine' 이라는 제목처럼, 다의적 관점으로 인해 그 메시지 역시 매우 비밀스럽게 여겨진다. 다의적 의미를 제대로 이해하기 위해서라도 우선 영화 <밀양>의 줄거리를 살필 필요가 있다.

남편을 교통사고로 잃은 '신애(神愛)'가 아들 '준(June)'과 함께 남편의 고향인 밀양으로 내려오면서 영화는 시작된다. 낯선 곳에서 피아노 학원을 운영하며 아들과 함께 삶을 시작하는 신애를 위해 서광(瑞光)카센터 사장 '종찬'은 그녀의 주위를 서성이며 돕는다. 남편 없이 살아가는 여인으로 비춰지는 궁색함을 포장하기 위해 신애는 넉넉하지 않은 살림에도 부동산을 보러 다닌다. 자신을 부유한 여인으로 과장하지만 이 때문에, 돈이 필요했던 웅변학원 원장에게 아들은 유괴되고, 결국 사망한다. 실의에 빠져 방황하던 신애는 아들을 잃은 슬픔을 점차 신앙으로 극복해 간다. 신앙생활을 충실히 하던 어느 날, 신애는 진정한 용서를 실천하기로 결심한다. 주변의 만류에도 불구하고 교도소로 유괴범을 찾아가 하나님의 사랑을 전하기 위하여 왔다고 말한다. 신애와 대면한 유괴범은 수감 이후, 자신 역시 진정한 신앙을 알게 되었고 그로 인해 하나님께서 자신의 죄를 용서해 주셨다고 고백한다. 신의 품에서 이미 마음의 평안을 얻고 담담히 지내는 유괴범을 본 후, 신애의 종교적 회의는 극에 달한다. 신애는 신을 모독하고 자신을 괴롭히다 마침내 자살 시도에 이른다. 정신병원 퇴원 후, 신애는 무엇에도 의지하지 않는 자립하는 삶을 기약한다.

영화는 감상자가 자연스럽게 따라갈 수 있도록 전개되고 있으나, 세밀히 들여다보면 결코 쉽게 감상할 수 없는 몇 줄기의 빛을 교차시킨다. 현실주의자의 이성적인 눈으로 보기에는 곳곳에 비약이 있어 그것을 알아차리기란 쉽지 않다. 너무나 리얼해 보였던 '신애'라는 불행한 여자의 모습은, 그래서 전혀 '현실적'으로 여겨지지 않는다. 그래서 이 비극적인 이야기를 현실에서도 있을 법한 이야기, 있어서는 안 되지만 없을 것 같지도 않은 이야기, 그래도 자꾸 보고 싶게 만드는 묘한 마력을 지닌 이야기로 만들어야 했을 것이다.

(……)

객관적이며 논리적인 글쓰기를 위해서는 제대로 된 요약하기에 대해 바로 알고 적절히 활용할 수 있어야 한다. 특히 발췌(拔萃)는 요약이 아니라는 점을 인지해야 한다. 대상자료가 되는 글이나 자신이 보고 들은 사료의 내용을 그대로 따오는 발췌와 달리, 요약은 이를 자신의 문장으로 재구성한다는 데 그 차이가 있다. 따라서 학술적 글쓰기에서 발췌의 비중이 지나치게 높으면 대상자료를 자신의 문장으로 재구성하는 능력이나 이를 위한 노력이 부족하다는 인상을 줄 수 있으므로 유의해야 한다.

다음 <예시2>는 핵심어로 요약하는 경우, 문장으로 요약하는 경우와 함께 주석 등 다양한 방식으로 요약이 활용된 글이다.

예시2

전래동화 「콩쥐 팥쥐」 속에 나타난 여성
- 동아시아 전래동화에 나타난 여성을 중심으로 -

- 차 례 -

(……)

2. 동아시아 전래동화에 나타난 여성

서사물이 넘쳐나는 서사의 시대에 살고 있지만, 대부분 상업적이고 소비적이며 일방적이라는 문제가 있다. 그에 비해 설화는 인간의 역사를 통해서 성숙되어온 이야기이다. 현대의 이야기가 일상성과 가벼움으로 특징지을 수 있다면 설화의 대표격인 "전래동화는 신화적 숭고미와 함께 전설적 비장미, 민담적 골계미 등을 깊게 천착할 기회를 제공한다."[1] 인간의 심리와 감정에 깊이 연관되어 있기에 전래동화는 인간의 내적 문제를 해결하기 위한 내적 자질들을 북돋아 인간의 삶에 깊이 있게 작용한다.

(1) 한국 「콩쥐 팥쥐」

「콩쥐 팥쥐」의 구성은 '①가정적 배경, ②계모녀의 학대, ③과제에 대한 조력자의 도움, ④잃어버린 신발

1) 최운식 외, 『설화 고소설 교육론』, 민속원, 2002, 78쪽.

⑤결혼, ⑥계략에 의한 죽음, ⑦변신과 환생, ⑧악인처벌 결말'로 이루어져 있다.

① '콩쥐'[2]의 어머니가 죽은 뒤, 콩쥐의 아버지는 계모와 의붓동생 '팥쥐'를 데려 온다.
② 계모는 팥쥐에게 쇠 호미를 주면서 집 근처의 기름진 밭을 매게 하고, 콩쥐에게는 나무 호미로 집에서 먼 자갈밭을 매게 하는 등 힘든 일을 시킨다.
③ 콩쥐가 산비탈의 자갈밭을 매다가 나무 호미가 부러지자, 콩쥐 어머니의 현신인 검은 소가 나타나 콩쥐를 돕는다. 밑 빠진 독에 물 붓기, 방아 찧기, 베 짜기와 같은 힘들고 해결하기 불가능한 일을 여러 동물들이 도와 처리한다. 계모는 팥쥐가 콩쥐와의 재주경합에서 번번이 지자 더욱더 콩쥐를 미워한다.
④ 계모가 시킨 일을 모두 마치고 혼인잔치에 간 콩쥐는 급히 집으로 돌아오다 신발 한 짝을 잃는다.
⑤ 팥쥐는 신발주인을 자처했으나 억지로 신을 신다 발을 상하게 되고, 신발주인 콩쥐는 원님과 혼인하여 관에 들어가 살게 된다.
⑥ 계모와 팥쥐의 계략으로 콩쥐는 연못에 빠져 죽고, 팥쥐는 콩쥐 대신 원님의 아내 노릇을 한다.
⑦ 팥쥐는 콩쥐가 환생한 연꽃을 부엌 아궁이에 집어넣고 불을 때버린다. 불씨를 얻으러 온 이웃 할머니에 의해 콩쥐가 재환생한 구슬이 발견되고, 콩쥐는 억울한 사정을 제짝이 아닌 젓가락으로 주의를 끌어 원님께 그간의 사정을 고한다. 원님은 연못에서 시체를 찾고 콩쥐는 소생한다.
⑧ 원님은 죄를 물어 소 네 마리로 팥쥐의 사지를 찢어 죽이고 그 살점으로 젓갈을 담가 팥쥐 엄마에게 먹게 했는데, 계모는 나중에 사실을 알게 되어 그 충격으로 죽는다.

「콩쥐 팥쥐」의 근간이 되는 설화는 전국적으로 전해지면서도 경상도와 전라도 지방에 더 많이 분포되어 있는데, 이야기의 구술자가 잘못 기억하는 경우를 제외하고는 약간의 변이가 있을 뿐 이야기의 구조는 대부분 일치한다.[3] 콩쥐의 '곡물 찧기 과제'를 돕는 조력자로서 새가 설정된 점에서 일상생활의 경험적 인식과의 관련성을 살필 수 있다. 하지만 두꺼비와 구렁이가 나타나 밑 빠진 독(솥)을 막는다든지, '죽은 엄마의 환생인 검은 소'가 입으로 삼을 삶아 항문으로 낸다든지 등 조력자의 행위에서는 설화의 허구성을 발견할 수 있다(③).

(……)

2) 위의 책, 92쪽, 참조.

3) 이원수는 여주인공과 계모소생의 이름 변화에 따라 내용 차이가 있다고 보았다. A계열(콩조지 · 팥조지), B계열(콩쥐 · 팥쥐), C계열(콩례 · 팥례)로 나누고, A계열이 원형에 가깝고, B계열은 구전설화를 모태로 형성된 전래동화에서 2차적으로 파생되어 나온 것으로 후대에 형성되었다고 하였다. C계열은 A계열과 같이 민담에서 파생되어 나온 것이나, A계열보다 후대에 이루어지고 B계열과는 선후관계가 불분명하다고 하였다.
이원수, 「콩쥐팥쥐 설화 연구」, 『문학과 언어』 제19집, 문학과언어학회, 1997, 21-24쪽.

2 요약의 방법

요약은 대상자료의 양과 질에 밀접하게 연관되어 있다. 검토를 마친 대상자료를 치밀하게 분석하여 파악하지 않으면, 정확한 내용과 의미를 정리하여 요약할 수 없다. 대상자료에 대한 객관적 정보는 요약하기 전에 미리 파악한다. 단행본이라면 서지사항(書誌事項)을 먼저 알아두고, 자료의 구성 및 체제상의 특징 등 자료의 전모와 내용의 요점을 정확히 읽어내기 위해 머리글이나 목차를 반드시 확인한다.

독해의 효율성을 높이기 위해서는 단락 구성의 원리를 이해하는 것도 필요하다. 단락은 일반적으로 하나의 '중심문장'과 여러 개의 '뒷받침 문장'으로 이루어져 있으므로 각 단락의 중심문장을 찾아내는 것만으로도 내용의 파악에 큰 도움이 된다. 중심문장뿐만 아니라 내용상 인용이 필요한 부분에 표시를 해 두면 요약할 때 쉽게 찾아 쓸 수 있을 뿐만 아니라, 자신의 글을 집필할 때에도 편리하게 활용할 수 있다. 요약이라 하더라도 원문의 내용을 그대로 옮기고 싶을 때에는 큰따옴표(" ")를 사용하여 인용표시를 해야 한다. 이 때 출처를 명확하게 밝혀야 하므로 자료에 대한 서지사항과 인용한 부분의 쪽 등이 함께 필요하다. 또한 다른 자료와 어떻게 연계하여 사용할 것인지에 대해서도 제고되어야 효과적인 요약이 될 수 있다.

선택과 삭제는 요약의 기본 전제이므로, 대상자료를 읽고 중요한 정보와 중요하지 않은 정보를 구별하는 능력은 요약하기와 직접적으로 관련된다. 불필요한 내용뿐만 아니라 중요한 내용이라도 반복되는 내용과 함께 중요도가 떨어지는 부분 등은 삭제한다. 제시된 글 속에 주제문에 해당하는 내용이 명시적으로 나타나 있는 부분을 제외하고 예시나 비유 등도 적절히 생략한다.

예시3

'멘토(Mentor)'~~라는 단어는 《오디세이아》에 나오는 오디세우스의 충실한 조언자의 이름에서 유래한다. 이타케 왕국의 오디세우스 왕의 가장 친한 친구였던 멘토르가 오디세우스 왕이 20여 년간 전쟁을 치르는 동안 왕의 아들 텔레마코스를 맡아 그의 친구요 스승이자 상담자로, 혹은 때로 아버지가 되어 그를 훌륭한 사람으로 양육한 것에서 유래했다.~~

~~그 후로 '멘토'라는 단어는~~ 지혜와 신뢰로써 한 사람의 인생을 이끌어주는 인생의 안내자요 지도자, 본을 보이는 사람, 자기 내면을 드러내 놓고 고민을 나눌 수 있는 상담자, 훌륭한 스승이라는 의미로 사용되고 있다. ~~'멘토링'은 멘토가 왕의 아들을 훌륭히 양육하기까지의 과정에서 비롯된 표현이다.~~

– 호메로스 저, 김경진·강경수 편, 『명화로 보는 오디세이아』, 미래타임즈, 2018, 44쪽.

⇨ '멘토(Mentor)'는 오늘날 지혜와 신뢰로써 인생을 이끌어주는 안내자, 지도자, 상담자, 스승의 의미로 사용된다.

(1) 명제 대치

나수의 하위 개념이나 하위 요소를 포괄적인 '상위 개념'으로 대치하여 구체적인 것을 일반화하여 제시한다. 연속되는 명제 역시 상위의 개념으로 한정하는 명제로 대치해야 효과적으로 요약할 수 있다.

예시4

~~소설이 영화화 될 때~~ 감독은 소설 텍스트의 수용자인 동시에 영화 텍스트의 생산자인 셈이다. 각색과 연출 과정에서 이루어진 창조적 변용에는 원작이 성취한 의미와 그에 대한 비평적 해석이 개입할 수밖에 없기 때문이다. 나란한 두 작품의 상호작용 속에서 개별 텍스트의 고유한 의미를 놓치지 않으면서 그 영향관계와 주요한 변용의 내적 연관성을 밝히기 위해서는 우선 공통 요소의 세밀한 추출과 비교를 통한 의미화와 차이점에 대한 대조를 통해서 매체의 변화에 따른 서사의 확장 또는 변용의 양상을 실증적으로 검토해야 한다.

– 나수정, 「원작소설과 각색영화의 주제해석에 관하여: 이청준 「벌레 이야기」와 이창동 〈밀양〉」, 『한국문예창작』 제16호, 한국문예창작학회, 2009, 256쪽.

~~『햄릿』을 영화화하는 작업~~에서도 해석은 필수적인 과정이다. 한 부분을 선택한다는 것은 다른 부분을 배제한다는 것에 다름 아니다. 어떤 각색은 넘치고 또 다른 각색은 모자란다. 누구도 첨가와 생략이라는 덫을 피해갈 수 없다. 그러나 오히려 바로 이러한 이유로 고전을 영화화하는 작업은 기계와 사람을 결합시키게 된다. 시선이 없이는 각색이 불가능하기 때문이다. 감독은 우선 작품이 서로 다른 시대의 사람들로부터 사랑받을 수 있었던 이유를 이해해야 하며 자신의 해석을 토대로 이를 재구성해야 한다.

그 과정의 중심에 사람이 있다.

– 김서영, 『영화로 읽는 정신분석』, 은행나무, 2007, 170쪽.

소설의 힘은 언어이고, 언어의 힘은 상상력이다. 우리는 소설이 묘사하고 설명하는 것들을 상상한다. 그리고 그 상상이 사고와 감정을 움직인다. 그 상상력은 주관적이다. 반면 영화의 힘은 이미지이고, 그 이미지는 시각적이다. 영상언어는 소설에서의 글의 추상을 영상으로 구체화, 감각화해야 한다. 물론 이미지로 영화 역시 상징화할 수는 있지만, 지극히 제한적이며 대중적 기호를 무시할 수 없다. 때문에 소설이나, 희곡을 원작으로 하는 영화는 어떤 방식으로든 그것을 변형해야 한다. 영화의 방향과 목적에 따라서 플롯은 물론 스토리 자체까지도, 여기에는 언어예술인 문학이 가진 자유로움을 영상예술인 영화는 갖고 있지 못하다는 이유도 있다.

– 이대현, 『영화, 문학을 만나다: 소설 속 영화, 영화 속 소설』, 다할미디어, 2016, 126쪽.

⇨ '영상문학'은 문학을 원작으로 하지만, 원작과는 다른 범주에서 검토된다.

(2) 재구성

각 문단의 중심문장이나 전체 주제문 등이 명시적으로 드러나 있지 않은 경우에는 재구조화가 필요하다. 전체 문맥의 인과관계 및 원문저자의 의도를 정확히 파악하여 자신의 언어로 바꾸어 서술한다.

예시5

프랑스의 조각가 마르셀 뒤샹은 화장실에서 흔히 볼 수 있는 변기를 떼어다 미술관에서 전시하고 '샘'이라고 이름 붙인 적이 있었다. 물론 이러한 뜬금없는 행위에 대해 많은 비난이 있었다. 하지만 애초 뒤샹이 의도했던 것은 같은 사물이라도 어떤 장소에 놓이느냐에 따라 사물에 대한 의미부여 및 위상이 달라진다는 것을 관객들이 생각해 보았으면 했던 것이다. 그리고 조각을 포함한 미술 작품이란 어떤 작품성에 근거하여 평가받는 것이 아니라 바로 '미술관'이라는 장소 및 미술과 관련된 제도와 불가분의 관계에 있다는 것을 환기시키고자 했다는 것이다.

다시 말해 변기는 화장실에 있을 때는 그저 기능에 충실한 변기에 불과하지만 미술관에 전시되는 순간 '샘'이라는 이름의 전위예술로 변신하는 것이다. 다름 아닌 미술관이라는 장소가 그러한 권위를 발생시키는 것이다. 그러나 미술작품의 가치를 판정하기 위해서는 그러한 권위가 반드시 필요하다. 일견 불합리한 것으로 보이기도 하지만 예술이 이러한 외적 제도로부터 자유로웠던 적은 역사상 단 한 번도 없었다. 이것을 가리켜 조지 디키와 같은 최근의 미학자는 "제도로서의 예술"이라고 명명한 바 있다.

– 황영경 外 4人, 『문학과 미디어의 이해』, 푸른사상, 2012, 53-54쪽.

⇨ 어떤 작품을 예술작품으로 간주하기 위해서는 그 작품이 어떤 맥락에 위치해 있는가를 감안해야 한다.

(3) 요약의 단계

대상자료의 내용을 정확히 이해했다면, 핵심적인 내용 또는 중요 개념과 용어 등을 자신의 말로 정리한다. 정리된 형태는 어구로 제시되거나, 문장으로 서술될 수 있다. 요약의 분량에는 일정한 제한이 없으나, 대상자료의 원문 내용을 1/3 이하로 압축하거나 필요에 따라 핵심어를 중심으로 좀 더 짧게 그 내용을 정리하는 것이 일반적이다. 이때 각 문단의 연결과 내용의 흐름을 정확하게 파악하여 글의 전체적인 문맥을 놓치지 않는 것이 중요하다.

① 한 문장으로 요약하는 경우

간단한 요약이 필요한 경우에는 핵심어를 중심으로 요약한다. 먼저, 대상자료의 핵심내용을 포함할 수 있는 중요 어휘나 개념적 정의의 대상이 될 수 있는 용어 등의 찾아 정리한다. 전체 내용을 이해하는데 실마리가 될 수 있는 핵심어를 찾아 주제를 이해하였다면, 1차적으로 핵심내용의 관계를 도식화하여 정리해본다. 이때 핵심내용의 관계가 대상자료의 의도에 부합하는지 반드시 확인하여야 한다. 마지막으로 명시적인 관계를 정립하여 완성한다.

예시6: 1단계

올해 SK, LG, 현대차, 포스코 등 많은 기업들이 탈스펙 채용을 추진하거나 적용하고 있다. 학점이나 어학능력 등 기존에 취업을 위한 '기본'이라고 여겨졌던 스펙이 아닌 현장에서 쓸 수 있는 직무능력을 위주로 사원을 채용한다는 것이다.

구체적으로 이름이나 전공 등 기본적인 정보를 제외하고는 면접관에게 지원자 정보를 제공하지 않는 '블라인드 면접' 형식을 채택하는 곳이 늘어나고 있다. 아예 지원할 때부터 최소한의 정보만 내도록 하는 곳도 많다.

SK그룹은 올해부터 대졸 신입사원 입사지원서에서 스펙 관련 항목을 완전히 없앴다. 지원자들은 수상경력, 업무 경험, 해외경험, IT활용능력, 외국어성적 등을 지원서에 쓰지 않아도 된다. SK그룹은 자기소개서와 면접, 인턴십 등을 통해 직무수행능력을 중점적으로 평가한다는 계획이다. 2013년부터 사진이나 외국어능력, 석·박사 표기, 전과 및 편입 여부를 기재하는 난을 없앤 현대차는 올해에는 동아리 활동과 봉사활동 내역란까지 삭제했다.

(……)

금융권 역시 탈스펙 대열에 동참했다. 우리은행은 지난해부터 금융자격증과 외국어 성적 기입란을 없앴다. 금융자격증은 입사 이후 내부 교육 프로그램을 통해 취득하게 한다는 방침이다. 산업은행과 수출입은행도 입사지원서에서 어학과 금융자격증 기재란을 삭제했다.

일각에서는 이 같은 탈스펙 채용 트렌드가 구직자들에게 혼란을 초래한다는 비판이 나온다. 기업들이 인문학 소양이나 글쓰기 능력, 시사상식 등을 중시하면서 '제2의 스펙 줄세우기'가 될 수 있다는 것이다.

또 '직무 역량 평가'가 추상적이라 준비를 하기 어렵다는 불만도 있다. 취업준비생 한모(26)씨는 "외국어능력시험이나 자격증 등 스펙을 쌓기 위해 몇년간 준비했는데 이런 것을 안 본다고 하니 허탈한 생각도 든다"며 "탈스펙 전형은 어떤 것을 준비해야 할지 애매모호한 측면이 있어서 취업이 오히려 더 어려워진 느낌"이라고 토로했다. 면접 특강이나 대기업 인·적성시험 대비반 등 또 다른 '취업 사교육 시장'이 성행하는 것도 탈스펙 채용의 그늘이다.

그러나 이 같은 비판에도 불구하고 탈스펙 채용 흐름 자체는 바람직한 방향이라는 것이 중론이다. 특히 학벌이나 해외연수 경험 등이 부족하다는 이유로 기회조차 갖지 못했던 이들에게는 이 같은 흐름이 반가울 수밖에 없다. 지방대에 재학 중인 박모(25)씨는 "그동안 입사지원서를 채우기 위해 전공 상관없이 모두가 영어 성적이나 공모전, 해외 연수 등에 목을 맸던 것이 사실"이라며 "지방대라 불리하다는 생각도 많았는데 탈스펙 채용이 확대되면 적어도 '출발을 같이 할 수 있다'는 기대가 있다"고 말했다.

한 대기업 인사 담당자는 "과거에는 '스펙이 높으면 성실한 지원자'라는 인식이 있었지만 최근에는 직무와 상관없는 스펙들만으로는 직무 능력을 정확히 판단할 수 없다는 분위기가 많다"며 "현재는 스펙 중심 사회에서 탈스펙 사회로 넘어가는 과도기라 불만이나 혼란이 나올 수 있지만 궁극적으로는 출신학교나 영어 성적 등과 상관없이 직무에 적합한 인재를 뽑는 것이 올바른 방향이라고 본다"고 밝혔다.

– 김유나, 「"토익점수·학력 빼라"..진화하는 채용의 기술」, 『세계일보』 2015년 3월27일자.

위의 대상자료는 이전과 달라진 '채용시장의 변화'와 함께 이에 따른 부정적 견해와 긍정적 견해가 있음을 전하는 기사문이다. 핵심 내용의 관계를 정리하면 다음과 같다.

예시7: 2단계

채용시장의 변화 ⇨

혼란가중
: 또 다른 '줄세우기' 수단이 될 수 있다는 비판
VS
긍정적 변화
: 학벌 중심 문화 타파를 위한 바람직한 흐름

⇨ 구체적 내용
- 제2의 스펙 우려
- 구직자들의 혼란 초래

VS
- 스펙만으로는 직무 능력 판단 어려움
- 직무에 적합한 인재의 채용

⇩

스펙보다 직무역량 채용 ⇨ 주요 기업의 탈 스펙 채용

구체적 내용 ⇩
- 외국어성적, 수상경력 기입란 삭제
- '블라인드 면접' 채택

이를 바탕으로 자신의 의도에 따라 재구성하여 다음과 같이 한 문장으로 완성할 수 있다.

예시8: 3단계

⇨ 스펙보다 직무역량을 위주로 하는 채용시장 변화에 대해, 혼란을 가중시킨다는 부정적 견해와 바람직한 흐름이라는 긍정적 견해가 맞서고 있다.

② 한 단락으로 요약하는 경우

대상자료의 주제문과 소주제문 등을 중심으로 서술형 요약을 할 수 있다. 소주제문은 각 단락의 중심문장을 찾아 단락별로 요약할 수 있는데, 이를 위해 대상자료가 어떠한 개요에 근거하여 작성되었는지 전체적인 구성을 먼저 파악한다. 다음으로 각 단락마다 핵심어와 중심문장을 찾는다. 이때 소주제문에 적합한 중심문장이 없다면, 내용을 정확히 이해한 뒤 핵심어를 중심으로 소주제문을 작성한다. 대략적으로 1차 요약문이 작성되었다면, 대상자료의 내용이 의미한 바와 논리적으로 적합한지 반드시 확인해야 한다. 마지막으로 대상자료의 전체적인 구성을 염두에 두며 유기적인 한 편의 글로 완성한다.

다음 예시의 대상자료는 '다큐멘터리를 단순 정의하기 어려움'에도 불구하고 '다큐멘터리의 의의'를 밝히려는 의도로 수집한 자료이다.

예시9: 1단계

다큐멘터리를 정의하는 가장 일반적인 방법은 '허구'를 다루는가 '사실'을 다루는가의 구분이다. 다시 말해, 다큐멘터리는 실제로 일어난 일, 혹은 일어나고 있는 일을 다루는 프로그램이자 방송 장르다. 그러나 (ㄱ) <u>'실재'하는 일을 어떻게(방법), 왜(이유), 어디까지(범위), 무엇을 위해(목적) 다루느냐에 따라 다큐멘터리의 정의에 관해서 많은 논란이 있어왔다.</u>

100여 년에 이르는 다큐멘터리 역사는 텔레비전 방송이 전파를 내보내기 이전에 이미 시작되었다. 다큐멘터리가 방송의 한 장르로 자리잡은 것은 1940년대 텔레비전이 대중적인 매체로 부상하면서부터다. 방송이 발전하면서 다큐멘터리뿐만 아니라 방송 프로그램들을 끊임없이 새로운 장르를 만들어내는가 하면 기존의 장르 간에도 통합. 분화를 거듭하고 있는 추세다. 따라서 (ㄴ) <u>우리 방송현실에서 '다큐멘터리'라는 이름으로 방송되고 있는 많은 프로그램들의 다큐멘터리적 속성을 한마디로 정의하거나 규정하기는 힘들다.</u>

관행적으로 한국 방송에서 다큐멘터리는 허구가 아닌 사실 세계를 다룬다는 점에서 드라마와 구별되며 동시에 텔레비전의 오락적인 기능을 수행하는 쇼, 오락 프로그램들과도 구별되는 개념으로 사용한다. 또한 '사실'을 다루는 여타 구성물, 즉 종합구성물이나 시사 프로그램들과 비교해서 다큐멘터리는 기획, 특집 프로그램들을 일컫는 것이 보통이다. 그러나 (ㄷ) <u>넓은 의미의 다큐멘터리라는 개념에는 시사, 휴먼 등의 장르를 포함해서 '사실'을 다루는 프로그램들이 모두 포함된다.</u> 해외에서도 대표적인 텔레비전 다큐멘터리로 미국 CBS에서 매주 일요일 밤 방송하는 시사 프로그램 <60Minutes>, 앵커 바바라 월터스(Barbara Walters)의 진행으로 유명한 ABC의 <20/20> 등을 꼽고 있다.

다큐멘터리의 개념은 결국 '사실'을 다루되 어떻게 다루는가와 관련이 있다. '다큐멘터리'라는 용어가 주는 어감은 단순히 '사실을 다룬다'는 것에 그치지 않는다. (ㄹ) <u>다큐멘터리 제작은 '사실'을 다루되 '의미'있게 다루는 작업이다.</u> 그리고 그 사실은 다큐멘터리를 통해 보는 이들의 마음을 움직여 '감동'을 불러일으킨다. 그 감동이 아름다운 세상에서 오는 '눈물'이든, 세상을 객관적으로 평가하게 만드는 '냉정함'이든, 더럽고 추한 현실을 되짚어 보는 '분노'이든 말이다. 때로는 온갖 상상력을 동원해 꾸며낸 이야기보다 다큐멘터리가 보여주는 진실이 더 감동적인 법이다. 다큐멘터리는 바로, 진실이 주는 감동이다.

허구의 세계를 다루거나 오락적 기능은 수행하는 다른 프로그램들과는 달리 다큐멘터리는 텔레비전에서 가장 교양적인 기능을 수행하는 장르로 알려져 있다. 따라서 다큐멘터리의 양식, 역할 등에 대해서도 다양한 의견이 있다. 예를 들자면, 다큐멘터리는 현실의 반영이며 현실을 변화시키는 힘이 되도록 제작해야 한다는 의견이 있는가 하면 다큐멘터리는 현실을 있는 그대로 보여주고 판단은 시청자에게 맡겨야 한다고 주장하는 사람도 있다. 또 주장하는 바에 따라 다큐멘터리 소재 선택부터 제작방식, 구성 내레이션에 대해서 다양한 의견들이 있으며, 실제로 다양한 연출자와 작가에 의해 다양한 방식으로 제작되고 있다. 따라서 어떤 다큐멘터리만이 절대적이다라고 이야기하는 것은 옳은 태도가 아니다. 때로는 전혀 새로운 형식으로 만든 다큐멘터리가 신선한 감동을 던지는 경우도 많다. 다시 말해 (ㅁ) 다큐멘터리가 '보여주는 것이냐' '고발하는 것이냐' 혹은 그 지향하는 바를 위해 어떤 '제작방법'을 쓰며 어떻게 주제에 접근하는가, 소재로 선택한 '사실'이 어떤 의미를 갖도록 할 것이며 어떤 감동을 일으키길 원하는가는 제작하는 작가의 선택이며 능력이기도 하다.

웹스터 사전에서는 다큐멘터리에 대해 '어떤 사건이나 문화현상의 실제적 모습과 가치 등을 예술적 형식으로 묘사하는 것'이라고 정의하고 있다. 이외에도 다큐멘터리에 대한 다양한 정의를 참고해 보자.

- 플래허티(Robert Flaherty): 다큐멘터리는 발견과 폭로의 예술이다.
- 그리어슨(John Grierson): 다큐멘터리는 사실 또는 현실에 대한 창조적인 해석이다.
- 베르도프(Dziga Vertow): 현실의 단면을 포착해 그것을 의미 있게 표현하는 것이다.
- 폴 로차(Paul Rotha): 다큐멘터리라는 현실에 존재하는 인간의 삶을 창조적이며 사회적인 의미에서 해석해 내는 것이다.
- 스포티스우드(Raymond Spottiswoode): 다큐멘터리는 주제의 접근방식으로는 산업적, 사회적, 정치적 관계를 포함한 인간의 주변관계를 극적으로 표현한 것이며, 기변의 면에서는 내용에 따라 형식을 변화시키는 것이다.
- 잭 엘리스(Jack Ellis): 다큐멘터리는 사실적인 것을 기록하여 관객들에게 전달함으로써 사람들의 가치관에 영향을 끼쳐서 사람들의 행동을 변화시키는 데 목적이 있다.
- 1948년 제1회 다큐멘터리 세계연맹회의: 다큐멘터리란 경제, 문화, 인간관계의 영역에서 인간의 지식과 이해를 넓히고 인간의 욕구를 자극시켜 문제점과 해결책을 제시하기 위한 목적으로 제작되며, 인간의 이성이나 감성에 호소하기 위해 사실을 촬영하고 진실되고 합리적인 '재구성(재연 포함)'을 통해서 현실의 모든 면을 필름에 기록하는 방법이다

다큐멘터리에 대한 정의는 위에 제시한 것 이외에도 무수히 많다. 그러나 다큐멘터리에 대한 정의나 개념에서 최소한의 공통점은 다큐멘터리가 허구가 아닌 사실을 다룬다는 점이다. 그리고 (ㅂ) 다큐멘터리를 통해 드러난 '그 사실'이 보는 사람들의 마음을 움직이어서, 즉 감동시켜서 세상에 대해 일정한 시각과 판단을 갖도록 하는 것이다. 그래서 다큐멘터리는 '창조의 예술'이 아닌 '존재의 예술'이라고 불리기도 한다.

– 김미라·고혜림, 「다큐멘터리의 개념」, 『방송 구성작가 입문』, 커뮤니케이션북스, 2004, 415-417쪽.

위의 대상자료는 (ㄱ)~(ㅂ)에 이르는 단락으로 구성되어 있다. 그러나 글의 전체적인 내용은 크게 세 부분으로 구분해 볼 수 있다. 머리말에 해당하는 (ㄱ)~(ㄴ)부분과 본론이라고 할 수 있는 (ㄷ)~(ㅁ)부분, 그리고 맺음말에 해당하는 (ㅂ)이 그것이다. 요약문에서도 이러한 글의 구성과 내용의 전개가 제대로 반영되어야 한다.

주의하여야 할 것은 글의 전체적인 문맥을 놓쳐서는 안 된다는 점이다. 이를 위해서는 각 단락의 연결과 내용의 흐름을 정확하게 파악하는 것이 중요하다. 또한 요약문의 길이를 일정하게 제한하여 작성하여야 할 경우에는 현 단계에서 길이를 조절하는 것이 좋다.

대상자료의 단락별 핵심어와 중심문장을 작성의도에 따라 소주제문으로 정리하면, 다음과 같다.

예시10: 2단계

머리말

(ㄱ) '실재'하는 일을 어떻게(방법), 왜(이유), 어디까지(범위), 무엇을 위해(목적) 다루느냐에 따라 다큐멘터리의 정의에 관해서 많은 논란이 있어 왔다.

(ㄴ) 우리 방송현실에서 '다큐멘터리'라는 이름으로 방송되고 있는 많은 프로그램들의 다큐멘터리적 속성을 한마디로 정의하거나 규정하기는 힘들다.

본문

(ㄷ) 넓은 의미의 다큐멘터리라는 개념에는 시사, 휴먼 등의 장르를 포함해서 '사실'을 다루는 프로그램들이 모두 포함된다.

(ㄹ) 다큐멘터리 제작은 '사실'을 다루되 '의미'있게 다루는 작업이다.

(ㅁ) 다큐멘터리가 '보여주는 것이냐' '고발하는 것이냐' 혹은 그 지향하는 바를 위해 어떤 '제작방법'을 쓰며 어떻게 주제에 접근하는가, 소재로 선택한 '사실'이 어떤 의미를 갖도록 할 것이며 어떤 감동을 일으키길 원하는가는 제작하는 작가의 선택이며 능력이기도 하다.

맺음말

(ㅂ) 다큐멘터리를 통해 드러난 '그 사실'이 보는 사람들의 마음을 움직여서, 즉 감동시켜서 세상에 대해 일정한 시각과 판단을 갖도록 하는 것이다.

일반적으로 글의 마지막은 전체 내용을 요약하여 정리하는 것이 대부분이다. 따라서 이 부분에 대한 정확한 파악이 무엇보다 필요하다. 특히, 주어진 대상자료가 어떠한 과정을 거쳐서 마지막에 이르고 있는가를 분명하게 요약 제시해야 하며, 이와 관련되는 전제 조건이나 예외적인 사항이 있으면 반드시 요약 내용에 포함시켜야 한다. 자신의 의도에 맞도록 재구성할 때에도 대상자료의 중요 내용은 빼놓지 않아야 충실한 요약문이 될 수 있다.

예시11: 3단계

다큐멘터리를 한마디로 정의하거나 규정하기는 어렵다. 다큐멘터리는 넓은 의미에서 '사실'을 다루는 모든 프로그램을 포함하는데, 이때 '사실'은 '의미'있게 다루어져야 한다. 어떤 의미를 갖도록 할 것인지는 제작하는 작가의 선택과 능력에 따라 달라질 수 있다. 따라서 다큐멘터리는 드러난 '그 사실'의 감동으로 시청자가 세상에 대한 시각과 판단을 갖게 하는 것이 중요하다.

연습

'요약의 3단계'를 적용하여 교재 80-82쪽의 대상자료 "뜨거운 물이 찬물보다 빨리 언다?"를 요약해 보자.

요약의 3단계

1. 소주제문에 적합한 각 문단의 핵심어 또는 중심문장을 찾아 표시한다.
2. 핵심어, 중심문장 등을 중심으로 핵심내용의 관계에 따라 1차 요약문을 작성한다.
3. 핵심 내용의 관계를 정립하고 유기적으로 연결하여 완성한다.

참고 문헌

김형규 외 10인, 『단계별로 익히는 실전 글쓰기』, 아카넷, 2010.
최규수, 『대학시절의 글쓰기』, 명지대학교 출판부, 2014.
한국외국어대학교 한국어교육과, 『대학 글쓰기의 이론과 실제: 상경』, 한국외국어대학교 출판부, 2013.

02 감상문 쓰기

1 효율적으로 감상문을 작성하려면

감상문은 개성적 감상을 중심으로 자유롭게 기술한다는 점에서 서평과 차별화된다. 따라서 감상문을 작성할 때에는 감상자의 주관적인 감상을 주체적으로 차별화하여 전달하는 것이 중요하다. 감상문은 자신의 주관적인 견해를 설득력 있게 전달하여 독자의 공감을 받을 때 좋은 평가를 받을 수 있다.

효과적인 감상문을 작성하기 위해서는 첫째, 대상작품에 대한 정확한 파악이 선행되어야 한다. 개인의 주관적 감상을 쓴다고 해서 대상작품을 이해하지 못한 채로 작성해서는 안 된다. 감상자가 대상작품에 대해 정확히 인지했을 때와 그렇지 못할 때, 이해의 깊이에 따라 작품을 대하는 사고의 차이는 확연히 드러날 수밖에 없다. 작품과 작가에 대한 배경지식이나 다양한 관련정보 등의 파악 역시 감상에 도움이 된다.

둘째, 독창적이고 개성적인 감상 내용이 구체적이면서도 핵심적으로 드러나야 한다. '좋았다', '감동적이었다' 등 단순히 추상적으로 기술할 것이 아니라, 어떤 점이 다른 작품과 어떻게 달리 표현되어서 좋았는지, 어떤 부분 때문에 어떠한 감흥이 떠올라 감동을 일으켰는지 등을 구체적으로 언급하여야 감상자만의 개성을 드러낼 수 있다. 만일, 감상 내용이 많거나 다양하다면 요약과 선택을 통해 핵심적으로 기술할 필요도 있다.

■ 감상메모

자신의 감상을 효과적으로 서술하기 위해 대상작품에 대해 자신이 어떠한 부분에서 무엇을 느꼈는지 구체적으로 메모해 두는 것이 좋다. 감상을 하며 떠오른 생각을 자유롭게 기술하는데, 인상적인 부분 이외에 의문점이나 좀 더 알아보고 싶은 점 등도 함께 작성하는 것이 좋다. 대상작품을 어떻게 감상하였는지 스스로 분석해 볼 수 있기 때문에 감상문에서 부각시킬 감상 포인트의 파악에도 유용하다.

다음은 동일한 대상자료를 감상한 뒤, 감상자에 따라 달리 작성된 감상메모이다. 동일 대상을 감상했으나 감상자에 따라 무엇을 느끼고 어떻게 생각하는지 그 차이가 확연히 드러나고 있음을 다음의 감상메모에서 살필 수 있다.

예시1

감상문의 대상자료

요리사와 단식가

장정일

1

301호에 사는 여자. 그녀는 요리사다. 아침마다 그녀의 주방은 슈퍼마켓에서 배달된 과일과 채소 또는 육류와 생선으로 가득 찬다. 그녀는 그것들을 굽거나 삶는다. 그녀는 외롭고, 포만한 위장만이 그녀의 외로움을 잠시잠시 잊게 해준다. 하므로 그녀는 쉬지 않고 요리를 하거나 쉴 새 없이 먹어대는데, 보통은 그 두 가지를 한꺼번에 한다. 오늘은 무슨 요리를 해먹을까? 그녀의 책장은 각종 요리사전으로 가득하고, 외로움은 늘 새로운 요리를 탐닉하게 한다. 언제나 그녀의 주방은 뭉실뭉실 연기를 내뿜고, 그녀는 방금 자신이 실험한 요리에다 멋진 이름을 지어 붙인다. 그리고 그것을 쟁반에 덜어 302호의 여자에게 끊임없이 갖다 준다.

2

302호에 사는 여자. 그녀는 단식가다. 그녀는 방금 301호가 건네준 음식을 비닐봉지에 싸서 버리거나 냉장고 속에서 딱딱하게 굳도록 버려둔다. 그녀는 조금이라도 먹지 않기 위해 노력한다.

그녀는 외롭고, 숨이 끊어질 듯한 허기만이 그녀의 외로움을 약간 상쇄시켜주는 것 같다. 어떡하면 한 모금의 물마저 단식할 수 있을까? 그녀의 서가는 단식에 대한 연구서와 체험기로 가득하고, 그녀는 방바닥에 탈진한 채 드러누워 자신의 외로움에 대하여 쓰기를 즐긴다. 흔히 그녀는 단식과 저술을 한꺼번에 하며, 한 번도 채택되지 않을 원고들을 끊임없이 문예지와 신문에 투고한다.

3

어느 날, 세상 요리를 모두 맛본 301호의 외로움은 인간육에까지 미친다. 그래서 바싹 마른 302를 갈아 스플레를 해먹는다. 물론 외로움에 지친 302호는 쾌히 301호의 재료가 된다. 그래서 두 사람의 외로움이 모두 끝난 것일까? 아직도 301호는 외롭다. 그러므로 301호의 피와 살이 된 302호도 여전히 외롭다.

(가) 사혜준의 감상메모

[1단계]	[2단계]
- 일반적인 시와는 다른 이야기하듯 사건을 건조하게 서술	- 어조
- 총 3연의 넘버링	- 형식
- 1은 새로운 요리를 탐닉하고 폭식하는 요리사 301호의 모습 2는 외로움에 대한 글쓰기를 즐기고 단식을 연구하는 단식가 302호의 모습 3은 새로운 요리를 갈망하던 301호가 결국 302호를 요리해 먹는 사건	- 인물(1)/내용
- 1과 2는 요리사와 단식가의 모습을 대조적으로 부각 3은 '외로움'이라는 공통적인 트리우마	- 구성/인물(2)
- '외로움'을 없애기 위한 충격적 행위에도 불구하고 두 사람은 여전히 외롭다?	- 주제/의도(1)
- 두 사람이 갖고 있는 '외로움'의 실체는 무엇일까?	- 인물(3)
- 나 자신의 외로움과 그 원인은 무엇일까?	- 주제/의도(2)
- 이 두 사람뿐만 아니라 사람들은 모두 저마다 각각의 이유로 '외로움'을 견디며 버티고 살아가는 것은 아닐까?	- 주제/의도(3)

[3단계]

⇨ 요리사와 단식가의 '외로움'을 통해 우리 자신이 지니고 있는 외로움과 그 원인에 대해 주목하고자 한다.

(나) 안정하의 감상메모

- 장정일의 시 「요리사와 단식가」를 읽기 전, 박철수 감독의 영화 <301 302>를 먼저 보았다. 영화 감상 후, 시가 원작이라는 것을 알게 되어 일부러 찾아서 감상하였다. 문학작품을 각색한 영화는

보통 원작이 소설인 경우가 많은데, 시가 원작이라는 점이 특이하게 여겨졌다.

- 서사성이 강한 시라서 영화로 각색될 수 있었을 것 같다. 그러나 각색영화인 <301 302>에 비해서는 당연히 스토리가 명확하게 드러나지 않는다.
- 영화에는 시에 없는 내용이 다수 추가되어 있다. 특히 요리사인 301호가 단식가인 302호를 요리해 먹은 사건의 원인이 자세하게 나타난다. 만약 영화를 먼저 보지 않았다면, 시가 조금은 기이하게 느껴졌을 것 같다.
- 시에 301호와 302호의 행동에 대한 원인이 없긴 하지만, 그렇다고 해서 시를 읽는데 크게 어려움이 있을 것 같지는 않다. 두 인물이 기이한 행동을 한 이유에는 나름대로 스토리가 있을 것으로 생각돼서 그것이 과연 무엇일까에 대해 상상하는 재미가 있었을 것이다.
- 두 작품을 모두 감상해 보니 시와 영화에 대해 다시 생각하지 않을 수 없었다. 문자와 영상이라는 매체의 차이가 확연하게 느껴졌기 때문이다.

⇨ 원작 시 「요리사와 단식가」와 각색 영화 <301 302>에 대해 비교하며 작성하려고 한다. 두 작품의 비교 감상은 단순한 작품의 차이뿐만 아니라 문학과 영화라는 장르와 매체의 차이를 살필 수 있는 계기가 될 것이다.

먼저 감상한 바에 대해 자유롭게 작성한 뒤, 자신이 어떤 점에 대해 특히 인상 깊게 생각하고 있는지 살펴본다. 감상메모를 작성하였는데도 어떤 내용을 중심으로 감상문을 작성할지에 대해 어려움을 느낀다면, (가)의 감상메모의 [2단계]와 같이 자신이 작성한 감상메모 각각의 항목이 무엇에 대해 느낀 점인지 분석해 본다. 분석한 내용을 토대로 가장 빈도가 높은 공통분모를 찾아 대략적인 범위를 정한 뒤, [3단계]와 같이 그 안에서 구체적인 주제가 될 수 있도록 범위를 좁혀 설정한다.

개인에 따라 (나)의 감상메모처럼, 감상 이후 인상적인 부분이 명료하여 대략적인 감상문 작성 포인트를 쉽게 정할 수 있다면 [2단계]를 거칠 필요 없이 주제를 체계적으로 바로 정리할 수 있다.

다음은 앞서 소개된 감상메모 중 감상자가 인상 깊게 주목했던 부분을 중심으로 개성적으로 작성된 감상문이다. <예시2>는 다양한 감상 중 (가)의 감상메모 작성 단계를 통해 '외로움'이라는 주제적 측면을 중심으로 작성한 감상문이고, <예시3>은 (나)의 감상메모에서 감상자 자신이 언급한 대로 대상자료인 원작과 각색된 영화와 비교하여 그 차이에 대하여 느낀 점을 작성한 감상문이다.

예시2

'외로움'을 되돌아보게 된 계기
- 시 「요리사와 단식가」를 읽고 -

사혜준

장정일 시인은 시 「요리사와 단식가」에서 301호와 302호에 살고 있는 두 여자의 모습을 대조적으로 보여준다. 301호 여자는 요리를 연구하며 탐식을 하고, 302호 여자는 음식을 거부하며 단식을 한다. 시인은 이처럼 상반된 두 인물을 건조한 문체로 그려내고 있는데, 두 인물의 대립관계를 집중해서 하나의 이야기를 만들어낸다.

총 3연으로 구성된 이 시에서는 새로운 요리를 탐닉하고 폭식하는 301호를 1에서 관찰할 수 있고, 외로움에 대한 글쓰기를 즐기고 단식을 연구하는 302호의 모습을 2에서 관찰할 수 있다. 마지막 3을 통해서는 새로운 요리를 갈망하던 301호가 결국 302호를 요리하여 먹기까지 하지만, 그들이 겪는 외로움은 끝내 해갈되지 못했음을 알게 한다.

이처럼 시 「요리사와 단식가」는 301호 여자와 302호 여자 두 인물만을 그려내고 있다. 그러나 독자가 텍스트를 통해 두 인물에 대해 알 수 있는 것은 301호 여자는 요리에 대해 끊임없이 연구하며 요리하고 쉴 새 없이 먹어댄다는 것, 302호 여자는 단식을 하며 외로움에 대해 글쓰기를 즐긴다는 것뿐이다. 시 속에서 짤막하게 파편적으로 보여준 두 인물의 모습은 특이하긴 하나 명확하게 실체를 드러내고 있지는 않다. 두 인물이 간결하게 서술되고 있어 독자는 텍스트 안에서 좀 더 자유롭게 인물을 그려내고 상상할 수 있다.

301호와 302호의 행위들은 어떤 한 사건만으로 결정지을 수 없다. 그러나 '외로움'이라는 하나의 중심 키워드를 넘어 시가 주는 감각적인 느낌만으로도 충분히 감상할 수 있다. 외로움 때문에 병적으로 행동하는 여자들의 서사를 보여줌으로써, 독자에게 그러한 이미지가 던지는 충격을 안겨준다. 더불어 이 텍스트 전반에 흐르는 건조하고 냉소적인 문체는 이러한 느낌을 더욱 강조한다.

> 어느 날, 세상 요리를 모두 맛본 301호의 외로움은 인육에게까지 미친다. 그래서 바싹 마른 302를 잡아 스플레를 해먹는다. 물론 외로움에 지친 302호는 흔쾌히 301호의 재료가 된다. 그래서 두 사람의 외로움은 모두 끝난 것일까?

시는 이야기의 끝에 가서 독자에게 오히려 질문을 던지고 또다시 부정한다. 이 부분에 대해 독자마다 이견이 있을 수 있다. 그러나 시인은 이 질문을 통하여 두 사람은 과연 왜 이러한 행위를 하게 되었는지 독자에게 추측할 수 있는 시간을 부여한 것인지도 모른다. 독자는 한정된 텍스트 안에서만 원인을 찾으려고 하지 않는다. 감상을 하고 그것을 개인적인 경험과 결부시켜 해석한다. 나 역시 이 질문으로 인해 시를 읽으면서 받아들인 이야기와 함께 그 이야기가 주는 물음에 대해 되짚어 생각하게 되었다. 그뿐만 아니라 이를 통해 나 자신의 '외로움'까지 되돌아보는 계기가 되었다. 두 여자가 탐식과 단식을 하게 된 원인이 시에 나오지 않지만, 질문은 인육을 먹는 충격적 이야기 끝에 두 인물이 이상행동을 하게 된 원인이 '외로움'에 있다는 것을 깨닫게 하는 효과를 낳았기 때문이다.

두 여자의 비극은 모두 내면의 상실감에서 출발한다. 과식증에 걸린 여자와 거식증에 걸린 여자의 단편적인 모습을 보여주며 말하고 싶었던 것은 바로 지금 우리가 지니고 있는 '외로움'의 실체가 아니었을까. 텍스트 안에서 보여준 내용과 이야기를 넘어 독자에게 독자만의 고유한 감정으로까지 전달시키는 것이야말로 시가 구현할 수 있는 최대의 상상력일 것이다.

예시3

시 「요리사와 단식가」와 각색영화 <301 302> 비교 감상

안정하

장정일의 「요리사와 단식가」는 특히 서사성이 확연히 돋보이는 시다. 그러나 사건의 원인이 되는 전사(Back Story)가 직접적으로 드러나지 않는다. 이 시를 쓴 장정일 시인에게는 확실하게 자리잡혀 있을 수 있겠지만, 독자에게는 301호 여자와 302호 여자의 행동을 납득시킬만 한 여지가 주어지지 않고 있다. 그러나 두 여자의 행동에 독자를 납득시킬만 한 원인이 드러나지 않았다고 해서 시 읽기에 어려움을 주는 것은 아니었다.

박철수 감독이 각색하여 제작한 영화 <301 302>에는 좀 더 다양한 인물이 등장한다. 먼저 301호 여자와 302호 여자에게 '송희', '윤희'라는 이름을 부여했고 시청각적으로 형상화하여 입체적으로 보여준다. 또한 시가 301호와 302호를 두 인물을 중심으로 표현한 것에 비해 영화에서는 두 인물을 둘러싼 주변인물이 부각된다. 먼저 302호 윤희의 행방을 찾기 위해 형사가 등장하는데, 형사는 맞은편에 거주하는 301호 윤희에게 질문을 던지게 되고 이 대목에서부터 이야기는 과거와 현재를 드나들며 전개된다.

301호 송희의 주변인물에는 그녀의 전 남편이 있다. 전 남편은 송희가 폭식을 하게 된 원인을 제공한 사람이다. 전 남편은 한 때 송희를 사랑했지만, 요리에 대한 송희의 과도한 집착에 싫증을 내고 더이상 관심과 애정을 주지 않게 되었다. 한편, 302호 윤희의 과거 주변인물에는 의붓아버지와 윤희를 잘 따르던 꼬마 여자아이가 있다. 윤희의 의붓아버지는 상습적으로 어린 윤희를 성폭행하였고, 이와 관련하여 당시 겪게 된 꼬마 여자아이의 죽음은, 윤희에게 씻을 수 없는 트라우마를 남겼다.

시 「요리사와 단식가」는 주어진 텍스트 안에서 독자가 자유롭게 자신의 체험과 삶을 결부시켜 상상하여 해석하는 재미를 주었고, 영화 <301 302>는 기존에 있던 두 여자의 이야기를 특정한 인물의 삶으로 전환하여 구체적으로 만들었다. '탐식과 단식'이 주는 원작의 시적 이미지를 풍부한 영상으로 재해석하여 직접적으로 보여줄 뿐만 아니라, 시에서 말하는 '외로움'을 추적함으로써 독자의 이해를 도운 것이다. 그러나 이 때문에 영화가 더 우월하다고 보기는 어렵다. 영상으로 그 이미지를 직접 보여준다는 것은 독자들 각자가 책을 읽고 상상하는 것만큼 다양하고 무한할 수는 없다는 점에서 상상력의 단순화 내지는 획일화를 초래할 수 있음을 간과해서는 안 되기 때문이다.

문학은 중요한 부분을 시각적으로 드러내기 위해 애쓰고, 영화는 시각적으로 보이는 것의 중요함을 강조하려고 애쓴다고 하지 않았던가. 경제성을 필요로 하는 시에서 표현된 부분은 시인이 가장 강조하여 전달하고 싶은 부분일 것이다. 시인이 이미지화하여 드러낸 부분을 읽고 의미를 확장해 나가는 것이야말로 시 독자만이 누릴 수 있는 특권일 것이다.

연습 자신이 선택한 대상자료를 감상한 뒤, '감상메모 작성 단계'를 적용하여 감상문을 작성해 보자.

감상메모 작성 단계

1. 감상하며 떠오른 생각을 자유롭게 기술한다. (브레인스토밍/자유연상 쓰기)
2. 빈도 높은 공통분모를 찾아 주제를 정한다. (다발짓기/밴다이어그램 그리기)
3. 구체적인 주제가 될 수 있도록 범위를 좁혀 주제문을 완성한다.

2 감상문 작성의 실제

감상문에는 대상에 대한 감상자의 생각이 우선적으로 전제된다. 동일 작품일지라도 감상자마다 반응과 평가는 제각기 다르기 마련이다. 따라서 감상을 통해 사고의 방향을 스스로 가늠할 수 있다는 점에서 감상문 작성은 자신의 생각이 무엇인지를 파악할 수 있는 근본적인 훈련이 된다.

감상문은 대상의 특성에 맞춰 감상 작업을 선행한 뒤 작성하는 글쓰기이다. 문학작품이 대상일 경우에 독서 감상문 혹은 독후감이라 하고, 영화가 대상일 경우에는 영화 감상문이라 하듯, 감상문은 대상작품의 종류와 범위에 따라 다양하다.

(1) 전시 감상문

전시된 작품만을 보고 작가의 의도나 전시의 목적을 정확히 이해하는 것은 어려운 일이다. 따라서 전시에 대한 정보는 전시에 대한 전반적인 이해를 도와준다. 전시관의 특징, 전시 작품과 전시 분류의 기준, 작가의 약력 등에 대해 미리 조사하여 계획서를 작성하는 것은 전시 이해를 도울 뿐만 아니라 감상문을 작성하는 데 있어 감상의 기준을 마련할 수 있다는 점에서 유용하다. 특히 미적 대상에 대한 감수성의 함양, 작품 문화에 대한 이해력 증진, 환경 및 예술 문화를 애호하는 태도 육성 등이 전시 감상문의 목적임을 인식하여 이러한 사항에 잘 드러나도록 작성하는 것이 필요하다.

예시4

《앤디 워홀 라이브(Andrew Warhol Live)》 전시 관람
- 그의 생애와 예술적 특징을 중점으로 -

패션디자인학과 OOO

1. 서론

'전시 관람 보고서' 과제가 주어진 후, 전시회 종류와 전시행사 일정 등을 검색하였다. 미술, 사진 등 다양한 전시회가 여럿 소개되고 있었다. 그 중 사진영상미디어를 이해하는데 도움을 얻고자, 20세기 팝아트의 제왕 '앤디 워홀'의 작품을 확인할 수 있는 《앤디 워홀 라이브 (Andrew Warhol Live)》[1]를 관람하기로 했다.

동대문 디자인 플라자(DDP)의 배움터 디자인 전시관에서 열리고 있는 《앤디 워홀 라이브》展은 미국 펜실베니아주 피치버그에 위치한 앤디 워홀 미술관의 소장 작품을 대거 공개하는 자리였으며, 국내 최초 공개 작품을 포함하여 앤디 워홀의 시대별 작품세계와 삶의 흔적을 총 망라한 대형 전시로 기획되었다.[2]

앤디 워홀은 상업적 대중문화와 일상의 어휘를 미술에 끌어들인 '팝아트(Pop art)'를 통해, 자기 세대와 소통하고 당대를 반영하였다. 그의 독특한 성격과 스타일은 현대인의 욕망과 가능성을 정직하게 끌어내었고, 나아가 예술작품과 상품의 경계를 무효화시키는 작업을 이루게 하였다.[3] 그는 예술과 대중문화, 상류 사회와 전위예술가 사회를 융합시켰고 이들 각각을 이전과 같은 눈으로 볼 수 없게 만들었다.

이 때문에 《앤디 워홀 라이브》展은 그동안 구체적으로 잘 알지 못했던 앤디 워홀의 모습을 더욱 확장시켜주는 체험이 되었다. 삶과 예술을 보여주는 다양한 작품과 방대한 자료는 팝아트의 선구자이자 신화로 자리매김한 작가의 위상을 다시금 느끼게 하여, 관람에 즐거움과 몰입이 배가된 전시였다. 따라서 이 글에서는 《앤디 워홀 라이브》展의 다양한 작품 중 인상 깊었던 세 종류의 작품(<$(9)>, <캠벨스프1: 치킨누들>, <Blow Job>)을 중심으로 앤디 워홀의 작품 세계에 대한 감상을 언급하고자 한다. 이를 위해 작가 앤디 워홀의 생애와 그의 예술적 특징을 살피는 작업 역시 필요할 것으로 판단되어 이와 연계하여 살펴보겠다.

---

1) 《앤디 워홀 라이브(Andrew Warhol Live)》 (서울: 동대문디자인플라자(DDP), 2015.06.06-09.27). 전시구성은 다음과 같다.
1. 앤디 워홀의 생애 2. 상업디자이너에서 팝아트의 제왕으로 3. 뉴욕 상류사회의 거울이 되다
4. 폴라로이드 사진에 매료되다 5. 죽음과 재왕

2) 「'앤디 워홀 라이브 (Andrew Warhol Live) 展' 안내」, 동대문디자인플라자(DDP), 2015.06.06-09.27, 2쪽.

3) 위의 글, 같은 곳.

2. 돈에 대한 집착 - <$(9), 달러사인(9)>

앤디 워홀은 1928년 8월 6일 미국 펜실베이니아주 피츠버그에서, 체코슬로바키아 이민자 부모 밑에서 세 아들 중 막내로 태어났다. 어릴 적 이름은 '앤드류 워홀라(Andrew Warhola)'였다. 그는 1929년 10월 미국 증시 붕괴로 야기된 대공황 시기에 어려운 시절을 보냈다. 아버지는 건설 노동자였고, 어머니는 가사 도우미 일을 하거나 깡통에 기른 꽃을 집집마다 팔러 다녔다. 이후 고교시절 아버지의 사망으로 맏형 '존'이 가족의 생계를 책임졌다.[4] 가난했던 앤디 워홀의 성장배경은 자신과 자신의 가족에게 절대적으로 필요했던 돈에 대한 집착으로 이어졌고, 이는 작품세계 전반에도 반영되었다.

앤디 워홀은 일생동안 돈에 강하게 집착했을 뿐만 아니라 돈에 대한 욕구를 숨기지도 않았다. "난 평생 싸구려 시계를 차고 다녔지만 돈으로 다 해결할 수 있을 때 가장 행복했다. 돈은 내게 순간을 결정하는 기회일 뿐 아니라 감정의 원천이다. '내가 세상에서 가장 사랑하는 게 뭘까?'라는 질문이 돈을 그리게 했다. 예술도 근본적으로 돈을 통해 아름다움을 획득한다."[5]라고 했을 정도였다.

돈에 대한 사랑, 또는 집착의 감정을 앤디 워홀은 예술로 승화시켰다. 자신뿐만 아니라 누구나 그러할 것이라고 판단하고 '대중이 사랑하는 돈'이라는 주제로 많은 작품을 남겼다. 미국 달러를 좋아한 앤디 워홀은 그중 달러를 많이 그렸는데, 4개, 9개의 달러사인이 그려진 작품은 화폐기호를 반복적으로 표현함으로써 돈의 상징성을 강조했다. <$(9)>에는 특별히 물감이 번지고 튄 자국이 많이 보이는데, 이는 팝아트의 대척점에 있던 추상표현주의 그림을 연상시키기에 충분하다. 돈을 그려 돈을 번다고 팝아티스트를 비난하던 추상표현주의에 대한 비판으로, 추상표현주의 그림에는 물감과 붓자국만 보이지만 그것도 돈을 받고 파는 작품이기는 마찬가지임을 상징적으로 드러낸 것으로 볼 수 있다.

3. 팝아트, 내가 좋아하는 것 - <캠벨수프1: 치킨누들>

진부한 대상을 예술로 승화시키려는 움직임은 영국 런던에서 처음 일어났고, 미국만의 팝아트는 1960년대에 이르러 완성되었다. 팝아트 예술가들이 주목한 주제는 매스미디어와 소비제품이었다. 일상생활이 예술 속으로 들어온 것이다. 이 때문에 평론가들로부터 받는 지탄이 많았다.

팝아트 작가들은 주로 화려한 색채로 채워진 백화점 카탈로그에서 소재를 찾았다. 그뿐만이 아니라 '로이 리히텐슈타인'은 만화 컷을 거칠게 확대해 캔버스에 옮겼고, '클래스 올덴버그'는 거대한 수도꼭지와 아이스크림콘을 빚어냈다.

앤디 워홀은 수프 깡통을 화폭에 담았다. "팝아트란 사물을 좋아하는 것을 의미한다."라고 말했던 앤디 워홀의 20년간의 점심메뉴에는 늘 '캠벨 수프'가 빠지지 않았다. 이렇게 가까운 대상이었으니 작품의 모티브로 삼는 것도 무리는 아니었을 것이다[6] 뉴욕 축사 전시관에서 캠벨 수프 깡통은 크고 아름답게

---

4) 위의 글, 3쪽.

5) 《앤디 워홀 라이브(Andrew Warhol Live)》, #1 Zone.
"WELL, WHAT DO YOU LOVE MOST? THAT'S HOW I STARTED PAINTING MONEY." - Andy Warhol (1928.08.06-1987.02.22)

6) 이자벨 쿨, 『앤디 워홀』, 정연진 옮김, 도서출판 예경, 2008, 38쪽.

재현되었다. 이 작품은 예술계를 충격과 환희에 빠지게 만들었다. 몇몇 대중은 그의 작품을 보고 비웃었고, 비평가 또한 냉소적 반응을 보였다. 그러나 앤디 워홀의 작품은 그렇게 비꼬고 우습게 여길 종류의 것이 아니었다. 이 '일회용 사물의 환생'은 팝아트 운동의 효시였고, 팝아트 운동은 전통 예술에 대한 20세기의 도전을 대표하는 것으로 자리매김되었기 때문이다.[7]

1962년에 워홀 작품에 처음 등장한 캠벨 수프 캔은 그를 대표하는 이미지이자 그가 만든 많은 혁신의 계기를 만든 소재이다. 워홀은 이전까지 광고나 만화에서 가져온 이미지를 확대해서 캔버스에 손으로 그렸다. 그러나 1962년 봄, 로이 리히텐슈타인이 만화를 전면적으로 회화에 도입한 전시를 보게 된다. 그와 다른 길을 찾던 워홀은 누구나 알아볼 수 있는 것을 그려야겠다는 생각에 캠벨 수프를 선택했다. 작품에는 확대, 복사, 색 수정 기법이 이용되었다. 당시 이용 가능한 다량의 캠벨 수프의 수에 정확히 일치하도록 의도적으로 반복하여 그렸다. 절차를 단순화하고 기계에 의해 대량으로 생산된 것처럼 똑같이 처리하였다.[8] 이로써 대량생산된 상품이 그림의 주제가 되기 시작했다.

<캠벨 수프1: 치킨 누들>은 상업예술가 워홀의 예술적 신조에 대한 이중적인 면모를 드러낸다. 앤디 워홀은 예술가로서 자신이 가지고 있는 전통적인 예술장르를 보여주고자 했다. 캠벨 수프 이미지는 상업적 대량 생산의 복제품인 동시에 작가에 의해 디자인된 작품이기도 한 것이다. 따라서 예술가가 손으로 직접 제작한 예술작품의 원본성에 도전한 그림이라고 할 수 있다. 이처럼 미술의 상업성 인정은 워홀에게 있어 간과할 수 없는 중요한 사실이다. 현재, 미술에 있어서 상업성은 인정된 바지만, 과거에는 세속성 때문에 금기시되었는데 워홀은 이 금기시되던 세속성을 깨는데 일조하였다.

워홀은 당대 시대적 이슈를 잘 선택하고, 일상에서 누구나 함께 즐길 수 있는 작품 소재를 찾았다. 그는 일상적인 소비품, 할리우드 스타, 유명 정치인, 문화계 인사, 식물, 꽃 등을 작품의 소재로 선택하였는데 이는 대중을 이끌어 공감대를 형성하였다. 다양한 주제, 대중스타, 일상적 오브제 선택으로 상업성과 연계시켜 대중화하는데 앞장섰던 워홀의 예술성은 현대사회를 읽어내는 중요한 코드 중 하나가 되었다[9] 워홀은 이를 위해 특히 '실크스크린'[10]을 이용해 다량 복제하며 비개성적이고 대중적인 예술을 선보였다. 실크스크린은 대량생산이 가능했던 판화로 흔히 공장에서만 쓰이던 기법이기에 이것을 미술작품으로 끌어왔다는 것이 굉장히 신선한 충격이었을 것이다. 특히 감각적인 색채 배합으로 워홀의 트레이드마크가 되었다.

4. 욕망의 관음 - <블로우 잡(Blow Job)>

앤디 워홀의 영화에 대한 관심은 1963년부터 '조나스 메카스'의 시네마테크를 방문한 뒤, 뉴 아메리카

---

7) 찰스 필립스, 『20세기에 우리에겐 무슨 일이 있었나?』, 홍정민 옮김, 좋은책만들기, 2000, 304쪽.

8) 권기태, 「앤디워홀(Andy Warhol, 1930~1987)과 팝아트(Pop art)에 관한 연구」, 대구가톨릭대학교 석사학위논문, 2005, 38쪽.

9) 정금희, 「앤디 워홀 예술과 상업성과의 연계성 연구」, 전남대학교 예술연구소, 2014, 4쪽.

10) 실크 등으로 만든 천 위에 잉크가 통과하지 못하도록 종이나 고무액을 입힌 도안을 올려놓고 잉크를 부으면 천의 올 사이로 잉크가 통과하면서 인쇄가 된다. 다른 판화기법에 비하여 잉크가 많이 묻는 방식이기 때문에 색상이 강렬하게 표현되는 효과를 줄 수 있다. 이러한 시각적 효과 때문에 포스터 등의 제작에 많이 이용되어 왔다.
박문각, 「실크스크린[silk screen]」, 네이버 지식백과: 시사상식사전,
http://terms.naver.com/entry.nhn?docId=2099108&cid=43667&categoryId=43667.

시네마그룹에 속한 '로버트 프랭크'와 '에밀 드 안토니오'와 친분으로 시작되었다. 워홀은 독립영화나 언더그라운드 영화그룹에 정식으로 속하지 않았다. 그리고 내용에서나 형식에서나 기술적 규칙을 모두 거부했다. 그의 영화들은 거의 실제 생활에서부터 얻어진 소재나 성격으로 아주 적은 예산으로 만들어졌다. <Sleep>, <Kiss>, 그리고 <Eat> 등의 영화를 통해 카메라로 창조될 수 있는 이미지 구성에 대한 자신의 흥미를 표현해내었다.[11]

현재 피치버그에 있는 앤디 워홀 미술관은 현재 워홀의 273개의 영화, 40개의 완전한 에피소드로 구성되어 있다. '앤디 워홀의 TV', '15분', '팩토리 일기' 또한 완성된 또는 미완성된 서술적 드라마와 상영 컷 등을 포함해 4,000개에 달하는 비디오테이프를 소장하고 있다. 이처럼 워홀의 필름미디어 작업의 수량은 엄청나다. 이는 앤디 워홀이 영화제작자로서 영화에 대한 많은 관심과 열정을 가졌다는 것을 보여준다.

대학 시절, 워홀을 가르쳤던 교수가 "워홀은 性이 없는 존재 같았다."라고 했다는데, 이렇게 무성적인 이미지를 가졌던 워홀은 실제 동성애적 성향을 보였다. 당대 최고의 팩션 작가로 불리던 '트루먼 카포티'와 같은 동성애자 예술가 문화를 선망하여 『Cock Book』, 『Foot Book』 등 남성 육체를 주제로 한 아트북을 발간하기도 했다. 70년대 이후에는 노골적인 남자 누드 사진을 찍기도 했고, 〈신사 숙녀 여러분〉이라는 실크스크린 연작에서는 성전환자, 복장 도착자 등을 주제로 삼았다. '팩토리'를 통해 그가 제작한 영화 작품 대부분은 동성애자나 남창, 성전환자가 등장하고, 구강성교나 집단 성행위 등이 다루어졌다.[12] 워홀은 성의 다양한 양상을 제시하고 관찰했다. 그리고 성 정체성과 성 고정관념에 질문을 던졌다. 그는 성적인 욕망을 관음증으로 만족시키고, 성적인 에너지를 예술작품 창작으로 승화시켰다.

우리말로 "퉁소를 분다."로 표현되기도 하는 'Blow job'은 악기를 부는 행동에서 파생되었지만, 일반적으로 '구강성교'를 의미한다. 제목의 충격만큼 영화 <Blow job>의 테마는 충격적이다. 벽에 기대어 있는 주인공 남자의 상반신과 얼굴을 고정 카메라로 기록한 30분 분량의 이 흑백영화는 사운드가 없다. 그 시간동안 구강성교를 받는 남자만 비춰준다. 남자 배우(Willard Mass)의 허리 아래쪽에서 5명의 소년이 구강성교를 해주었다고 한다.

화면에서 30분 정도 보이는 남자는 정말 영화의 제목대로의 행위를 보여주는 것일까? 아니면 체만 하고 있는 것일까? 행위와 행위 속 남자의 심리에 대한 다양한 생각과 궁금증이 영화를 보고 있는 사람들로 하여금 어리석음 사이의 긴장, 실제와 인공의 긴장을 전달시키는 것이 목적이었다면 그 결과는 충분히 성공적이다.

5. 결론

현대사회는 대중매체를 비롯한 시각 환경구성물로 인하여 광범위한 시각문화 환경을 이루고 있다. 특히 태블릿 PC, 휴대전화, 카메라 등 정보통신기기의 급격한 발달로 인하여 누구나 쉽게 시각문화를 생산하고 소비할 수 있게 되었다. 이에 따라 사람들은 더욱더 그림, 예술, 사진, 영상, 미디어 등에 대해서

11) 찰스 필립스, 앞의 글, 126쪽.

12) 《앤디 워홀 라이브(Andrew Warhol Live)》, Adult Zone.
19세 이상만 2층에 있는 'Adult Zone'에 올라갈 수 있는데 스태프가 신분증을 일일이 확인한다.

대수롭지 않게 받아들인다. 그동안 '영상이면 영화고, 미디어는 뉴스인가?'라는 막연한 생각을 가지고 있었다. 하지만 이번 《앤디 워홀 라이브》展을 보고, 앤디 워홀이라는 작가를 이해하면서 많은 깨달음을 얻었다. 전시회 입장 전 안내를 통해 읽었던 앤디 워홀이 남긴 인상적인 문구였던 "나는 미디어가 예술이라고 믿는다."를 충분히 보여 준 전시였기 때문이다.

앤디 워홀은 대량생산에 의한 대량소비로 미국사회가 급격히 변했을 때에 맞춰 예술의 영역에 혁명을 가져왔다. 그는 대량소비의 중심에 서 있던 가장 대중적인 소재에 관심을 가졌다. 누구나 좋아하고 필요로 하는 '돈', 매일 자신이 소비했던 '깡통 수프 캔' 등 모두 일상적인 소재였다. 익숙한 소재를 익숙하지 않은 매체를 통해 표현하여 대중의 공감을 이끌었다. 특히 대중 문화적 시각이미지를 미술의 영역 속에 적극적으로 수용했다. 공식화된 미술의 규범으로부터 벗어난, 개방적인 동시에 매순간 새롭게 태어나는 미래 지향적인 예술을 추구했다. 워홀은 그의 작품전체를 통해 예술 그 자체에 대해 모두에게 질문한 것이다.

《앤디 워홀 라이브》展에서는 무엇보다 자신의 신념과 예술관을 가진 작가로서 헌신했던 워홀이 느껴졌다. 이 때문에 예술작품을 대하는 자세만이 아니라 예술을 통해 디자인을 하는 사람으로서 치열하지 못했던 자신을 돌아보게 되었다. 그동안 아름다움을 보고도 무심히 또는 단순히 지나쳤던 적이 많았다. 일상에서의 예술을 표현해 내어 대중과 어떻게 함께 할 수 있었겠는가라는 회의감이 들었기 때문이다.

대중이 원하는 소재를 드러낸 작품에는 그 마다의 사회적인 의미, 그 사회를 구성하고 있는 다양한 문맥을 읽어내게 하는 힘이 있다. 워홀은 작품을 통해 대중의 목소리를 단순하지만 치열하게 보여준다. 개인의 시선에서 형성해 온 복잡하게 얽혀있던 욕망이 하나의 상징으로서 체계화되어 우리에게 예술로 남아있다. 그리고 그것은 우리에게 많은 것을 이야기한다. 그리고 그것이 필요했다는 것을.

(2) 답사 감상문

답사 감상문은 실제로 어떤 일 또는 사건이 일어났거나 일어나고 있는 곳에 가서 인상적으로 느낀 점과 함께 새롭게 알게 되거나 좀 더 알고 싶은 점에 대해 작성한 감상문이다. 답사를 위해서는 사전 계획과 사전 조사의 면밀한 진행이 무엇보다 중요하다. 사전 준비 이후 답사에 올라야만 차질 없이 일정을 소화할 수 있을 뿐만 아니라, 답사 목적에 부합하는 올바른 지식을 습득하여 효과적으로 감상문을 작성할 수 있다는 점에 유의해야 한다.

예시5

창덕궁 답사 감상문
- 자연과 실용성의 조화 -

국제통상학과 OOO

Ⅰ. 들어가며

조선시대의 궁궐은 왕조 사회의 통치자인 임금이 사는 곳이자, 정치적 중심지의 역할을 하던 공간이다. 또한 왕을 비롯해서 왕실가족, 내시, 궁녀 등 수많은 사람들이 생활하던 공간이기도 했다. 조선 최고의 건축물이라고 할 수 있는 궁궐이 단순하게 지어지지 않았을 것이다.

이번에 답사한 '창덕궁'은 경복궁과 함께 조선 시대의 대표적인 궁궐 중 하나다. 1405년 경복궁의 이궁(離宮)[1]으로 지어졌고, 임진왜란으로 모든 궁궐이 불에 타자 경복궁 중건까지 정궁의 역할을 하였기에 경복궁보다도 조선의 군주들이 더 오랜 기간 거처했던 궁궐이기도 하다. 창덕궁은 산자락을 따라 건물들을 골짜기에 안기도록 배치되어 있어 한국 궁궐 건축의 비정형적 조형미를 대표한다. 현재 남아있는 조선의 다섯 개 궁궐 중 그 원형이 가장 잘 보존되어 있고, 자연과의 조화로운 배치가 탁월한 점에서 1997년 유네스코 세계유산으로 등록되었다.[2]

따라서 이 글에서는 자연과는 어떻게 조화를 이루고 있는지, 각 건물을 어떤 목적으로 어떻게 배치하였는지에 중점을 두고 창덕궁의 건축적 특징과 공간구조에 대해 살피고자 한다. 이를 통하여 조선시대 궁궐의 상징적 의미와 건축적 조형미를 바로 이해하는데 의의를 두겠다.

Ⅱ. 자연과 인공물의 조화

전통적인 인식에서 좋은 자리는 북쪽으로는 산을 등지고, 남쪽으로는 물을 끌어들이는 '배산임수(背山臨水)'[3] 지역을 말한다. 조선의 궁궐은 대부분 이러한 곳에 자리 잡고 있다. 경복궁은 백악을 등지고 있고, 창덕궁과 창경궁은 응봉 자락에 기대어 있으며, 인왕산 자락에는 경희궁과 경운궁(덕수궁)이 자리하고 있다. 그중에서도 창덕궁은 자연과 인공물의 조화를 가장 잘 보여주는 궁궐이다.

> 창덕궁은 산자락에 지어진 '산중 궁궐'이다. 북쪽으로 산을 등지고 14만5천여 평의 산자락에 자리 잡은 창덕궁은 기하학적으로 궁궐의 배치를 통제하는 인위적인 축이 없다. 지형이 생긴 대로 건물이

1) 조선의 양궐 체제에서 법궁에 버금가는 제 2의 궁궐.
2) 사이트 창덕궁: 세계 문화 유산, http://www.cdg.go.kr/info/info_about.htm, (2009.07.14. 최종검색).
3) 산을 등지고 물을 바라보는 지세(地勢)라는 뜻으로, 풍수지리설에서 주택이나 건물을 지을 때 이상적으로 여기는 배치. 포털 사이트 NAVER 백과사전, "배산임수", http://100.naver.com/100.nhn?docid=791692.

놓인 가운데, 건물 사이의 관계는 엄정한 질서와 균형을 가지고 있어 전체적으로는 유기적으로 잘 짜인 하나의 '도시'를 이루고 있다.

창덕궁은 유교적 질서에 따른 궁궐 배치의 원칙과 자연과의 어울림을 함께 존중한 궁궐이다. 창덕궁의 건축은 산지에 자리한 지형적 특성에 따라 자유로운 배치를 보이고 있다. 그러나 한편으로는 배산임수, 전조후침, 구중궁궐, 동궁, 동조 등으로 표현되는 당시 궁궐 건축의 기본 배치 원칙을 따르고 있다.[4)]

창덕궁은 서울의 '외사산(外四山)'[5)] 중 북쪽에 자리 잡고 있는 북한산의 한 자락인 응봉을 등지고 있으며, 궁궐의 문을 들어서면 인공적으로 끌어들인 개울인 금천(禁川)이 있다. 금천을 궁궐 안으로 끌어들인 이유는 궁궐의 안팎을 구별하고, 배산임수의 의미를 살리기 위함이다.

경복궁은 서울의 '내사산(內四山)'[6)] 중 백악을 등지고는 있지만, 건물의 구조가 자로 잰 것처럼 정확하게 일직선상에 놓여있기 때문에 인공적인 느낌을 준다. 창덕궁은 평지가 적은 완만한 산비탈에 세워, 궁궐 배치가 경복궁처럼 남북을 축으로 정연하지 않고, 동서로 뻗어간 형식으로 되어있다. 이는 자연의 지세를 그대로 이용하려는 마음이 담긴 것이다.[7)] 따라서 옛 자료를 살펴보면 유일하게 창덕궁 인정전의 조회도(朝會圖)에서만 건물 뒤에 소나무 그림을 볼 수 있다.

궁궐의 정문 중에서도 가장 큰, 창덕궁의 정문이자 얼굴인 돈화문은 멀리서 바라보면 북한산의 보현봉을, 가까이서 바라보면 응봉을 정면에 담고 있다. 종로 3가에서부터 점점 걸어오면서 돈화문을 정면으로 바라보면 문이 산을 받쳐주는 것 같다가 가까이 다가올수록 산이 문 안에 다 들어옴을 느낄 수 있다. 이 광경은 창덕궁에서만 볼 수 있는데, 이는 궁궐의 정문이 법전과 일직선상에 놓여있는 경복궁과는 달리, 산자락에 위치한 창덕궁의 지리적인 특수성으로 인해 정문이 궁궐의 서남쪽 모서리에 위치하고 있기 때문이다.

Ⅲ. 실용적인 건물 배치

궐내각사는 고위 관원들이 정치적 업무를 보는 최고의 관청이자 나라 일의 중심 부분을 담당하는 곳이다. 궐내각사의 위치는 인정전을 중심으로 회랑 서편, 남쪽 외전의 행각, 인정전 회랑, 회랑 동편에 분포되어 있다. 궐내각사는 인정전 주위에 위치해 있기 때문에 각 관청 간의 사무를 보고 공조하기에 매우 유용했다.

돈화문을 지나 금천교를 지나면 인정전의 회랑 서편으로 궐내각사 중에 홍문관과 내의원 등이 자리 잡고 있다. 홍문관은 궁궐에 보관하고 있는 서적을 관리하면서 왕에게 자문하는 일을 담당하는 기관이었다. 홍문관원들은 왕과 함께 경전과 역사책을 읽고 토론하는 경연에 참여하였으며, 왕의 명의로 글을 짓는 역할을 했기 때문에 왕의 최측근이라고 할 수 있다. 따라서 왕과 가장 가까운 곳에 위치하여 업무를 효율적으로 처리할 수 있었다. 또한 약방이라고 불리는 내의원도 왕이 아플 때 즉시 진찰을 할 수

4) 최종덕, 『조선의 참 궁궐 창덕궁』, 눌와, 2006, 20쪽.
5) 서울의 바깥을 둘러싸고 있는 네 개의 산. 북쪽은 북한산, 남쪽은 덕양산, 동쪽은 아차산, 서쪽은 관악산이다.
6) 서울의 안쪽을 둘러싸고 있는 네 개의 산. 북쪽은 백악, 남쪽은 목멱산, 동쪽은 타락산, 서쪽은 인왕산이다.
7) 한영우, 『조선의 집 동궐에 들다: 창덕궁과 창경궁으로 떠나는 우리 역사 기행』, 효형출판, 2006, 23쪽.

있도록 왕의 생활공간 가까운 곳에 위치하고 있다.

왕의 집무실이었던 '선정전'[8])은 인정전 바로 옆에 위치하여 왕의 위엄을 높였다. 그와 동시에 실질적인 임금의 집 역할을 했던 '희정당'[9] 바로 옆에 위치하여 이동성을 극대화 시켰다. 또한 그 앞쪽에는 왕명의 출납 등을 맡은 관직인 도승지가 일하던 승정원이 위치해 있다. 국정의 모든 일은 문서로 왕에게 보고되고 왕의 명령도 모두 문서로 관원들에게 하달되게 되어 있는데, 그 문서를 들이고 내는 일을 맡았다는 것은 국가의 정보를 장악하고 있었다는 뜻이 된다. 승지들은 밤이고 낮이고 왕의 측근에서 대기해야 했기 때문에 승정원은 빠르게 왕명을 전달하고 왕에게 보고하기에 용이한 곳에 위치했다. 승정원 앞에는 고위 신하들이 왕을 만나 뵈러 궁궐에 들어왔을 때, 또는 만나고 나와서 그들이 가진 의견을 논의하던 건물인 빈청(賓廳)이 자리하고 있다. 빈청은 궁궐에 드나들던 관원들 가운데서 가장 고위 관원들의 공간이었기 때문에 궐내각사 가운데 가장 격이 높은 건물이다.

실제로 조선의 왕들은 드라마에서 보는 것처럼 여유롭고 한가롭지 않았다. 왕은 보통 새벽 4시에 기상하여 대비전에 문안인사를 드리고 다시 돌아와 세자 내외의 문안 인사를 받았다. 그 후 신료들과 아침 조회를 한 후 밀린 업무를 보며, 오후에는 개별 신료들과 면담을 갖고 오후 경연을 한 뒤 다시 밀린 업무를 보는 등 밤늦게까지 매우 바빴다.[10] 왕의 바쁜 하루 일과를 생각하면 이동성을 극대화시킨 이런 배치는 필연적인 결과였을 것이다.

또한 궁궐에는 '헛담'[11]이 존재했다. 남녀 구별이 심했던 조선 시대에는 일반적으로 남성과 여성의 생활공간을 구별하기 위해 헛담을 지었다. 하지만 궁궐 내에서의 헛담은 일반적인 헛담과는 의미가 다르다. 궁궐 안에서도 특히 궐내각사에서 헛담을 자주 볼 수 있는데 이는 문을 들어서자마자 바로 건물이 보이는 것을 막기 위함이었다. 이 헛담은 해당 건물에 근무하는 신하들의 사생활을 보호해주었기에 신하들을 배려해주는 역할을 하였다.

Ⅳ. 이동성의 극대화

다른 나라의 경우, 주로 크고 높은 하나의 건물에 다양한 기능이 집중되어 있다. 하지만 조선의 궁궐은 규모가 작고 단층인 건물이 대부분이었다. 주로 하나의 건물이 한 가지 기능을 담당하였고, 건물의 규모가 작은 만큼 많은 건물이 빽빽하게 궁궐에 들어서 있었다. 따라서 이동경로가 중요했는데, 효율적인 이동을 위해 회랑이 큰 역할을 하였다.

회랑은 평상시 정해진 통로의 역할을 함으로서 궐내의 이동반경을 통제하고 최소한의 왕족들의 안전을 보장하였다. 동시에 궁궐의 위엄을 유지하며 더 나아가 우천 시 이동성을 증대시키는 등 실용성을 극대화하였다. 또한 건물을 둘러싸는 담을 따라서 길게 늘어선 회랑은 단순히 담으로만

8) 창덕궁의 편전으로 임금이 관원들을 만나 나라 일을 의논하고, 학자 관료들과 유교 경전과 역사책을 공부하기도 하고, 공부하는 유생들을 불러 보아 시험을 보기도 하고, 잔치를 베풀기도 하는 공식 회의실이자 집무실이다. 홍순민,「조선 궁궐 창덕궁」, 한국 전통문화의 이해 수업자료, 8쪽.

9) 임금이 먹고 자고 쉬고 또 일상적으로 사람을 만나고 하는 건물. 위의 글, 같은 곳.

10) 박재택,「박재택의 의전이야기 9: 조선시대 왕의 일과와 행차」『경상일보』 2004년 5월 18일자, http://www.ksilbo.co.kr/news/articleView.html?idxno=94501, (2004.5.18.최종검색).

11) 사랑채와 안채 사이에 지은 담. 포털 사이트 NAVER 국어사전, "헛담".

이루어진 벽에서 느낄 수 있는 단조로움에서 벗어나 미적인 아름다움을 즐길 수 있는 공간이었다. 또한 궁궐을 비롯한 조선의 많은 건물은 좌식생활때문에 이동성이 떨어졌지만, 회랑의 존재로 부족한 부분을 메울 수 있었다.

V. 나오며

궁궐은 왕조 국가에서 왕의 위엄을 나타내는 권위적이고도 상징적인 건물이다. 따라서 화려하고 웅장한 건물을 생각하기 쉽지만 조선의 궁궐은 달랐다. 유교 이념이 깊숙이 깔려있던 조선 시대의 궁궐은 백성을 사랑하는 마음에 호화롭고 사치스러운 궁궐 대신 소박하고 검소한 궁궐을 지향했다. 또한 자연을 해치지 않으면서도 자연과의 조화를 이루기 위해서 세심하게 건물을 배치하였다. 그와 동시에 정치적 공간이면서도 생활공간의 역할을 다하기 위해서 궁궐 배치의 원칙을 따르려고 노력하였다.

하지만 일제 강점기를 거치면서 창덕궁의 많은 건물이 훼손되고 변형되었다. 일본은 특히 많은 업무를 수행하던 최고 관청인 궐내각사를 철저히 없앤 뒤, 내전 일대의 건물이 불에 타자 희정당 터에 경복궁의 강녕전 건물을 가져다 놓았다. 현재 일부 복원되었으나, 각 건물의 배치가 제대로 되어있지 않아 건물 배치의 본뜻을 알아보기 쉽지 않다. 또한, 승정원 일대는 전혀 복원이 되지 않아 빈 공터만 남아있다.

이 땅에 조선이 사라지고 100년이 더 지났다. 삶의 방식이나 문화, 건물 등은 대부분 서양식으로 바뀌었지만 창덕궁은 조선의 흔적이 가장 잘 보존되어 있는 현존하는 조선의 일부분이다. 정확한 복원을 통해서 궁궐 건물의 배치에 대한 본뜻을 살리는 것이 무엇보다 중요할 것이다. 또한 이에 대한 이해 역시 바로 잡아야 할 것이다.

참고 문헌

김진희 외 9인, 『단계별로 익히는 실전 글쓰기』, 역락, 2012.
최규수, 『대학시절의 글쓰기』, 명지대학교 출판부, 2014.

03 서평 쓰기

1 효율적으로 서평을 작성하려면

서평은 책을 읽고 난 후 내용과 의의에 대해 논평하는 글이다. 주관적인 감상이 강조되는 독서감상문과는 달리 객관적인 분석과 평가를 통한 이해의 측면이 서평에서는 더욱 강조된다.

효과적인 서평을 작성하기 위해서는 첫째, 대상자료의 정확성이 기본적으로 전제되어야 한다. 이로써 기본적인 맥락을 파악하고 정리하여 독자의 이해를 도울 뿐만 아니라 정보전달의 입장에서 대상자료의 가치와 의미를 살피는 데에도 도움을 준다.

둘째, 논리적인 객관화에 유의하여 작성되어야 한다. 누구나 언급할 수 있는 내용정리로서의 객관화가 아니라, 스스로 발견한 문제의 타당성과 그 해결을 위한 논리적 설명의 객관화가 적용되어야 한다. 주체적인 사고와 그 과정을 논리화하는 단계를 통해 비로소 독자를 설득할 수 있기 때문이다.

셋째, 주체적인 비평이 될 수 있도록 분석과 평가의 기준과 입장은 분명하게 제시되어야 한다. 명시적 기준을 통한 공정한 분석과 한계나 미비 등에 대한 견해를 피력하는 것은 대상자료에 대해 독자가 폭넓게 수용하는데 일조할 수 있다.

예시1

옳은 현재란 무엇일까

- 『여덟 단어: 인생을 대하는 우리의 자세』를 읽고 -

산업디자인학과 OOO

- 차 례 -

1. 서론

내가 무인도에서 혼자 살아간다면 인생을 살아가는데 어떤 것들이 중요할까? 아마도 먹고 사는 것을 해결하는 것 외에는

많지 않을 것이다. 그러나 일반적으로 사람들은 혼자 살기보다 다른 사람들과 함께 부대끼며 살아간다. 다른 사람과 함께 잘 살아가려면 중요한 것들이 많아진다. 원만한 사회생활을 위해서라면 관계마다의 보이지 않는 규칙만이 아니라 배려와 소통 역시 필요조건이 된다. 역으로 사회 안의 개인을 위해 중요한 것을 찾아보자면 그 안에서 자존감을 갖고 사는 것, 꿈을 이루려고 노력하는 자신의 모습이 아닐까.

『여덟 단어: 인생을 대하는 우리의 자세』[1]의 저자 박웅현은 인생을 살아가는데 생각해봐야 할 여덟 가지 주제에 대해 이야기한다. 세상을 살아가는 데는 수많은 것들이 필요하겠지만 선별된 '자존, 본질, 고전, 견, 현재, 권위, 소통', 이 여덟 가지 주제에 대해 저자는 자신의 생각을 들려준다.

그중 '현재'를 대하는 자세에 대한 이야기는 오늘을 걱정하는 젊은이의 입장에서 특히 주목하게 한다.

1) 박웅현, 『여덟 단어: 인생을 대하는 우리의 자세』, 북하우스, 2013.

> 저자는 '현재를 대하는 우리의 자세'에 대해 자신의 경험을 예로 들고 있는데, 동의하며 읽다보니 저자의 의견과 다른 몇 가지 다른 생각이 들었다. 그래서 이 글에서는 '현재'에 대한 저자의 견해를 먼저 언급한 뒤, 그것에 대한 개인적 생각을 피력해보고자 한다. 그리고 현재를 살고 있는 나의 모습을 보며 나의 미래에 대해 생각해보려고 한다. 내가 옳다고 생각되는 모습이 분명 내가 원하는 미래 모습일 것이다. 원하는 미래를 얻기 위해서는 현재를 어떻게 대면하는 것이 옳을지에 대해서도 역시 생각해 봐야 할 것이다. 이러한 과정을 통해 스스로 미래에 대한 답을 찾을 것이라고 기대한다.

서평의 내용은 재현(再現), 해석(解釋), 평가(評價)로 구성된다. 서평에 따라 어느 한 부분이 두드러지게 강조될 수 있으나, 일반적인 서평이라면 모두 언급되기 마련이다. 대상자료에 대한 바른 이해도 물론 중요하지만 자신의 견해를 연계시키고 평가하여, 그에 대해 주체적으로 표현하는 것이 서평의 주된 내용이 되어야 하기 때문이다.

해석은 대상자료의 맥락을 파악하여 내용을 정리하여 독자에게 전달하는 부분이며, 평가는 대상자료의 가치뿐만 아니라 한계를 밝혀 논평하는 부분이다. 재현은 효과적인 해석과 평가를 위해 필요한 경우 작성자 관점에서 대상자료를 재구성하여 표현하는 부분이라고 할 수 있다.

(1) 재현

문학작품을 대상으로 한 서평의 경우, 사건전개의 정황이나 인물의 성격 등에 대해 효과적으로 설명하기 위해서는 재구성하거나 재표현하는 것이 유용한 경우가 많다. 이처럼 서평에서는 순차적인 전개과정이나 관련 정보에 대한 특성을 알기 쉽게 전달하고 설득력 있는 해석 및 가치 평가를 위한 방법으로 재현의 방식이 활용된다.

그러나 대상자료에 대한 충분한 이해 없이 눈에 보이는 정보만을 단순히 요약하거나 평면적으로 조합하여 서술하는 것은 서평에서의 재현이라고 할 수 없다. 대상을 면밀한 분석하여 내용적 맥락과 저자의 의도를 명확히 파악하는 것이 선행되지 않는다면, 독자적 관점에서 재구성하고 요령 있게 재표현하는 비평적 재현은 이루어질 수 없기 때문이다.

예시2

2. 여덟 단어에서 말하는 현재

(1) 답은 내 앞에 있다

저자는 '박경철 씨와의 에피소드[2]를 들려주며 지금 현재를 충실히 사는 것이 중요하다고 이야기한다. "개처럼 삽니다.", "개는 밥을 먹으면서 어제의 공놀이를 후회하지 않고 잠을 자면서 내일의 꼬리치기를 미리 걱정하지 않는다."라는 답변을 통해 다가오지 않은 내일을 미리 걱정할 필요가 없음을 강조한다. 개들처럼 원형의 시간을 살 때 행복을 알 수 있다는 것이다. 주인이 있어 보살핌을 받는 개들은 배고프면 먹고, 주인이 돌아오면 반가움을 표현하고, 자고 싶으면 자기 때문이다.

2) 박경철 씨와 TV 프로그램 진행자와 게스트로 처음 만났음을 언급한 뒤, 인터뷰어인 박경철 씨가 "박 CD님은 계획이 뭡니까?"라고 한 질문에 대해 대답한 내용이다.

(2) 해석

서평에서는 대상자료의 기본적인 내용과 맥락을 파악하고 알기 쉽게 요약 정리하여 독자를 이해시킨다. 이러한 대상에 대한 충실한 파악과 이해에서 더 나아가 해석은 대상이 내포한 핵심 의미에 대해 적극적인 사고와 추리를 시도한다는 데 의의를 둘 수 있다. 스스로 사고하여 대상에서 참다운 의미를 발견하려는 시도라는 점에서 해석은 비평에 있어서 가장 중요한 부분이다.

한편, 의미가 절대적이지 않는 예술작품과 같이 대상의 의미가 다양하게 해석되어 지속적으로 언급되는 것이 가능한 경우도 있다. 대상에 대해 면밀하고 진지하게 탐구하는 과정에서 의미는 획득되기 마련이므로, 스스로 발견한 바를 기술하는 핵심적인 의미를 서평의 해석으로 파악하는 것이 옳을 것이다.

예시3

개들이나 사람이나 원형의 시간을 사는 것은 마찬가지이다. 사람도 아침에 일어나서 낮 동안 주어진 일을 하고 밤이 되면 잠자리에 든다. 하지만 사람들은 개들과는 달리 이렇게 일상이 반복되면서도 날마다 변화하며 앞으로 나아간다. '얀 마텔'의 『파이 이야기』에는 주인공 '파이'가 호랑이 '리처드 파커'와 함께 구명보트에 남겨지는 이야기가 나온다. 망망대해에서 표류 중인 파이는 시간이 흘러가면서 끼니를 해결하는 방법, 호랑이와 함께 지내는 법을 터득해 간다. 물론 매일의 일상도 반복적으로 이루어진다. 아침이면 알라신께 기도하고, 먹을 것을 마련한다. 더럽혀진 배 안을 청소해야 하고, 잠이 쏟아질 땐 자야 하는 이러한 삶 역시 저자가 이야기하는 원형의 시간을 살아가는 것이 된다. 하지만 파이는 단순히 현재에 충실하면서 원형적인 시간을 보내는 것이 아니다. 홀로 망망대해에서 구조되기 위해, 호랑이에게 잡아먹히지 않기 위해, 생사의 기로에서 공포를 막아내며 견뎌내고 있는 것이다. 파이가 만약 자신의 상황에서 현재의 삶에 충실하기만 했다면 그토록 오랜 시간을 살아서 버티지 못했을 것이다.

(3) 평가

서평 작성을 위해서는 진지하게 접근하고 문제를 발견하여 해결해 나가려는 주체적인 자세가 필요하다. 스스로 사고하여 발견한 의미를 기술하는 대상자료에 대한 적극적인 해석이 서평에 중심이 되기 때문이다.

중요한 의미를 발견한 대상은 다른 대상들과의 관계나 현실적 또는 역사적 맥락의 측면에서 의의를 고찰할 수 있다. 가령, 다른 대상과 비교하여 어떤 점에서 새로운지, 현재 어떤 위상을 지니는지 등 객관적 의의에 대해 탐구해 봄으로써 대상자료의 가치를 평가할 수 있다.

이때, 가치에 대한 판정이 아니라 가치에 대한 평가라는 점에 주의해야 한다. 또한 설득을 위한 설명으로 획득된 해석에는 타당성이 반드시 확인되어야 독자의 동의를 이끌 수 있다는 점 역시 인지해야 한다. 그렇지 않을 경우 독단적인 가치 평가로 빠질 수 있어 성공적인 서평이 되기 어렵다. 따라서 서평에서의 평가는 주체적인 사고와 그 과정을 논리화하는 단계를 효과적으로 개진하여 독자를 설득할 수 있어야 한다.

예시4

다가올 내일을 걱정하지 말고 오늘을 충실히 보내라는 것은 분명 의미 있는 말이다. 하지만 무작정 현재에 충실하기 보다는 미래에 대한 기대를 갖고 미래를 위해 노력하며 현재에 충실한 것이 현재를 사는 방법 중 더욱 의미 있는 방법은 아닐까.

저자는 현재에만 집중하라고 말한다. 그러나 요즘처럼 바쁘고 경쟁적인 현대사회에서 미래 상황을 배제하고 지금만을 위해 산다는 것은 지극히 안일하고 무모하다는 우려를 낳게 한다. 또한 개개인마다 주어진 상황이나 현실은 다르다. 어느 정도의 사회적 위치와 재력을 가진 뒤의 경험을 예로 든 것이므로, 아직 이룬 것 없는 호랑이 같은 현실과 대면하며 살아가는 젊은이의 입장에서는 온전히 수긍하는데 무리가 있다.

(……)

2 서평의 절차

서평 작성을 위해서는 진지하게 접근하고 문제를 발견하여 해결해 나가려는 주체적인 자세가 필요하다. 스스로 사고하여 발견한 의미를 기술하는 대상자료에 대한 적극적인 해석이 서평에 중심이 되기 때문이다.

대상자료에 담긴 사실을 정리하고, 한걸음 나아간 지점에서 그에 대한 분석과 평가의 과정을 거치는 것은 지성적 사고 훈련에 효과적이다. 이때, 누구나 할 수 있는 내용 정리나 평가는 적절하지 않다. 고유한 사고 과정이 논리적으로 드러나면서 설득력을 얻을 때 비로소 창의적인 사고 훈련이 가능해지기 때문이다.

(1) 정확한 독서

서평 작성에는 꼼꼼한 정독이 선행되어야 한다. 중심 맥락을 놓치지 않아야 하는 동시에 부분적인 의미들도 잘 새겨 읽는다. 대상자료의 내용을 요약한 뒤, 해석과 평가의 단계까지 발전시켜 정리해 두면 실제적인 서평 작성에 도움이 된다. 대상자료의 분량이 많을 경우 정독하면서 내용을 요약하여 미리 표제를 붙여 메모해 두는 것도 필요하다. 이와 함께 평소 착상과 의문을 중심으로 독서일기를 쓰는 것은 개인의 사고와 표현을 효과적으로 증진시킬 수 있으므로 서평 작성에 도움을 줄 수 있다.

다음은 대상자료의 정확한 제목에 대해 의문을 품은 작성자가 대상자료를 적극적으로 해석해 내기 위한 사전 준비가 돋보이는 서평의 예시이다. 대상자료와 관련된 개념 또는 의미 등에 대해 사전에 정확히 파악해 두지 않는다면 잘못된 해석으로 그릇된 평가를 내릴 수 있음에 유의해야 한다.

예시5

재판대에 선 소크라테스
-『소크라테스의 변론』 서평 -

경영학과 OOO

- 차 례 -

1. 서론
2. '최초의 고발인들'에 대한 변론
3. 무지를 자각하는 자가 진짜 지혜로운 자
4. '나중의 고발인들'에 대한 변론
5. 결론

1. 서론

처음 『소크라테스의 변론』에 대한 과제를 받아 도서대출을 위해 도서관을 찾았을 때 적잖이 당황했다. 교수님이 내주신 과제의 도서 제목은 『소크라테스의 변론』이었는데, 『소크라테스의 변명』 이 주를 이루고 있었기 때문이다. 한 글자 차이지만 스스로 정확하게 이해하기 위해서라도 확인해보아야 했다. 확인 결과 제목만 다를 뿐, 책의 내용은 같았다. 하나의 내용을 두고, 왜 두 개의 다른 제목이 존재하는 것일까?

'변론'과 '변명'은 엄연히 다르다. 변론은 '소송(訴訟) 당사자(當事者)가 법정(法庭)에서 하는 진술(陳述)'[1]이며, 변명은 '어떤 잘못이나 실수에 대하여 구실을 대며 그 까닭을 말하는 것'[2]이다. 정리하면 변론은 시비를 가릴 때 사용하는 단어이고, 변명은 죄를 지었을 때 쓰는 단어라 판단할 수

1) 포털사이트 네이버 한자사전, "변론" http://hanja.naver.com/search?query=%EB%B3%80%EB%A1%A0
2) 포털사이트 네이버 국어사전, "변명" http://krdic.naver.com/detail.nhn?docid=16697700

있다. 따라서 소크라테스가 유죄판결을 받기 전, 시시비비를 가릴 때 진술한 내용이므로 '변명'보다는 '변론'이 타당할 것이다.

소크라테스는 다른 두 무리에게 고소를 받아 재판대에 선다. 소크라테스는 두 무리 중 먼저 그를 고발한 무리를 '최초의 고발인들'이라 하고, 나머지 무리를 '나중의 고소인들'이라고 칭한다. 소크라테스는 자신이 무죄임을 증명하기 위해 변론을 하게 된 것이다. 이 글에서는 이러한 이유로 재판대에 선 소크라테스가 무죄임을 밝히기 위해 했던 변론을 살펴보려고 한다. 이를 위하여 소크라테스가 변론을 하게 된 원인에 대한 파악이 선행될 필요가 있을 것이다. 상황에 대한 인과관계를 이해한다면 소크라테스의 주요 변론 요약과 함께 그에 따른 감상 역시 어렵지 않게 진행될 것으로 생각한다.

(……)

(2) 창조적 평가

대상자료의 평가를 위해 기준과 입장은 명확히 제시되어야 한다. 전체적인 구성과 내용을 정확하게 파악하고, 필요하다면 대상자료의 가치에 대해서도 밝힐 수 있어야 한다.

저자나 대상자료에 대해서는 필요사항만을 간략하게 언급한다. 또한 저자의 사상이나 작품의 배경 등은 미리 파악하여 논평으로 발전시킬 수 있도록 대상자료의 성과나 한계 등과 연계시킬 수 있는 부분을 선별해둔다. 저자의 견해에 의문을 품는 등 단순한 이해를 넘어서는 비판적이고 창조적인 독서는 서평작성을 주체적으로 할 수 있는 지름길이 된다.

다음은 창조적 독서와 주체적인 평가가 중심이 된 서평의 예시이다. 작성자는 고전인 대상자료 속 과거의 인물과 현재의 나를 비견하면서 단순 작품 감상을 넘어 사회와 개인의 의미를 조망하려는데 서평의 의의를 두고 있다.

예시6

나쓰메 소세키의 『도련님』에 나타난 사회
- 사회 속에서 살아가는 '도련님'과 '나' -

일어일문학과 OOO

- 차 례 -

1. 들어가며

[일문학의 이해] 강의에서 '나쓰메 소세키'의 『마음』[1]을 접하게 된 후, 작가의 초기 작품을 읽어보고 싶다는 순수한 탐구심을 품게 되었다. 또한 강의에서 다루는 작품과 작가를 지표로 삼아 앞으로의 독서 스케줄을 짤 생각이었기 때문에 나쓰메 소세키의 초기 작품인 『도련님』을 택하게 되었다.

『도련님』을 읽는 내내 '세이쇼 나곤'의 『마쿠라노소시』[2] 일부분을 읽었을 때가 떠올랐다. 약 백 년 전에 쓰인 수필인데도 현대를 살아가는 '나'에게 공감을 불러일으킬 수 있다는 점에 놀라며 고전의 힘을 새삼 깨닫게 되었는데, 『도련님』 또한 그 '힘'을 가지고 있었다.

『도련님』은 도쿄 토박이(江戸っ子)인 '도련님'[3](坊っちゃん)이 도쿄로부터 멀리 떨어진 시골 학교에 수학 교사로 부임하며 겪게 되는 일을 담은 소설이다. 나쓰메 소세키는 1895년(메이지 28년) 시코쿠(四国)의 마쓰야마(松山) 중학교에 부임했던 시절의 실제 경험을 반영하여, 열흘 남짓한 시간 동안 이 소설을 집필하였다.[4] 누구나 쉽게 읽을 수 있을 정도로 문체가 간결하고, 명확하게 구분이 가능한 개성 있는 인물들이 등장하기에 지금도 널리 읽히고 있다. 그러나 '도련님'이 작품 곳곳에서 날카롭게 짚어내는 사회의 부조리를 우리 현실에 적용시켜보면, 이 유쾌해 보이는 이야기가 심오한 주제와 닿아있음을 알 수 있을 것이다.

『도련님』이 발간된 1906년과 지금 내가 살고 있는 2020년은 백년을 훌쩍 넘는 시간차가 있다.

---

1) 1914년 출간된 나쓰메 소세키의 후기 작품. 근대 지식인의 불안한 내면을 통해 에고이즘을 비판한다.
2) 11세기에 세이쇼 나곤(清少納言)이라는 고위 궁녀(뇨보)가 자신이 경험한 궁중 생활을 바탕으로 쓴 작품. 일본 수필 문학의 효시.
3) 인물들의 한국어 명칭은 나쓰메 소세키, 『도련님』, 오유리 번역(문예출판사, 2001)에 따른 것이다. 정확한 구별을 위해 원문의 일본어 명칭을 괄호 안에 표기한다.
4) 권혁건, 『나쓰메 소세키: 생애와 작품』, 고려대학교출판부, 2007, 228쪽.

'강산이 변한다.'는 10년이란 시간이 열한 번을 거듭하고 났음에도, '도련님'과 '나'는 닮은 점이 많다. 인간이라는 것. 인간이기에 인간과 함께 살아갈 수밖에 없다는 것. 즉 '사회'에서 살아가고 있다는 점. 너무나 당연한 이 사실 하나가 나와 도련님 사이에 무수히 많은 공통점을 만들어낸다. 나와 마찬가지로 한 사회의 구성원인 도련님을 보며 내가 공감한 부분과 그럴 수 없었던 부분에 대해 서술해 보고자 한다. 그리고 그 과정에서 '나는 사회 속에서 어떤 인간이고 싶은가'에 대한 답을 찾으려 한다.

2. 시골 학교의 '도련님'과 현대 사회의 '나'

자신이 가진 권력을 이용해 파벌을 만드는 인물, 권력자의 옆에서 끊임없이 아부하는 인물, 그리고 사회 구성원들의 복잡한 이해관계를 무신경하게 바라보며 나름의 정의감과 막무가내 정신으로 거리낌 없이 행동하는 인물, 그 외에도 실로 다양한 각각의 인물로 넘쳐나는 것이 '사회'이다. 이 때문에 인간은 타인과의 첫 만남에서부터 어지럼증을 느낄 수밖에 없다. 가치관, 자라온 환경, 성격 등 모두 조금씩 다를 수밖에 없는 그들 하나하나와 적절한 방법으로 사귀어 나가야 한다는 것 자체가 스트레스로 다가올 때도 적지 않다. 이러한 현상은 '도련님'이 살아가는 '사회'와 내가 살아가는 지금 이 시대의 '사회'에서도 동일하게 나타난다.

'도련님'은 "다른 사람에게 함부로 별명을 붙이"[5]는 버릇이 있다. 수학 교사로 부임하여 동료 교사들과 인사를 주고받는 자리에서, 가장 먼저 그들의 첫 인상에 따라 너구리(狸, 교장), 빨간 셔츠(赤シャツ, 교감)와 같이 자신만이 부르는 별명을 짓는다.[6] '도련님'의 이러한 버릇을 단순히 『도련님』의 평면적인 인물상을 더욱 부각시키기 위한 소설의 장치로 파악하는데서 그칠 것이 아니라, 우리 스스로 적용하여 살펴볼 필요가 있다. 우리도 '도련님'처럼 주변의 다양한 인물들과 접촉하며, 자신이 파악한 그 사람의 성향과 첫 인상을 재료로 개개인의 '이미지'를 형성하고 있다. 주변 인물에게 별명을 붙이고 그것을 지침으로 삼아 의사소통을 이루는 일련의 행위는 사회의 구성원인 '도련님'에게도 그리고 우리에게도 자연스럽고 필수불가결한 일과(日課)이다.

(……)

5) 나쓰메 소세키, 앞의 책, 110쪽.
6) 위의 책, 33쪽.

(3) 근거의 제시

대상자료의 평가가 제대로 작성되기 위해서는 근거가 되는 대상자료의 내용이 정확히 제시되어야 한다. 이를 위하여 적절한 인용법을 사용하되, 대상자료의 내용과 자신의 입장이나 주장을 명확히 구분하여 작성한다.

대상자료에 대한 해설이나 기존의 서평 등을 참고하기도 하지만, 주체적인 사고의 정립 이전에 지나친 의존은 재고되어야 한다. 대상자료에 대한 이해뿐만 아니라 작가의 의도를 인지하여 논평의 단계를 거친 뒤 작성한다. 작가의 메시지에 무조건 동의하거나 이의를 제기하며 비판하기보다는 설득력 있는 의견으로 주체적인 시각과 태도를 전개시켜야 한다.

다음은 대상자료의 분석을 통해 논평의 근거를 제시한 서평의 예시이다. 작성자는 서평의 부제에서 언급된 핵심 상징어와 시인의 상관관계를 분석하여 시인의 시세계 전반을 언급하고 있다. 이를 위해 평가의 근거가 되는 대상자료는 인용법을 사용하여 정확히 제시하고, 분석을 통해 자신의 의견을 논리적으로 입증하고 있다.

예시7

『몰아 쓴 일기』로 본 박성준의 시세계
- 핵심 상징어 '누이', '혀', '귀신'을 중심으로 -

문예창작학과 OOO

-차 례-

(……)

2. '누이', 존재의 확인

시집 『몰아 쓴 일기』에는 수록된 시가 대부분 '누이'를 중심으로 전개되고 있다. '누이'[1]라는 단어는 사전적으로 같은 부모에게서 태어난 사이거나 일가친척 가운데 항렬이 같은 사이에서 남자가 여자 형제를 이르는 말, 흔히 손아래인 여자를 이른다. 시에서 구체적 인물을 지칭하는 단어는 두 가지 의미를 내포한다. 하나는 실제 화자나 시인과 관계를 가진 인물을 가리키는 것이고, 또 하나는 지칭어가

1) 두산동아 사서편집국, 『표준국어대사전』, 두산동아, 1999.

형성하는 관계의 성격이 곧 상징이 되는 경우이다. 박성준이 사용하는 '누이'는 전자에 해당한다. 시에서 '누이'는 어렸을 적부터 신병을 앓다가 결국 신내림을 받는 인물로 표현된다. 실제로 시인 박성준의 누이는 현재 무당이다.[2)]

시인은 누이라는 소재를 단순히 1차적으로 언급하는 것을 떠나 누이와 동생이라는 관계, 또 누이가 경험한 특수한 상황을 시의 사유로 확대시킨다. 「俳優 1: 너그러운 귀신」[3)]에서 화자는 쓰러진 누이가 보기 좋다고 한다. 또 「어떤 싸움의 기록」[4)]에서는 쓰러져 있는 누이의 몸에 다다르고 싶었다고 한다. 이는 누이를 향한 분노보다는 질투라고 볼 수 있는데, 이 질투의 본질은 볼 수 없는 세계의 이면을 누이가 볼 수 있다는 데에서 기인한다.

『몰아 쓴 일기』의 작품 속 화자가 시인과 일체화되어있다는 점을 감안한다면 화자는 곧 시인이라 할 수 있다. 그 과정에서 오는 시에 대한 열망과 갈망이 자신은 보거나 느끼지 못하는, 그러나 보고 느끼고 싶은 세계[5)]와 소통할 수 있는 '누이'를 질투하는 것이다. 그 이전에 '누이'의 쓰임새가 그쳤다면 시집은 표면적인 생산물이 됐을 것이다. 그러나 시인은 복합적인 인간의 심리를 개인적인 감정으로 시사한다.

"담담해진 마음으로 쓰러진 누이를 내려다보면서 / 미안해서 같이 쓰러집니다. 쓰러져봅니다 / 길고 긴 꽃잠 들러 갑니다. / 누이는 겨우 숨이 돌고 있고, 아 대신 내가 귀신 들고 싶어라."(「담」)[6)], "내가 그토록 사랑했던 여자는 곡을 잘하는 여자."(「어떤 싸움의 기록」)[7)]. 이 구절들은 시인이 누이를 질투하기만 하는 것이 아니라 동시에 사랑하고 있음을 증명한다.[8)] 시인의 누이에 대한 애증으로 시집은 다차원적인 접근이 가능하게 된다. 인간이 어떤 대상에 대해 한 가지 감정을 가지고 살아가는 것이 아님을, 즉 인간은 모순되는 감정을 동시에 분출할 수 있는 복합적인 생물이라는 것이다. 더 나아가 「샴!」[9)]과 「혀의 묘사」[10)]의 도입 부분을 보면 시인이 서술하는 과정에서 누이와 자기 자신을 일체화 시켰다가 다시 분리되는 양상을 보인다. 이런 연쇄적인 관계를 이어보면 시인은 누이를 사랑하면서 증오하고, 자기

---

2) 한윤정, "박성준 "시는 고통" 김승일 "아니, 소통"", http://news.khan.co.kr/kh_news/khan_art_view.html?artid=201205062123115&code=960205, (2020.05.06. 최종검색).

3) 박성준, 『몰아 쓴 일기』, 문학과지성사, 2012, 24~27쪽.
"피 때문에 바닥이 미끄러워서, 나는 디스코를 추려고 달려들었지 좋았어 쓰러진 누나가 앰뷸런스에게 제압을 당한 누나가, 고개를 돌리고, 멈추고, 말도 못 하는 꼴이"

4) 위의 책, 21~23쪽.
"쓰러져 있는 / 눈썹 문신만 남은 여자의 볼을 오래도록 핥아주고 싶었네. / 내가 귀신처럼 미쳐, 그 몸에 더, 다다르고 싶었네."

5) 시인이 생각하는 '시'와 누이가 보는 '세상의 이면'이 같은 선상이라는 것을 설명하기 위해 다음 글을 덧붙인다. "시인은 그래서 이러한 상징화의 기능은 오직 인간만이 수행할 수 있는 능력이지만 좀 더 깊게 해석을 한다면 신만이 가질 수 있는 능력임을 알아야 한다. …<중략>… 일찍이 플라톤은 궁극적인 본질의 세계를 이데아(Idea)라 하였고, 표면의 세계를 현상이라 하여 본질의 그림자로 취급하였다. 말하자면 우리가 감각적으로 경험할 수 있는 물질의 세계, 지상의 세계, 우주 삼라만상의 모든 조화들이란 본질적인 이데아의 표상인 셈이다." 홍문표, 『시창작원리: 현대시학이론과 창작실제』, 창조문학사, 2002, 373쪽.

6) 박성준, 「담」, 앞의 책, 56~61쪽.

7) 박성준, 「어떤 싸움의 기록」, 위의 책, 21~23쪽.

8) 시인은 이를 결정적으로 「검붉은 삼베 위에 좁쌀이 뜰 때」의 마지막 행에서 나타내고 있다. "꼭 한 번 안아주고 간 누이가, 솜이불만큼 두껍게 입다". 위의 책, 76~78쪽.

9) 위의 책, 12~13쪽.

10) 위의 책, 30~33쪽. "둘이라는 혀를 가진 나에게 / 내게 그토록 그리워한 것이 다른 네라 아니라 입속 다른 형식인 / 나라는 것을 중얼거리다 보면 / 건강한 묘지로 가 무덤을 핥아대는 입은 / 나처럼 내 입인가, 나와 멀어질, 나 같은, 네 입인가."

자신과 누이를 동일시하면서 스스로 애증하는 것이 된다. 『몰아 쓴 일기』는 내용면에서 누이에게 보내는 편지와도 같다. 그러나 이 누이를 향한 시편들은 자신을 향한 것이기도 하다. 자기 자신을 비워 시적 영매를 이루는 시인은 자아 확인을 하는 것이다.

따라서 시인에게 '누이'라는 단어는, 단순히 실존 인물의 인용이 아니다. 길고 연쇄적인 상징화를 통해 자신의 존재를 확인하는 것을 가능하게 하며, 여기에 그치지 않고 더 나아간다. '존재 확인'은 한 가지 답을 도출해 내지 않는다는 것을 인정하며 또 다시 질문을 던지고 있다. '내 속에 내가 너무 많다'[11]는 노래 가사와 유사한 마음으로 시인은 자아의 복잡성을 포용하며 객관성을 보인다. 유독 개인적인 시편들의 묶여있는 이 시집에서의 이러한 객관성 도출은 시인의 역량을 확인하게 하는 지점이기도 하다.

(……)

11) 시인과촌장, 하덕규 작사·작곡, <가시나무>, 1987.

연습 자신이 선택한 대상자료를 정확히 독서하여 이해한 뒤, 분석과 평가의 기준을 명확히 제시한 주체적인 서평을 작성해 보자.

3 서평 작성의 실제

서평은 학술지, 문예지, 신문 등 다양한 지면에 실린다. 출판사의 광고성 서평부터 본격적이고 심도 있는 전문가의 서평까지 서평의 종류는 다양하다.

다양해진 서평만큼 최근 들어 여러 방면에서 다양한 비평적 표현 능력을 요구하고 있다. 서평작성에 필요한 사고와 표현은 의사소통의 상황에 두루 관련된 능력이며 글쓰기의 본질과 가치가 복합적이고 동시적으로 작동하는 종합적인 형식이다. 대상자료에 대한 인상적인 감상을 논평의 단계까지 끌어올리는 과정을 통해 개인은 자기인식과 자기의식을 정교화 할 기회를 마련할 수 있다. 또한 사고의 교류를 통해 공감대를 형성하고 관계를 확장시켜 새로운 사회적 인식이나 어떤 문제의 긍정적인 해결을 지향할 수 있게 된다. 이처럼 스스로 느끼고 발견하고 생각하게 된 것을 다른 대상과 비교하여 검토하는 서평 작성은 비평적 사고와 비평적 읽기를 통해 주체적 표현 능력을 증진시키는 효과적인 훈련이 된다.

예시8

『신은 존재하지 않는다』 서평
- 종교에 대한 견해를 중심으로 -

정치외교학과 OOO

- 차 례 -

1. 서론
2. 종교에 대한 견해
   (1) 종교에 대한 '저자'의 견해
   (2) 저자의 견해에 대한 '나'의 생각
3. 결론

1. 서론

많은 사람이 종교를 믿고 이를 전파하고 있다. 종교가 주장하는 믿음과 사랑으로 인해 사람들은 도움을 받고 인생의 활기를 되찾는다. 또한 종교를 통해서 서로의 유대감을 확인하여 더욱 더 긴밀한 관계를 갖게 된다. 각 종교별로 주장하는 것은 다르지만 기본적인 윤리를 요하는 것은 공통적이다. 이것을 통해서 생명을 살리고 한 사람의 인생이 더 좋아질 수 있도록 돕는다.

종교가 돕는 대상에 모든 사람이 포함되지는 않는다. 모든 이에게 자비롭지 않으며 오히려 많은 사람이 종교로 인해 불합리한 어려움을 겪기도 한다. 그 예로 이슬람 사회에서 행해지고 있는 명예살인을 들 수 있는데, '명예살인으로 억울하게 피해를 입은 여성들이 살해'[1]될 뿐만 아니라 현재까지도 신성한 것으로 여겨진다. 종교로 인한 전쟁과 분쟁은 수많은 인명피해와 재산 피해를 낳고, 더 나은 삶을 살 수 있음에도 종교적 교리에 때문에 의료 해택과 치료를 받지 못하고 있는 사례 역시 다수이다.[2]

종교가 없다면 당연히 위와 같은 종교로 인한 피해는 줄어들 것이다. 하지만 종교의 대가없는 베풂 역시 사라질 것이다. 또한, 가진 것이 없고 능력이 없는 사람은 삶의 회의감으로 세상을 더욱 삭막하게 느끼며 살아갈 것이다. 다시 말해, 종교가 없어지면 세상에 활기를 불어주고 약자들을 보살피는 종교의 긍정적인 역할마저 없어져 희망 없는 세상이 될 지도 모른다.

종교로 인한 부정적인 문제는 어떻게 해결해야 할까? 이러한 문제를 바로 알기 위해서는 먼저 종교로 인해서 어떤 문제가 일어나는지, 또 이러한 문제로 인해 어떠한 결과를 낳는지 알아야 할 것이다. 이 글에서 다루고자 하는 '크리스토퍼 히친스'의 저서 『신은 위대하지 않다』는 종교로 인한 문제와 종교가 사회에 미치는 영향을 다룬다. 또, 이러한 문제를 해결하기 위해 종교는 어떻게 변화해야 하는지에 대한 저자의 생각이 담겨있다. 따라서 이 글에서는 먼저 이 책을 통해 저자의 생각을 살펴보고, 이에 대한 나 개인의 생각을 비교하여 정리하고자 한다.

2. 종교에 대한 견해

(1) 종교에 대한 '저자'의 견해

저자 크리스토퍼 히친스는 종교라는 이름으로 자행된 수많은 잔인한 행위를 비판한다. 예전에는 종교를 통해서 믿음과 지식을 배웠지만 현재는 이러한 믿음과 지식을 배우기는커녕 종교라는 허울 좋은 명목 하에 일어나는 잔인한 사건들이 비일비재하여 우리가 불안 속에서 살고 있다고 강조한다. 즉, "오늘날의 신앙은 반복되는 과거의 메아리에 불과하다. 때로는 끔찍한 공허감을 쫓아버리려고 거의 비명처럼

1) "파키스탄에서 10대 소녀 2명이 남성과 함께 있는 영상을 찍었다는 이유로 가족에게 살해당했다. 17일, BBC등 외신은 온라인에 게시된 영상 때문에 16세와 18세 소녀가 이른바 '명예 살인'을 당했다고 보도했다. 한 명은 아버지에게 죽임당했으며, 또 다른 한 명은 오빠에게 목숨을 잃었다. 소녀들은 지난 14일 파키스탄 북서부 와지리스탄의 한 마을에서 가족들이 쏜 총에 맞아 숨졌다. 가족들은 소녀들의 시신을 매장했다." 박태근, 「男과 영상 찍었다는 이유로..파키스탄 10대 소녀 2명, 가족에 살해 당해」, 『동아일보』 2020년 5월18일자.

2) "인간이 만든 종교교리에 의해 난치병을 치유하겠다는 생명윤리를 차단하는 행위는 종교적으로도 성령을 거역하는 행위라고 볼 수 있다." 윤복현, 「줄기세포, 과학과 종교의 충돌..생명윤리」, 『플러스 코리아』 2012년 10월 16일자, 칼럼.

증폭되기도 하는 메아리"[3]라고 현대 신앙의 부정적 속성을 언급한다. 저자는 '과학의 새로운 연구 결과를 고대인이 만든 신의 말에 들어맞게 조작하는 것', '교리의 확립에 무한한 고통과 상실을 가져오는 부조리와 만행을 저지르는 것'이 신앙에 포함되어 있다는 것이다.

또한 현재 많은 사람이 자신의 잘못을 덮어 두고 신의 이름으로 자신의 행동을 합리화하기 위해서 종교를 빙자하고 이용한다고 주장한다. 이에 대해 이스라엘이 레바논을 침공한 예를 들고 있다. 이스라엘이 레바논을 침공해 '하나님의 정당'이라는 뜻을 가진 헤즈볼라가 생겨났다. 이 단체는 시아파를 끌어들여 이란의 신정독재체제에 통합시켰다. 이 과정에서 신자들이 범죄조직과 납치를 하고 자살폭탄의 공격을 시도했다. 이 결과로 레바논에서는 많은 사람들이 죽었다.[4] 이것은 신의 이름을 빙자하여 자신의 행동을 합리화시켜 행동하고 이로 인하여 무고한 생명이 죽은 사례이다. 저자는 이러한 사례가 일어나는 이유를 다음과 같이 설명한다.

> 내가 앞에서 언급한 모든 사례에서 종교는 집단적인 의심과 증오를 엄청나게 증폭시키는 역할을 했기 때문에 각 집단에 속한 사람들은 다른 집단의 사람들에 대해 항상 편협하기 짝이 없는 말을 하곤 했다. 기독교인과 유대인은 더러운 돼지고기를 먹고 독이나 다름없이 술을 벌컥벌컥 들이킨다. 스리랑카의 불교 신자와 이슬람교도들은 2004년 크리스마스 직후에 지진 해일이 발생했을 때, 사람들이 크리스마스 파티에서 포도주를 많이 마셔댔기 때문에 그런 재앙이 일어났다고 비난했다.[5]

위의 내용을 통해서 저자는 종교가 다른 종교를 비판적 시각으로 바라보는 것이 결국 종교 간의 의심과 증오를 유발하고 이로 인해 많은 종교분쟁이 일어난다고 설명한다. 또한 저자는 종교가 사실은 '신앙'에 의존하기 위해 증거를 조작해 신앙을 타락시키고 이성을 모욕하며, 신자들을 위협의 존재로 이용한다고 주장한다. 그리고 신자들이 신앙을 위협의 존재로 이용한다고 설명한다.

일본의 제국주의 역시 이와 관련된다고 할 수 있다. 일본의 불교 지도자들은 당시 많은 사람이 살 수 있게 한 명을 죽이는 자비의 무력을 행사할 수밖에 없다. 대승불교는 이를 매우 진지하게 승인했다. 또한 일본은 불교 승려와 신토 승려들을 모아 가미가제 대원으로 교육시켰다. 이들에게 천왕은 완전히 깨우친 존재이며 불교의 이상적인 군주를 나타내는 네 가지 중 하나라고 교육시켰다. 또한 선불교는 삶과 죽음을 무심히 대하는 종교이므로 이승의 근심을 벗어버리라고 하였다.[6] 이러한 주장을 통해서 일본은 영원한 평화라는 명목으로 제국주의를 합리화시켰고, 이 때문에 다수의 나라와 민족이 위협되었다.

종교의 다양한 문제를 해결하기 위해 저자는 종교의 계몽이 필요하다고 주장한다. 이러한 것은 영웅이나 위인이 아니라 평범한 사람들이 할 수 있는 것이다. 종교를 통해서 구원을 받을 것이라는 생각으로 악행을 저지르지 않고 인간 자체의 의식을 가지고 행동을 해야 함을 강조한다. 그리고 저자는 종교적 색채를 강조하지 않고 서로를 인정해 주어야 종교의 문제를 해결할 수 있다고 주장한다. 즉, 종교의 참된 의미를 깨닫고 이를 이용하지 말아야 하며 지금의 종교에 대해서 깊이 생각보아야 한다는 것이다.

---

3) 크리스토퍼 히친스, 『신은 위대하지 않다』, 김승욱 역, 듀란킴에이전시, 2008, 20쪽.

4) 위의 책, 38쪽.

5) 위의 책, 60쪽.

6) 위의 책, 297쪽.

(2) 저자의 견해에 대한 '나'의 생각

저자는 사회적인 문제 중 종교가 원인인 경우가 많기 때문에[7], 이에 대한 해결을 위해 종교의 개혁이 필요하다고 주장한다.[8] 종교의 색채를 없애고 종교를 명목으로 이용하지 않는다면 종교로 인한 전쟁, 인권 침해 등 많은 사회적 문제를 해결할 수 있다는 것이다.[9]

종교의 개혁을 통해서 종교 간의 증오나 의심이 어느 정도 완화될 수 있으며, 또한 종교의 의미를 다시 새겨 그 의미를 바로 알면 종교로 인해 침해되는 인권문제를 조금이나마 해결할 수 있을 것이다. 하지만 저자는 다른 문제점 즉, 역사, 정치, 패권과 같은 문제는 전혀 언급하지 않고 오직 종교의 문제만을 언급하고 있다. 또한 다수의 문제가 종교 때문에 생긴 것이라고 말한다.

하지만 나의 생각은 다르다. 종교로 인한 분쟁의 경우, 그 근본적인 원인이 종교인 것은 확실하다. 하지만 이러한 분쟁이 계속해서 이어지고 끊이지 않는 것은 오직 종교의 문제만은 아니다. 많은 국가가 그들의 이익 속에서 다른 나라의 분쟁을 해결하려고 노력하지는 않고 오히려 종교 전쟁을 더욱 부추긴다. 그리고 종교라는 명목으로 테러리스트들이 테러를 저지를 수밖에 없는 상황을 만드는 것 역시 권력을 가진 국가나 주요 인물들 때문이다. 권력을 위해서 결국은 그들의 목소리를 내기 위해서 비인간적인 행위를 한다. 그들 역시 이러한 행위가 잘못된 것을 알기 때문에 종교라는 명목을 이용한다. 하지만 저자는 종교라는 명목으로 테러를 일으키고 전쟁을 일으키는 것만을 꼬집어 말할 뿐, 그들이 왜 그런 선택을 할 수 없는지에 대해서는 전혀 설명하지 않고 그런 상황을 만든 원인에 대해서도 비판하지 않는다. 오직 종교를 이용해 자신의 행위를 합리화 하려고 했다는 점만 중점을 두어 말하고 있다.

물론 종교라는 명목으로 전쟁을 일으키고 테러를 하는 행위는 분명 잘못된 행동이다. 하지만 이러한 행위만을 비판하는 것이 아니라 그런 상황을 만들고 그저 덮어두려는 권력을 가진 국가, 기득권층도 비판되어야 한다. 따라서 위의 단편적인 문제만이 아니라 권력을 가진 국가, 기득권층이 함께 반성하여 문제해결을 위한 종교개혁 수준의 노력이 필요할 것이다.

3. 결론

종교가 근원이 되어 생기는 문제는 많지만 여전히 해결되지 못하고 있다. 이러한 문제 때문에 인권침해가 발생하고 많은 사람이 전쟁으로 죽어간다. 하지만 문제의 근원을 종교라고 비판하고 또, 이 종교문제가 해결된다고 해서 또 다른 문제가 모두 해결되는 것은 아니다. 그 이면에는 수많은 정치적 갈등, 더 나아가서는 각 국가의 이익이 대변되어 있기 때문이다.

크리스토퍼 히친스의 『신은 위대하지 않다』를 통해서 종교의 문제가 무엇이고 그것이 우리의 사회에서 어떻게 미치는지에 대해 살펴보았다. 문제해결을 위해서 우리가 무엇을 할 수 있는지에 대해서도 살필 수 있었다. 그러나 문제 해결을 위해서는 면밀한 분석을 통해 그 원인을 파악하여 그에 알맞은 해결책을 제시해야 했지만, 저자는 그러하지 못했다. 종교의 비도덕적 행위를 스스로 합리화 시켜 사람들로 하여금

7) 위의 책, 29쪽.
8) 위의 책, 403~412쪽.
9) 위의 책, 406~412쪽.

제한된 행동을 하게 하는 종교의 위협을 저자는 문제의 원인으로 들었기 때문이다. 하지만 이것은 종교만이 아니라 국제적인 위치나 환경, 권력에 의해서 생기고 좌지우지 되는 문제이기도 하다는 것을 간과한 것이다.

모든 종교의 가장 기본적인 공통점은 '헌신'과 '믿음'이라고 할 수 있다. 그것이 유일신이든 자연이든 영원불변한 자연의 법칙이든 그것을 절대적인 것으로 믿고 그것에 자신을 의존한다면, 그것을 종교라 볼 수 있을 것이다. 그 헌신은 그 믿음을 가진 신자에게는 근거 없는 미신이 아니라 나름 확실한 근거를 가진 지식이다. 특정 종교인이 아닌 다른 일반인들에게는 그것이 단순한 사회 현상일 수 있으나 믿음을 가진 사람들에게는 그런 믿음은 절대적 당위이다. 하지만 학문으로 임하는 종교학자들에게는 그 당위의 대상인 신앙과 대상과의 관계를 짚고 넘어가지 않을 수 없다.

종교의 근본 의미를 바로 안다면, 종교를 정치적 수단으로 삼아 자행되는 행위를 합리화해서는 안 될 것이다. 또한 문제가 생길 수밖에 없는 상황을 만드는 기득권층과 권력 국가들 역시 지속되는 행동에 대해 반성해야 할 것이다. 나아가 인류의 이익을 생각하여 종교문제가 근원이 되어 생긴 문제에 관심을 두고 적극적으로 참여하여 해결의지를 보여야 할 것이다.

참고 문헌

김형규 외 10인, 『단계별로 익히는 실전 글쓰기』, 아카넷, 2010.
최규수, 『대학시절의 글쓰기』, 명지대학교 출판부, 2014.

04 자기소개서 쓰기

1 자기소개서의 특성과 중요성

(1) 자기소개서의 특성

자기소개서는 말 그대로 내가 나를 소개하는 글이다. 소개란 나에 대해 잘 알지 못하는 누군가에게 나에 대한 정보를 전달해 나를 알게 하는 것이니, 자기소개서는 이러한 소개를 목적으로 작성하는 글을 말하는 것이다. 자기소개서는 나에 대해 알고자 하는 누군가를 대상으로 작성하는 글이며, 그 글의 내용은 '너는 누구인가?'라는 질문에 대한 응답이라 말할 수 있다.

그렇다면 나에게 자기소개서를 작성하게 하는, '너는 누구인가?'라는 질문을 던지는 이는 누구인가? 특별한 경우도 있지만, 일반적으로 자기소개서는 취업이나 진학/전학/유학, 단체 가입 등의 목표를 이루고자 기업이나 학교, 기관, 단체에 제출한다. 나에게 '너는 누구인가?'라는 질문을 던지는 이는, 그곳의 구성원이 되기 위해 지원한 나를 선발/채용하는 사람이며, 그 선발자/채용자는 자기소개서를 통해 내가 그곳의 구성원이 될만한 자질과 능력을 갖추고 있는가를 판단한다. 자기소개서를 공들여 써서 제출한 나는 그곳의 구성원이 되기를 원하기에, '내가 그곳의 구성원이 되기에 충분한 자질과 능력을 갖추고 있다'는 것을 드러내 보여주고 설득하는 내용으로 자기소개서를 작성해야 한다. 이처럼 자기소개서는 매우 목적지향적인 글이다. 그렇기에 '그곳의 구성원으로서 갖추어야 할 자질과 능력'이 무엇인지를 미리 파악한 후, 이에 부합하는 내용으로 작성해야 하는, 어떻게 보면 나에게 글쓰기의 자유로움을 허락하지 않는 그런 글인 것이다.

그렇다면 내가 그곳에서 원하는 자질과 능력을 갖추고 있다는 것을 보여주고 설득하기 위해, 자기소개서에 써야 할 내용은 구체적으로 무엇인가? 이와 관련해 우선 알아야 할 것은, 자기소개서는 보통 자신에 대한 객관적인 주요 정보를 제시하고 입증하는 서류인 이력서나 각종 증명서와 함께 제출된다는 것이다. 이는 자기소개서를 통해 선발자/채용자가 알고자 하는 것이 이력서나 각종 증명서에 기록된 내용이 아니라는 것을 말해준다. 자기소개서를 통해 알고자 하는 것은, 내가 태어난 곳이 어디이며 내 가족들이 누구인지, 내가 어떤 학교를 나왔고 어떤 경력이 있는지가 아니다. 그곳에서 태어나 그 가족들과 함께 성장한, 그 학교를 나오고 그 경력의 활동을 한 내가 과연 '어떤' 사람인지, 그것이 궁금한 것이다. 이 '어떤'에 해당하는 것이 바로 '자질과 능력'이며, 이는 이력서나 각종 서류에는 드러나지 않는 것이기에(이력서나 각종 서류를 통해서는 알아낼 수 없는 것이기에) 자기소개서를 제출하도록 하는 것이다.

대체로 자기소개서의 내용은 성격[성품, 인성], 성장배경[출생, 가족 환경], 경력[학력, 활동, 경험], 직무능력[직무에 대한 전문적 이해, 직무 경험, 직무와 관련된 자격증], 지원동기, 포부 등의 항목으로 구성된다. 성격이나 지원동기, 포부 등은 겉으로는 알 수 없는 주관적인 정보이기에 이력서나 각종 증명서를 통해서는 알 수 없다. 성장배경이나 경력, 직무능력과 관련된 객관적 정보는 이력서나 각종 증명서를 통해서도 파악할 수 있으나, 이를 통해 갖추게 된 주관적인 자질이나 능력은 파악할 수 없다. 자기소개서를 주관지향적인 글이라고 말하는 이유가 여기에 있는 것이다.

자기소개서는 자신의 능력과 자질을 자랑하는 글이며 자신만의 개성을 드러내는 글이다. 다른 사람들이 모두 가지고 있는 일반적인 특성을 나 또한 잘 갖추고 있음을, 주관적인 면까지 아무리 잘 드러낸다 하더라도, 이를 통해 내가 원하는 목표인 선발/채용에 이를 수는 없다. 그렇기에 나만의 개성, 나만의 매력을 한껏 드러내야 하는 것이다. 하지만 나만의 개성 가운데는 드러내 뽐낼 만한—자랑할 만한 능력과 자질이 아닌 것도 있을 것이다. 자기소개서는 자신을 부정적으로 보이게 하는 능력과 자질은 가급적 내세우지 않고 자신을 긍정적으로 보이게 하는 능력과 자질은 잘 드러나게 내세우는 글이다. 그렇지만 시종일관 자신의 긍정적인 능력과 자질[장점]만을 내세우면 잘난 체하는 인상을 줄 수 있을 뿐만 아니라, 내용의 진실성에도 부정적인 영향을 끼칠 수 있다. 그렇기에 자신에게 부정적인 능력과 자질[단점]이 없는 것은 아니라는 것을 솔직하게 드러내 서술할 수도 있다. 하지만 이 경우, 단점에 대한 서술이 장점에 대한 서술을 헛된 일로 만들어서는 안 된다.

자기소개서는 자신의 긍정적인 능력과 자질을 자랑하는 글이라고 했는데, 자랑하는 일도 쉬운 것이 아니다. 자신의 긍정적인 능력과 자질을 추상적으로 제시하는 데서 그쳐서는 독자가 이를 인정하고 장점으로 받아들일 리 없다. 구체적인 뒷받침 내용 없이 '나는 창의적인 사람입니다'라고만 말하면, 이 말만 듣고 신뢰하기는 매우 어렵다. 내가 창의성이라는 능력과 자질을 갖추고 있음을 보여주는 사례를 구체적으로 서술해야만 독자가 이를 신뢰하고 받아들일 수 있는 것이다.

당연한 말이지만, 자기소개서는 사실을 바탕으로 서술해야 한다. 거짓으로 작성해도, 선발자/채용자가 이를 간파하지 못하는 경우도 있으나, 그 결과는 오히려 자신에게 '불행'을 초래하는 단초가 될 수 있다. 선발자/채용자는 자기소개서에 서술된 장점이 '그곳'에서 요구되는 꼭 필요한 자질과 능력이기에 선발/채용했을 것이다. 선발/채용된 후 나는 '그곳'에서 요구되는 그 자질과 능력을 발휘하는 일을 해야 할 것이나 거짓이었으므로 그 일을 제대로 해낼 수 없게 된다. 이 상황이 자신에게 얼마나 고통스러울 것인가는 충분히 짐작할 수 있다. 이로 인해 자신의 일에서 얻고자 하는 보람과 성취를 포기하게 될 수도 있으니, 그런 까닭에 자기소개서는 진실한 글쓰기여야 한다고 강조해 말하는 것이다.

(2) 자기소개서의 중요성

자기소개서를 크게 '취업을 위한 자기소개서'와 '성찰을 위한 자기소개서'로 구분하기도 한다.(이 경우 앞서 언급한 '학업을 위한 자기소개서'와 '단체 가입을 위한 자기소개서'는 '취업을 위한 자기소개서'에 포함된다) 요즘 학생들에게 자기소개서는 뜨거운 관심의 대상인데, 그 이유는 물론 '취업' 때문이다. 대학을 졸업하고 직업을 갖는 것이 얼마나 중요한 일인지는 더 말할 필요가 없을 것이다. 기업/회사에 취직하기 위해서는 잘 쓴 자기소개서가 꼭 필요하기에, 취업을 중요하게 여기는 만큼 자기소개서를 쓰는 일도 중요하게 여기는 것이다.

하지만 자기소개서의 중요성은 '취업'에 필요하기 때문만은 아니다. '성찰을 위한 자기소개서'라는 말이 있듯이, 자기소개서 쓰기는 자신을 성찰하는 계기이자 방법이 될 수 있기에 더욱 중요한 것이다.

사실 자기소개서는 성찰을 목적으로 하는 글은 아니다. 자기를 소개하는 것은 내가 남에게 나에 대한 정보를 알려주는 것인데, 나의 자아 발견 혹은 정체성 확립을 위해 과거를 반성적으로 돌아보는 성찰은, 본래 남에게 알려주기 위한 정보를 파악하는 일은 아니기 때문이다. 하지만 '성찰적 자기소개서'라는 말이 있는 것은, 자기소개서를 쓰는 일이 '성찰'과 무관하지 않기 때문이다. '너는 누구인가?'에 대해 응답하기 위해 '나는 누구인가?'를 스스로 질문하는 과정에서 탐색되고 발견된 성찰의 내용은 자기소개서의 주인공인 나의 장점으로 해석되고 구성될 수 있을 뿐만 아니라, 성찰을 통해 발견한 나의 정체성이 곧 나만의 개성, 나만의 매력을 더욱 돋보이게 할 수 있기 때문이다. 이처럼 자기소개서를 잘 쓰기 위해서는 자신에 대한 성찰이 필요하며, 자기소개서 쓰기가 자신의 삶을 성찰하는 중요한 계기/방법이 될 수 있다. 이 성찰이 바탕이 되어 자신의 목표와 미래가 설계될 수 있으므로, 자기소개서가 중요한 글이며 자기소개서를 제대로 써보는 경험이 중요하다고 말하는 것이다.

자기소개서 쓰기는 자기 자신과의 대화이면서 다른 사람과의 대화이다. 이 대화의 과정에서 자신의 정체성을 발견/확인할 수 있으며, 이 대화의 경험을 통해 자신의 장점을 의미 있게 구성할 수 있다. 하지만 앞서 말했듯이, '자기소개서'는 목적성의 제약에서 자유롭지 못한 글이어서, 그 글을 쓰는 동안 지나치게 위축되는 또는 지나치게 자기 자랑하는 자신을 보면서, 자기소개서 쓰기에 대해 어렵고 힘들고 실망스러운 일이라고 생각하게 될 수도 있다.

하지만 자기소개서 쓰기가 과거에 대한 성찰을 통해 현재의 나를 발견하고 미래를 설계하는 매우 의미 있는 일임을 분명히 인식할 필요가 있다. 이를 바탕으로 당당하면서 진실하게 자신을 소개하는 그런 자기소개서를 쓰고자 한다면 이 일은 자신의 성장에 도움을 주는, 흥미 있고 보람 있는 일이 될 수 있을 것이다. 그러기 위해 무엇보다 중요한 것은 자신의 개성을 장점으로 인정하는 곳, 자신의 특성을 장점으로 발휘할 수 있는 곳에 자기소개서를 제출해야 한다는 것을 꼭 기억해야 한다.

연습 다음 글은 '자기소개서 쓰기'에 대해 비판적으로 서술하고 있다. 이를 참고하면서, '자기소개서 쓰기'의 긍정적인 면에 대해 생각해 보자.

오늘도 취준생들은 '자소서'를 쓴다. 자소서는 '자기소개서'의 줄임말로, 기업에 원서를 낼 때 거의 예외 없이 제출하는 서류이다. 명칭 그대로 자소서는 자기가 살아온 경험을 소개하면서 자신이 이 회사에 채용되어야 하는 이유를 기술하는 글이다. 하지만 자소서에 쓰는 모든 소개는 그 자체로는 의미가 없다. 궁극적으로 채용담당자를 설득하지 않으면 무용지물이기 때문이다.

청년들이 자소서를 '자소설'이라고 부르는 이유도 여기에 있다. 자소서를 쓰는 이는 모든 항목에서 자신의 경험과 생각을 최대한 과장해야 한다. '가장 어려웠던 일을 극복하기 위해 어떤 일을 했는지', '조직의 목표를 달성하기 위해 노력하고 희생함으로써 협력을 이끌어낸 경험'에 대해 쓸 때, 지원자는 최근 4~5년의 대학생활 동안 경험했던 일들을 복기해서 아무리 작은 경험이라도 그 속에서 '어려움' '극복' '목표 달성' '희생' '협력'이라는 키워드를 끌어내야 한다. 당연히 경험은 과장될 수밖에 없다. 그래서 그것은 '소설'처럼 '있을 법한 허구'가 된다. 모두가 소설을 쓴다면, 그중 가장 극적이고 재밌는 소설을 쓴 이가 서류전형을 통과할 공산이 크다. 자소서 쓰기는 우리 시대의 청년문학이자, 기업이 주관하는 신춘문예다.

자소서가 '자소설'이 되는 또 하나의 이유는 그것이 '자기소개'의 독자성과 창의성을 결여하고, 기업이 제시하는 항목에 자기를 맞추는 글이기 때문이다. 회사를 초월해 자소서 항목에서 반복적으로 등장하는 단어들은 뭘까. '열정, 극복, 도전, 끈기, 성과, 창의, 문제해결, 비전, 노력, 희생, 진지함, 헌신, 감동' 등이다. 이 단어들은 기업이 찾는 인재가 거의 '슈퍼히어로'에 가까움을 보여준다. 평범한 대학생들의 삶과는 어울리지 않는 거창한 단어들이다. 하지만 취준생들은 자기 삶의 경험들을 이러한 단어들에 맞춰서 재배치해야만 한다. 이제 경험을 통해 가치를 추출하는 게 아니라, 자소서에서 요구하는 가치를 충족하기 위해 실제적으로 경험을 조직하는 게 최선이다. 대학생활에서 자소서가 만들어지는 게 아니라, 자소서를 위해 대학생활이 만들어지는 것이다.

자소서의 기능은 그래서 단순히 기업에 '자기소개'를 하는 게 아니다. 자소서는 '자기'를 만들어내는 것, 기업의 인재상에 맞추어 '자기'를 생산하는 기능을 한다. 그것은 짧게는 1~2년, 길게는 9~10년의 자기 인생을 기업이 요구하는 가치에 따라 조직하는 일이다. 청년실업률이 역대급으로 높은 오늘날, 자소서는 청년들이 '자기'의 삶을 설계하고 운영하고 관리하는 지침서다. 이것은 기업이 운영하는 '고해성사'다. 그런 의미에서 자소서는 개인을 권력의 입맛에 맞춰 하나의 '주체'로 만드는 체계, 곧 푸코가 '장치'(dispositif)라고 불렀던 것의 대표적인 한국적 사례가 된다.

'학생부'가 중고등학생의 삶을 주조한다면, 자소서는 대학생의 삶을 주조하는 '주체화 장치'다. 자본은 상품을 생산하는 데서 그치는 게 아니라, 청년의 삶을 생산하는 데로 나아간다. 이렇게 생산되는 '자기'란

'스스로를 인적자본으로 바라보고 투자 대비 이윤을 최대화하기 위해 자기를 관리하고 경영하는 인간', 곧 신자유주의적 인간형인 호모 에코노미쿠스이다. 그의 삶은 완벽한 자유로 이루어진 것처럼 보이지만, 사실 그는 자본에 구속된 인간으로 스스로를 관리한다. 오늘날 정치는 국회나 청와대에 있다기보다, 기업의 자소서가 만들어내는 청년들의 삶 속에 있다. '삶 정치'란 이런 것이다. 한국의 현재와 미래가 청년에게 있다? 아니다. 그것은 청년의 삶을 생산해내는 자본에게 있다.

— 문강형준, "자소서는 어떻게 '자소설'이 되는가", http://www.hani.co.kr/arti/opinion/column/741929.html?_fr=mt2

2 효율적으로 자기소개서를 작성하려면

자기소개서 작성을 보다 효율적으로 진행하려면 다음과 같은 과정이 필요하다.

단계	구체적으로 해야 할 일
준비 작업	▷ 지원하고자 하는 곳(기업/학교/기관/단체 등)에 대한 정보 수집과 자기소개서 양식 조사하기 ▷ 지원하고자 하는 곳의 인재상 및 지원 직무의 요구 역량 파악하기
구상 작업	▷ 나의 인생(경험) 지도 그리기 ▷ 요구 역량과 주요 경력 매칭 해보기 ▷ 항목별 배열 및 소제목 달아보기
쓰기 작업	▷ 초고 작성하고 피드백 받아보기 ▷ 퇴고 작업 후 제출 준비하기

(1) 준비 작업의 경우

① 해당 기업에 대한 정보 수집과 자기소개서 양식 조사하기

자기소개서 작성의 준비 작업으로 우선되어야 할 것은 지원하고자 하는 곳(기업/학교/기관/단체 등)에 대한 정보를 수집하고 자기소개서 양식이 있는지 조사하는 일이다. 다음은 지원하고자 하는 곳이 기업일 경우를 제시한 것으로, 아래의 방법을 참고하여 지원하고자 하는 곳에 대한 양질의 정보를 취합해보자.

■ 전자공시 시스템

상장된 기업에 대한 기업소사의 바이블로 통하는 사이트로, 기업에 대한 정보가 구체적으로 기술되어 있어 회사의 개요를 파악하기가 쉬워진다.

■ 회사 웹진(온라인) 또는 사보(오프라인)

웹진에는 현재 회사가 나아가고 있는 방향이나 다양한 부서에서 일어나고 있는 이슈들을 속속들이 알 수 있게 해주는 정보들이 많다. 오프라인으로 발행되는 사보의 경우에는 직접 회사에 방문하여 구할 수 있으며, 인터넷을 통해 PDF 파일을 무료로 받아볼 수도 있다.

■ 현직자와의 만남

가장 추천하고 싶은 방법이 바로 취업 희망 회사에서 근무하는 현직자와의 만남이다. 학과 사무실이나 학교 경력개발센터를 방문하여 도움을 청해보자. 현직자와의 만남은 효과적인 비전 수립이나 해당 직무에 필요한 역량 파악에 큰 도움이 될 것이다.

② 지원하고자 하는 곳의 인재상 및 요구 역량 파악하기

자기소개서의 작성 방향을 명확히 설정하려면 지원하고자 하는 곳(기업/학교/기관/단체 등)의 인재상 및 지원 직무의 요구 역량을 파악하는 작업에 공을 들여야 한다.

■ 인재상 파악하기

지원하고자 하는 곳의 인재상을 살펴보고, 어떠한 역량을 요구하고 있는지 메모해두자. 이렇게 인재상을 파악하면 그에 맞게 자신의 소개 방향을 조정하는 게 가능해진다.

최근 뉴스에서는 인사 담당자가 선호하는 인재 유형을 조사한 결과 약 33%가 '협업'에 뛰어난 인재를 가장 선호한다고 밝혔다. 신입으로 입사하는 세대들이 자신과 다른 업무 스타일의 사람들, 또는 배경과 환경이 다른 사람과 어울리며 조화롭게 맞춰가야 하는 팀플레이를 제대로 해내지 못하는 경우가 많아졌기 때문이라고 한다. 따라서 이러한 인재상을 주목한다면, 자기소개서 작성에서 자신의 경험을 인용할 때 개인적인 성과보다는 팀 성과에 집중하여 다양한 사람들과 함께 성과를 냈던 경험을 보여주는 것이 훨씬 효과적이게 될 것이다.

■ 지원 직무에 맞는 요구 역량 파악하기

지원하고자 하는 곳의 지원 직무별로 요청되는 요구 역량(실행력·도전정신·창의력·글로벌 역량·융화력·사회공헌 등)을 체크해두면 자기소개서의 작성 방향을 구체적으로 잡을 수 있고, 자신의 경험을 효율적으로 서술하는 것이 가능해진다.

자기소개서를 작성하면서 대부분의 학생들이 지원 직무에 상관없이 자신의 경험사를 최대한 다양하게 모두 보여주고 싶어 한다. 하지만 지원 직무에서 입사 후 조직 융화력을 요구역량으로 제시하고 있다면, 그에 포인트를 맞춰 자신의 면모를 제대로 보여주는 것이 훨씬 더 효과적일 수 있다.

연습1 아래와 같은 표 양식에 맞춰 자기소개서 작성을 위한 준비 작업을 연습해 보자.

	자기소개서 작성을 위한 준비 작업	결과 정리
1	지원하고자 하는 곳(기업/학교/기관/단체 등)은?	
2	지원하고자 하는 곳에 대한 정보를 수집해보자.	
3	지원하고자 하는 곳의 인재상을 조사해보자.	
4	지원 직무에 맞는 요구 역량을 파악해보자.	

(2) 구상 작업의 경우

① 나의 인생(경험)지도 그리기

구상 작업에서는 나의 인생(경험) 지도 그리기를 통해 고등학교 입학 시부터 현재까지 나를 대표할 수 있는 모든 경험을 나열해보는 시간들이 필요하다. 예를 들면, 동아리 활동이나 봉사활동에 대한 기록, 군대 시절 이야기, 대외활동에 대한 경험과 일화, 각종 자격증 준비나 시험에 대한 구체적인 이야기, 가족 관련하여 소개하고 싶은 이야기 등 나의 과거와 현재, 나아가 미래의 계획에 이르기까지 순차적으로 메모를 해보는 것이다.

이러한 작업은 남과 다른 '나'를 가장 잘 어필할 수 있는 나만의 스토리를 전개해 나가기 위한 것이다. 자기소개서는 자기가 기술하는 개인사(life history)이므로 소재를 취사선택하는 과정에서 그 사람의 단면이 드러나게 마련이다. 그 사람이 중요하게 여기는 부분이라든가 자랑하고 싶은 것 등이 이미 그 사람의 특징이 될 수 있기 때문이다. 특히 성장과정이나 학교생활, 친구관계 등 일상과 관련된 일을 표현하는 시각에서 이 점이 중요하게 감지된다. 나의 이야기를 보다 구체적이고 자신 있게 들려줄 수 있도록 내가 언제 어떤 일을 어떻게 왜 했는지, 스스로 나의 인생 경험에 대한 스토리텔링을 준비해보자.

연습2 자기소개서의 구상 작업으로 <나의 인생(경험) 지도 그리기>를 작성해보자. 아래의 표 양식은 가장 일반적인 틀을 제시한 것이므로, 각자 자유롭게 수정하는 것이 가능하다. 특히 대학시절의 경우에는 좀더 세분화하여 구체적인 경험을 담을 수 있게 조정해 보자.

	<나의 인생(경험) 지도 그리기>	결과 정리
1	어린 시절의 나	
2	중/고교 시절의 나	
3	대학시절의 나	
4	가까운 미래의 나	

② 요구 역량과 주요 경력 매칭 해보기

구직용 자기소개서의 경우를 들어 설명해본다면, 자기소개서는 특정한 기업의 입사를 위해 작성하는, 일정한 의도를 가진 글이라 할 수 있다. 따라서 본인의 입장에서는 지원하는 회사에 자신이 적합하다는 것을 피력하는 글이어야 하고, 기업의 입장에서는 회사가 필요로 하는 사람을 선택할 만한 요소를 발견할 수 있는 글이어야 한다. 이러한 특징은 지원하고자 하는 곳이 학교/기관/단체일 경우에도 마찬가지일 것이다.

이를 위해 구상 단계에서는 지원하고자 하는 곳의 요구 역량에 부합하는 본인의 주요 경력을 매칭시켜 해당 기업이나 학교, 단체 등이 요구하는 '맞춤형 인재'임을 부각시킬 필요가 있다. 자신의 모든 경력을 두서없이 나열하는 부분이 있다면 요구 역량에 맞춰 포인트만 살려두되, 다음과 같은 주의사항을 유념하자.

■ 타당성을 확보하자

타당성이란 주장하는 내용의 근거나 이유가 얼마나 보편성 또는 설득력을 가졌느냐이다. 예를 들어, '저는 귀사에 입사를 원합니다.'라고 한다면 '원하는' 이유에 대한 설득력이 있어야 하고, 그 설득력은 보편성을 가져야 한다. '나는 대학을 졸업했으므로 입사를 원한다'라든지 '전공과목과 일치하므로 입사를 원한다'라는 식의 이유는 적절하지 않다. 자기소개서의 내용들은 기업의 요구 역량에 부합하는 본인의 주요 경력을 매칭시켜 설득력을 얻을 수 있어야 한다.

■ 당연한 말은 쓰지 말자

누구라도 쓸 수 있는 당연한 말은 차라리 쓰지 않는 게 낫다. 굳이 쓰고 싶다면, 구체적으로 다르게 표현하는 것이 필요하다. 자기소개서에서는 글쓴이가 구체적으로 표현해야 읽는 이도 구체적으로 생각하게 된다.

예를 들어, "다양한 아르바이트를 통해 경험을 쌓았습니다."라는 말보다는 어떤 아르바이트를 하면서 무슨 일을 하였고, 그러한 것들이 현재 어떤 식으로 도움이 되는지 구체적으로 기술하는 것이 좋다. "여행을 통해 많은 것을 느꼈습니다."라는 말 역시, 여행의 어떤 점이 와 닿았는지, 또 그것이 스스로의 성장에 어떻게 작용했는지 지원 직무의 요구 역량과 연결하여 구체적으로 언급해 준다면 훨씬 훌륭한 자기소개서가 될 것이다.

연습3 아래의 표양식에 맞춰 지원 회사의 요구 역량과 자신의 경력을 매칭시켜 보자.

	지원하고자 하는 곳(기업/학교/기관/단체 등)의 요구 역량	나의 경력	결과 정리
1			
2			
3			
4			

③ 항목별 배열 및 소제목 달아보기

중요한 것은 자기소개서가 필요한 목적을 분명히 하여 구체적인 상황을 설정할 수 있어야 된다는 점이다. 부적절하고 부자연스런 느낌이 든다면 역효과를 낼 수 있으므로 효율적인 소제목이 될 수 있게 다듬고 매만지는 작업이 필요하다. 자기소개서에 담을 내용을 간략히 정리하고, 인상적인 소제목을 붙여두는 것만으로도 자기소개서 작성의 막막함을 떨쳐버릴 수 있을 것이다.

상황설정(목적)	소제목	기본 내용
도서관 사서직에 지원(구직용)	독서하는 인간, 호모 사피엔스	학과의 성격과 밀접한 도서관 사서가 되기 위한 노력을 밝히면서 독서의 유용성과 도서관 활용방안에 대한 나의 포부를 밝힌다.
영업직 사원에 지원(구직용)	시간은 나의 보람을 재는 척도	쇼펜하우어의 명언을 좌우명으로 삼아, 직장 내에서도 시간을 지혜롭게 사용하는 사람이 되어 효율적인 업무수행을 하겠다.
미술사학도로 대학원 석사과정에 지원(진학용)	유물은 사랑하는 사람의 것이다	미술사학과에서 공부하며 느낀 기쁨과 보람을 설명하면서 전문적인 공부를 심화시켜 유물에 대한 애정과 관심을 가진 학자로 거듭 나고 싶다.
해외 대학의 교환학생 프로그램에 지원(진학용)	기자의 꿈에 한 걸음 내딛는 공부	사회와 문화 속 언론의 영향력에 대한 세미나식 수업을 통해 기자에게 필요한 비판적 인식의 능력과 토론 능력을 기를 수 있으리라 기대한다.
자원봉사단체 활동에 지원(친교용)	사회복지사의 꿈을 펼치고자	자원봉사단체에서 다양하고도 조직적 활동을 경험하여, 사회복지사에게 필요한 자질과 현실적응력을 보다 실제적으로 키워나가고 싶다.
산악회 활동에 지원(친교용)	산행길 인생길	등산이 자연을 이기는 것이 아니라 자기 자신을 이기는 일인 것처럼 산악회에 가입하여 자신과의 싸움에 강한 의지로 서로를 독려해나갔으면 좋겠다.

연습4 아래의 표 양식에 맞춰 자기소개서의 내용과 제목을 구상해 보자.

	상황 설정(목적)	소제목	기본 내용
1			
2			
3			
4			

(3) 쓰기 작업의 경우

① 초고 작성하고 피드백 받아보기

초고 작성을 마치고 나면 친구나 가족에게 보여주고 피드백을 받아보도록 하자. 이 과정에서 보다 적절하고 창의적인 아이디어가 도출되기도 하므로, 초고 작성은 자기소개서 제출 마감일을 기준으로 3일 전에는 마칠 수 있도록 하자.

■ 기본내용이 누락되지 않도록 신경 쓰자

회사가 제시한 양식으로 쓰는 경우에는 그 틀에 맞게 쓰면 되지만, 일정한 양식이 정해져 있지 않은 경우 개성 있고 독특한 방식의 글을 쓰려는 욕심으로 자칫 자기소개서가 갖추어야 할 기본적인 사항을 빠뜨리는 경우가 있다. 이 경우에도 자신이 드러내고 싶은 부분에 중점적인 투자를 하되, 사람을 이해하는 데 기본적인 요소가 되는 성장배경·전공분야의 활동내용·지원동기 등은 꼭 포함시키도록 해야 한다.

■ 잘 읽히는 글이 되도록 신경 쓰자

자기소개서는 자기의 이야기를 담는 것이지만 남을 염두에 두고 쓰는 글이다. 따라서 자신이 좋아하는 소재나 단어에 얽매이지 말고 타인과의 의사소통이 가능한 어휘나 소재를 선택하는 것이 좋다. 또한 자신의 주장을 피력하는 부분이 들어가는 경우, 지나치게 배타적인 시각이나 강경한 서술은 되도록 삼가고 상식적인 선에서 거부감 없는 내용이 되도록 조정하는 것이 중요하다.

■ 이렇게 쓰면 더 효과적이다

- 우선순위를 고려하여 두괄식으로 쓴다.
- 자소서 첫 항목은 비전 제시를 통해서 이목을 끈다.
- 제시한 비전에 대한 근거와 이유를 자신의 생각으로 재정의, 재해석한다.
- 항목별 타이틀을 반드시 작성하되, 되도록 한 문장으로 표현한다.
- 문장은 간결하고 명확하게 쓰며, 반드시 구체적 사례를 제시한다.

② 퇴고 작업 후 제출 준비하기

자기소개서는 분량이 적은 글임에도 단번에 흡족한 글로 마무리하기가 어렵다. 따라서 한 번에 작성하지 말고, 초고를 작성해 여러 번에 걸쳐 수정 보완을 하는 것이 만족도를 높이는 방법이 된다. 글이 완성된 후 퇴고하는 작업에서도 글쓴이의 성실성이 드러나게 마련이니, 특히 다음과 같은 사항을 유념하기로 하자.

■ 한자나 외래어 사용에 주의하기

문장에서 불가피하게 한자나 외래어를 써야 하는 상황이 있을 때, 자신이 확신하는 선에서 주의를 기울여 사용하도록 한다. 한자나 외래어는 뜻이 빠르게 전달되고 문장이 고급스러워질 수 있는 반면, 잘못 사용됐을 경우 사용하지 않은 것만 못한 역효과를 낼 수도 있기 때문이다.

■ 표현에 일관성 유지하기

흔히 문장의 첫머리에 '나는 …이다'라고 했다가 어느 부분에 이르러서는 '저는 …했습니다'라고 혼용하는 경우가 많다. 그 어느 쪽을 쓰든 한 가지로 일관되게 통일해서 써야 한다. 호칭이나 종결형 어미, 존칭어 등은 일관된 표현을 쓰는 것이 바람직하다.

■ 막연한 표현을 구체적인 표현으로 바꿔주기

'성격이 원만하고 적극적이다', '최선을 다 하겠다'와 같은 막연하고 일반적인 문구는 다른 표현으로 구체화시키는 것이 좋다. 이런 식의 말들은 이제까지의 자기소개서에 너무 많이 사용한 표현들이어서 상투적이고 주의를 끌지 못하기 때문이다. 뿐만 아니라, 그 부분에 대한 지원자의 구체적인 관심이나 지식의 결여로도 읽힐 수 있다. 애매모호한 표현(항상, 많이, 마치, 보통, 저, 나, 귀사 등)이 있다면 명확하고 구체적인 표현으로 바꿔보자.

■ 그밖에 세심하게 신경 써야 할 부분들

- 수필식으로 장황하게 설명되는 부분이 있다면 간결하게 다듬어보자.
- 지원하고자 하는 곳의 기본 정보만 설명하고 있다면 상투적이고 무미건조한 글이 될 수 있으니 고쳐보자.
- 지나치게 튀는 표현이나 반말로 느껴지는 표현이 있는지 자세히 들여다보자.

연습5 이제, 자기소개서의 초고 작성에서 제출 작업까지의 일정을 체크해보자. 아래의 표 양식은 가장 일반적인 체크 리스트를 담은 것이므로, 각자 자신의 일정에 따라 자유롭게 항목을 수정하거나 세분화해도 된다. 계획된 일정에 따라 실천하였는지 결과도 정리해 보자.

	해야 할 일	계획 일정	결과 정리
1	초고 작성해보기		
2	피드백 받아보기		
3	퇴고해서 완성본 만들기		
4	제출하고, 사본 저장해놓기		

3 자기소개서 작성의 실제

(1) 일반적인 양식의 자기소개서

우리가 흔히 작성하는 자기소개서는 일정한 항목들을 포함하며 항목의 순서도 대체로 정해져 있다. 따라서 기업/기관에서 특별한 언급 없이 자기소개서를 요구한다면 다음과 같은 내용을 순서대로 포함하여 작성하면 된다.

① 성장 과정(성장 배경)

예시1

> 저는 엄격한 아버지와 자애로우신 어머니 밑에서 1남2녀의 첫째로 자랐습니다. 가훈이 '성실'일 정도로 성실성을 강조하는 집안 분위기에서 저는 어려서부터 맡은 일은 기한 내에 꼭 끝내고자 노력해 왔습니다. 아버지는 특히 두 가지를 강조하셨습니다. 첫째, 약속 시간을 지키는 것. 둘째, 자기 자리에서 불평 없이 묵묵히 일하는 것. 아버지께서는 이 두 가지 태도를 가져야 사람들에게 신뢰감을 줄 수 있다고 가르치셨습니다. 아버지의 가르침 덕분에 저는 항상 약속 시간 20분 전에 도착하는 것이 습관이 되었습니다. 또 아무리 어렵고 힘든 일을 맡아도 성실한 자세로 일에 임하고 있습니다. 앞으로도 이러한 성실하고 꾸준한 태도로 OO기업과 함께 성장해 나가고 싶습니다.

기업/기관이 성장 과정 항목에서 확인하고자 하는 것은 성장 과정을 통해 얻어진 지원자의 가치관이나 능력이다. 자라면서 가치관이나 능력을 얻게 된 계기나 그것을 발휘한 경험을 에피소드와 함께 기술한다면 독자에게 좀 더 구체적인 인상을 전달할 수 있을 것이다. 이때 성장 과정을 일대기식으로 보여주거나 이력서에서 바로 찾을 수 있는 학력을 나열하거나 하는 등 일반적인 내용을 기술하는 것은 지양해야 한다.

<예시1>은 지원자에 대한 어떤 특별한 인상도 전달해 주지 않는다. "엄격한 아버지와 자애로우신 어머니"와 같은 상투적인 표현도 문제이지만 지원자가 강조하고자 하는 성실성이라는 덕목이 구체적으로 표현되어 있지 않다. "약속 시간을 지킨다", "묵묵히 일한다" 이런 일반적인 진술로써는 남들과 다른 본인만의 이미지를 표현하지 못한다.

연습1 다음 자기소개서를 기업/기관의 입장에서 평가해 보자. 긍정적인 부분은 어떤 부분인지, 좀 더 보완해야 할 점은 없는지 생각해 보자.

고등학교 시절, 선생님의 권유로 강원도 화학경시대회를 준비했습니다. 경시대회에 대한 편견이 있었기 때문에 무모한 도전이라고 생각했습니다. 하지만 2달간의 주경야독과 선생님과 심화토론으로 실력을 쌓았고, 그 결과 동상을 수상했습니다. 이 경험으로 불가능하다고 생각하는 목표라도 노력과 배우고자 하는 적극적인 의지로 극복할 수 있다는 것을 깨달았습니다. 또한 어려운 목표인 만큼 비례하는 성취의 기쁨은 도전정신을 갖게 했습니다. 팔굽혀펴기 3급, 윗몸일으키기 3급, 3km 달리기 불합격. 군 복무 시절 첫 체력장 결과입니다. 신체적 한계 극복을 목표로 강원도에서 부산까지 600km를 초중장기 계획을 수립하여 준비했습니다. 무전여행에서 여러 어려움을 도와준 따뜻한 손길이 600km를 걷게 한 원동력이었습니다. 완주를 통해 기획력과 지치지 않는 열정으로 어떤 목표라도 이룰 수 있다는 자신감을 얻었습니다. 뿐만 아니라 낯선 사람들과의 따뜻한 교류는 타인 지향의 가치관을 확립하는 데 큰 영향을 주었습니다.

– 잡코리아, "합격자소서",
http://www.jobkorea.co.kr/Company/1802174/PassAssay/View?Job_Epil_No=192589&Part_Code=0&Search_Order=1&Page=1.

② 장점과 단점(강점과 약점)

예시2

저의 장점 중 하나는 실패를 두려워하지 않는 진취적 성격입니다. 저는 다양한 활동과 새로운 시도를 즐깁니다. 또한 처음 만난 사람도 바로 친구로 사귈 수 있을 만큼 친화력도 좋습니다. 팀 프로젝트 등 많은 활동을 하면서 친화력을 발휘함으로써 제가 속해 있는 그룹의 분위기 메이커 역할을 해 왔습니다.

저의 단점을 꼽자면 가끔 실수를 해서 일을 그르친다는 것입니다. 하지만 저는 이러한 단점을 잘 알기 때문에 이미 끝마친 일도 꼼꼼하게 살펴보려고 노력하고 있으며 앞으로 단점을 극복할 것이라고 생각합니다.

자기소개서는 자랑하거나 고백하는 글이 아니다. 기업/기관의 입장에서는 지원자의 자질을 확인하고, 지원자의 입장에서는 자신이 해당 기업/기관에서 일할 만한 역량을 갖추었다는 것을 증명하는 도구이다. 이러한 자기소개서의 성격이 특히 잘 드러나는 부분이 장점과 단점 항목이다. 따라서 진정성 없이 장점만 나열하거나 너무 치명적인 단점을 솔직히 고백하는 것도 삼가야 할 것이다. 장점과 단점을 서술할 때는 다음과 같은 점에 유의해야 한다.

■ 장점

자신이 가진 여러 장점 중에서 기업/기관의 업무에 필요하거나 그곳에서 사람들과 어울려 일할 때 필요하다고 생각되는 자질들 중 하나를 선택해서 그러한 장점을 가장 잘 발휘했던 경험과 함께 기술하도록 한다. 예를 들어 제약회사 영업직에 지원한다면 학구열이나 신중함보다는 친화력을 표현하는 것이 좋을 것이다.

<예시2>에는 두 가지 장점이 나열되어 있으나 "다양한 활동", "새로운 시도", "많은 활동" 등 일반적인 기술로 표현되어 있어서 글쓴이가 정말 그러한 장점을 가졌는지 와닿지 않는다. 하나의 장점을 기술하더라도 장점을 뒷받침하는 근거로서 그 장점을 발휘했던 구체적인 경험을 서술해 주는 것이 좋다.

■ 단점

많은 지원자들은 단점을 기술하는 데 어려움을 느낀다. 자기소개서는 자신이 가진 역량을 피력하는 글인데 단점을 기술한다는 것은 이러한 자기소개서의 목적과 상충되는 면이 있기 때문이다. <예시2>의 단점 부분은 이러한 점에서 잘못 기술되었다고 볼 수 있다. 이 글을 읽은 사람은 글쓴이가 과연 기업/기관에서 일을 제대로 수행할 수 있을지 의문을 가지게 될 것이다. 단점을 적되, 그 단점이 극복 가능하며 현재 극복하려고 노력하고 있다는 것을 보여줘야 한다.

단점이 없는 사람은 없다. 그러나 모든 사람들이 자신의 단점을 고치려고 노력하지는 않는다. 단점을 솔직히 고백하고 그것을 고쳐가려고 노력하고 있다는 것을 보여주는 것만큼 자연스럽게 자신의 매력을 보여주는 방법은 없을 것이다.

연습2 다음 자기소개서를 기업/기관의 입장에서 평가해 보자. 긍정적인 부분은 어떤 부분인지, 좀 더 보완해야 할 점은 없는지 생각해 보자.

스스로 책임을 부여하고 업무수행을 해내는 것이 저의 장점입니다. 카페 아르바이트를 할 때 갑자기 매니저가 무단결근했습니다. 매장 운영에 차질이 생길 것 같아, 본사에 상황을 설명하고 하루 동안 매니저 역할을 자처했습니다. 생소한 업무였지만 타 매장 매니저들에게 물어가며 업무를 처리하여 매장에 큰 차질 없이 하루를 마칠 수 있었습니다.

반면에 계획을 수립하는 데 있어서는 다소 꼼꼼함이 떨어지는 편입니다. 이 점을 보완하기 위해 주어진 일

중 중요한 일과 긴급한 일을 나누고 그에 따른 경중을 분류하여 계획을 세우고 있습니다. 뿐만 아니라 예정된 시간마다 휴대폰 알람 기능을 통해 차질 없이 일을 진행하기 위해 노력하고 있습니다.

승무원은 책임감도 필요하지만 철저한 시간 관리와 자기 관리가 중요한 직업입니다. 제가 가진 단점들을 철저히 보완하여 차질 없이 업무를 수행하겠습니다.

— 명지대학교 인문캠퍼스 경력개발팀, 『2020 이력서·자기소개서·현장학습(인턴십)참여 사례 모음집』, 명지대학교, 2020, 198-199면.

③ 경험 또는 경력

예시3

대학에 다니면서 여러 수업들을 통해 C, JAVA, 비주얼베이직 등을 공부했고 알고리즘, 데이터베이스 등에 대한 내용들을 익혔습니다. 또한 프로그램 연구회, 앱 만들기 동호회 등에서 활동을 하면서 실무에 대한 감각을 얻었습니다. 대학원에 진학해서는 빅데이터에 대해 보다 큰 관심을 가지고 Hadoop과 Mahout, Spark 등과 관련된 개발 경험 또한 쌓을 수 있었습니다. 대부분 웹 기반으로 작업했기 때문에 서버 개발에 대해서도 많이 알게 되었습니다. 처음에는 오류도 있었고 좌절을 느낄 때도 있었지만 이런 경험을 통해 많은 것을 얻었습니다.

이 항목은 지원자가 해당 기업/기관이 원하는 인재임을 설득력 있게 보여줘야 하는 부분이다. 이때 가장 많이 저지르는 실수가 자신의 경험이나 경력을 나열하는 것인데 이렇게 나열만 해서는 지원자에 대한 강한 인상을 남길 수 없다. <예시3>에는 여러 가지 경험이 나열되어 있으나 구체적으로 무엇을 했는지 전달해 주지 않는다. 또한 단순히 "많은 것을 얻었습니다"라고 해서는 지원자가 어떤 역량을 가지고 있는지 파악할 수가 없다.

이 항목을 작성할 때는 먼저, 해당 기업/기관의 인재상에 부합하거나 해당 부서에서 필요로 하는 역량을 고르고 그것을 최대한 구체적으로 나타낼 수 있는 경험을 한두 가지 선택해야 한다. 경험을 선택했으면 그 당시 자신이 처했던 상황이나 자신에게 주어진 과제, 그러한 상황에서 자신이 취한 행동, 행동의 결과나 그에 대한 성찰 등을 포함해서 에피소드를 기술하도록 한다.

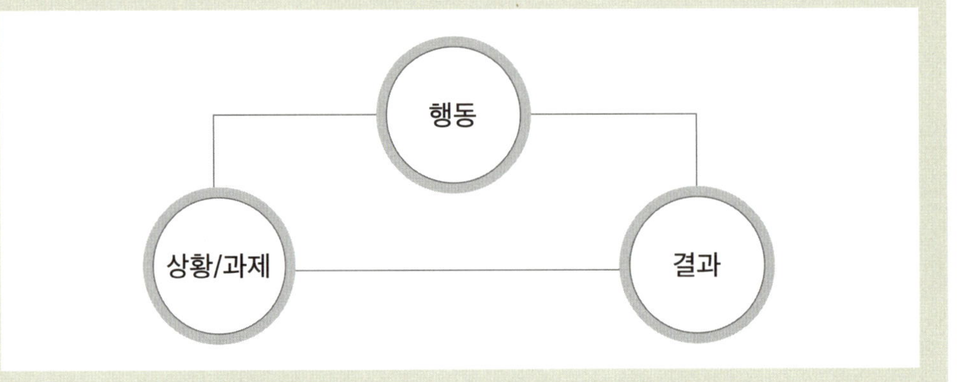

그림 구체적인 에피소드 구성을 위한 세 가지 요소

자신의 경험이 너무 평범한 것은 아닌지 걱정하는 사람들이 많다. 그러나 대부분의 사람들은 평범한 경험을 하며 산다. 중요한 것은 그 경험의 어떤 부분에서든 남과의 차별성을 드러낼 수 있는 내용을 녹여내어 구체적으로 작성하는 것이다.

연습3 다음 자기소개서를 기업/기관의 입장에서 평가해 보자. 긍정적인 부분은 어떤 부분인지, 좀 더 보완해야 할 점은 없는지 생각해 보자.

우리나라에서 가장 유명한 배낭 전문 업체 OOOOOOO의 홍보 영상과 포스팅을 제작하고 협찬을 받은 경험이 있습니다. 군대 전역 후, '내 경험을 기록할 곳이 필요하다'라는 생각에서 바로 블로그를 시작했습니다. 낮에는 공사현장 일, 밤에는 포스팅을 하며 다양한 서포터즈 활동을 한 결과, 두 달 후에 하루 방문자 수 3천 명이 넘는 블로그로 성장했습니다. 돌이켜보니 그렇게 올렸던 포스팅들은 제 경험을 이어주는 허브 역할을 하고 있었습니다.

올해 초, 남미 여행을 계획하면서 여행을 더 의미 있게 만들고 싶었습니다. OOOOOOO에 연락했습니다. 먼저 제가 포스팅을 하면 네이버 상위노출이 가능하다는 점을 강조했습니다. 또한 67일 동안 유럽 자전거 여행을 하면서 매일매일의 여행 기록을 전부 포스팅한 성실함을 보여주고 이때 만들었던 영상을 메일로 첨부하여 영상제작 능력이 있다는 것도 어필했습니다.

담당자분은 제 여행을 영상제작해서 올리는 것을 조건으로 제품군에서 가장 비싼 배낭과 소정의 여행비를 협찬해주었습니다. (중략) 이러한 경험을 통해 적극성의 중요성을 깨달았습니다. 또한 블로그를 운영하면서 포토샵, 프리미어와 같은 툴을 다룰 수 있는 역량과 바이럴 마케팅에 대한 지식도 얻게 되었습니다.

– 명지대학교 인문캠퍼스 경력개발팀, 『2020 이력서·자기소개서·현장학습(인턴십)참여 사례 모음집』, 명지대학교, 2020, 115면.

④ 지원동기

예시4

어렸을 때 부모님께서 레고 집짓기 모형을 선물해 주신 적이 있었습니다. 처음에는 박스에 나와 있는 사진대로 조립했다가 부수고 다시 맞추는 과정을 통해 각양각색의 집이 지어지는 것을 보며 집 짓기에 대한 관심이 싹트기 시작했습니다. 학교, 직장 등 각자의 자리로 나갔다가 돌아오는 가족들을 편안하게 맞이하는 집, 삶의 터전인 동시에 마음의 안식처인 집이 얼마나 소중한지 저도 나이가 들면서 깨달아갔습니다. 사람들에게 삶의 터전과 마음의 안식처가 되어 주는 집을 설계하고 건축하는 데 기여하는 것, 이것이 제가 OO건설에 입사하고 싶은 단 하나의 동기입니다.

지원동기 항목은 해당 기업/기관에 지원하는 이유를 자신의 전공이나 직무 능력 등과 관련해서 작성하는 부분이다. 예를 들어 건설회사에 지원하려는 사람은 자신이 왜 건설에 관심을 갖게 되었는지, 자신이 이 기업에 어떻게 기여하고 자신 역시 이곳에서 얼마나 성장할 수 있는지 표현할 수 있다. 잊지 말아야 할 것은 해당 기업/기관에만 적용 가능한 이유나 동기를 포함해야 한다는 것이다.

<예시4>는 이러한 점에서 좋은 자기소개서가 아니다. '집'을 소중하게 생각하고 건설에 관심이 있다는 것은 건설회사에 지원하게 된 동기가 될 수는 있으나 해당 기업에 지원하는 동기로는 충분하지 않기 때문이다. 실제로 기업의 인사담당자들은 지원동기를 작성할 때 동종 업계의 다른 기업에는 적용되지 않는, 해당 기업에만 들어맞는 내용을 포함할 것을 조언한다. 이를 위해서는 지원하고자 하는 곳에 대해 충분히 연구, 조사해서 본인이 가진 관심과 열정을 보여주는 것이 좋다.

연습4 다음 자기소개서를 기업/기관의 입장에서 평가해 보자. 긍정적인 부분은 어떤 부분인지, 좀 더 보완해야 할 점은 없는지 생각해 보자.

바이오 의약품 수업에서 비이오 시밀러의 성공사례로 기업 OOOO에 대한 이야기를 듣고 바이오 의약품에 대한 관심을 갖게 되었습니다. 학부 졸업 후 미생물 및 바이오 의약품들을 이용하여 질병을 치료하고 싶다는 목표를 갖고 OO대 대학원에 진학하였습니다. 미생물을 이용하여 치료제를 개발하는 연구실에 들어가 미생물 및 대사체를 이용하여 다양한 세포에서 효능을 분석하고 기전 연구 방법을 배웠습니다. 또한 세포에서 효능이 입증된 후보 물질들을 대상으로 여러 자가면역 질환 동물 모델에서 나타나는 효능을 분석하였습니다.

OOOO은 바이오 의약품 분야에서 쌓아온 제 역량을 가장 잘 펼칠 수 있는 기업이라고 생각합니다.

최근 OOOO은 CMO 기업에서 신약개발 사업까지 추진하는 CDMO 기업으로 탈바꿈하였습니다. 따라서 다양한 셀라인에 대한 분석법을 개발하고 품질 검증을 통해 임상을 진행해야 하는 상황입니다. 제가 가진 면역학적 지식과 분석 방법에서의 역량은 자가면역 질환 및 암과 관련된 치료제의 효능을 효과적으로 검증할 수 있을 것입니다. 저의 손을 거쳐 평가한 약품들이 14만L 대규모 생산 공장을 가지고 있는 기업에서 완제품으로 개발된다면, 값싼 가격으로 질병을 치료할 수 있을 것입니다. OOOO에서 제가 가지고 있는 능력을 펼침으로써 인류 건강과 복지 증진에 보탬이 되는 연구원이 되고 싶습니다.

– 잡코리아, "합격자소서", http://www.jobkorea.co.kr/starter/PassAssay/View/197420?Page=8&OrderBy=0&FavorCo_Stat=0&schPart=10018&Pass_An_Stat=0.

⑤ 입사 후 포부

예시5

작년 말, 5G 시대의 개막으로 데이터 사용의 폭발적 증가가 예상되면서 반도체 산업도 메모리 분야를 중심으로 새 시대를 맞이하고 있습니다. 미래의 수요에 대비하여 지속적인 수율 향상 및 안정화를 이루고 싶습니다.

저는 OO전자에서 에칭 공정 전문가로 반도체 역사에 이름을 남기고 싶은 꿈이 있습니다. 공정이 미세화되고 적층이 고도화됨에 따라 식각 공정의 단계 증가와 정밀함이 요구되고 있습니다. 대기압 플라즈마 회사에서 인턴을 하면서 에칭 데이터를 얻었습니다. 대기압 상태와 장비의 한계로 인해 정밀한 데이터를 얻지 못했지만, 불순물 제어, 균일성, 이방성, 속도 등 주요인자를 고려해야 함을 알 수 있었습니다. 또한, 전공과목으로 재료의 특성이나 플라즈마, 화학반응 등 화학에 대한 지식을 얻었습니다.

현재보다 나은 방법을 위해 도전하고 타 부서와의 협업을 통해 기술적 한계를 극복하는 것이 목표입니다. 메모리 사업부에서 최고 기술력을 지닌 OO전자의 이름에 맞는 공정 엔지니어가 되겠습니다.

– 잡코리아, "합격자소서", http://www.jobkorea.co.kr/starter/PassAssay/View/201364?Page=1&OrderBy=0&FavorCo_Stat=0&schPart=10018&Pass_An_Stat=0.

입사 후 포부 부분은 앞서 살펴본 지원동기와 관련지어 작성되어야 하는 것으로 많은 지원자들을 난감하게 만드는 항목이다. 아직 뽑히지도 않은 입장에서 포부나 계획을 밝힌다는 것이 막막하기 때문이다.

그러나 기업/기관이 이 항목에서 보고자 하는 것은 지원자의 업무에 대한 관심과 이해도이다. 열심히 일하겠다고 막연히 다짐하기보다는 1년 후, 또는 3년 후와 같이 명확한 시점에 기업/기관에서 자신이 어떤 일을 하고 있을지 구체적인 모습을 그려보자. <예시5>는 "에칭 공정 전문가로 반도체 역사에 이름을 남기고 싶은 꿈"을 가지고 "현재보다 나은 방법을 위해 도전하고", "OO전자의 이름에 맞는 공정 엔지니어"가 되겠다는 포부를 밝히고 있으나 이 포부는 애매모호하기 그지없다. 어떤 업무를 맡고 싶은지, 그 업무의 전문가가 되기 위해서 어떤 노력을 할 것인지 상세하게 기술하여야 한다.

지원하고자 하는 분야 및 업무에 대해 조사하고 기업/기관의 상황이 어떤지 파악한 후 자신만의 해법이나 방향성을 제안하는 것도 좋다. 다소 과감해 보일지도 모르지만 담당하고 싶은 업무를 콕 집어 제시할 수도 있다. "뽑아만 주신다면", "무슨 일이든 열심히"라며 뭉뚱그려 공수표를 남발하기보다는 준비되어 있는 인재로서의 내 모습을 보여주는 것이 좋은 이미지를 각인시키는 방법이 아닐까?

연습5 다음 자기소개서를 기업/기관의 입장에서 평가해 보자. 긍정적인 부분은 어떤 부분인지, 좀 더 보완해야 할 점은 없는지 생각해 보자.

차별화된 아동 매장 콘텐츠 구성으로 고객 체류 시간을 늘려 매출로 연결하는 영업관리자로 성장하고 싶습니다. OO백화점은 OO 어린이책 미술관, 키즈 전문관 등 유아동을 위한 다양한 매장 구성과 프로모션으로 고객에게 신뢰를 받고 있습니다. 아이에게 지출을 아끼지 않는 '텐포켓' 소비문화 현상에 주목해 OO백화점의 '크리에이티브 존'을 적극적으로 활용하겠습니다. 주어진 매대 공간에서 아이와 관련된 부모, 조부모 등의 소비자를 타깃으로 해 시밀러룩, 패밀리룩을 구성함으로써 매장 주목도를 높이겠습니다. 또한, 해당 크리에이티브 존에서 구매하면 아이와 함께 이용할 수 있는 제휴 쿠폰을 증정해 '고객의 가족'을 생각하는 OO백화점만의 차별적 가치를 표현하는 프로모션을 진행하겠습니다. OO백화점이 지향하는 고급화와 맞춤화는 고객 신뢰의 바탕이 된다고 생각합니다. 입사 후에 고객의 신뢰가 구매로 이어지도록 항상 연구하는 영업관리자가 되겠습니다.

― 명지대학교 인문캠퍼스 경력개발팀, 『2020 이력서·자기소개서·현장학습(인턴십)참여 사례 모음집』, 명지대학교, 2020, 34면.

지금까지 일반적인 양식의 자기소개서를 살펴보았다. 이러한 형식의 자기소개서는 앞에서 언급한 순서대로 작성하는 것이 보통이지만 배열이나 순서 등에 변화를 주기도 한다. 예를 들어 지원동기를 먼저 쓰고 그 다음에 성장과정—성격의 장단점—경력사항—입사 후 포부 등의 내용을 배치한다든지 지원동기와 입사 후 포부를 같이 묶는 경우도 있다. 또 글자 수에 제한이 없다면 지원동기와 경력사항에 가장 많은 분량을 배분하여 작성하는 등 중요도에 따라 비중을 달리하여 작성하기도 한다.

(2) 특별한 유형의 자기소개서

예시6

문항 : 지금까지 경험한 가장 큰 좌절(실패 또는 실수)은 무엇이며 그 경험을 통해 얻은 교훈은 무엇인지 기술하시오.

대학교 때 OO제과점에서 아르바이트를 했던 적이 있습니다. 어느 날 저녁, 손님 한 분이 오셔서 케이크 4개를 다음 날 아침 일찍 찾아가겠다고 주문하셨습니다. 아침에 찾아가시니까 미리 냉장 해동을 해 놓는 것이 좋겠다고 생각해서 냉동실에 있던 케이크 4개를 쇼케이스에 옮겨 놓고 청소와 소독을 다 마치고 퇴근했습니다. 그런데 이때 미처 쇼케이스 냉장고 스위치를 확인하지 않았던 것이 잘못이었습니다. 아침에 와 보니 냉장고는 꺼져 있고 점장님은 케이크 4개 모두를 폐기해야 한다고 하셨습니다. 케이크 4개를 찾으러 온 손님에게 사과하고 나서 내가 잘못하면 나만 손해 보는 것에 그치지 않고 남에게 피해를 준다는 사실을 깨달았습니다. 또한 모든 일을 꼼꼼하게 살펴보고 신경 써야 한다는 교훈도 얻을 수 있었습니다.

"최근에 해 본 게임 가운데 하나를 소개하라."(이스트소프트)

"자신의 윤리, 도덕적 신념을 지키기 위해 손해나 희생을 감수하고 일을 수행한 경험이 있다면 서술해 주십시오."(금호아시아나그룹)

"생애 최고의 순간이 언제였고, 본인 인생에 어떤 영향을 끼쳤는지 설명하십시오."(오뚜기)

대졸 신입사원 공채 지원자의 자기소개서에 실린 실제 문항들이다. 최근 기업들은 기업의 특성을 반영해 지원자의 인성, 가치관, 역량 등을 측정하기 위해 특별한 유형의 자기소개서를 도입하고 있다. 언뜻 보면 이러한 유형의 자기소개서는 사례를 일반화할 수 없기 때문에 앞에서 살펴본 일반적인 양식의 자기소개서와 다른 것 같다.

그러나 문항의 의도를 살펴보면 이들 자기소개서 역시 해당 기업/기관이나 업무에 대한 관심, 지원자의 경험, 지식, 역량, 또는 인성과 가치관, 인생관 등을 파악하기 위한 것으로 일반적인 자기소개서의 틀에서 크게 벗어나지 않는다. 예를 들면 "최근에 해 본 게임 가운데 하나를 소개하라."(이스트소프트)와 같은 문항은 지원자의 업무와 관련된 관심이나 지식 등을 파악하기 위한 것이며 "자신의 윤리, 도덕적 신념을 지키기 위해 손해나 희생을 감수하고 일을 수행한 경험이 있다면 서술해 주십시오."(금호아시아나그룹)와 같은 문항은 지원자의 인성이나 가치관 등을 확인하기 위한 것이라고 볼 수 있다.

<예시6>의 문항은 지원자가 인생에서 경험한 가장 큰 좌절과 거기서 얻은 교훈이 무엇인지를 묻고 있지만 문자 그대로 지원자가 얼마나 큰 좌절을 겪었는지 자체에 초점을 둔 것은 아닐 것이다. 사람은 누구나 일을 하면서 좌절을 겪기 마련인데 그 상황에서 어떻게 대처하고 극복해낼 수 있는지, 즉 지원자가 가진 잠재력과 회복 탄력성을 보기 위한 질문일 것이다. 그러나 <예시6>의 지원자는 본인이 잘못을 했을 때 느낀 점을 단조롭게 기술했을 뿐, 어려움에 처했을 때 문제를 극복해내고 현명하게 대처를 할 수 있을 것이라는 믿음을 주지 않는다.

이처럼 특별한 유형의 자기소개서를 작성할 때는 문항의 의도를 파악하는 것이 가장 중요하다. 출제자의 의도를 파악하지 못하고 작성한 답은 아무리 훌륭한 내용과 아름다운 문장으로 채워졌어도 오답에 지나지 않는다.

연습6 다음 자기소개서 문항의 의도를 파악해 보자.

(1) 본인이 생각하는 한화케미칼의 경쟁사를 명시하고 이유를 서술하라.(한화케미칼 자기소개서 문항)
(2) 자신에게 소중한 세 가지와 그것들이 소중한 이유를 기술하라.
(3) 공동의 목표를 달성하기 위해 여러 사람과 같이 일했던 경험을 기술하라.

연습7 다음 자기소개서를 기업/기관의 입장에서 평가해 보자. 긍정적인 부분은 어떤 부분인지, 좀 더 보완해야 할 점은 없는지 생각해 보자.

문항: 변화의 필요성을 느꼈던 상황과 그에 대한 해결 방안을 기술하시오.

전략의 다변화가 필요할 때, 행동하다

전화모금 아르바이트를 했을 때, 첫 10일간 전체 모금 성공률이 20%도 되지 않아 목표 달성이 어려워 보였습니다. 기존 방식의 기본 스크립트로 콜드콜을 하고 고객에게 매번 똑같이 대응해서는 기부를 끌어내기 힘들 것 같다고 생각했습니다.

저는 우수 성과자 2명의 성공사례와 고객 데이터를 분석하여 새로운 접근 전략을 구상할 것을 팀원들에게 제안했습니다. 팀원들은 새로운 스크립트에 적응하는 데 오히려 시간이 걸려 문제가 생길 것이라며 반대했지만 저는 적응 시간은 걸리겠지만, 고객 맞춤형으로 스크립트를 만들면 대응하기도 쉽고 성과가 좋아질 것이라고 설득해서 팀원들의 동의를 얻어냈습니다.

고객별 전략 수립과 교육을 통한 해결

우선 전체 타깃을 파악하기 위해 고객 데이터를 연령대, 성별, 기부 액수별로 분류하고, 그간 모금에 성공한 데이터를 날씨, 시간, 착신 상황, 반응 등의 추가 기준을 적용해 분석했습니다. 날씨가 화창할 때, 3~40대 남성, 오후 2~3시쯤 등 성공률이 높은 요인들을 추출해내고 각각에 대한 반응 전략을 스크립트에 담았습니다. 여기에 우수 성과자 2명의 발화 전략을 추가하여 3일간 고객별 맞춤 모금 활동을 시도하였습니다. 이러한 전략이 성공률 50% 이상을 달성하자 이를 팀 전체에서 채택하여 이후 전략에 반영하고 스크립트와 발화법에 대한 소규모 교육을 진행했습니다. 이후 저희 팀은 평균 성공률 40%를 이뤄내어 1억원 펀딩을 달성할 수 있었습니다. 이 경험을 통해 회원 및 구매 데이터 등을 분석해서 전략과 세부 플랜을 수립한 후 대응하는 것이 중요하다는 것을 배웠습니다.

– 잡코리아, "합격자소서", http://www.jobkorea.co.kr/starter/PassAssay/View/235131?Page=1&OrderBy=0&FavorCo_Stat=0&schPart=10013%2C10019&Pass_An_Stat=0.

지금까지 자기소개서 작성 시 유의사항과 몇 가지 원칙에 대해서 살펴보았다. 아래에 제시된 연습문제를 풀면서 배운 내용을 정리해 보자.

연습8 다음은 모 기업의 전기・전자・제어 업종 연구개발직에 제출한 자기소개서이다. 읽고 평가해 보자.

성장 과정

"왜?"라는 의문에 답을 찾아가며

어릴 적부터 저는 "왜?"를 입에 달고 살던 학생이었습니다. 모두들 본질을 공부하기보다는 눈앞의 성적만을 쫓아가던 학창시절에도 저는 제 스스로 "왜?"라는 의문에 대한 답을 찾기 위해 노력했습니다. 다른 사람들보다 시간은 몇 배로 소모되었고 진도는 더뎠지만 진정한 자기계발을 위한 길이라 생각하였고, 납득할 만한 답을 찾는 날에는 성취감과 뿌듯함을 느꼈습니다. 이처럼 지름길보다는 본질을 추구하는 습관으로 학창시절 학원 수업이나 과외 한 번을 받지 않고도 좋은 성적을 받았고, 원하는 대학까지 입학할 수 있었습니다.

R&D 연구개발에 있어서 "왜?"라는 의문은 연구개발을 지속할 수 있는 원동력이 된다고 생각합니다. 고객의 니즈를 파악하고, 끊임없이 탐구하여 "왜?"라는 의문에 답을 찾아나가는 과정이야말로 진정한 R&D라고 생각합니다.

장점과 단점

배려를 바탕으로 한 팀워크

대학 시절 피아노 동아리 활동을 했습니다. 연주회 때 연주자로서 인정받는다는 것은 성취감 있는 일이기에, 대부분 연주자로서 무대에 서기를 바라고 있었습니다. 하지만 공연에서는 연주자 이외에 서포트를 해주는 스태프도 꼭 필요합니다. 저는 아무도 지원하지 않는 조명 관리에 스스로 지원하여, 성공적인 연주회를 이끌었습니다. 다른 음을 받쳐주는 베이스와 같은 역할을 할 수 있는 것이 저의 큰 장점이라고 생각합니다.

무조건 'Yes'에서 때로는 'No'로

다른 사람들을 배려하고 도와주다 보니 '예스맨'이라는 별명이 생겼습니다. 그로부터 얻는 기쁨이 컸지만 스케줄이 꼬이기 시작했습니다. 낮에 친구의 발표 PPT 만드는 것을 도와주다 정작 세 과제는 꼬박 밤을 새우며 하던 어느 날, 이런 태도가 저나 상대방 모두에게 좋지 않다는 것을 깨달았습니다. 그 후 시간이 안 될 때는 친구의 기분이 상하지 않도록 사정을 명확히 이야기하고 무리가 가지 않는 선에서만 도와주는 것으로 거절의 기술을 연습하고 있습니다.

경험 또는 경력

'하나'가 되어 이룬 성과

다른 팀에 있다가 의견 불일치로 나왔던 조원들과 설계를 했던 적이 있습니다. 이전 조에서 소통의 어려움을 겪은 조원들이라 그런지 분위기가 어색했습니다. 저는 자진해서 팀장을 맡았습니다. 먼저 이 프로젝트를 통해 이루고 싶은 목표를 확인하자고 제안했습니다. 모두 좋은 성적을 원한다는 것을 확인하고 공동의 목표를 위해서 시간표를 공유하고 프로젝트를 완성할 때까지 최대한 시간을 내기로 약속했습니다. 다음으로 매일 카카오톡이나 직접 회의를 통해 아이디어를 하나씩 내고 의견을 주고 받았습니다. 아이디어가 쌓여가면서 고속 스위칭이 가능한 적외선 LED를 이용한 MIMO 통신 구현을 위한 블록다이어그램 구성, 필요한 부품의 데이터시트, 필요한 단가, 설계가 가지는 의미와 영향 등에 대한 구체적인 논의를 통해 설계를 완성할 수 있었습니다. 공동의 목표를 위해 함께 나아감으로써 성과를 이룬 것이었습니다.

개발자는 사람들과 소통하면서 성과를 창출합니다. 저는 급변하는 개발환경 속에서 화합할 줄 아는 인재이며, 저의 역량은 점점 더 소통이 중요해지는 개발 시스템의 환경 변화에 쉽게 적응하여 최고의 성과를 낼 것입니다.

지원동기

위기는 곧 기회

OOOO는 우리나라 최초로 복사기와 팩시밀리를 개발, 생산한 이래 내수시장에서 독보적인 자리를 지켜왔습니다. 이제 국내 1위를 넘어 또 한 번의 도약을 할 때입니다.

현재 복합기 시장은 포화 상태에 이르렀다고 볼 수 있습니다. 또한 IoT 스마트 시대에 접어들면서 복합기의 보안도 문제로 떠오르는 등 전망이 긍정적이지만은 않은 것이 사실입니다. 그러나 OOOO는 신규 성장 동력으로 3D 프린터 분야에 적극적으로 투자함으로써 이런 난관을 타개하고 있습니다. 최근 적층제조 전문기업 라이즈(RIZE)와 전략적 파트너십을 체결하고 첫 단계로 유해물질 배출량이 낮고, 지속 가능성 및 내구성이 뛰어난 라이지움(RIZIUM) 재질의 필라멘트를 적용하는 등 3D 프린팅의 새로운 지평을 열어가는 노력을 계속하고 있습니다. 또한 OO 시큐원과 같은 문서보안 솔루션 등을 개발해서 보안 문제에도 적극적으로 대처하고 있습니다.

저는 위기가 찾아와도 정면으로 대처방안을 강구하는 것이 진정으로 미래를 위하는 길이라고 생각합니다. 미래를 향해 현재의 위기를 기회로 삼아 정면 돌파하는 OOOO는 저의 가치관과 부합하는 동반자입니다. OOOO의 성장 원동력이 되어, 민감한 사무환경을 위한 연구 개발에 동참하고 싶습니다.

입사 후 포부

시장의 흐름을 읽고 고객과 소통하는 개발자

OOOO의 한 부분이라는 책임감을 가지고 R&D 직무를 수행하겠습니다. 스마트 IT 사무 환경과 차세대 3D 입체 프린터 개발에 동참하여, 국내 시장에서 독보적인 자리를 유지하고 세계시장에도 이름을 알리는 OOOO가 될 수 있도록 다음과 같이 노력하겠습니다.

첫째, B2C 시장에 강조되는 고객 서비스 및 시장의 흐름을 파악하는 개발자가 되겠습니다. 국내의 복합기 시장의 포화 상태가 지속되고 있고, 스마트 사무 환경이 적용됨에 따라 복합기 보안 등 새로운 문제가 대두되고 있습니다. 또한, 현재 프린터를 구동할 소프트웨어가 표준화되지 않은 3D 프린터 시장의 폭발 잠재력은 내년에 24조원에 다다를 것으로 예상됩니다. 이처럼 급변하는 시장의 흐름과 고객의 니즈를 파악하여 발 빠르게 대처하는 OOOO의 연구 개발자가 되겠습니다.

둘째, 꾸준한 영어 학습을 통해 자기계발을 하겠습니다. 능숙한 영어실력으로 직접 외국 고객을 응대함으로써 언어로 인해 생길 수 있는 여러 문제점을 해결할 것입니다. 일반적으로 외국의 고객들과 접촉을 할 때, '개발자-경영지원팀-고객'의 과정을 거칩니다. 이러한 과정에서 경영지원팀에서 전문 용어나 기술에 대한 지식이 부족해서 소통에 문제가 생기는 경우들이 있습니다. 현재 저는 비교적 유창한 영어 실력을 가지고 있지만 이를 더욱 발전시켜 제품에 대해 정확한 지식을 가지고, 직접 외국 고객을 응대할 수 있는 능력을 기르도록 하겠습니다.

– 잡코리아, "합격자소서", https://www.jobkorea.co.kr/starter/PassAssay/View/145919?Page=6&OrderBy=2&FavorCo_Stat=0&Pass_An_Stat=0, (수정 제시).

연습9 본인이 지원하고 싶은 기업/기관과 업무를 선택해서 구상하기 단계를 거쳐 자기소개서를 작성해 보자.

참고 문헌

송기섭, 「사건의 의미와 자기소개서」, 『현대문학이론연구』 67, 현대문학이론학회, 2016.

이양숙, 「자기서사를 활용한 글쓰기 교육의 필요성과 방법에 대한 연구」, 『한국문학이론과비평』 1, 한국문학이론과비평학회, 2011.

최규수, 「대학작문에서 자기를 소개하는 글쓰기의 현실적 위상과 전망」, 『문학교육학』 18호, 한국문학교육학회, 2005.

______, 『대학시절의 글쓰기 2: 자기성찰의 글쓰기와 친해지기 편』, 명지대 출판부, 2019.

최규현 · 김형관, 『기적의 자소서』, 조선북스, 2017.

05 기획서·제안서 쓰기

1 직무 수행에 필요한 글쓰기의 목적과 성격

기업으로 대표되는 산업현장은 특정한 목적을 달성하기 위해 형성된 환경이다. 특정한 목적을 효과적으로 달성하기 위해서는 원활한 의사소통이 필수적이다. 기업과 같은 위계적인 조직에서는 의사소통이 단계적으로 수행되는 경우가 일반적인데 단계를 거칠수록 또는 조직이 거대하거나 복합적일수록 의사소통의 효율성이 떨어지기 쉽다. 복합적인 조직의 수많은 단계를 거치면서 전달하려는 메시지의 최초 의도와 내용이 달라지거나 왜곡될 가능성이 있기 때문이다. 이를 방지하기 위해서는 일정한 규칙에 의해 작성하는 문서 활용이 반드시 필요하다. 기획서, 제안서 등 산업현장에서 활용되는 비즈니스 문서들은 특정한 목표를 달성하는 과정에서 요구되는 의사소통을 효과적으로 수행하기 위해 고안된 것이라고 볼 수 있다.

국가직무능력표준(National Competency Standards:NCS)는 산업현장에서 직무 수행에 요구되는 지식·기술·태도 등의 능력을 국가적 차원에서 표준화한 것이다. NCS에서 채택한 핵심능력은 의사소통능력, 수리능력, 문제해결능력, 자기계발능력, 자원관리능력, 대인관계능력, 정보능력, 기술능력, 조직이해능력, 직업윤리 총 10개이다. 의사소통능력이

NCS 핵심능력에 포함된다는 점은 타인과의 의사소통이 직무 수행에서 얼마나 중요한 역할을 차지하는지를 잘 보여준다.

표1 NCS 직업기초능력(의사소통능력 및 하위능력)

능력단위		정의	세부요소
의사소통능력		업무수행 시에 글과 말을 사용하여 다른 사람이 뜻한 바를 이해하고, 자기가 생각하는 바를 글과 말을 통해 표현하고, 외국인의 간단한 의사표시를 이해하는 능력	
하위능력	문서이해능력	직장생활에서 필요한 문서를 확인하고, 읽고, 이해하고, 요점을 파악하는 능력	• 문서 정보 확인 및 획득 • 문서 정보 이해 및 수집 • 문서 정보 평가
	문서작성능력	목적과 상황에 알맞은 아이디어와 정보를 전달할 수 있는 문서를 작성하는 능력	• 작성 문서의 정보 확인 및 조직 • 목적과 상황에 맞는 문서 작성 • 작성한 문서 교정 및 평가
	경청능력	직장생활에서 다른 사람의 말을 주의 깊게 들으며 공감하는 능력	• 음성정보와 매체 정보 듣기 • 음성 정보와 매체 정보 내용 이해 • 음성 정보와 매체 정보에 대한 반응과 평가
	의사표현능력	목적과 상황에 맞는 말과 비언어적 행동을 통해서 아이디어와 정보를 효과적으로 전달하는 능력	• 목적과 상황에 맞는 정보조직 • 목적과 상황에 맞게 전달 • 대화에 대한 피드백과 평가
	기초외국어능력	외국어로 작성된 간단한 자료를 이해하고 외국인의 간단한 의사표현을 이해하는 능력	• 외국어 듣기 • 일상생활의 회화 활용

위의 표에 따르면 직무와 관련된 의사소통에서는 매우 세부적인 능력까지 요구하고 있다는 것을 알 수 있다. 즉, 직무를 원활하게 수행하기 위해서는 문서의 정보를 확인하고 이해하며 목적과 상황에 맞게 문서를 작성하는 수준에서 그치는 것이 아니라 문서가 적절하게 작성되었는지 평가할 수 있는 수준에 도달해야 한다.

산업현장에서 원활한 의사소통을 하기 위한 문서 작성의 기본원칙은 무엇일까. 기본원칙들은 문서 작성의 상황과 맥락에 약간씩 차이가 있을 수 있지만, 공통적인 부분은 다음과 같다.

첫째, 단순하고 간결해야 한다. 시간이 한정되고 수행해야 할 업무가 산적한 현장에서는 상황 파악과 판단이 신속하고 정확하게 이루어져야 한다. 문서가 단순하고 간결하게 작성되어 있다면 상황 파악과 판단을 하는 데 도움을 줄 수 있다.

둘째, 핵심이 명확히 드러나야 한다. 문서는 전달하고자 하는 메시지가 무엇인지 명확하게 알 수 있도록 작성되어야 한다. 그래야만 독자가 핵심적인 내용을 빠르게 파악할 수 있기 때문이다. 아무리 많은 분량을 쓴다고 하더라도 문서의 핵심이 명확하게 드러나지 않는다면 문서 작성의 목적을 달성하기 어렵다.

셋째, 쉽게 표현해야 한다. 산업현장에서는 전문용어를 사용하는 경우가 많다. 전문용어는 특정 업무를 수행하는 사람들의 의사소통이 효과적으로 이루어지도록 돕는다. 하지만 현장에서는 업무 영역이 다른 사람들과 협업을 하는 경우도 빈번하다. 이 경우 문서에 전문용어를 과도하게 사용하게 되면 의사소통의 효율성이 떨어질 수 있다. 읽는 사람이 내용을 파악하는데 별도의 시간과 노력을 투입해야 하기 때문이다. 특히 고객을 대상으로 작성하는 문서의 경우에는 전문용어 사용에 더욱 주의해야 한다. 따라서 문서 작성에 전문용어를 사용할 때에는 시기, 장소, 상황을 고려해야 하며 읽는 사람을 최대한 배려하여 되도록 쉬운 표현과 용어를 활용해야 한다.

넷째, 어법에 맞게 문장을 써야 한다. 어법은 글을 통한 내용 전달력을 최대한 높이기 위해 고안된 것이다. 발신자와 수신자가 시간 또는 공간을 공유하는 말과 달리 글은 필자와 독자의 시공간이 다르므로 전달하려는 의미나 의도가 왜곡되거나 오해될 가능성이 있다. 이를 최소화시키기 위해서는 어법에 맞게 문장을 작성해야 한다. 어법을 준수하는 것은 메시지의 의도를 최대한 정확하게 전달할 수 있는 방법이라는 점을 명심하자.

표2 비즈니스 문서의 완성도에 따른 분류

구분	내용
탁월한 문서	• 핵심 내용이 무엇인지 정확하게 알 수 있다. • 단호하지만 정중한 어조로 표현한다. • 독자의 내용 이해도를 최대한 감안한다.
무난한 문서	• 사소한 오탈자가 있지만 메시지는 분명하다. • 핵심 내용이 무엇인지 대략적으로 알 수 있다. • 전달해야 하는 내용만 전달하고 인사를 생략한다.
어중간한 문서	• 문서를 읽었을 때 핵심 내용이 무엇인지 어렴풋하게 알 수 있다. • 문장의 구조와 오탈자 때문에 내용을 명확하게 이해하려면 반복해서 읽어야 한다. • 어법에 맞지 않는 문장들로 인해 내용에서도 오류가 의심된다.
서툰 문서	• 문서가 복잡해서 핵심 내용을 분명하게 전달하지 못한다. • 문서의 핵심 내용을 확인하기 어려워서 전화 등의 다른 방법으로 다시 물어봐야 한다. • 글쓴이를 업무수행에 미숙한 사람으로 보이게 한다. • 전화 등으로 문의할 때도 미숙한 사람이라는 인상을 가지고 있기 때문에 업무 진행에 문제가 발생할 수 있다.
매우 서툰 문서	• 문장들이 어법에 맞지 않아 핵심 내용이 무엇인지 제대로 파악하기 어렵다. • 이 문서로 인해서 회사와 고객이 모두 피해를 볼 수 있다. • 오탈자나 문장의 구성과 관계없이 글이 전체적으로 잘못된 문장들이 너무 많다.

– 정경수, 『문서작성 최소원칙』, 큰그림, 2017, 60쪽, 참조

[표2]는 비즈니스 문서를 완성도에 따라 다섯 단계로 분류한 것이다. 위에서 언급한 문서작성의 기본원칙은 '탁월한 문서'에만 모두 적용된다. '무난한 문서'의 경우 명확성이 높지 않거나 어법 사용에 문제가 있고 '어중간한 문서'와 '서툰 문서'는 단순성과 간결성이 떨어지거나 문장에 문법적 오류가 있어서 핵심 내용을 명확하게 전달하기 어려운 경우에 해당한다. '매우 서툰 문서'는 기본원칙들이 거의 지켜지지 않는 경우로서 절대 피해야 하는 경우이다.

비즈니스 업무에서 문서는 가장 중요한 의사소통의 채널이다. 산업현장에서 디지털 정보기술이 전면화되면서 문서는 구시대 방식으로 인식되는 경향이 있는 것도 사실이다. 그러나 디지털 정보기술로 인해 비대면 의사소통 방식이 일반화되면서 상호 간의 의견과 정보를 정확하게 교환하는 것은 더욱 중요해졌다. 따라서 특정한 내용과 의견 그리고 각종

정보를 체계적으로 기록한 문서를 기반으로 수행되는 의사소통은 디지털 기술이 발달한 최근의 산업현장에서도 여전히 중요하다. 따라서 직무에 필요한 글쓰기 능력은 자신의 업무를 수행하는데 반드시 필요한 능력이자 경쟁력이라고 할 수 있다.

2 기획서·제안서의 개념과 핵심 요인

(1) 기획서

■ 기획서의 개념

기획은 산업현장에서 가장 중요한 업무에 속한다. 기획은 작게는 조직의 부서나 팀에서 새로운 프로젝트의 시작점이며 크게는 기관과 기업의 사업 영역을 개척하거나 사업 방향을 바꾸는 근간이 된다. 기획은 특정한 목적을 달성하기 위해 이와 관련된 요소들을 분석 및 고려하여 기획자의 의도에 부합하는 실행 과정을 설계하는 것을 말한다. 따라서 기획은 기본적으로 현재가 아닌 미래에 대한 계획이다. 그러므로 기획을 실행하는 과정에서 발생할 수 있는 예측 가능한 일들을 최대한 감안해야 한다. 기획서는 특정한 목적을 달성하기 위한 기획자의 의도는 물론, 기획의 실행 과정에 대한 구체적인 사안들을 정리한 문서이다. 결국 기획서는 기획을 실행 가능한 수준으로 뒷받침하는 근거를 제공하는 역할을 한다.

■ 기획서의 종류

기획서는 목적에 따라 사업기획서, 상품개발 기획서, 행사기획서, 프로모션 기획서, 판매촉진 기획서, 출판기획서 등으로 분류할 수 있다. 사업기획서는 추진하는 사업 계획의 목적·시장 분석·기대 효과를 중심으로, 상품개발 기획서는 새롭게 개발하는 상품의 특성·시장 조사·경쟁사 유사상품과의 비교·상품의 시장성에 비중을 두고 작성한다. 또한 행사기획서는 행사의 목적·행사진행일정·기대 효과를 중심으로, 프로모션 기획서는 기획의도·콘셉트·프로모션의 기대 효과에 초점을 맞추어 작성한다. 하지만 특정한 목적을 기준으로 분류하는 것보다는 설득을 초점을 맞추는가 또는 구체적인 실행에 초점을 맞추는가, 아니면 개발에 초점을 맞추는가와 같이 작성하는 기획서의 용도에 따라 작성 방향과 내용을 적합하게 구성하는 것이 좀 더 효과적인 경우가 많다.

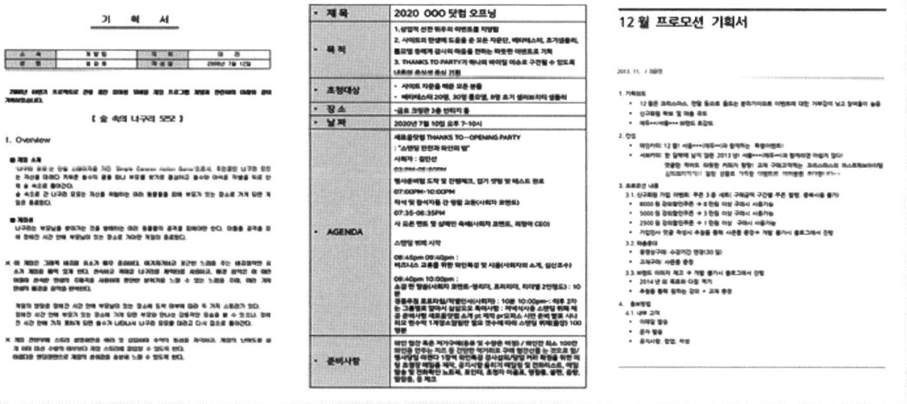

상품(게임) 기획서 행사 기획서 프로모션 기획서

그림1 각종기획서의 예

– https://bitsnoop2.tistory.com/18
https://blog.naver.com/parkchihong/110182346187
https://m.blog.naver.com/dkdkyj/221093800225

■ 기획서 작성의 핵심

첫째, 창의적 아이디어는 기획서의 핵심이다. 기획의 승부는 일차적으로 아이디어에서 판가름나므로 창의적인 아이디어가 기획의 성공 가능성을 높이는 핵심 요소인 것은 분명하다. 하지만 새로운 발상을 하는 것은 쉽지 않은 일이다. 따라서 일상에서 아이디어 창출이 일어날 수 있는 환경이 필요하다. 기업에서 근무하는 사람이라면 평소에 업계 동향 파악과 다양한 정보 수집을 통해 창의적인 아이디어를 생산할 수 있는 조건을 스스로 구축할 필요가 있다. 신문, 잡지, 광고 등 다양한 정보원에 자신을 지속적으로 노출시키는 것은 물론, 자신의 업무와 별다른 관련이 없는 분야의 기사나 전문학술지 등을 접하며 발상을 전환할 수 있는 계기를 마련하는 것도 아이디어를 창출하는데 도움이 된다. 아래의 예시는 창의적인 카피로 승부해야 하는 카피라이터가 아이디어 생산을 위해 자신의 환경을 어떻게 조성하는지를 잘 보여준다.

> 온라인 편집숍 29CM의 이유미 카피라이터는 《문장 수집 생활》에서 '다름'을 추구하기 위해서 소설에서 문장을 찾는다고 했다. 한 권의 책을 꾸준히 읽지 않고 TV 채널을 돌리듯 여러 권을 동시에 본다. 저녁에는 장편소설을 읽고 출퇴근길에는 에세이, 자기계발서를 읽는다. 누군가를 기다릴 때 잠깐 짬이 나면 시집을 읽는다. 다양한 책을 돌려가며 읽으면서 문장을 수집하고 카피 아이디어를 얻는다. 그 결과 똑같은 제품을 전혀 다르게 소개하는 자기만의 방법을 만들었다.
>
> – 정경수, 『문서작성 최소원칙』, 큰그림, 2017, 232쪽.

둘째, 관련 자료와 팩트(fact)를 적절하게 활용해야 한다. 기획서가 설득력을 갖기 위해서는 입증 가능한 팩트에 기반한 자료들이 뒷받침되어야 한다. 기획서를 작성하는 단계에서 갑자기 관련 자료나 팩트를 확보하기는 쉽지 않으므로 평소에 아이디어와 관련된 최신 자료를 수집하고 활용 가능한 방법들을 모색해야만 기획서를 작성할 때 유용하게 쓸 수 있다. 정확한 숫자가 표시된 그래프나 표와 같은 입증 가능한 팩트는 늘 업데이트를 해두는 것이 바람직하다. 특히 그래프는 정보를 시각적으로 제시하는 효과가 매우 커서 활용 가치가 높다. 기획서를 작성할 때 기획서의 핵심 내용과 관련된 팩트를 보여주는 그래프를 적절히 활용하여 기획서의 설득력을 높이는 것이 좋다.

셋째, 니즈(needs)와 원츠(wants)를 구별해야 한다. 기획서의 콘셉트를 설정할 때 파악해야 하는 요인 중의 하나가 기획 대상의 니즈와 원츠이다. 니즈가 일반적인 욕구의 성격이 강하다면 원츠는 니즈의 이면에 있는 보다 구체적인 욕구로 규정할 수 있다. 아래 표에서 확인할 수 있듯이 니즈는 '구입한 식품을 신선하게 장기간 보관하고 싶다'는 욕구라면, 원츠는 '특히 김치를 신선하고 장기간 보관하고 싶다'는 욕구로서 삶의 질을 높이려는 의도와 연결된다. 일반 냉장고에 김치를 보관해도 크게 문제가 없을 것이다. 그러나 '김치 보관에 특화된 냉장고'는 일반 냉장고와 구별되면서 보다 구체적인 욕구를 대변한다. 기획서를 성공적으로 작성하기 위해서는 기본적으로 기획 대상의 니즈를 이해하고 그 이면에 존재하는 좀 더 구체적인 욕구인 원츠를 파악하는 것이 중요하다.

표3 니즈와 원츠의 차이

	니즈(needs)	원츠(wants)
순서	1차적 욕구	2차적 욕구
욕구	필요성	잠재욕구
설명	생존에 필요한 요소의 결핍을 채우려는 욕구	삶을 업그레이드하려는 욕구
시점	현실	미래
예시	냉장고 소유 욕구	김치냉장고 사용 욕구

– 윤영돈, 『기획서 마스터』, 새로운제안, 2015, 37쪽.

(2) 제안서

■ 제안서의 개념

제안은 특정한 대상이 요구한 조건을 반영한 핵심적인 메시지와 정보를 활용하여 대상의 인식을 변화시키려는 목적지향적이고 전략적인 활동이다. 특정한 대상은 일반적으로 고객(client)을 가리키는데 산업현장에서 고객은 기업이나 사업자가 일반적이다. 제안의 최종 목적은 고객의 생각을 제안자의 의도대로 변화시키는 것이므로 제안서는 제시된 요구조건을 충족시키면서도 고객의 인식을 변화시키기 위한 제안자의 의도가 전략적으로 구성 및 배치된 문서이다.

■ 제안서의 종류

제안서의 종류는 제품제안서, 영업제안서, 프로그램 제안서, 용역제안서, 개발제안서, 투자제안서, 컨설팅제안서, 입점제안서 등 추구하는 목적에 따라 매우 다양하다. 제안서는 특정한 대상이나 안건에서 발생하거나 예상되는 문제를 해결하고 대안을 찾는다는 점에서는 기획서와 유사하다. 그러나 문제 해결방법을 구체적으로 제시해야 하는 기획서와는 달리 요청받거나 자신이 창안한 제안 조건만을 분명하게 명시하면 된다는 점에서 차이가 있다. 제안서는 기업 간의 전략적 제휴, 사업·용역 프로젝트 수주, 투자 유치, 기업 홍보 및 마케팅, 각종 컨설팅 등 목적에 따라 다양하게 구성할 수 있다.

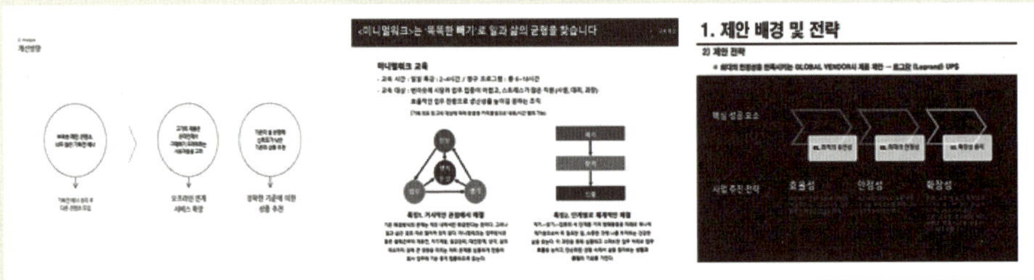

사이트 개선 제안서　　교육 프로그램제안서　　제품 제안서

그림2 각종제안서의 예

– http://jinjoopark.wixsite.com/portfolio, 심플라이프, legrand

■ 제안서 작성의 핵심

제안의 최종 지점은 입찰 또는 평가를 통해 특정 제안자의 제안이 수용되는 것이다. 자신의 제안서가 높은 평가를 받고 최종적으로 선정되기 위해서는 다음과 같은 요건들을 충족하는 방향으로 작성되어야 한다.

첫째, 고객의 요구조건을 명확하게 이해해야 한다. 제안요청서는 고객의 요구조건이 구체적으로 기록된 문서로서 입찰이나 평가에 참여하려면 제일 먼저 확보하여 검토 및 분석을 해야 하는 문서이다. 예를 들어 우리나라 공공기관의 입찰을 담당하는 나라장터(www.b2g.go.kr)에는 공고하는 입찰 건별로 공고서, 규격서, 안내 사항이 첨부되어 있는데 공고서는 계약의뢰에, 규격서는 제안요청서에 해당한다. 입찰이나 평가에 성공하려면 제안요청서에 해당하는 규격서를 면밀하게 검토할 필요가 있다. 즉, 제안요청서를 검토하는 것은 제안에 필요한 아이디어 산출은 물론 요구조건을 구체적으로 충족시킬 수 있는 방법을 고안하는데 필수적인 기초작업인 것이다.

둘째, 배점이 높은 평가항목에 집중해야 한다. 제안요청서에는 제안서를 평가하는 기준과 배점이 상세하게 기술되어 있다. 따라서 제안서를 작성할 때는 평가기준과 배점을 최대한 고려해야 한다. [표4]의 제안서 평가항목을 보자. 과업수행제안사항에서 '1. 과업 이해정도', '2. 과업 수행 계획', '3. 과업 추진 방법', '4. 과업 수행 능력', '5. 사업 수행의 정확성(이행방안)', '6. 제안 내용의 전문성 및 구체성' 등 여섯 가지이지만 배점은 2번 항목이 30점으로 제일 높다. 따라서 2번 항목인 '과업 수행 계획'을 최대한 부각하고 그 다음으로 1번, 6번 항목에 신경을 쓰며 제안서를 작성하는 것이 바람직하다.

표 4 제안서의 평가항목 및 배점한도(예시)

구분		평가내용	배점
기술능력평가	과업수행제안사항	과업 이해 정도	10
		과업 수행 계획	30
		과업추진방법	5
		과업수행능력	5
		사업 수행의 정확성(이행방안)	5
		제안 내용의 전문성 및 구체성	10
	업체 평가 기준	신용 평가 등급	5
		용역 수행 실적	10
입찰가격평가	가격 평가	평점 산식	20
소계			100

■ 평가기준

요소별 배점 \ 단계	매우 우수	우수	보통	다소 미흡	미흡
30점 만점	30~26	25~21	20~16	15~11	10 이하
10점 만점	10~9	8~7	6~5	4-3	2~1
5점 만점	5	4	3	2	1

–『한국관광공사 홍보캠페인 행사 위탁 운영』 제안요청서 참조

셋째, 경쟁력을 부각할 수 있는 객관적인 자료를 최대한 활용해야 한다. 제안서의 최종 목적은 자신(자신이 속한 조직)의 제안이 수용되는 것이다. 그런데 입찰이나 평가는 대부분 경쟁 방식을 통해 이루어지므로 자신만의 경쟁력을 최대한 부각시켜야 한다. 이를 위해서는 경쟁력을 입증할 수 있는 객관적인 자료들을 활용하고 이를 시각화할 필요가 있다. 경쟁방식의 경우 심사자들이 1개의 제안서에 할애할 수 있는 시간이 한정되어 있으므로 제안서 내용에 적합한 이미지들과 텍스트를 적절히 조합하는 전략이 필요하다. 일반적으로 기획력과 구성력 등 구체적인 설명이 필요한 경우에는 텍스트 중심의 디자인을, 감성적으로 설득하는 것이 필요한 경우에는 이미지 중심의 디자인을 활용한다.

3 기획서·제안서 작성의 기본 요건

직무 관련 문서는 정확한 의사소통에 초점을 맞추며 실용적인 측면이 매우 강하다. 기획서와 제안서 같은 직무 관련 문서들은 일반적인 글쓰기의 성격을 가지고 있으면서도 산업 현장에서 요구되는 여러 가지 특성이 반영되어 있다. 기획서와 제안서를 작성할 때 유의해야 할 기본 요건을 살펴보자.

■ 문서를 읽는 독자가 누구인지 명확하게 파악하기

일반적인 글쓰기는 독자를 명확하게 상정하는 것이 쉽지 않다. 자신의 글을 읽는 독자가 어떤 사람들인지 짐작을 하거나 특정 범주에 속하는 사람들을 독자로 상정할 수는 있지만, 독자를 명확하게 인지하는 것은 매우 힘든 일이다. 하지만 직무 글쓰기는 독자를 특정할 수 있다는 점에서 다르다. 기획서, 제안서, 보고서 등 직무 수행에서 쓰이는 문서는 글쓴이가 독자가 누구인지 명확하게 인지한 상태에서 작성된다. 독자는 기업의 같은 부서나 팀 또는 타 부서의 상사일 수도 있고 제안요청서를 보낸 기관이나 다른 기업 또는 협업의 대상인 제휴사일 수도 있다. 직무 글쓰기를 성공적으로 수행하기 위해서는 작성하는 문서의 독자가 누구인지를 명확하게 파악하고 분석하는 과정이 필요하다. 독자의 소속은 어디인지, 요구하는 내용이 무엇인지, 독자의 전문지식은 어느 정도인지, 다루는 문제에 대한 입장은 어떠한지 등 독자의 요구와 성향에 대해 충분히 파악해야 작성할 내용도 분명해지고 전달력도 높일 수 있다.

표5 독자를 분석하는 기준

소속	상사/ 타부서/ 고객/ 제휴사
주제와의 관계	평가/ 의뢰/ 문의/ 협업
행동	직접 실행/ 지원/ 응대/ 협조요청
긴급도	문제와 대책 등 긴급 사안, 연구 개발 방안 등 장기 전략
내용	요약/ 상세/ 매뉴얼/ 협력사항
전문 지식	경영자/ 전문가/ 일반인/ 준전문가
입장	긍정/ 부정

– 정경수, 『문서작성 최소원칙』, 큰그림, 2017, 185쪽.

■ 두괄식으로 구성하여 효율성 높이기

직무 관련 문서의 근본적인 목적은 정보와 메시지를 정확하고 신속하게 전달하는 데 있다. 두괄식 구성은 전달하려는 정보나 핵심 메시지를 맨 앞에 제시하여 독자가 문서의 내용과 의도를 신속하고 정확하게 파악할 수 있도록 돕는다. 또한 두괄식 구성은 결론에 해당하는 핵심 메시지를 맨 앞에 배치함으로써 결론까지 도출되는 논리적 단계를 압축하여 전체 분량을 간략하게 만들 수 있다. 결론인 핵심 메시지를 이유나 근거보다 먼저 접한 독자는 이를 바탕으로 나머지 내용을 이해하게 된다. 그러므로 핵심 메시지를 먼저 배치하고 근거와 이유를 명료하게 제시하면 일관된 논리 전개가 가능하다.

■ 정량적 표현을 활용하기

직무 관련 문서에서 데이터는 특정한 현상이나 원인 또는 결과를 입증하는 가장 확실한 근거이다. 모든 성과는 데이터로 평가되므로 비즈니스 현장에서는 비교와 대조 그리고 측정을 하는 데 유리한 정량적 표현이 선호된다. 단순히 숫자만이 아니라 표와 그래프도 정량적 표현의 하나이다. 표나 그래프의 기능은 각종 현상과 결과에 관한 수치를 시각적으로 극대화하는 것이다. 예를 들어 특정 부서의 업무 성과가 전년 대비 얼마나 상승했는지를 가장 효과적으로 제시하려면 막대 그래프가 유용하다. 그래프의 종류는 원, 막대, 띠, 선/꺾은 선 등 다양하므로 산출된 데이터의 성격에 적합한 그래프 양식을 활용해야 한다. 원 그래프는 데이터를 항목별로 분류하거나 항목의 비중을 표현할 때, 막대 그래프는 데이터의 크기를 비교하여 제시할 때, 선이나 꺾은 선 그래프는 연속적인 시간 간격 혹은 시간의 경과에 따라 데이터의 변화를 제시할 때 활용하는 것이 적합하다.

■ 서식 준수하여 작성하기

직무 관련 문서는 실용성을 추구하는 성격이 강하며 다른 글쓰기와는 비교할 수 없을 정도로 의사소통의 효율성을 중시한다. 각종 서식은 의사소통의 효율성을 극대화하기 위해 고안된 것이다. 서식이 정해져 있으면 메시지 전달이나 의미를 파악하는데 소요되는 시간과 에너지를 최소화할 수 있기 때문이다. 그래서 각 기업이나 기관 또는 관공서는 서식을 통일하고 이를 엄격하게 준수한다. 또한 이러한 서식들은 오랜 시간 동안 시행착오를 겪으면서 규정된 것이므로 임의로 바꿔서는 안 된다. 문서를 작성할 때는 서체, 글자 크기, 글머리 기호, 여백의 설정, 영문과 다른 외국어, 한자 표기 등은 반드시 정해진 규칙을 확인하고 준수해야 한다.

■ 문서를 제출하기 전에 반드시 검토하기

기획서나 제안서 같은 직무 관련 문서는 특정한 목적과 독자를 대상으로 작성된다. 기업의 부서나 팀 또는 여러 부서에서 협업하여 작성한 기획서와 같은 문서는 최종 제출 전에 담당자는 물론 동료 등 다른 사람들과 함께 면밀히 검토하는 과정을 거쳐야 한다. 검토는 단순히 오탈자를 찾아내거나 문장의 오류를 점검하는 수준에 그쳐서는 안 된다. 누락되거나 생략된 부분은 없는지, 근거로 사용된 자료들은 적절한지, 데이터에는 오류가 없는지 등 최종 결론에 도달하기까지 활용된 중요 내용과 자료들을 꼼꼼히 살펴봐야 한다. 작성자를 비롯한 한두 명으로는 오류를 찾아내기 쉽지 않으므로, 여럿이 참여하여 반복적으로 검토를 하는 것이 바람직하다. 중요한 기획서나 제안서의 경우 오류를 찾아내기 위해 문서를 끝부분부터 거꾸로 검토하기도 한다. 문서의 앞부분에 있는 오류는 쉽게 발견할 수 있지만, 뒷부분의 오류는 발견하기가 상대적으로 어렵기 때문이다. 발견된 오류들은 수정 및 보완하는 동시에 오류 리스트를 작성하여 최종 검토에 활용한다.

연습 기획서·제안서의 효율성을 높이기 위해 정확한 의사소통에 초점을 맞추어 '독자 분석 기준'을 작성해 보자.

독자 분석 기준	
소속	
주제와의 관계	
행동	
긴급도	
내용	
전문 지식	
입장	

4 기획서·제안서 작성의 실제

제목은 글의 얼굴이자 첫인상을 결정하는 동시에 핵심 메시지를 전달하는 헤드라인이다. 효율성을 중시하는 직무 관련 문서에서는 제목의 중요성은 더욱 커진다. 문서를 작성하는 사람은 키워드-내용-제목의 순으로 진행하는 반면, 문서를 읽는 사람은 제목에서 받은 인상을 바탕으로 내용을 이해한다는 점을 염두에 둘 필요가 있다.

'독자 입장에서 제목 정하기'가 성공하기 위해서는 다음과 같은 몇 가지 조건을 충족시켜야 한다. 첫째, 제목에 문서의 목적과 범위가 명확하게 드러나야 한다. 독자는 제목에서 드러난 목적과 범위를 통해 기획·제안의 방향 그리고 타당성 등을 파악할 수 있기 때문이다. 둘째, 제목을 정할 때는 핵심 키워드를 활용한다. 제목에 추상적인 단어들을 쓰는 것은 금물이다. 문서의 내용에서 쓰인 핵심 키워드들을 활용하되, 직접적으로 기획이나 제안의 목적을 제시하는 것이 바람직하다. 셋째, 최근 트렌드의 용어를 반영한다. 기획서나 제안서를 작성하는 최종 목적은 독자를 이해시키는 수준을 넘어 설득하는 것이다. 설득은 기본적으로 논리적인 측면을 통해 이루어지지만 감성적인 측면이 함께 할 때 성공가능성이 높아진다. 기획이나 제안의 내용과 결합시킬 수 있는 최근 트렌드 용어들을 활용하면 감성적인 측면을 부각할 수 있다. 예를 들어 '빅데이터', 'MZ세대', '팬슈머(Fansumer)', '웹 시티(Web City)', '그린 다이닝(Green Dinning)' 등 최근에 유행하는 용어들을 활용할 수 있다. 다만 트렌드 용어들을 활용할 때는 사전에 기획과 제안의 목적 그리고 핵심 내용에 부합되는지를 검토하는 과정이 필요하다.

표6 핵심 조건에 따른 기획서·제안서 제목 사례

목적과 범위를 명확하게 제시	목적이나 목표	3분기 매출신장을 위한 A제품의 홍보 전략
	도구나 수단	20내 여성소비자의 선호도 분석을 통한 립스틱 신상품 기획
	대상이나 범위	OO 상품 홍보 기획을 위한 Z세대 소비성향 분석
핵심 키워드		30대 남성 소비트렌드 변화에 따른 A면도기 매출신장 강화 기획
		조직 활성화를 위한 부서간 커뮤니케이션 개선 전략

제3부 유형별 글쓰기

트렌드 용어 활용	그린 다이닝 트렌드를 활용한 식물성 우유 홍보 프로그램 제안
	팬슈머를 활용한 A 브랜드 이미지 개선 제안

– 윤영돈, 『기획서 마스터』, 새로운제안, 2015, 참조.

(2) 목차를 구체적·논리적으로 구성하기

기획서나 제안서의 목차는 전체 내용을 한눈에 파악할 수 있도록 작성해야 한다. 이를 위해서는 각 항목에 핵심 키워드를 활용하여 상세하게 구성하는 것이 필요하다. 이와 함께 목차의 각 항목이 서로 유기적으로 연결될 수 있도록 신경을 써야 한다.

표7 기획서의 목차 구성

1안		2안
A상품 기획안	기획 상품이 목적과 대상을 명확하게 제시	1인 가구의 수면 질을 높이기 위한 A상품 기획안
1. 추진배경	추진 배경의 대상을 분명하게 설정	1. 1인 가구 대상(타켓) 사업 추진 배경 1.1. ○○년 본사 사업 방향 1.2. 거주 환경 변화에 따른 1인 가구 소비 트렌드 현황
2. 현황 파악	상품 기획의 필요성을 부각할 수 있는 내용 제시	2. 1인가구 수면 관련 상품 현황 분석 2.1. 경쟁사의 유사 상품과 비교분석 2.2. 최근 1인 가구 수면 관련 상품의 종류와 문제점
3. 문제점 분석	기획 상품에 대한 구체적인 기획 내용 제시	3. 1인 가구 수면 관련 상품 개선방안 - A상품의 기획 필요성 및 추진전략 3.1. A상품의 특수성과 경쟁력 3.2. A상품의 생산 및 유통전략 3.3. A상품의 홍보 및 판매전략
4. 개선 방안 5. 추진 일정	상품 기획의 필요성을 부각할 수 있는 내용 제시	4. 추진 일정 계획 5. 추진 관련 예산 6. 추진 시 유의 사항 및 기타

– 윤영돈, 『기획서 마스터』, 새로운제안, 2015, 참조.

[표7]의 목차 1안과 2안의 가장 큰 차이는 항목의 구체성이다. 1안의 경우 제목('신상품 기획안')부터 기획하는 상품의 대상과 목적이 분명하지 않다. 대상과 목적이 분명하지 않으므로 목차의 각 항목도 일반적인 수준에 머물러서 기획의 방향과 핵심 내용을 파악하기가 어렵다. 문제점 분석 및 개선 방안 역시 구체적으로 어떤 내용인지 짐작하기가 쉽지 않다. 하지만 2안은 제목부터 대상(1인 가구)과 목적(수면 질을 높이기 위한)이 분명하고 각 항목에 주요 키워드를 활용하여 구체적으로 기술되어 있다. 하위 항목 역시 세부적인 내용까지 다루고 있어서 목차만 봐도 기획서의 추진 방향과 세부 사항까지 쉽게 파악할 수 있다.

(3) 목적과 상황에 적합한 문서의 종류를 정하기

기획서·제안서 등은 크게 두 종류의 문서 형식으로 나뉜다.

첫째, 워드 프로그램(흔글, MS Word 등)으로 작성된 텍스트 형식의 문서이다. 조사 수치 등을 자세하게 표기하거나 표나 그래프 등을 활용하는데 적합하며 작성할 내용이 상대적으로 많은 경우에 주로 쓰인다. 이러한 장점 때문에 모든 공식 문서는 이 형식으로 작성된다.

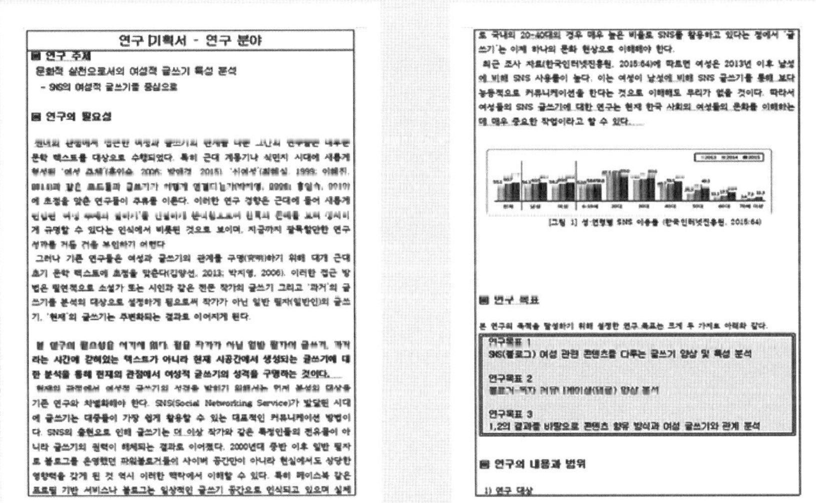

연구 기획서 - 연구 분야

■ 연구 주제

문화적 실천으로서의 여성적 글쓰기 특성 분석

- SNS의 여성적 글쓰기를 중심으로

■ 연구의 필요성

그러나 기존 연구들은 여성과 글쓰기의 관계를 구명하기 위해 대개 근대 초기 문학 텍스트에 초점을 맞춘다(김양선, 2013; 박지영, 2006). 이러한 접근 방법은 필연적으로 소설가 또는 시인과 같은 전문 작가의 글쓰기 그리고 '과거'의 글쓰기를 분석의 대상으로 설정하게 됨으로써 작가가 아닌 일반 필자(일반인)의 글쓰기, '현재'의 글쓰기는 주변화되는 결과로 이어지게 된다.

본 연구의 필요성은 여기에 있다. ... 과거라는 시간에 갇혀있는 텍스트가 아니라 현재 시공간에서 생성되는 글쓰기에 대한 분석을 통해 현재의 관점에서 여성적 글쓰기의 성격을 구명하는 것이다.

... 기존 연구와 차별화해야 한다. SNS(Social Networking Service)가 발달된 시대에 글쓰기는 대중들이 가장 쉽게 활용할 수 있는 대표적인 커뮤니케이션 방법이다. SNS의 출현으로 인해 글쓰기는 더 이상 작가와 같은 특정인들의 전유물이 아니라 글쓰기의 권력이 해체되는 결과로 이어졌다. 2000년대 중반 이후 일반 필자로 블로그를 운영했던 파워블로거들이 사이버 공간만이 아니라 현실에서도 상당한 영향력을 갖게 된 것 역시 이러한 맥락에서 이해할 수 있다. 특히 페이스북 같은 프로필 기반 서비스나 블로그는 일상적인 글쓰기 공간으로 인식되고 있으며 실제

또 국내의 20~40대의 경우 매우 높은 비율로 SNS를 활용하고 있다는 점에서 '글쓰기'는 이제 하나의 문화 현상으로 이해해야 한다.

최근 조사 자료(한국인터넷진흥원, 2015:64)에 따르면 여성은 2013년 이후 남성에 비해 SNS 사용률이 높다. 이는 여성이 남성에 비해 SNS 글쓰기를 통해 보다 능동적으로 커뮤니케이션을 한다는 것으로 이해해도 무리가 없을 것이다. 따라서 여성들의 SNS 글쓰기에 대한 연구는 현재 한국 사회의 여성들의 문화를 이해하는 데 매우 중요한 작업이라고 할 수 있다.

[그림 1] 성·연령별 SNS 이용률 (한국인터넷진흥원, 2015:64)

■ 연구 목표

본 연구의 목적을 달성하기 위해 설정한 연구 목표는 크게 두 가지로 아래와 같다.

연구목표 1
SNS(블로그) 여성 관련 콘텐츠를 다루는 글쓰기 양상 및 특성 분석

연구목표 2
블로거-독자 커뮤니케이션(댓글) 양상 분석

연구목표 3
1, 2의 결과를 바탕으로 콘텐츠 향유 방식과 여성 글쓰기와 관계 분석

■ 연구의 내용과 범위

1) 연구 대상

그림3 텍스트 형식 기획서의 예

– 심플라이프

둘째, 파워포인트 프로그램(PPT)으로 작성된 슬라이드 형식의 문서이다. 이 형식은 자세한 수치 등을 기록하기보다는 다양한 이미지를 활용하여 핵심 내용을 쉽게 전달하는데 목적이 있다. 따라서 프레젠테이션이나 리플릿, 팸플릿 제작 등에 주로 활용된다.

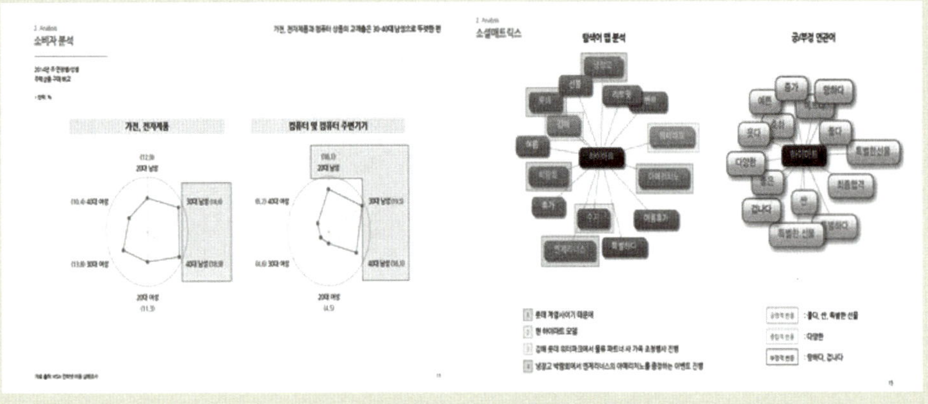

그림4 슬라이드 형식 제안서의 예

– http://jinjoopark.wixsite.com/portfolio

(4) 문서 내용을 구조화·시각화하기

기획서와 제안서 작성의 최종적인 목적은 독자를 설득하는 것이다. 설득에 성공하기 위해서는 먼저 문서의 내용을 최대한 쉽게 이해하도록 제시해야 한다. 내용과 정보를 구조화·시각화하는 이유가 여기에 있다. 기획서나 제안서를 작성하는 사람과는 달리 독자는 문서의 내용이나 관련 정보에 대해 익숙하지 않을 수 있다. 이러한 장애는 내용에 대한 이해를 어렵게 하고 나아가 설득하기에도 어려움을 겪게 될 수 있다. 그러므로 문서의 내용과 정보를 구조화·시각화하는 것은 기획서·제안서 작성에서 필수적인 작업이다.

■ 정보를 구조화하기

내용과 정보를 구조화하는 방법은 프레임워크, 매트릭스, 그룹화 등 크게 3가지로 나눌 수 있다. '프레임워크'는 복잡하게 얽혀있는 요인들을 효과적으로 파악하고 최종적으로 문제를 해결하기 위한 목적으로 고안해낸 구조로 흔히 쓰이는 SWOT(Strength,

Weakness, Opportunities, Threats)나 PEST 분석(Political, Economic, Social, Technological: 거시환경분석) 등이 있다. 프레임워크는 정해진 기준에 의해 정보를 분류하고 조직화하므로 기준에 부합되지 않는 정보들이 생략되어 문서의 내용을 간결하게 정리할 수 있다. '매트릭스'는 정보를 기반으로 조직한 내용의 분류가 프레임워크로 수행하기 어려울 때 작성자가 자체적으로 체계화한 분류 방식을 말한다. 현상을 분석하거나 정보를 분류하는데 일반적으로 [그림5]와 같이 2개의 기준을 동시에 적용하는 2×2 매트릭스를 사용한다. 2×2 매트릭스는 가로축과 세로축 양극단에 상호 대립되는 기준을 설정, 내용을 분류하고 분석하는 도구로서 설정 기준이 중복되지 않아야 한다. 매트릭스는 프레임워크로 분류할 수 없는 복잡한 정보들의 관계를 체계화하여 제시할 수 있다는 점에서 유용하다. '그룹화'는 유사한 성격의 정보를 특정한 기준에 입각하여 묶고 압축하여 정보를 구조화하는 방법이다. 그룹화는 방대한 정보를 기준에 따라 일목요연하게 정리할 수 있어서 활용도가 높다.

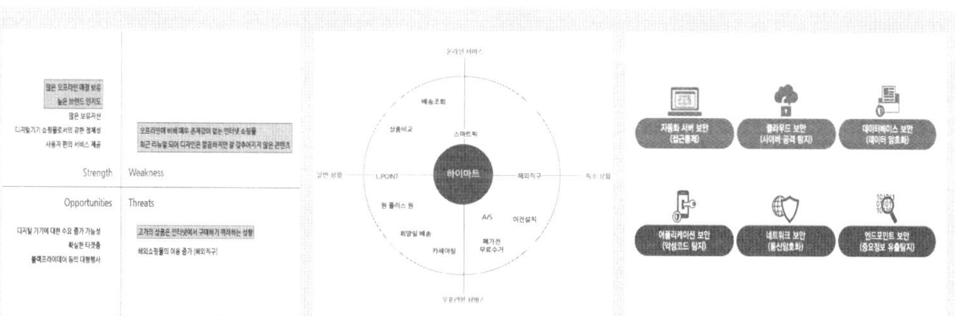

프레임워크 매트릭스 그룹화

그림5 정보의 구조화 (1)

– http://jinjoopark.wixsite.com/portfolio, 심플라이프

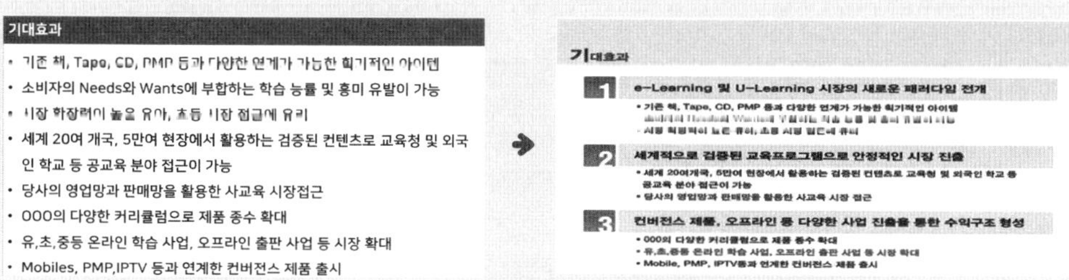

그림6 정보의 구조화 (2)

– https://fineanswer7.tistory.com/5

그룹화 방법은 키워드 중심으로 요약·정리하는 것으로 변용될 수 있다. [그림6]의 왼쪽 그림은 별다른 기준 없이 정보가 나열되어 있어서 내용을 파악하기 쉽지 않다. 하지만 오른쪽 그림에서는 핵심 키워드를 중심으로 동일한 정보를 분류하여 제시함으로써 구체적 정보 관계를 한눈에 이해할 수 있다. 이렇게 키워드를 중심으로 분류하고 정리하는 경우에는 최대 3가지로 제한하는 것이 좋다. 키워드를 3개 이상 제시하는 경우, 독자가 내용을 기억하는데 부담을 느낄 수 있기 때문이다.

■ 정보를 시각화하기

정보를 시각화하는 것은 단순히 문서를 보기 좋게 작성하기 위한 방법에 그치지 않는다. 정보의 시각화는 내용 전달의 효율성을 높이고 내용의 이해도를 최대화하는데 목적이 있다. 따라서 기획서나 제안서의 완성도를 높이기 위해서는 정보의 시각화가 필수적인 작업이 된다. 정보를 시각화하는 방법은 자료를 표나 그래프로 제시하기, 정보에 부합하는 사진과 그림 활용하기, 다양한 모양의 화살표를 활용하여 정보의 흐름을 보여주기, 글자 크기를 조절하여 핵심 정보를 강조하기, 인포그래픽 활용하기 등이 있다. 이러한 방법들을 활용하는데 공통적으로 주의해야할 부분은 정보를 단순히 나열하는 것이 아니라 정리하여 제시하는 것이다. 즉, 정보 시각화의 본질은 다양하고 복잡한 정보를 일목요연하게 정리하여 체계적으로 제시하는 것에 있다는 점을 잊어서는 안 된다.

EQST에서는 2019년 보안 위협 대상이 확장되고, 다양한 공격이 결합된 형태로 발전할 것으로 예상했습니다. 랜섬웨어 공격이 다른 종류의 악성코드와 결합되어 APT 공격 형태를 띨 것으로 보이며, 사물인터넷 기기(IoT Device)가 다양해짐에 따라 악성코드 공격 또한 확대될 것으로 전망했습니다. 공격자들은 사용자가 관리하지 않는 서버로 침투하여 운영자 권한을 획득하고, 다양한 취약점을 이용하여 목표로 하는 대상으로 접근할 것으로 예상했습니다. 초기 침투 시 이메일(E-mail)은 가장 큰 보안홀(Hole)이 될 것이며, 공격자들은 이메일에 대한 지속적인 공격을 시도할 것으로 예상했습니다.

그림7 정보의 시각화 (1)

– SK인포섹 IT 정보보호 구축 가이드

[그림7]은 지나치게 긴 문장으로 작성되어 한눈에 파악하기 어려운 내용을 핵심 키워드와 그에 적합한 이미지를 조합하여 하나의 그림으로 표현한 예이다. 이미지만으로는 내용을 완벽하게 전달하기 어려우므로 각각의 이미지와 핵심 키워드를 같이 배치함으로써 전달력과 이해도를 높이고 있다.

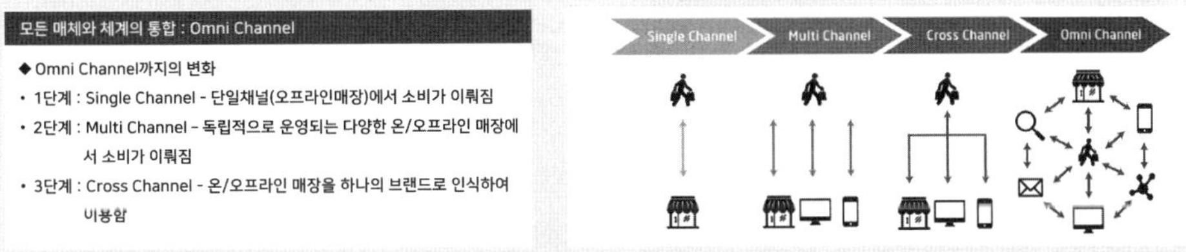

그림8 정보의 시각화 (2)

– http://jinjoopark.wixsite.com/portfolio

독자가 내용을 신속하고 정확하게 이해하기 위해서는 문서의 내용이 하나의 흐름을 유지하는 상태로 구성하는 것이 효과적이다. [그림8]은 단계별로 나눈 정보를 화살표 모양의 흐름도와 그림을 활용하여 배치함으로써 전체적인 흐름을 이해하기 쉽게 구성한 것이다. 화살표와 그에 속하는 그림을 보면 단계별 변화를 쉽게 파악할 수 있다. 이렇게 정보를 흐름에 따라 배치할 때는 왼쪽에서 오른쪽으로, 위에서 아래로의 방향을 따르는 것이 일반적이다.

정보의 시각화를 효율적으로 수행하기 위한 또 하나의 방법은 인포그래픽(Infographics)을 이용하는 것이다. 인포그래픽은 인포메이션 그래픽(Information graphic)의 약자로, 그래픽을 통해 패턴이나 경향을 파악하는 인간의 시각 시스템을 이용하여 정보를 쉽고 빠르게 전달하는 기능을 수행한다. [그림9]와 같이 인포그래픽은 정보들을 분석하여 차트, 아이콘, 그래프, 이미지 등을 활용하여 시각화하는 방법으로 복잡한 데이터나 정보들을 직관적으로 이해하는데 유용하다. 인포그래픽은 별도의 설명 없이 1장의 그래픽으로만 정보를 시각화함으로써 정보 전달에 효율적이어서 활용도가 점점 높아지고 있다. 인포그래픽은 작성자가 스스로 만들 수도 있지만 검증된 인포그래픽 사이트를 이용하는 것도 좋은 방법이다.

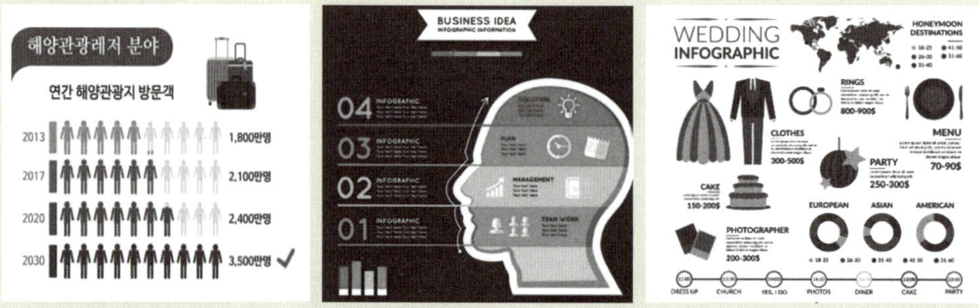

그림9 인포그래픽

– https://blog.naver.com/f1nger/220517515321
https://blog.naver.com/cutecute454/220046547236
https://blog.naver.com/ksj6315/220596423192

연습 '기획서·제안서 작성 단계'를 적용하여, 직무 목적 달성에 최적화된 기획서·제안서를 작성해 보자.

기획서·제안서 작성 단계

1. 독자 입장에서 제목 정하기
2. 구체적·논리적인 목차 구성하기
3. 목적과 상황에 적합한 내용으로 구조화·시각화하기

참고 문헌

길영로, 『기획이란 무엇인가』, 페가수스, 2012.
윤영돈, 『기획서 마스터』, 새로운제안, 2015.
임영균, 『기획서 잘쓰는 법』, 스몰빅라이프, 2018.
정경수, 『문서작성 최소원칙』, 큰그림, 2017.

예스폼 서식사전 www.yesform.com

저자소개

김현양 金賢陽

연세대학교 국어국문학과를 졸업하고 같은 대학에서 석사, 박사학위를 받았다. 현재 명지대학교 방목기초교육대학(자연교양학부) 교수이다. 저서로는 『한국 고전소설사의 거점』, 『국어 교육, 어떻게 할 것인가』(공저) 등이 있다.

kimhy@mju.ac.kr

남수경 南秀坰

서울대학교 국어국문학과를 졸업하고 같은 대학에서 석사, 박사학위를 받았다. 현재 명지대학교 방목기초교육대학(자연교양학부)교수이다. 저서로는 『한국어 피동문 연구』, 『Active Korean 1』(공저) 등이 있다.

quirry@hanmail.net

최규수 崔圭穗

이화여자대학교 국어국문학과를 졸업하고 같은 대학에서 석사, 박사학위를 받았다. 현재 명지대학교 방목기초교육대학(인문교양학부) 교수이다. 주요 저서로는 『(고치고 더한) 대학시절의 글쓰기 1: 학술적 글쓰기와 친해지기 편』, 『대학시절의 글쓰기 2: 자기성찰의 글쓰기와 친해지기 편』, 『규방가사의 '글하기' 전략과 소통의 수사학』 등이 있다.

choiks@mju.ac.kr

주민재 朱旻在

연세대학교 인문학부(국어국문학/사회학 전공)를 졸업하고 같은 대학에서 석사, 박사학위를 받았다. 현재 명지대학교 방목기초교육대학(인문교양학부) 교수이다. 주요 논문으로는 『블로그 쓰기와 블로거의 독자 인식에 관한 연구』, 『대학 글쓰기 교육에서 복합양식적 쓰기의 수용 가능성』, 『문자 중심 텍스트와 영상 중심 텍스트의 의미구성방식 비교를 위한 이론적 탐색』 등이 있다.

hichicok2@mju.ac.kr / hichicok2@msn.com

김인옥 金仁玉

명지대학교 문예창작학과를 졸업하고 같은 대학에서 석사, 박사학위를 받았다. 현재 명지대학교 방목기초교육대학(자연교양학부) 교수이다. 저서로는 『한국어교육능력 검정시험 대비 핵심 이론 & 기출문제 총정리』(공저) 등이 있다.

inokk@mju.ac.kr / inok_k@hanmail.net

사고와표현: 글쓰기(개정판)

발행일 I 2016년 8월 19일 초판
2021년 1월 26일 개정판 1쇄
2022년 4월 1일 개정판 2쇄

공저자 I 김현양 · 남수경 · 최규수 · 주민재 · 김인옥

발행인 I 유병진

명지대학교 출판부

서울특별시 서대문구 거북골로34
전화 (02) 300-1740
팩스 (02) 300-1723
http://press.mju.ac.kr
등록 제 9-25호, 1969.10.15
제작 피알앤북스

ISBN 978-89-7335-402-3 (03800)

이 책은 저작권법에 따라 보호받는 저작물이므로 무단전재와 무단복제를 금지하여,
이 책의 내용의 전부 또는 일부를 이용하려면 반드시 저작권자의 서면 동의를 받아야 합니다.
※ 잘못된 책은 바꾸어 드립니다

정가 18,000원